慈善事业概论

Introduction to Philanthropy

谢家琛　主编

·南京·

图书在版编目（CIP）数据

慈善事业概论 / 谢家琛主编. -- 南京：东南大学出版社，2024.9. -- ISBN 978-7-5766-1575-3
Ⅰ.D632.1
中国国家版本馆 CIP 数据核字第 2024V20L47 号

责任编辑：张　慧（1036251791@qq.com）
责任校对：子雪莲　　封面设计：企图书装　　责任印制：周荣虎

慈善事业概论
Cishan Shiye Gailun

主　　编：谢家琛
出版发行：东南大学出版社
出 版 人：白云飞
社　　址：南京四牌楼 2 号　邮编：210096
网　　址：http://www.seupress.com
经　　销：全国各地新华书店
印　　刷：苏州市古得堡数码印刷有限公司
开　　本：700 mm×1000 mm　1/16
印　　张：20.75
字　　数：373 千字
版　　次：2024 年 9 月第 1 版
印　　次：2024 年 9 月第 1 次印刷
书　　号：ISBN 978-7-5766-1575-3
定　　价：56.00 元

本社图书若有印装质量问题，请直接与营销部联系。电话：025-83791830。

序

我一直在默默地关注谢家琛老师在南京工业大学浦江学院所开展的公益慈善的专业教育工作。记得十多年前刚认识他的时候,他还是上海民政局的一位处长,而之后他转型成为一位教育工作者,参与创立了中国第一个完全意义上的公益慈善教育本科。在这个过程中,他低调务实、默默耕耘。我在不少基金会都遇到过他培养的学生。看到这些学生在用人单位那里熠熠发光,深获好评,实为难得。记得曾经有一次他对我说,他并不是要培养公益机构的领导者,而是更着力培养现代公益组织的实干人才,这些人要懂得做项目、做筹款、做运营。他们可以实实在在地让公益组织运转起来。在我看来,这一想法体现出他的行政经验与教育智慧。他以敏锐的洞察力,通过这本《慈善事业概论》,为我们呈现了他的这种教育目标和务实的教育理念。

本教材的第一个特色是它聚焦现代慈善的发展。这本书力图给那些未来准备从事公益慈善管理,并以慈善工作为事业的学生提供相应的知识、方法乃至工具。我特别喜欢"慈善事业"这个概念。它与陈越光老师提出的"以公益为志业"还不完全一样,志业可以说是慈善事业中那些行动者追求的最高境界,但是对大部分职业公益人来说,慈善事业是一种市场为资源配置基础的专业领域的细分,是一种慈善专业化和行业化趋势的表现,更是国家第三次分配战略的重要内容。因此,这本教材以其独特的视角,重新定义了"慈善事业",强调慈善事业的理性化、专业化和职业化。这本教材还尝试从历史文化和操作实践两方面的视角揭示现代慈善的这种趋势。赋予了慈善事业创新意味与现代价值。

这本教材的第二个特色是它的实用性。编者很强调这本书的内容可以为学生所用，并引发他们对投身公益慈善事业的兴趣，进而懂得如何应用于实践。从我的视角来看，这本教材是编者多年公益慈善教育经验的总结。很多内容的安排都反映了实际教学中的需要。尤其是"慈善项目设计和管理""慈善组织的物质资源"和"慈善组织的人力资源"这三章，体现了一个良性运作的非营利组织所需要重视的三块内容。作者凭借其行政与教育背景，将理论与实践紧密结合，以生动的案例、翔实的数据，为我们展示了慈善事业如何在解决社会问题、促进民生改善方面发挥积极作用。这种理论与实践并重、历史与现实交织的叙述方式，使得本书具备很强的可读性和实用性。

这本教材的第三个特色是它对慈善人文的强调。教材用较大的篇幅讨论了慈善的文化、历史和伦理，在我看来这也加强了这本教材的深度。作为教材，讨论文化、历史和伦理使学生对作为事业的公益慈善有了更深和更广的理解，而不仅限于管理的技巧层面。在书中，作者不仅系统地梳理了慈善事业的历史脉络，更着重探讨了其在当代社会的新内涵、新形式与新挑战。从公益组织的运作模式到慈善项目的创新实践，从"互联网＋"慈善的兴起到全球慈善网络的构建，这是一部关于慈善事业的教材，也是一本引导我们如何在新时代背景下，以更加开放、包容、创新的姿态参与慈善事业的行动指南。

随着公益慈善管理成为教育部认可的一类本科专业，教材的编撰也成为一股潮流。在这股潮流中，谢家琛先生主编的这本《慈善事业概论》颇具特色。在快速变迁的现代社会中，作为事业的慈善已远远超越了传统意义上的施舍与救济，它融合着时代精神与科技创新，成为促进社会公平正义、推动可持续发展的重要力量。承蒙谢家琛老师雅命，嘱我作序，盛情难却。故不揣浅陋，援笔而书，以应盛托。

朱健刚

南开大学社会学院教授

中国社会学会公益慈善研究专委会主任委员

2024 年 7 月

前言

在这个纷繁复杂的世界中,每个人都是社会共同体的一员。我们的行动,无论大小,都会无形中给社会共同体带来影响。在社会共同体中,慈善是一种给人温暖、给人力量、让生活更美好的行动。它彰显了人性的光辉,维系着社会的和谐。随着人类社会的发展,慈善从恻隐怜人、行善济世的活动发展成为解决社会问题、推动社会进步、提升社会文明的事业。党的十八大以来,我国的慈善事业取得了长足进步。慈善事业在扶贫济困,扶老救孤,恤病助残,抢险救灾,促进教育、科学、卫生、文化、体育、环保等事业发展方面发挥了重要作用。当前,在全面建设社会主义现代化国家新征程中,慈善事业被赋予了新的历史使命。党的二十大报告提出"扎实推进共同富裕",强调"构建初次分配、再分配、三次分配协调配套的制度体系","引导、支持有意愿有能力的企业、社会组织和个人积极参与慈善事业"。慈善事业需要通过高质量发展履行推进共同富裕、促进第三次分配的使命,为推进中国式现代化做贡献。

慈善事业的高质量发展离不开专业化、职业化的人才队伍建设。在民政部门和中国侨联的支持下,南京工业大学浦江学院(以下简称"浦江学院")于2014年率先设立公共事业管理(公益慈善管理)本科专业,培养在公益慈善组织从事项目管理、资金筹集、公关传播和行政管理等工作的专业人才。2023年经教育部批准,浦江学院开设慈善管理专业。在长达10年的慈善管理专业人才培养实践中,慈善事业概论一直是浦江学院慈善管理专业的一门具有导论性质的专业教育课程。基于多年的课程研发和教学实践,我们编写了这本《慈善事业概论》教材。

《慈善事业概论》是为高等学校慈善管理专业和相关专业学生编写的教

材,也可作为慈善事业管理人员和慈善组织工作人员的培训教材和参考书。

本书共设10章:第1章介绍了慈善事业的概念、功能、发展现状和理论基础,第2章介绍了中国和以英美两国为代表的西方国家的传统慈善文化,第3章介绍了中国和以英美两国为代表的西方国家历史上的慈善活动和慈善事业,第4章介绍了基金会、社会团体、社会服务机构等慈善组织,第5章论述了慈善项目设计、实施和评估的理论和方法,第6章论述了慈善组织物质资源来源和物质资源筹集,第7章论述了慈善组织人力资源管理的理论和方法,第8章介绍了慈善事业法律法规和管理体制,第9章论述了慈善伦理,第10章介绍了慈善事业在资源配置、运作形式和数字技术应用等方面的创新发展。

本书具有系统性、前沿性和实践性等特点。系统性体现在本书既介绍了慈善事业的历史沿革,又介绍了慈善事业发展现状;既介绍了慈善事业的运作主体,又介绍了慈善事业的运作方式;既介绍了慈善事业的资源来源,又介绍了资源筹集和管理;既介绍了慈善事业的法律法规,又介绍了慈善伦理。本书的前沿性体现在本书以国际化的视野对慈善事业进行了跨国度介绍和跨文化比较,并将慈善事业在资源配置、运作形式方面的创新发展列入教学内容。本书的实践性体现在本书注重理论与实践结合,既阐述了慈善事业的基本概念、基本原理,又融合了丰富的案例介绍和分析;全书每章都有典型案例介绍,并设28个专栏,希望通过对慈善活动真实场景的展现和分析,帮助学习者更加深入地掌握理论知识,提高其运用理论解决实际问题的能力。

本教材是南京工业大学浦江学院和南京市慈善事业发展中心开展的慈善研究与慈善教育合作项目的阶段性成果。参与本教材编写的编者共有八位。第1、4、6、9章由谢家琛(浦江学院公益慈善管理学院执行院长、教授)编写;第2章由谢家琛、刘伟(江苏省委党校教授)编写;第3章由谢家琛、吕洪业(中央党校/国家行政学院国家治理教研部研究员)、刘伟编写;第5、7章由李健(北京航空航天大学公共管理学院教授)编写;第8章由陆璇(上海复恩社会组织法律研究与服务中心理事长)、谢家琛编写;第10章由俞志元(复旦大学社会发展与公共政策学院副教授)、卢玮静(中国矿业大学副教授、北京七悦社会公益服务中心主任)、玛莎(北京师范大学政府管理学院博士生)编写。全书由主编谢家琛修改定稿,并对全书主要观点和内容负责。

本书编写过程中得到了许多专家、学者、研究生的支持和帮助。南京工业大学法学院朱玉知教授参与了书稿审阅。南京工业大学法学院祝建兵副教授审阅了全部书稿,并提出了宝贵的修改意见;浦江学院公益慈善管理学院严蓓蓓教授、上海海洋大学法律学院张祖平教授参与了教材的策划,并对教材编写提供了支持;复旦大学社会发展与公共政策学院博士生付宇、香港大学社会工作及社会行政学系博士生彭诗琪为教材第 10 章 10.1、10.2 节提供了资料;复旦大学社会发展与公共政策学院博士生张晓晔对全部书稿进行了认真细致的文字校对、文献核查等工作;浦江学院公益慈善管理学院范如意老师参与了本教材项目的立项、联络协调和部分书稿校对工作。正是他们的辛勤付出和真诚奉献,才使得这本教材得以成功出版。谨向他们致以衷心的感谢!

本书的编写和出版得到了浦江学院林萍华校长及其他校领导的支持和鼓励,得到了南京市慈善事业发展中心领导的支持,得到了浦江学院一流专业建设项目的支持。在此一并表示感谢!

慈善管理目前还是一个新专业,编写一本专业的慈善事业概论教材绝非易事,书中难免有错误和疏漏,敬请各位读者批评指正。

谢家琛

2024 年 5 月

目录

第1章 慈善和慈善事业 ... 001
- 1.1 慈善事业相关概念 ... 001
- 1.2 慈善事业的功能 ... 006
- 1.3 慈善事业发展现状 ... 018
- 1.4 慈善事业的理论基础 ... 021
- 本章小结 ... 026
- 思考题 ... 027
- 主要参考文献 ... 027

第2章 慈善文化 ... 028
- 2.1 慈善文化概述 ... 028
- 2.2 中国传统慈善文化 ... 034
- 2.3 英美传统慈善文化 ... 040
- 2.4 建设中国现代慈善文化 ... 045
- 本章小结 ... 052
- 思考题 ... 053
- 主要参考文献 ... 053

第3章 历史上的慈善活动和慈善事业 ... 055
- 3.1 中国历史上的慈善活动和慈善事业 ... 055
- 3.2 英国历史上的慈善活动和慈善事业 ... 063
- 3.3 美国历史上的慈善活动和慈善事业 ... 075
- 本章小结 ... 085

思考题 ··· 086
主要参考文献 ··· 086

第4章　慈善组织 ·· 088
4.1　基金会 ·· 088
4.2　社会团体 ··· 101
4.3　社会服务机构（民办非企业单位） ····································· 109
本章小结 ··· 119
思考题 ··· 120
主要参考文献 ··· 120

第5章　慈善项目设计和管理 ··· 121
5.1　慈善活动和慈善项目 ··· 121
5.2　慈善项目设计 ·· 127
5.3　慈善项目实施与控制 ··· 133
5.4　慈善项目收尾与评估 ··· 145
本章小结 ··· 156
思考题 ··· 156
主要参考文献 ··· 156

第6章　慈善组织的物质资源 ·· 158
6.1　慈善组织物质资源来源 ··· 158
6.2　慈善组织物质资源筹集 ··· 165
6.3　慈善组织公众募捐策略 ··· 180
本章小结 ··· 187
思考题 ··· 187
主要参考文献 ··· 188

第7章　慈善组织的人力资源 ·· 189
7.1　慈善组织人力资源的构成 ·· 189
7.2　慈善组织人员招聘 ·· 191

7.3 慈善组织员工培训和开发 ………………………………… 197
  7.4 慈善组织绩效管理 ………………………………………… 200
  7.5 慈善组织薪酬管理 ………………………………………… 208
  7.6 "双因素"理论与慈善组织的激励策略 …………………… 212
  7.7 慈善组织志愿者管理 ……………………………………… 214
  本章小结 …………………………………………………………… 217
  思考题 ……………………………………………………………… 217
  主要参考文献 ……………………………………………………… 218

第8章 慈善事业的法律法规与管理体制 ……………………… 219
  8.1 我国慈善事业法律法规制定历程 ………………………… 219
  8.2 慈善活动的原则和慈善事业的管理体制 ………………… 222
  8.3 慈善组织 …………………………………………………… 225
  8.4 慈善募捐 …………………………………………………… 228
  8.5 慈善捐赠 …………………………………………………… 232
  8.6 慈善信托 …………………………………………………… 234
  8.7 慈善财产 …………………………………………………… 237
  8.8 慈善服务 …………………………………………………… 242
  8.9 信息公开 …………………………………………………… 244
  8.10 税收优惠 ………………………………………………… 249
  8.11 慈善事业的监督管理 …………………………………… 251
  本章小结 …………………………………………………………… 253
  思考题 ……………………………………………………………… 254
  主要参考文献 ……………………………………………………… 254

第9章 慈善伦理 …………………………………………………… 255
  9.1 伦理和慈善伦理的概念 …………………………………… 255
  9.2 慈善伦理的理论方法——功利主义 ……………………… 257
  9.3 慈善伦理的理论方法——义务论 ………………………… 261
  9.4 慈善活动中的道德困境与伦理分析 ……………………… 265
  9.5 慈善伦理基本原则 ………………………………………… 269

本章小结 ·· 281
思考题 ·· 281
主要参考文献 ·· 281

第10章 慈善事业创新发展 ·· 283
10.1 慈善资源配置创新发展 ·· 283
10.2 慈善运作形式创新发展 ·· 296
10.3 数字慈善 ·· 305
本章小结 ·· 313
思考题 ·· 314
主要参考文献 ·· 315

专栏目录

专栏 1-1	中国相对贫困家庭生活状况调查报告	011
专栏 1-2	腾讯"为村"项目	016
专栏 2-1	互惠利他理论	032
专栏 2-2	冯友兰的人生境界说	049
专栏 3-1	张謇的公益慈善事业	061
专栏 3-2	《财富的福音》(The Gospel of Wealth) 中的慈善思想	079
专栏 4-1	中国乡村发展基金会	098
专栏 4-2	阿拉善 SEE 生态协会	107
专栏 4-3	成都爱有戏社区发展中心参与社区治理案例	116
专栏 5-1	上海老年人住房适老性改造项目	143
专栏 5-2	"梦想工程"项目评估	155
专栏 6-1	"99 公益日":用一块钱,造一个全民公益节	170
专栏 6-2	"冰桶挑战"体验式筹款活动	174
专栏 6-3	中国捐赠圈研究报告	176
专栏 6-4	上海市公益创投案例	178
专栏 6-5	"小朋友画廊"募捐活动	184
专栏 7-1	无领导小组讨论测评技术	196
专栏 7-2	ND 公益基金会 360 度考核办法	204
专栏 8-1	爱华书院与湖南省青少年发展基金会合作开展募捐	230
专栏 8-2	中信·何享健慈善基金会顺德社区慈善信托	236
专栏 8-3	北京春苗慈善基金会的信息公开工作	246
专栏 9-1	英国《大议题》(The Big Issue) 杂志社	260
专栏 9-2	不让受助学生在电视上曝光	264
专栏 9-3	"多背一公斤"公益项目	267
专栏 9-4	《中国公益慈善筹款伦理行为准则(2022 年修订版)》节选	278

专栏 10-1	彼得伯勒社会效益债券	293
专栏 10-2	社会影响力投资案例——上海 CT 科技公司对深圳 LD 信息公司的投资	295
专栏 10-3	社会企业案例——深圳残友集团	300
专栏 10-4	F 市社会福利中心 PPP 项目	304

第1章 慈善和慈善事业

> **学习目标**
>
> 慈善事业是改善民生、促进共同富裕、提高社会文明程度的崇高事业。通过学习本章,我们应当掌握慈善、慈善活动、慈善事业等基本概念,了解慈善事业的主要功能,了解我国慈善事业的发展现状,了解慈善活动和慈善事业产生和发展的理论基础。

1.1 慈善事业相关概念

1.1.1 慈善的概念

1. 中国文化中慈善的含义

在中国古代典籍中,"慈善"一词最初是分开使用的。从文字训诂来看,"慈"的字形为上"兹"下"心"。金文[①]中慈的字形是 ,即 (表示草木渐生渐长)+ (表示心)。慈,从表示人对草木(农作物)生长的关心引申为表示父母对子女生长的关爱及对他人的关爱。西汉著名政论家、文学家贾谊在《新书》中对慈的解释是"亲爱利子谓之慈""恻隐怜人谓之慈"。在这里,贾谊从对内和对外两个方面对慈做了解释:对内而言,慈是亲爱利子;对外来说,慈是恻隐怜人。东汉文字学家许慎编著的《说文解字》中对慈的解释是"慈,爱也"。唐代孔颖达注疏《左传》有云:"慈者爱,出于心,恩被于物也。"恩被于物,即施惠于他人。

---

① 金文是铸或刻在商周青铜器上的铭文。

"善"的字形为上"羊"下"言"。金文中善的字形是 🐑,即 🐑(表示羊,意为温顺、安详)+ 🗣🗣(表示两个"言",意为言语温和、友好)。因此,善的本意是"吉祥、美好",即《说文解字》解释的"善,吉也",后引申为和善、亲善、友好。

到了南北朝时期,慈与善常常并列言之,于是有了"慈善"这一称谓。如《北史》中称崔光"宽和慈善,不忤于物,进退沈浮,自得而已"①。因此,中国传统文化中的慈善表达的是爱、亲善、友好的意思,也就是说慈善是源于内心的爱而导致的利他行为。这种行为从关爱身边的人出发,扩展到关爱穷人、老人、孤儿、残疾人等需要帮助的他人。慈善被引申为怀有仁爱之心,施行济困之举。改革开放以来,我国慈善的范围逐渐从扶危济困领域向社会服务领域、教科文卫体及环保领域扩展,慈善不仅是对困难群体的关爱,而且包括对整个社会的关爱。

2. 西方文化中慈善的含义

在英语中表示慈善概念的有两个词,即 charity 和 philanthropy。charity 源于拉丁文,其狭义解释是出于爱心给需要者提供应急性的帮助,包括个人和组织的济贫行为和对困难人群的帮助。philanthropy 源自希腊文 philanthropos,原意是爱人类。在希腊神话中有个叫普罗米修斯的神明,他出于对人类的热爱,从火神那里盗取了火送给人类,结果受到宙斯的惩罚,被锁在一座山上,肝脏被老鹰啄食。在埃斯库罗斯的名剧《被缚的普罗米修斯》中,逮捕普罗米修斯的人告诉他,他所受之惩罚乃是对他慈善行为(philanthropos)的回馈。philanthropy 这个词有多种解释,但其要义是指改善整个人群的福利状况的意愿和行动,包括通过志愿行动和资金捐赠来帮助困难群体和提高人们的生活质量。

charity 和 philanthropy 的不同之处:charity 侧重于应急性地缓和人们遭受的苦难;philanthropy 则侧重于寻找解决社会问题的根源,寻找战略性的、长期的解决社会问题的方案②。因此,philanthropy 这个词的含义要比 charity 广。

综上所述,慈善就是由内心的爱导致的有利于他人和社会的行为,这种行为在个体身上的表现就是帮助他人、捐赠款物、提供志愿服务等。帮助他人(陌生人)、捐赠款物和提供志愿服务是目前国际上公认的慈善行为。

---

① 周秋光,曾桂林.中国慈善简史[M].北京:人民出版社,2006:3.
② HELMUT K A, LIST REGINA A. A dictionary of civil society, philanthropy and the non profit sector [M]. London:Routledge,2005.

1.1.2 慈善活动和慈善事业

1. 什么是慈善活动

慈善活动是指基于慈善目的而开展的活动。《中华人民共和国慈善法》(简称"慈善法")对慈善活动有一个界定。慈善法第三条指出,"慈善活动是指自然人、法人和其他组织以捐赠财产或者提供服务等方式自愿开展的下列公益活动:(一)扶贫、济困;(二)扶老、救孤、恤病、助残、优抚;(三)救助自然灾害、事故灾难和公共卫生事件等突发事件造成的损害;(四)促进教育、科学、文化、卫生、体育等事业的发展;(五)防止污染和其他公害,保护和改善生态环境;(六)符合本法规定的其他公益活动"。

如果对慈善活动的概念进行概括,慈善活动是指帮助困难群体、优抚军烈属以及促进教科文卫体及环保等事业发展的公益活动。需要说明的是,我国慈善法明确的慈善活动的概念是"大慈善"的概念,即慈善活动的内容不仅仅是帮助困难群体,还包括优抚和促进教科文卫体及环保等事业的发展。由于把促进社会公共利益的活动也纳入慈善活动的范围,这就突破了慈善活动仅仅是帮助困难群体的传统的"小慈善"概念。

2. 什么是慈善事业

慈善活动历史悠久。人们的互助合作活动和对困难人群进行帮助的活动在原始社会就存在着,但慈善事业则是在近代社会组织产生之后才逐渐形成的。慈善事业是指在自然人、法人和其他组织自愿捐赠财产或者提供服务的基础上,由慈善组织运作的有组织、有计划、经常性的帮助困难群体和为公共利益服务的活动。其活动内容既包括帮助困难群体和特殊群体,也包括促进教科文卫体及环保等增进社会公共利益的活动。慈善事业具有以下几方面的特点:

(1) 慈善事业是以自愿捐赠款物和提供志愿服务为基础的事业。自愿捐赠款物和提供志愿服务是慈善事业的思想基础和物质基础,其中自愿体现了慈善事业出于爱心的思想动机,捐赠款物和志愿服务提供了慈善事业的物质资源。

(2) 慈善事业是民间的活动。与政府提供的社会保障和公共服务不同,慈善事业是民间发起、民间运作的活动。虽然世界各国的政府都在不同程度上对慈善事业进行了政策上和财力上的支持,但从本质上来说,慈善事业是民间对各种社会问题的回应,是民间解决社会问题的努力。

（3）慈善事业是非营利的事业。如果说慈善事业是民间的活动划清了慈善事业与政府运作的公共事业的界限，那么慈善事业是非营利的活动则划清了慈善事业与商业的界限。慈善事业的非营利性体现在三方面：一是不以营利为目的，在组织的章程等一系列关系到组织基本问题的文件中，必须申明非营利的目的；二是不向出资人、设立人或者工作人员分配所取得的利润，即出资人、设立人或者工作人员除了必要的工资福利之外，不得分配组织运营产生的利润；三是不得向出资人、设立人或者工作人员分配剩余财产，剩余财产应当按照法人章程的规定或者权力机关的决议用于公益目的。

（4）慈善事业是慈善组织为运作主体的事业。慈善作为一个事业，需要开展有组织、有计划、经常性的活动。为此，慈善事业需要专门的组织机构来运作。如同企业是市场经济的运作主体一样，慈善组织是慈善事业的运作主体。在我国，慈善组织是指依法成立、符合法律规定，以面向社会开展慈善活动为宗旨的非营利性组织。慈善组织可以采用基金会、社会团体、社会服务机构等组织形式。慈善组织可以分为狭义的慈善组织和广义的慈善组织。狭义的慈善组织是指依据慈善法，由各级民政部门准予设立或认定并颁发慈善组织证书的组织。广义的慈善组织是指登记认定的慈善组织和那些虽然未取得民政部门颁发的慈善组织证书，但是事实上是以面向社会开展慈善活动为宗旨的非营利性社会组织。本书提到或论述的慈善组织指广义的慈善组织。

3. 慈善事业与公益事业

在阐述了慈善、慈善事业的基本概念以后，我们要阐述两个与慈善和慈善事业有密切关系的概念——公益和公益事业。什么是公益？《词源》中"公益"一词的释义是公共之利益。关于"公益"一词的来源，秦晖认为，"公益"一词在19世纪末首先是日本人用来译西文中 public welfare（公共福利）一语的。明治年间的日本学者留冈幸助在所著《慈善问题》一书中，把 charity 与 philanthropy 译为"慈善"，把 public welfare 译为"公益"。后来"公益"一词为汉语所沿用。秦晖认为把 public welfare（公共福利）译为"公益"不太妥当，而"公共物品"（public goods）之西文本意似更与"公益"之汉文语意相契[1]。现在看来，将 public welfare 和 public goods 译为"公益"都不太恰当。与"公益"一词相对应的英文应是

---

[1] 秦晖.政府与企业以外的现代化：中西公益事业史比较研究[M].杭州：浙江人民出版社，1999：27，168-169.

public benefit。《公民社会、慈善和非营利部门词典》指出，公益（public benefit）是指对社会有益的事业[①]。德国税法把公益概括为以下几个方面：（1）在物资、精神和道德层面促进公众利益；（2）出于爱心帮助需要帮助的人和无法照料自己的人；（3）有关宗教事务的活动；（4）支持科学、教育、文化艺术、国际交流、发展援助、环境保护、历史遗迹保护、地方风俗保护等；（5）支持青年福利、老年人福利、公共健康、体育事业；（6）支持地方民主和社区民主；（7）支持畜牧业、植物种植、园艺事业、传统风俗、退伍军人事务等[②]。在我国，1999年出台的《中华人民共和国公益事业捐赠法》给公益事业下过一个明确的定义："公益事业是指非营利的下列事项：（一）救助灾害、救济贫困、扶助残疾人等困难的社会群体和个人的活动；（二）教育、科学、文化、卫生、体育事业；（三）环境保护、社会公共设施建设；（四）促进社会发展和进步的其他社会公共和福利事业。"

根据前面阐述的慈善和慈善事业的概念，我们可以看到，公益与慈善这两个概念的外延基本一致，两者都从事帮助困难群体和促进公共利益的非营利的活动。但是，从内涵上分析，两者是有区别的。其区别在于公益及公益事业一般是由政府部门主导、社会力量参与的"公办"的活动。杨团认为，"公益意味着国家或者社会为了整体的需要、超越地区或者集团的局部利益，指向非特定多数人的利益，也意味着公民在共同的、共识的领域和场景中关注公共事业，为增进共同的利益，推进社会公正、公平的发展而采取的集体性协调行动"[③]。目前国外以及我国的许多公益事业是由政府利用国有财产举办的公共机构（事业单位）（public agencies）运作的。慈善及慈善事业则与公益及公益事业不同，慈善及慈善事业是由慈善组织主导、政府机构支持、社会力量参与的"民办"的活动。慈善事业以社会成员的慈善心为道德基础，以社会成员的资源捐献为经济基础，以民间慈善公益组织为组织基础，完全以捐助者的意愿为实施基础[④]。因此，公益、公益事业的概念与慈善、慈善事业的概念既有联系也有区别。公益、公益事业和慈善、慈善事业不是完全等同的概念。然而，在实践中，公益、公益事业与慈善、慈善事业经常被作为等同的概念来使用，如许多基金会的名称叫

---

① HELMUT K A, LIST REGINA A. A Dictionary of Civil Society, Philanthropy and the Non Profit Sector[M]. London: Routledge, 2005: 210.
② HELMUT K A, LIST REGINA A. A Dictionary of Civil Society, Philanthropy and the Non Profit Sector[M]. London: Routledge, 2005: 211.
③ 杨团, 葛道顺. 中国慈善发展报告（2009）[M]. 北京: 社会科学文献出版社, 2009: 3.
④ 杨团, 葛道顺. 中国慈善发展报告（2009）[M]. 北京: 社会科学文献出版社, 2009: 9.

"××公益基金会",大部分互联网公开募捐信息服务平台的名称叫"××公益"等。为了论述方便,除了专门指出的以外,本书中出现的"公益"和"慈善"这两个词被界定为表达慈善概念的可以互换使用的词。

1.2 慈善事业的功能

慈善事业的功能指慈善事业在国家经济社会发展方面的作用。罗伯特·佩顿(Robert Payton)和迈克尔·穆迪(Michael Moody)在《慈善的意义与使命》一书中提出,慈善是对人类固有难题的回应并且可以让世界变得更好。人类固有的难题指与人类生活相关的自然、社会、政治、经济失灵,导致人类产生苦难,如自然灾害、瘟疫、战争、贫困、政治经济系统失灵等。面对这些难题,个人和群体如未能得到帮助往往难以应付。慈善作为一种道德愿景的实践,就是对这些苦难做出的回应。让世界变得更好指的是慈善能够设想出很多方式,让我们的生活更加惬意、舒适、愉快、和谐,让我们的工作更加成功、有效和有益,让生活质量得到提高。"教育和艺术让这个世界更好,为庇护所提供毯子也能让世界更好。对于很多家庭来说,生活可以更好,如果家庭中的成年人可以在帮助下战胜酒精和药物滥用。对很多身体残疾的人来说,生活可以更好,如果可以提供他们一些辅助设备。"[①]

党的十八大以来,党中央在统筹推进经济建设、政治建设、文化建设、社会建设和生态文明建设的过程中充分肯定了慈善事业的积极作用。一是肯定慈善事业在社会保障体系中的作用。党的十八大报告在统筹推进城乡社会保障体系建设部分提出"完善社会救助体系,健全福利制度,支持发展慈善事业";党的十九大报告提出"完善社会救助、社会福利、慈善事业、优抚安置等制度"。二是肯定慈善事业在社会治理体系中的作用。党的十九届四中全会决定指出"必须加强和创新社会治理,完善党委领导、政府负责、民主协商、社会协同、公众参与、法治保障、科技支撑的社会治理体系,建设人人有责、人人尽责、人人享有的社会治理共同体","完善群众参与基层社会治理的制度化渠道","发挥群团组织、社会组织作用"。三是肯定慈善事业在推进共同富

---

① 佩顿,穆迪.慈善的意义与使命[M].郭烁,译.北京:中国劳动社会保障出版社,2013:81-159.

裕中的作用。党的十九届五中全会通过的《中共中央关于制定国民经济和社会发展第十四个五年规划和二〇三五年远景目标的建议》指出,"发挥第三次分配作用,发展慈善事业,改善收入和财富分配格局";党的二十大报告提出,"扎实推进共同富裕","构建初次分配、再分配、三次分配协调配套的制度体系","引导、支持有意愿有能力的企业、社会组织和个人积极参与慈善事业"。四是肯定慈善事业在提高社会文明程度中的作用。习近平总书记曾指出,慈善事业是惠及社会大众的事业,是社会文明的重要标志,是一种具有广泛群众性的道德实践[①];党的二十大报告指出,"中国式现代化是物质文明和精神文明相协调的现代化","实施公民道德建设工程,弘扬中华传统美德","推动明大德、守公德、严私德,提高人民道德水准和文明素养"。当前,我国慈善事业的功能可以归纳为以下四方面:

1.2.1　慈善事业是完善社会保障体系的重要事业

市场经济是目前人们公认的社会资源配置最佳方式。但市场经济也有缺陷,即会出现"市场失灵"问题,如市场无法处理效率和公平的问题。保罗·萨缪尔森(Paul Samuelson)和威廉·诺德豪斯(William Nordhaus)在《经济学》中指出:"事实上,竞争市场不能保证:收入和消费会必然地给予那些最需要的人和理应归于他的人。相反,市场经济中收入和消费的分配反映遗传的才智、财富的初始禀赋以及一系列其他因素如歧视、努力、健康、运气的影响。事实上,自由放任制度下的完全竞争可能导致巨大的不平等。"[②]这就是说,公平与效率不是平行的。因为各人所拥有的体力、智力、资本、机会有很大差别,人们在竞争中的条件、实力、能力不同,按市场分配就会造成收入差别。如果收入差距过大,会导致贫富两极分化,形成社会矛盾,造成社会不公。比如在市场竞争中,老弱病残等群体因为丧失或部分丧失劳动能力会失业或收入不足,难以维持基本生活。为了保障他们的生存权,就需要建立社会保障体系。

社会保障体系是指以国民收入再分配方式为全体社会成员的基本生活权利提供安全保障的制度体系,由社会救助、社会保险、社会福利等组成。政府是社会保障的主要责任主体,通过税收实现的财政收入来支出社会救助、社会福利全部费用和社会保险金的部分费用。然而,政府因为人力、物力、财力等资源

---

① 民政部编写组.深入学习习近平关于民政工作的重要论述[M].北京:人民出版社,2023:114.
② 萨缪尔森,诺德豪斯.经济学[M].胡代光,译.北京:北京经济学院出版社,1996:541-542.

上的限制,只能做到保基本、兜底线、促公平,不能完全满足社会成员对社会保障的需求,需要慈善事业提供补充。

1. 生活帮扶

政府负责建立最低生活保障制度,在衣、食、住、行等方面制定维持一个人生存的最低限度的基本标准,对收入低于最低生活标准的公民提供低保。截至2021年底,全国城市低保平均保障标准711.4元/(人·月),全国共有城市低保对象454.9万户、737.8万人。全国农村低保平均保障标准6 362.2元/(人·年),全国有农村低保对象1 945.0万户、3 474.5万人。当年我国的低保标准与居民人均可支配收入相比相对较低。如2021年城镇居民人均可支配收入中位数为43 504元,城镇低保平均保障标准为8 536.8元,城镇低保标准占城镇居民人均可支配收入中位数的百分比为19.6%;农村居民人均可支配收入中位数为16 902元,农村低保平均保障标准为6 362.2元,农村低保标准占农村居民人均可支配收入中位数的百分比为37.6%。上述两个指标比国际通用的相对贫困标准(中位收入的40%~60%)要低。除了低保群体,还存在着那些收入虽然超过低保标准,但家庭成员患病或子女上学、突发事件等造成刚性支出水平过大的"支出性贫困"群体。虽然政府制定了相关政策,明确"对于不符合低保或特困供养条件的低收入家庭和刚性支出较大导致基本生活出现严重困难的家庭,根据实际需要给予相应的医疗、住房、教育、就业等专项社会救助或其他必要救助措施"①,但政府救助在救助范围、救助资金、资源链接方面仍有不足。由于社会救助不充分,慈善事业提供的慈善帮扶能够为政府的社会救助制度提供补充,与政府救助形成救助合力,更好地满足困难群众在基本生活方面的需要。民政部2023年9月印发的《加强政府救助与慈善帮扶有效衔接的指导意见》指出,"各地民政部门要加强与公益慈善力量合作,建立完善与公益慈善力量协调工作机制","对暂不符合政府救助条件或政府救助后生活仍有困难的群众,各地民政部门可积极寻找公益慈善资源,争取慈善帮扶"。2003年成立的上海市帮困互助基金会在协助政府开展社会救助工作中,为特殊困难市民提供了应急性、临时性、综合性帮困服务,在一定程度上及时地解决了社区居民日常生活中的困难。2021年,该基金会共实施了12个慈善项目,总支出为66 761 176元,受助人数为52 135人。

---

① 中共中央办公厅,国务院办公厅.关于改革完善社会救助制度的意见[R/OL].[2020-08-25](www.gov.cn).

2. 医疗救助

截至2021年底,14.12亿中国居民中有13.64亿加入了各类基本医疗保险,参保人数占总人口的96%以上。但现行的制度安排是保基本,无法承担参保者的全部医疗费用。从我国卫生总费用看,城乡居民个人自付部分占比为25%～35%左右。在城乡群众的各种致贫原因中,因病致贫比较突出。根据《中国民生调查2021》,在询问"在家庭生活中,目前最让您焦虑的是什么"问题时,有39.3%的受访者将医疗列为让其最焦虑的三个问题之一。一项针对广州市困难家庭的抽样调查显示:调查对象中约68%的家庭一年内有门诊费用支出,平均费用为6 489元;约26%的家庭一年内有住院治疗费用,平均费用为4 477元①。家庭医疗支出较大。由于目前的医疗保障制度存在不足,慈善事业可以发挥重要的补充作用。如中国乡村发展基金会联合有关企业于2017年发起"顶梁柱健康扶贫公益保险"项目,对受保人住院总费用中的自付费用进行补充报销。截至2021年底,该项目累计筹集善款近3.7亿元,惠及云南、贵州、陕西等12省(自治区、直辖市)100县(市、区)1 335余万低收入人口,累计理赔19.18万人次,累计理赔金额为2.9亿元,有效减轻了低收入人口住院负担。深圳市恒晖公益基金会联合有关公益机构于2018年发起"联爱工程",开展"儿童癌症综合控制"社会实践,探索因病致贫社会问题的规律性解决办法。该项目与政府部门密切合作,以儿童白血病为试点病种,以广东省河源市、青海省和甘肃省为试点地区,建立"慈善-医保补充基金",为儿童白血病患儿提供补充报销,减轻患儿家庭经济负担。同时,项目从患儿家庭关怀、医疗能力提升、药物政策完善等角度创新重大疾病综合控制模式,为国家实施健康中国战略助力。截至2022年底,"联爱工程"项目为河源市白血病患儿提供直接救助资金共计6 453 429.18元,救助了176名白血病患儿;帮助河源市人民医院建立了儿童血液科;推动两款儿童白血病临床广泛使用的新药、特效药进入国家医保目录。2019年"联爱工程"成功复制到青海省,救助了118名青海省白血病患儿。2023年8月,"联爱工程"落地甘肃省。

3. 助学兴教

我国已经建立起学前教育至研究生教育阶段的国家资助政策体系,在教育普及、教育公平、教育综合改革等方面取得了较大进展。但受多方面因素影响,

---

① 刘硕明.支出型贫困家庭社会救助制度研究:基于广州市的贫困调查[J].农村金融研究,2021(1):16.

教育发展不平衡不充分问题仍较为突出。根据《中国民生调查2021》,子女教育是家庭消费支出压力最大的选项,在回答"您家目前日常消费开支最大的前三项"时,有上学子女的家庭中,把子女教育作为首选的家庭占比最高,为50.8%①。一项针对广州市困难家庭的抽样调查显示,80%的受访对象认为政府、学校和社会提供的教育资助费用无法满足基本需求②。此外,中小学阶段办学条件发展不均衡问题突出,学前教育"入园贵""入园难"问题仍然存在。在此情况下,慈善事业在教育事业优质均衡发展中起到了重要的补充作用。如中国青少年发展基金会实施的"希望工程",从1989年开始实施至2021年底,共资助困难学生662万余名,援建希望小学20 878所。新华爱心教育基金会于2004年发起资助贫困家庭高中生完成高中学业的"捡回珍珠计划",截至2021年12月,在全国25个省(自治区、直辖市)与199所合作学校实施项目,有77 628名学生受益。中国发展研究基金会于2009年开始实施"山村幼儿园计划",为中西部贫困地区及偏远地区的3～6岁儿童提供免费学前教育,截至2021年底,项目覆盖10省(自治区)22个县(市),累计20多万贫困地区儿童受益。

4. 养老服务

根据第七次全国人口普查结果,全国人口中,60岁及以上人口为264 018 766人,占18.70%,其中65岁及以上人口为190 635 280人,占13.50%。人口普查数据表明,我国已进入老龄化社会并且展现了人口老龄化继续深化的势头。众多老年人口对养老服务有着迫切的需求。截至2021年底,全国共有各类养老机构和设施35.8万个,养老床位合计815.9万张。其中注册登记的养老机构4.0万个,床位503.6万张;社区养老服务机构和设施31.8万个,共有床位312.3万张。虽然我国养老机构和设施发展很快,但养老服务还存在供给不足、质量不高等问题。以养老服务体系中居于主体地位的居家社区养老服务为例,我国目前只有53%的社区有养老照料机构和设施(我国约有60余万个社区)。根据《中国民生调查2021》中开展的调查,受访老年人对养老服务有多样化的需求,如上门医疗服务(38.7%)、居家健康监测紧急救助(30%)、老年文化娱乐活动(29.5%)、家政服务(19.85%)、建更多养老机构

---

① 国务院发展研究中心课题组.中国民生调查2021[M].北京:中国发展出版社,2021:99.
② 刘硕明.支出型贫困家庭社会救助制度研究:基于广州市的贫困调查[J].农村金融研究,2021(1):17.

(17.05%)、照料服务(包括帮助做饭、打扫卫生/整理家务、陪伴出门、帮助洗澡等)(14.2%)、心理关爱(13.8%)等①。因此,在中国社会人口老龄化程度不断加深的情况下,需要政府、企业、社会组织加强合作,汇聚更多社会养老资源,提供高质量、多样化的养老服务。事实上,包括慈善力量在内的社会力量在创办和运营养老机构和设施方面已经发挥了重要作用。如江苏省截至2021年底,共有2 330家养老机构、74.2万张养老床位,其中有70%由社会力量创办或经营。

此外,在残疾人福利、儿童福利等方面,政府的供给同样存在不充分的问题,需要慈善事业提供补充。

综上所述,慈善事业是完善社会保障体系的重要事业。

专栏 1-1

中国相对贫困家庭生活状况调查报告

2020年底,在中国现行标准下,9 899万农村贫困人口全部脱贫,达成了消除绝对贫困的目标,但相对贫困仍将长期存在。基于中国社会科学院社会学研究所2021年中国社会状况综合调查(CSS2021)数据和相对贫困家庭标准(人均纯收入为农村居民收入中位值的50%及以下)、脆弱家庭标准(人均纯收入为农村居民收入中位值的50%~全国居民收入中位值的50%),我国2020年相对贫困家庭和脆弱家庭(家庭年收入13 770元以下)的比例是34.77%,对应群体规模为4.91亿人,主要分布在乡村和城乡接合部地区。从地理位置上看,西北地区占比最高,为26.8%;其次是西南和中南地区,占比超过20%。相对贫困家庭的首要特征是经济生活上的"贫",表现为收入相对不足和支出的负担过重。相对贫困家庭和脆弱家庭中分别有56.12%和53.02%的家庭认为遇到"家庭收入低,日常生活困难"的问题,分别有41.44%和36.26%的家庭认为遇到"医疗支出大,难以承受"的问题,分别有29.78%和30.44%的家庭认为遇到"子女教育费用高,难以承受"的问题。相对贫困家庭和脆弱家庭成员的营养水平、居住条件和教育投入均处于相对匮乏状态。同时,这些家庭成员在社会上也处于弱势地位,不上网的比例高,参与社会团体、志愿服务和政治过程的比例低。

国家针对相对贫困问题已经制定了日常性帮扶措施,并纳入乡村振兴战略

---

① 国务院发展研究中心课题组.中国民生调查 2021[M].北京:中国发展出版社,2021:147-148.

架构下统筹安排。本调查报告对改善相对贫困家庭生活状况的政策建议是：第一，努力引入多样化经营，促进农村居民收入来源多元化；第二，注重相对贫困家庭成员致富能力与人力资本的培养。让他们更多地接受正规教育或继续教育，促进城乡社会保障和基本公共服务均等化；第三，加强基层社区社会、政治和文化建设，加强这些家庭成员的社会融入。

资料来源：李培林，陈光金，王春光.2023年中国社会形势分析与预测[M].北京：社会科学文献出版社，2022.

1.2.2 慈善事业是健全社会治理体系的重要事业

现代社会存在大量公共事务，政府无疑是公共事务管理的核心主体，但不是唯一的主体。党的十九届四中全会通过的《中共中央关于坚持和完善中国特色社会主义制度 推进国家治理体系和治理能力现代化若干重大问题的决定》提出"坚持和完善共建共治共享的社会治理制度"，"完善党委领导、政府负责、民主协商、社会协同、公众参与、法治保障、科技支撑的社会治理体系"。慈善事业是慈善组织运作的帮助困难群体和增进公共利益的活动。从事慈善事业的慈善组织是社会治理体系中的一支重要力量，慈善组织开展的各种活动都与公共事务管理有关，都有利于维护全体社会成员权益，有利于建设人人有责、人人尽责、人人享有的社会治理共同体。

慈善组织参与社会治理不仅体现在提供社会服务方面，还体现在参与社会事务的法律和政策制定、参与社会事务管理等方面。在参与社会事务的法律和政策制定方面，慈善组织是公民自愿组织起来的，对社情民意有深刻的了解，因此能充分表达民意、传达民情、维护民权。在相关立法和公共政策的制定过程之中，慈善组织能反映各个阶层特别是弱势群体的利益诉求和政策主张，努力在立法和公共政策制定中实现更广泛的社会公正。

在参与管理社会事务方面，慈善组织不是靠行政权力从事管理的权力机构，也不是靠市场竞争追求利润最大化的经济组织，因而具有知民情、接地气、低成本等优势，可以在排除和化解社会矛盾、协调解决纠纷、承担法律援助、接待信访群众等方面发挥重要作用。如北京市2016年参与社会矛盾调解的社会组织有近8 000家，已成为参与社会矛盾化解的重要力量。当年，北京市政府共投入6 000多万元购买社会组织服务，其中300多万元用于购买社会矛盾调解相关项目服务。北京市致诚民工法律援助与研究中心4年内办结3 798件法律援助案件,服务农民工 5 963 人次,帮助讨薪 3 908 万元,有效化解了矛盾,被服务农民工无人继续上访。北京市医疗纠纷人民调解委员会为中央、市属三甲医院以及全市各类 1 万余家医疗机构的医疗纠纷提供调解服务。机构自成立以来,累计受理各类医疗纠纷 9 070 件,调解结案 8 517 件,紧急现场调解医疗纠纷 359 件,为维护首都医患和谐做出了积极贡献。北京市海淀睿博社会工作事务所长期开展深宵外展社会工作,2014 年直接接触各类夜间活动青少年 300 人次/月并与其交流,间接接触各类夜间活动青少年 3.6 万人次/月,对问题青少年给予了及时救助、引导、干预和帮助①。

社会是人的社会,社会事务错综复杂。只有充分调动人及由人组成的以慈善组织为主体的社会组织的积极性、主动性和创造性,才能有效应对和管理社会事务,实现社会的良性运转。慈善组织参与管理社会事务,调处社会矛盾,发挥了慈善组织来自社会、服务社会的独特优势,增加了管理资源,减轻了政府的压力,有利于维护全体社会成员权益,实现公共利益最大化。

1.2.3 慈善事业是促进共同富裕和社会和谐的重要事业

2021 年 8 月召开的中央财经委员会第十次会议指出,要坚持以人民为中心的发展思想,在高质量发展中促进共同富裕,正确处理效率和公平的关系,构建初次分配、再分配、三次分配协调配套的基础性制度安排。在这次会议上,习近平总书记提出了促进共同富裕的工作任务和时间表:"到十四五末,全体人民共同富裕迈出坚实步伐,居民收入和实际消费水平差距逐步缩小。到 2035 年,全体人民共同富裕取得更为明显的实质性进展,基本公共服务实现均等化。到 21 世纪中叶,全体人民共同富裕基本实现,居民收入和实际消费水平差距缩小到合理区间。"②

根据中央财经委员会第十次会议和习近平总书记的讲话精神,实现共同富裕就要在经济发展的基础上把居民收入差距缩小到合理区间,实现基本公共服务均等化。改革开放 40 多年来,我国国民经济实现了史无前例的快速发展。根据世界银行的统计,2021 年我国按购买力平价折算后的人均国民收入(GNI)为 19 160 美元。根据世界银行最近发布的标准,GNI 达到 19 614 美元为中高收入国家,达到 12 833 美元为中等收入国家。按照此标准,我国已经进

---

① 殷星辰.北京社会治理发展报告(2017—2018)[M].北京:社会科学文献出版社,2018:182-184.
② 习近平.扎实推动共同富裕[J].求是,2021(20):1.

入中等收入国家行列,GNI 离中高收入国家差 454 美元。然而,由于目前我国居民的收入差距较大,距离共同富裕的标准还有较大的差距。

目前我国居民的收入差距表现在以下几个方面：一是城乡收入差距较大。1978 年城镇居民人均可支配收入是农村居民的 2.57 倍,2003 年为 3.23 倍,2015 年为 3.5 倍,2020 年为 2.56 倍。二是城乡居民社会保障待遇差距较大。以养老金为例,2020 年农村居民养老金待遇为每月 174 元,而城镇职工养老金待遇为每月 3 350 元,后者是前者的 19 倍[1]。三是地区收入差距较大。2021 年全国居民人均可支配收入 35 128 元,上海、北京的居民人均可支配收入都超过了 7.5 万元。然而,排在倒数第二的贵州居民人均可支配收入为 23 996 元,排在倒数第一的甘肃居民人均可支配收入仅 22 066 元。从最低生活保障看,2021 年第三季度,以省份为单位的城市低保标准中,上海、北京、天津三地低保标准超过 1 000 元,湖南、河南、新疆和海南低保标准则低于 600 元,最高标准（上海）是最低标准（海南）的 2.4 倍[2]。四是基尼系数居高不下。20 世纪 80 年代以来,中国居民收入基尼系数从 0.3 左右上升到 2019 年的 0.46,进入世界上收入差距特别大的 20% 国家行列。城乡、区域的差距和基尼系数的高企,使得我国在促进共同富裕方面还有艰巨的工作任务。

慈善事业对促进共同富裕有重要作用。慈善事业通过自愿捐赠和志愿服务实现社会财富第三次分配,使部分社会财富从富裕阶层向困难群体转移,从而推动缩小城乡、区域差距,促进社会公平、公正。

在推进基本公共服务均等化方面,慈善事业也可发挥重要作用。如前所述,慈善事业在教育、医疗、养老等公共服务领域实施开展了众多慈善项目和慈善服务,为人民群众特别是困难群众提高受教育程度以及获取医疗救治、养老服务等公共服务提供了普惠、及时的支持。

共同富裕与社会和谐紧密相关。收入差距缩小,公共服务均等化,有利于社会和谐安定。在市场经济中,各人所拥有的体力、智力、资源在质和量上会有很大差别。弱势群体在缺乏经济资源的同时,也会缺少社会资源。这种情况如发展下去,会造成阶层固化和群体矛盾,孕育社会风险。通过发展慈善事业,把

---

[1] 杨立雄.概念内涵、路径取向与分配定位:对共同富裕关键理论问题的探讨[J].华中科技大学学报:社会科学版,2022(4):87.

[2] 杨立雄.概念内涵、路径取向与分配定位:对共同富裕关键理论问题的探讨[J].华中科技大学学报:社会科学版,2022(4):87.

一部分富裕资源用于帮助困难群体和推进基本公共服务均等化,使得不同收入阶层的百姓都能获得个性化、多样化、普惠性的基本公共服务,有利于促进下层社会成员向上流动,改善人际关系,促进社会和谐稳定。

1.2.4 慈善事业是促进人的全面发展,提高社会文明程度的重要事业

人类的一切活动都是为了维护人的生存权和发展权。人的基本物质生活需求得到满足后,需要在科学、文化、健康、精神生活等方面得到发展。慈善事业在促进人的全面发展,提高社会文明程度方面具有重要作用。

1. 慈善事业有利于促进教科文卫体事业的发展

改革开放前,受计划经济体制和观念影响,公共服务供给基本上由政府包揽,造成服务供给效率和水平不高。党的十八大以来,中央和各地政府创新公共服务提供方式,支持、鼓励社会力量参与公共服务的提供,越来越多的慈善资源投入教育、科学、文化、卫生、体育、环保等领域。《中国慈善发展报告(2022)》披露,2020年我国慈善捐赠投向医疗、教育和扶贫这三个领域的资金最多,捐赠额占比分别为34.05%、21.59%和18.48%,三者合计占捐赠总量的74.12%。社会组织参与多元化的公共服务供给体系,使得公共服务的覆盖度、可及性、多样性不断提高。

2. 慈善事业有利于提升人的道德水平

慈善是受仁爱之心和利他精神驱动的志愿行为,人们在参与慈善活动、帮助他人的过程中心灵受到净化,在关爱社会、服务社会的过程中性情受到陶冶,从而有利于精神境界的跃升,有利于营造与人为善、助人为乐的社会氛围。慈善事业越发达,人的道德水平越高,社会文明程度也越高。习近平总书记在浙江工作期间曾发表过一篇名为《在慈善中积累道德》的文章,文章指出,"无论是个人还是组织,无论是贫穷还是富裕,不管在什么条件下,不管做了多少,只要关心、支持慈善事业,积极参与慈善活动,就开始了道德积累。这种道德积累,不仅有助于提高个人和组织的社会责任感及公众形象,而且也有助于促进整个社会的公平、福利与和谐,有利于增强社会凝聚力和向心力,使社会主义荣辱观在全社会得到更好的弘扬,切实提高全社会的道德水平和文明程度"[①]。

---

① 习近平.之江新语[M].杭州:浙江人民出版社,2007:252.

3. 慈善事业有利于丰富人的精神世界

参与慈善活动,人们可以满足自尊和自我实现等精神需求,丰富人的精神世界。美国著名心理学家亚伯拉罕·马斯洛(Abraham Maslow)把人类的需要分为生理需要、安全需要、归属和爱的需要、自尊需要和自我实现需要等五个层次。人类在基本的生理需要、安全需要、归属和爱的需要得到满足后,会期望获得更高层次的自尊和自我实现的需要。自尊需要的满足使人觉得自己在这个世界上有价值、有力量、有能力、有位置、有用处和必不可少。自我实现需要的满足使人的潜力得以实现,使人越来越成为独特的那个人①。美国纽约健康增进学院曾对 1 700 多名经常做义工的妇女进行分析,发现她们为别人提供帮助时,自己的生理、心理疾病逐渐减轻甚至消失。有 88% 的义工感觉自己安全、健康、舒畅、幸福。她们说做完义工后,觉得平静自在,很有价值感②。上海师范大学老校长杨德广教授,在 70 岁时把房子卖掉所得的 200 万元和自己的书稿费 100 万元全数捐出,用于资助贫困学生。2014 年,他发起创建"阳光慈善专项基金",在我国 12 个西部地区开展"阳光优秀生"帮困助学活动,坚持十余年。杨德广教授说做慈善"给自己带来了快乐和幸福,慈善就是对健康的最好投资"。"赠人玫瑰,手有余香。"从事慈善活动使人获得尊敬、感激和赞美,感受到自己的价值和潜力,获得精神的欣慰和愉悦。

专栏 1-2

腾讯"为村"项目

腾讯"为村"项目由腾讯公益慈善基金会发起并实施。腾讯公益慈善基金会于 2007 年成立,是中国第一家由互联网企业发起的慈善基金会。秉承成为"人人可公益"的创联者的理念,腾讯基金会推动互联网与公益慈善事业的深度融合与发展,通过创建"腾讯网络捐赠平台""益行家""腾讯公益网"等产品,培养亿万网友的公益习惯,推动"人人可公益"的生态建设;通过发起和实施"为村"等项目,探索互联网与公益相结合,助推精准扶贫、乡村发展和基层治理创新。

"为村"项目以"互联网+乡村"的模式,让每个村庄拥有一个微信公众号。引导村委会工作人员学习管理,引导村民学习使用,整合多方资源,满足乡村治理、村民生产生活交流、村庄电子商务等需求,助力村庄精准扶贫,推动村庄综

---

① 马斯洛.动机与人格[M].许金声,译.北京:中国人民大学出版社,2013:15-25.
② 赵华文,李雨.慈善的真相[M].合肥:安徽人民出版社,2012:278.

合发展。2014年腾讯基金会在贵州省黔东南苗族侗族自治州的铜关村邀请中国移动架设4G基站,邀请中兴通讯股份有限公司为村民捐赠智能手机,腾讯负责培训村民学习手机上网,并为村庄申请了微信公众号。2015年8月,腾讯"为村"项目面向全国发布,并把项目模式归纳为:情感链接、信息连接和财富连接,为乡村治理服务,为村民生活服务,为村庄生产服务,提升村庄脱贫能力。目前,全国有1.6万个村庄加入"为村"项目,上线村民有250多万人。

"为村"项目的扶贫效应。湖南省湘西土家族苗族自治州的比耳村坐落于该自治州西部边陲,全村有1 260人,种植4 000多亩脐橙。虽然脐橙的品质极佳,却因知名度不高卖不出好价钱。2016年,比耳村加入了"为村"平台,村里组建了比耳"为村"团队,带领村民合力打造比耳脐橙品牌,教乡亲学习上网,教果农做品控,为脐橙设计包装和网络推广方案。短短一年时间内,比耳村发展了110多家微店。借助村庄公众号,比耳脐橙的知名度开始提升,引来了很多线下收购商,吸引了近50个外村经销商为比耳村分销。2016年,比耳村村民以每斤6.8元的价格网销脐橙12万多斤,批发价提升到每斤1.8~2.2元,较2015年每斤1.2~1.5元的批发价提升了0.6元以上,全村因价格调整增收500多万元。2017年4月19日,《新闻联播》播出了互联网为比耳村带来的变化。2020年,该村成功摘掉"贫困村"帽子。

"为村"项目的基层治理效应。"为村"项目也是一个电子政务平台,在乡村治理方面发挥了积极作用。四川省邛崃市是全域实施"为村"项目的区域之一。"为村"项目借助三项措施将政府管理与村民参与紧密结合,改善和加强了基层治理。第一,通过"四微"推动乡村全面发展。所谓"四微"就是微党建、微治理、微服务和微产业。"四微"中设置了85个栏目,开展党政组织建设、社区事务管理、社区文化营造、社区生活服务、社区商务服务等,取得了良好成效。第二,协同各方共同参与社会治理。一是充分发挥基层党组织作用,规范"为村"平台建设;二是以"为村"平台为载体,发动村民积极参与共建共治共享活动,开展微腐败治理;三是要求政府各部门及时解决村民通过"为村"平台反映的问题。开展"为村"项目后,各地的信访量下降了34%。第三,推动基层组织建设、制度建设和文化建设。在组织建设方面,"为村"项目认真抓好两委干部和"为村"管理员建设,配备合格的管理员,并对管理员进行培训;在制度建设方面,"为村"项目从四个方面对相关制度进行了细化和完善;在文化建设方面,项目开展了"我为村庄发展献策""我们的全民K歌""爱邛崃、爱农村、讲故事"等活动,活跃了乡村的文化氛围。"为村"项目通过"互联网＋乡村政务""互联网＋社区营造""互联网＋产业振兴"推动乡村治理和乡村发展。

资料来源：吕鹏，房莉杰.寻找"座头鲸"：中国企业是如何进行社会创新的？[M].北京：社会科学文献出版社，2020：53-74.

1.3 慈善事业发展现状

改革开放以来，在党中央的坚强领导下，在社会各界共同努力下，我国的慈善力量在打赢脱贫攻坚战、全面建成小康社会、支持民生保障和健全基本公共服务体系等方面发挥了积极作用。下面从五个方面介绍慈善事业发展现状：

1.3.1 社会组织快速发展

截至 2021 年底，我国共有社会组织 90.09 万余个，其中社会服务机构 52.1 万余个、社会团体 37.1 万余个、基金会 8 885 个。统计数据显示，2010 年至 2021 年的 12 年间，我国的社会组织增加了 45.55 万个，数量翻了一番多。根据《2022 年中国慈善组织发展报告》提供的数据，截至 2022 年底，全国登记认定的慈善组织有 12 974 家，其中基金会 8 162 家、社会团体 3 586 家、社会服务机构 1 226 家。此外，2020 年，我国社会组织固定资产规模为 4 785 亿余元，吸纳就业 1 061 万余人。随着社会组织数量和整体实力不断上升，社会组织已经成为政府职能转移的重要承接者、社会政策的重要执行者和社会服务的重要提供者，成为全面建设社会主义现代化国家的重要力量。

1.3.2 社会捐赠平稳增长

社会捐赠是慈善事业重要的资金和物质来源。2021 年我国接收境内外捐赠款物约为 1 468 亿元人民币。在我国慈善捐赠来源中，企业捐赠占捐赠总额的 70%以上，个人捐赠约占捐赠总额的 25%。从总体上看，我国的个人捐赠在捐赠总额中的比例逐步提升，无论是单笔超过 10 万元的大额捐赠，还是通过互联网募捐平台的小额捐赠，个人捐赠均呈现增长势头。2019 年，全国 20 家互联网募捐平台汇集的慈善捐赠总额超过 54 亿元，2019—2021 年期间，每年都有超过 100 亿人次点击、关注和参与互联网慈善。2021 年，通过互联网募集的善款为 100 亿元。随着互联网、大数据等信息技术的高速发展,"互联网＋慈善"已经成为社会捐赠新的增长点。

1.3.3 志愿服务广泛开展

志愿服务是指志愿者、志愿服务组织和其他组织自愿、无偿向社会或者他人提供的公益服务。志愿服务是慈善事业的重要组成部分,是办大事、解难事、做善事的重要社会力量。据统计,2021 年度,我国志愿者总数为 2.7 亿人,其中活跃志愿者总数超过 1 亿人,志愿服务时间达 42 亿小时,服务价值达 1 954 亿元,志愿服务参与率为 7.71%[①]。我国志愿服务领域广泛,聚焦教育、扶贫济困、健康和精神文明建设等领域。2020 年新年伊始,突如其来的新冠疫情给人民生命健康带来巨大威胁,全国约有 2 300 万名志愿者参与了医疗救援、物资采购运输、社区疫情管控、生活服务保障等抗疫志愿服务,贡献志愿服务时间达 7.59 亿小时[②]。

1.3.4 慈善项目不断创新

慈善项目是慈善事业的运作载体。近年来,我国在扶贫、医疗、助残、教育、保护和改善生态环境等领域涌现出了许多具有广泛社会影响力、创新型的慈善项目。下面介绍几个具有代表性的慈善项目:

● "免费午餐"项目。"免费午餐"项目是中国社会福利基金会实施的救助贫困地区儿童免于饥饿的扶贫项目。2011 年 2 月,国务院发展研究中心中国发展研究基金会发布的关于中国贫困地区学生营养状况的调查报告揭示:中西部贫困地区儿童营养摄入严重不足,受调查的学生中 12%发育迟缓、72%上课期间有饥饿感;学校男女寄宿生体重分别比全国农村学生平均水平低 10 公斤和 7 公斤,身高低 11 厘米和 9 厘米。2011 年 4 月 2 日,中国社会福利基金会联合国内数十家主流媒体和 500 名记者发起"免费午餐"项目,倡议每天捐赠 3 元(由于物价上涨,自 2015 年秋季学期起餐标提升为 4 元/餐),帮助孩子们免于课间饥饿,吃上热乎健康的免费午餐。截至 2021 年 1 月底,全国共有 26 个省(自治区、直辖市)的 1 477 所学校设置了免费午餐,帮助超过 37 万学生吃上了热气腾腾的午餐。

● "大爱清尘"项目。该项目是中华社会救助基金会实施的致力于救助

---

① 杨团,朱健刚.中国慈善发展报告(2022)[M].北京:社会科学文献出版社,2022:46.
② 杨团,朱健刚.中国慈善发展报告(2021)[M].北京:社会科学文献出版社,2021:38-39.

600万尘肺病农民的项目。尘肺病是长期吸入矿物性粉尘引起的以肺组织纤维化为主的疾病。项目为贫病交加、缺医少药的尘肺病农民提供医疗、生活帮助，并助力政府推进尘肺病农民工问题的根本治理。截至2021年，累计救助了11万尘肺病农民和他们的家庭。

● "喜憨儿洗车"项目。该项目是深圳喜憨儿成长关爱中心发起的助残项目。项目以就业与康复相结合的工作环境和方式，帮助智障人士提高社会适应能力，为社会提供服务，实现就业。目前，"喜憨儿洗车"项目已经推广到全国19个城市，开办了25个门店，有近400名智障人士走上了适合自己的洗车工作岗位。

● "梦想中心"项目。该项目是上海真爱梦想公益基金会在教育领域发起的项目。项目旨在为偏远地区学校建设一个集网络、多媒体、图书和课堂为一体的、设计独特的多功能教室，为学生多元体验、探究合作提供教学条件。截至2021年12月，"梦想中心"项目已在全国31个省（自治区、直辖市）建成4 849间梦想中心，开设梦想课程38门，受益师生达500多万人。

● "一亿棵梭梭"项目。该项目是阿拉善生态协会在环保领域发起的项目。项目致力于用十年的时间在阿拉善地区种植一亿棵以梭梭为代表的沙生植物，恢复13.33万公顷荒漠植被，提升牧民的生活水平。截至2021年底，累计种植以梭梭为代表的沙生植物7 512万棵，恢复荒漠植被约10.6万公顷。

● "99公益日"活动。该项目是腾讯公益基金会于2015年9月7日发起的慈善募捐和慈善倡导项目。项目通过互联网社交平台发动网民为慈善项目进行小额捐赠。2023年9月开展的第九届"99公益日"活动有6 500万人次参与捐款，捐款总额达38亿元，几千个慈善项目获得了资金支持。

针对社会"痛点"，形式新颖活泼的慈善项目为慈善事业注入了生机和活力，推动慈善事业在创新社会问题的解决方式的过程中发展进步。

1.3.5　法律法规不断完善

慈善事业的发展需要健全的法制保障。自20世纪80年代以来，国家出台了一系列有关慈善事业的法律法规。

1. 出台了有关社会组织的法律法规

1988年，国务院颁布了《基金会管理办法》，1998年国务院颁布了《社会团体登记管理条例》和《民办非企业单位登记管理暂行条例》，这三个行政法规对基金会、社会团体、民办非企业单位等三类组织的性质、设立条件、主管部门、监督管理等做出了规定。2004年3月,在对《基金会管理办法》进行全面修订后,国务院颁布了《基金会管理条例》。

2. 出台了有关社会捐赠的法律法规

1999年6月第九届全国人大常委会通过了《中华人民共和国公益事业捐赠法》。该法对公益事业进行了界定,对社会捐赠的接收主体、捐赠财产的使用和管理、捐赠人可享受的税收优惠等进行了规定。

3. 出台了有关促进慈善事业发展的法律法规

2018年12月新修订的《中华人民共和国企业所得税法》明确规定,"企业发生的公益性捐赠支出,在年度利润总额12%以内的部分,准予在计算应纳税所得额时扣除;超过年度利润总额12%的部分,准予结转以后三年内在计算应纳税所得额时扣除"。2018年8月新修订的《中华人民共和国个人所得税法》规定,"个人将其所得对教育、扶贫、济困等公益慈善事业进行捐赠,捐赠额未超过纳税人申报的应纳税所得额百分之三十的部分,可以从其应纳税所得额中扣除;国务院规定对公益慈善事业捐赠实行全额税前扣除的,从其规定"。

4. 出台了慈善基本法

2014年2月,全国人大常委会内务司法委员会成立慈善立法领导小组,着手慈善法的研究起草工作。2016年3月16日,第十二届全国人民代表大会第四次会议通过了《中华人民共和国慈善法》。2023年12月29日,十四届全国人大常委会第七次会议通过关于修改慈善法的决定。慈善法是一部综合性法律,对慈善组织、慈善募捐、慈善捐赠、慈善信托、慈善财产、慈善服务、应急慈善、信息公开、促进措施、监督管理等慈善事业的各个基本方面进行了规定。

5. 出台了有关慈善法实施的配套法律法规

2016年慈善法出台后,围绕慈善组织、慈善募捐、慈善捐赠、慈善信托、慈善财产、慈善服务、信息公开、促进措施和监督管理等方面,全国人大常委会修改了有关法律,国务院、国务院有关部门相继制定了一系列配套法规、规章、规范性文件,保证了慈善法的顺利实施,保证了中国慈善事业运行在法治的轨道上。

1.4 慈善事业的理论基础

在阐述了慈善事业的概念、功能和在中国的发展现状后,我们需要回答一个问题：人类社会为什么会有慈善活动和慈善事业？本节将分析和阐述慈善活动和慈善事业产生及其发展的理论基础。

1.4.1 慈善是调节人际关系的道德要求

历史资料显示，在原始社会就存在着慈善活动。原始社会以降的人类社会历史中，慈善活动不断发展，内容不断丰富，领域不断拓展，形式日趋多样，并在近代发展成为具有组织化、社会化、规模化特征的慈善事业。人类为什么会有慈善活动呢？我们认为，慈善活动是人们的一种道德活动，它是在道德意识指导下进行的活动，活动的客观目的是调节人与人之间的关系，使得社会的经济生活和社会生活得以顺利进行。

慈善活动是人们在道德意识指导下进行的活动。那么，什么是道德呢？《辞海》给道德下过一个定义：道德是"以善恶评价的方式来评价和调节人的行为的规范手段和人类自我完善的一种社会价值形态"。甘绍平认为，道德就是人际相处的行为规范[1]。现代伦理学认为，人类之所以需要道德，是因为人类需要维护自身的共通利益。人总是生活在共同体之中的，我们自己的需求、目标和利益不可避免地会与他人的需求、目标和利益发生冲突，为了人们共同生活的持续，就需要有对所有人有约束力的行为规则。道德规范就是社会中共同生活的人们能够和谐共存的基本行为规则。

由于道德维护的是所有人的共同利益，因此，道德规范不仅包括了维护人们基本利益免受他人侵害的内容，还包括了增进人们基本利益的内容。维护人们基本利益免受他人侵害的道德规范被称为消极性的道德规范，主要内容包括不杀人、不给任何人施加痛苦、不剥夺任何人的自由、不撒谎、不偷窃、不违约、不侮辱他人等；增进人们基本利益的道德规范被称为积极性的道德要求，主要内容包括公正、仁慈、行善、紧急救助等。

由于道德规范中包含着增进人们基本利益的积极性的道德要求，而积极性的道德要求的主要内容正是慈善活动的内容。因此，慈善活动从来就是人们在道德意识指导下进行的活动，是人们为增进共同体的基本利益而表现出来的智慧的、高尚的生活方式。

古今中外研究道德现象的有影响的伦理学流派（如中国儒家思想、道教学

---

[1] 甘绍平.伦理学的当代建构[M].北京：中国发展出版社，2015：2.

说、佛教理论,西方的基督教神学、情感主义伦理学、功利主义、义务论等)都把慈善作为一种道德要求进行阐述和论证。儒家思想的主要范畴是"仁"。孔子认为"仁"就是爱人,爱人先要孝悌,进而要"泛爱众",实行的途径是"己欲立而立人""己所不欲勿施于人"。儒家思想明确提出了与人为善、助人为乐的道德理念。道教要求信徒遵守忠、孝、慈、仁等伦理道德,并提出了善恶报应说,用扬善惩恶来调节人际关系。佛教奉行"大慈与一切众生乐,大悲拔一切众生苦"的信念,倡导信徒布施行善。

基督教神学把慈善、信仰、希望作为人的三大美德,要求信徒遵守两条最重要的律法,即"爱上帝"和"爱人如己"。情感主义伦理学认为,人的道德表现为由同情驱动的仁爱之心对自私情感的合理克制。亚当·斯密指出,"正是这种多同情别人和少同情自己的感情,正是这种抑制自私和乐善好施的感情,构成尽善尽美的人性;唯有这样才能使人与人之间的情感和激情协调一致,在这中间存在着人类的全部情理和礼仪"[1]。在斯密看来,乐善好施加强了社会成员之间的联系,促进了人际关系的和谐。功利主义理论把最大多数人的幸福作为道德原则来判断善恶和选择行为。功利主义认为,"行为对错标准的幸福,不是行为者本人的幸福,而是所有相关人员的幸福","'己所欲,施于人','爱邻如爱己',构成了功利主义道德的完美理想"[2]。功利主义理论将个人快乐幸福与社会快乐幸福统一了起来,这就把利他主义行为包括在道德规范之中了。与功利主义相对应的义务论主张把行动的对错建立在是否履行道德义务之上,强调按照义务和规则去行动。义务论理论将人们需要履行的道德义务分为两类:消极义务和积极义务。消极义务要求人们不做某些事情,如不伤害、不谋杀、不撒谎等。积极义务要求人们做某些事情,如友善、礼貌、利他、公正之举等[3]。康德说:"行善,即尽自己的能力帮助身处困境的其他人得到他们的幸福,对此不希冀某种东西,这是每个人的义务。"[4]义务论提出的积极道德义务正是慈善活动的内容。

综上所述,中西方主要伦理理论都把慈善作为人们应当践行的积极性的道德要求。这种积极性的道德要求强调设身处地关心他人,为他人着想,为公众

---

[1] 斯密.道德情操论[M].蒋自强,钦北愚,朱钟棣,等译.北京:商务印书馆,1997:25.
[2] 穆勒.功利主义[M].徐大建,译.北京:商务印书馆,2019:21.
[3] 程烁.理论学导论[M].北京:北京大学出版社,2008:169.
[4] 康德.道德形而上学[M].张荣,李秋零,译注.北京:中国人民大学出版社,2013:230.

利益服务,这样就会形成互爱互助的局面,促进人际关系的和谐,使得社会的经济生活和社会生活得以顺利进行。人类学家克里斯托弗·博姆指出,人类遗传天性决定三大基本心理倾向:利己主义、利亲主义和利他主义。从整体上看,这种与生俱来的对家庭以外的人慷慨相待的行为与利己主义倾向和利亲主义倾向相比,无疑相对较弱。然而,这种在日常环境中显得很温和、很低调的动机,其实拥有很大的潜力。如果社会共同体追求社会和谐、坚信"黄金法则",积极地、有目的地强化这种动机,那么它的"文化表型"就会被放大,从而发挥出重要的作用。"不管社会规模大小如何,世界各地的人们似乎普遍意识到,通过增强和扩大个体的超家庭慷慨的倾向,能够提高共同合作的整体效率,从而使每个人都能从中获利。"①

正是洞见慈善是调节人际关系的道德要求,罗伯特·佩顿和迈克尔·穆迪深刻指出,"慈善本质上就是,具有道德愿景的人思考如何让世界变得更好,并通过实践使愿望成为现实"②。

1.4.2 慈善事业是对市场机制和政府作用的有效补充

慈善是调节人际关系的道德要求。那么在现代社会中,慈善事业是怎样发挥人际关系的调节作用呢?在现代社会,慈善事业对人际关系的调节作用是通过对"市场失灵"进行弥补和对政府作用进行补充来实现的。

市场经济是目前人们公认的社会资源配置的最佳方式,但也会出现"市场失灵",其表现形式是:市场无法处理效率和公平的问题,市场无法有效提供公共产品。市场无法处理效率和公平的问题前面已有论述。市场无法有效提供公共产品的问题是因为公共产品具有非排他性、非竞争性和伦理性的特征。非排他性是指一旦产品(如环境保护产品)被提供,就不可能排除任何人对它的不付代价的消费;非竞争性是指一旦产品(如灯塔、路灯)被提供,增加一个人消费不会减少其他消费者的收益;伦理性是指产品(如教育)虽然有排他性竞争性,但产品对维护社会公平和基本人权有重要价值。公共产品的特性使得它的收益远不足以弥补产品的生产成本,企业不愿或没有足够的动力参与公共产品的生产和供给。为了实现社会公平和满足社会对公共产品

---

① 博姆.道德的起源:美德、利他、羞耻的演化[M].贾拥民,傅瑞蓉,译.杭州:浙江大学出版社,2015:59,377-378.
② 佩顿,穆迪.慈善的意义与使命[M].郭烁,译.北京:中国劳动社会保障出版社,2013:68.

的需求,政府就要对市场失灵进行干预,运用通过税收取得的财政收入来提供公共产品。公共产品的范围包括国防、教育、科技、文化、卫生、环境保护、公共基础设施等。

然而,政府的作用不是无限的。一是政府财力有限,社会对公共产品的需求是不断增长的,而政府的税收收入在一定时期内是相对稳定的,因而政府公共产品的供给只能做到保基本、兜底线、促公平,不能完全满足社会成员对公共产品的需求;二是政府提供公共产品的成本较高,政府部门是按照科层制的行政管理逻辑来运作的,没有像企业那样建立起一套明确的成本效益分析制度和绩效评估制度,提供的公共产品成本较高;三是政府难以提供灵活多样的公共产品,政府部门科层制的组织形式决定了在公共产品的需求反映和提供过程中存在信息不对称,即政府部门难以了解社会对公共产品和服务的多样化需求,难以提供多样化、个性化的公共产品。

由于市场机制存在缺陷且政府的作用有限,慈善事业就可以合乎逻辑地对公共产品的提供进行有效补充。慈善事业在提供公共产品方面具有自身的优势:第一个优势是从事慈善事业的慈善组织以解决社会问题为宗旨,具有强烈的使命意识,能够提供企业不愿提供、政府不能提供的公共产品,让社会变得更美好。有学者指出,非营利组织在完成微利或无利可图的任务,需要同情心和对个人关心尊重的任务,需要顾客或当事人方面具有广泛信任的任务,需要亲自动手或直接关心的任务(如日托、咨询或对残疾人和病人的服务)以及牵扯到贯彻道德标准和个人行为职责的任务等方面似乎更胜一筹[1]。美国学者罗西瑙与林德对提供健康服务的非营利组织与市场营利组织进行了对比研究,在将149项研究进行综合分析后得出结论:在服务质量、需求者可接近性、成本效益和慈善四个方面,都是非营利组织优于市场营利组织[2]。

慈善事业在提供公共产品方面的第二个优势是运作机制灵活,工作效率较高。慈善组织的组织机制和运作方式参照企业模式,没有叠床架屋的行政体系,因此它比政府部门更灵活、有弹性、有效率,能根据社会的需求和变化提供成本低、质量好的公共产品。同时,慈善组织可以招募志愿者提供志愿服务,降低公共产品的成本。

---

[1] 奥斯本,盖布勒.改革政府:企业精神如何改革着公营部门[M].上海:上海译文出版社,1996:23.
[2] ROSENAU P V, LINDER S H. Two decades of research comparing for-profit and nonprofit health provider performance in the United States[J]. Social Science Quarterly, 2003, 84(2): 219-241.

慈善事业在提供公共产品方面的第三个优势是贴近基层,可以提供多样化、个性化的服务。很多慈善组织以社会弱势群体和基层社区群众为服务对象,对服务对象的需要和诉求有深切的了解,可以提供很多政府难以了解和无暇顾及的公共服务。

此外,从事慈善事业的慈善组织可以更加专业化地提供公共产品。慈善组织是资金的集合体或专业人员的集合体,每个组织都有自己的专门业务,招募和聘用了有关领域的专业人员。因此,它能比政府部门更加专业化地提供社会需要的产品和服务。

综上,慈善事业在对市场失灵和对政府作用进行弥补和补充方面有着重要作用。因此,在现代社会,慈善这种调节人际关系的道德要求集中表现为人们通过从事慈善事业对困难群体进行救助,为社会提供公共产品和服务,维护社会公正和谐,增进公众福祉,推动社会进步。

本章小结

慈善是指由内心的爱导致的关爱他人、关爱社会的行为。慈善活动古已有之,慈善事业则是在近代社会组织产生之后才形成的。慈善事业是指在自然人、法人和其他组织自愿捐赠财产或者提供服务的基础上,由慈善组织运作的有组织、有计划、经常性的帮助困难群体和为公共利益服务的活动,其活动领域包括扶贫、济困、扶老、救孤、恤病、助残、优抚、救灾等帮助困难群体和特殊群体的领域,也包括教育、科学、文化、卫生、体育、环保等有关社会公共利益的领域。慈善事业的功能可以归纳为四个方面,即慈善事业是完善社会保障体系的重要事业,是健全社会治理体系的重要事业,是促进共同富裕和社会和谐的重要事业,是促进人的全面发展、提高社会文明程度的重要事业。当前,我国慈善事业蓬勃发展,社会组织快速发展,社会捐赠平稳增长,志愿服务广泛开展,慈善项目不断创新,法律法规不断完善,慈善事业具有良好发展势头和光明前景。

慈善活动和慈善事业产生和发展的理论基础是:慈善是调节人际关系的道德要求。中西方伦理理论都对慈善是积极性的道德要求进行过阐述。慈善的本质是具有道德愿景的人思考如何让世界变得更好,并通过实践使愿望成为现实。在现代社会中,慈善事业对人际关系的调节作用是通过对市场失灵进行弥补和对政府作用进行补充来实现的。

思考题

1. 什么是慈善？
2. 慈善活动和慈善事业的概念是什么？
3. 慈善事业有哪些功能？
4. 为什么说慈善是调节人际关系的道德要求？
5. 慈善事业对市场失灵的弥补和对政府作用的补充表现在哪些方面？
6. 简述我国慈善事业的发展现状。

主要参考文献

[1] 杨团,朱健刚.中国慈善发展报告[M].北京:社会科学文献出版社,2009—2022.

[2] 佩顿,穆迪.慈善的意义与使命[M].郭烁,译.北京:中国劳动社会保障出版社,2013.

[3] 周秋光,曾桂林.中国慈善简史[M].北京:人民出版社,2006.

[4] 国务院发展研究中心课题组.中国民生调查2021[M].中国发展出版社,2021.

[5] 博姆.道德的起源：美德、利他、羞耻的演化[M].贾拥民,傅瑞蓉,译.杭州:浙江大学出版社,2015.

[6] 甘绍平.伦理学的当代构建[M].北京:中国发展出版社,2015.

[7] 程烁.理论学导论[M].北京:北京大学出版社,2008.

[8] 宋希仁.西方伦理思想史[M].北京:中国人民大学出版社,2010.

[9] 萨缪尔森,诺德豪斯.经济学[M].胡代光,译.北京:北京经济学院出版社,1996.

[10] 黄恒学,高桂芳,郭喜.公共经济学[M].北京:北京大学出版社,2009.

[11] HELMUT K A, LIST REGINA A. A Dictionary of Civil Society, Philanthropy and the Non Profit Sector[M]. London：Routledge,2005.

[12] BAWTREE D, KIRKLAND K. Charity administration handbook[M]. 4th ed. West Sussex：Tottel Publishing Ltd,2008.

第 2 章 慈善文化

> **学习目标**
>
> 慈善文化是人类道德建设的结晶。通过学习本章,我们应当了解和掌握慈善文化的概念和基本特征,了解我国传统慈善文化中儒家、道教、佛教慈善思想的主要内容,了解英国和美国传统慈善文化中有关慈善思想的主要内容,了解如何在传承发展和借鉴吸纳优秀中外传统慈善思想的过程中建设中国现代慈善文化。

2.1 慈善文化概述

慈善是由内心的爱导致的有利于他人和社会的行为,这种源于内心的爱的行为需要慈善文化的滋养和内化。慈善文化是慈善事业的内部动力和促生原力。每一个时代都需要一种体现庄严责任和人文关怀的精神标识,慈善文化就是这种精神标识的核心元素。慈善文化中体现的利他主义道德要求,使得每个人在追求自己幸福生活的同时,将帮助他人和关爱社会作为一种责任。培育和建设慈善文化就是要在全社会营造"人类命运共同体"的氛围,激发社会实现人与人、人与社会、人与环境之间互惠共生。

2.1.1 慈善文化的概念

要理解慈善文化的概念,首先要理解文化的概念。文化通常被划分为广义文化和狭义文化两类。广义文化指人类在社会实践过程中所获得的物质、精神的生产能力和创造的物质、精神财富的总和;狭义文化指精神生产能力和精神产品,包括一切社会意识形式,如自然科学、技术科学、社会意识形态①。与文化概念相对应,广义的慈善文化就是人类在社会实践中创造的与慈善行为和慈善活动有关的物质财富和精神财富。狭义的慈善文化指与慈善行为和慈善活动有关的精神产品,如慈善观念、慈善思想、慈善理论等。广义的慈善文化包括四个圈层的内容:

1. 慈善物质文化圈层

慈善物质文化是显性的文化形态,主要包括:①慈善组织的名称、标志、徽章等物质标识。这些显性的物质文化不仅是组织身份的标识,也是慈善传播的重要载体,会潜移默化地影响社会成员的慈善意识。②慈善物资的外观、物色、产地和标志等。例如,在自然灾害救助过程中,各地提供的慈善物资都会进行标识,这也是慈善物质文化的重要形式,具有重要的慈善传播功能。③慈善活动的标识、宣传资料、慈善纪念性建筑等。这些物质要素都会随着时间而沉淀,成为慈善文化的重要构成部分。慈善物质文化对于培育社会成员的慈善意识、激发人们的慈善行为具有积极作用。例如,红十字标志表示国际人道主义运动,它是红十字运动的象征,体现着世界的人道与同情。再如,看到以慈善家邵逸夫名字命名的教学楼、图书馆、医院等公共设施,人们就会想到慈善精神和慈善行为。慈善物质文化是慈善文化最直观、最具体的呈现形式。

2. 慈善行为文化圈层

慈善行为文化是指在慈善活动中产生的慈善文化,包括各种在慈善宣传、慈善募捐、慈善项目、慈善服务等活动中产生的文化现象。慈善行为文化通过扶贫、济困、扶老、救孤、恤病、助残、救灾、助学等慈善实践活动,传递着人间的互助和友爱。按照慈善活动的参与者进行划分,慈善行为又可以分为慈善家的行为、捐赠者的行为、志愿者的行为、受益者的行为等类型。慈善家、捐赠者、志愿者等的行为会成为公益传播过程中的文化符号,发挥慈善宣传、教育和动员的功能;受益者的感恩行为和传递爱心的行为会激发社会成员的共同感悟和爱心接力。慈善行为文化会随着时间的推移和实践的深化而内化于社会道德、伦理体系之中,成为社会成员认知、评价、判断社会行为的标准,并对个体的慈善行为选择产生影响。慈善行为文化的成长是慈善文化发展的重要内容,是慈善文化演化过程中最活跃的部分。

---

① 辞海编辑委员会.辞海:普及版[M].上海:上海辞书出版社,1999:1765.

3. 慈善制度文化圈层

制度文化是一种相对稳定的文化类型,是通过对行为文化进行理论抽象和规范化而构建的一系列规则。慈善制度文化主要包括慈善管理体制、慈善法律法规以及慈善组织机构三个方面。实践表明,慈善文化的规范和有序发展需要持续不断地夯实制度体系和培育制度文化。一方面,科学高效的制度建设需要依托先进的文化理念;另一方面,制度建设的发展又会为先进文化理念的发扬创造条件。随着制度体系的发展和完善,慈善的价值理念会成为一种稳定的制度文化。

4. 慈善精神文化圈层

慈善源自于人们内心深处的道德信仰和价值自觉,是人们长期以来对生命存在价值的一种感悟和理解。因此,慈善文化是内生于社会道德和伦理体系的一种意识和价值。随着人们对慈善事业发展的目标、内容、功能、路径等方面的规律性认识不断加深,围绕着如何认识慈善行为、选择慈善行为和评价慈善行为等议题会提出并形成关于慈善事业发展的一系列思想、理论和观点,这些思想和理论既是慈善文化发展的重要体现,也会对慈善文化的形塑与演化产生直接影响。

慈善精神文化包括慈善观念、慈善思想、慈善理论等。现代慈善事业被定位为一种解决社会问题、让社会变得更加美好的事业,更加彰显人类对利他主义价值观的追求和对美好社会的期盼。慈善精神文化是慈善文化的核心要素,它是慈善意识和慈善价值的总和。鉴于慈善精神文化是慈善文化的核心要素,本章将主要围绕慈善精神文化对慈善文化进行阐述。

2.1.2 慈善文化的基本特征

慈善文化是内生于社会道德和伦理体系的一种社会意识和价值观念,是具有理性思维的人类按照自己的价值取向生成和发展起来的。利他性、奉献性、亲社会性、自愿性等是慈善文化构成的基本要素。尽管不同国家和地区的慈善文化有各自的地域特征和民族特色,但它们都有这几个方面的共同特征。

1. 利他性

慈善是源于内心的爱而导致的有利于他人和社会的行为。因而,慈善文化的本质特征是利他性,体现的是一种利他主义价值观。无论是儒家文化的"仁者爱人"、道家文化的"扬善惩恶"、佛教文化的"无缘大慈",还是基督教文化的

"爱人如己",都强调了慈善的利他属性。进化生物学家和人类学家的研究表明,人类的利他主义是自然演化和社会选择的产物。进化经济学家认为,人类群体可能面临着始终贯穿于我们整个历史中的灭亡威胁,在这种场景中,拥有较多强互惠者(自愿牺牲自身资源的人)的群体会比拥有较少强互惠者的群体更具有适应性①。"不管社会规模大小如何,世界各地的人们似乎普遍意识到,通过增强和扩大个体的超家庭慷慨的倾向,能够提高共同合作的整体效率,从而使每个人都能从中获利。"②因此,慈心善念是人类共有的文化基因。正如亚当·斯密所指出的,"无论人们会认为某人怎样自私,这个人的天赋中总是明显地存在着这样一些本性,这些本性使他关心别人的命运,把别人的幸福看成是自己的事情,虽然他除了看到别人幸福而感到高兴以外,一无所得。这种本性就是怜悯或同情,就是我们看到或逼真地想象到他人的不幸遭遇时所产生的感情"③。

2. 奉献性

慈善是有利于他人和社会的行为,这种行为在帮助他人时往往会让行为主体付出"成本",如花费个人的时间、精力、钱财等。然而,这种付出的"成本"是不求回报的,是一种"在己方无利可图或者有所损失的基础上,着意为他人谋求福利的行为"④。因而,奉献性是慈善文化的一个重要特征。人类为什么会有这种奉献行为?"间接互惠"理论给出了一个解释。该理论认为,虽然慈善行为会给个体带来损失,但是这是一种为所有人的群体生活与物质生活做出的贡献,它增进了所有社会成员的福利,因而使每个人都能从中获利⑤。"当我陷入困境时你帮助了我,那么我也会在别人有困难时帮助他人,而他也将会去帮助另外的人。因此,你正在做的事促成了一个能够确保人们会去帮助那些需要帮助的人的系统的持续运行——但是你自己能不能得到回报却完全取决于或然性。"⑥

---

① DUNBAR R, BARRETT L, LYCETT J. 进化心理学:从猿到人的心灵演化之路[M]. 万美婷,译. 北京:中国轻工业出版社,2011:185.
② 博姆. 道德的起源:美德、利他、羞耻的演化[M]. 贾拥民,傅瑞蓉,译. 杭州:浙江大学出版社,2015:59.
③ 斯密. 道德情操论[M]. 蒋自强,钦北愚,朱钟棣,等译. 北京:商务印书馆,1997:5.
④ 威尔逊. 利他之心[M]. 齐鹏,译. 北京:机械工业出版社,2017:IX.
⑤ 博姆. 道德的起源:美德、利他、羞耻的演化[M]. 贾拥民,傅瑞蓉,译. 杭州:浙江大学出版社,2015:59-60.
⑥ 博姆. 道德的起源:美德、利他、羞耻的演化[M]. 贾拥民,傅瑞蓉,译. 杭州:浙江大学出版社,2015:207-208.

3. 亲社会性

人是生活在社会共同体中的人。每个人的行为或多或少都会给社会共同体带来影响。有益于他人和社会的行为是亲社会行为,如助人、分享、谦让、合作、自我牺牲等①。慈善活动从事的是扶贫、济困、扶老、救孤、恤病、助残、救灾等帮助困难群体的活动和促进教科文卫体环保等公共事业发展的活动,无疑具有很强的亲社会性。一方面,慈善活动使得共同体中的困难群体得到帮助,缩小了人与人之间在资源分配上的差别,有利于调节人与人之间的关系,使得社会变得更加和谐与稳定;另一方面,慈善活动使得共同体的公共利益得到增进,共同体中每一个人的利益总量得到增加,有利于提升社会福祉水平。因此,亲社会性是慈善文化的一个重要特征。

4. 自愿性

自愿性是慈善文化的又一个特征。自愿性指做慈善、参与慈善活动完全出自本人意愿,没有外力的强制或干预。在依法合规的前提下,慈善行为主体可以自主选择自己喜欢的慈善项目或慈善组织进行捐赠,可以自主选择自己擅长的领域提供志愿服务,可以自主选择自己愿意帮助的人进行帮助。自愿性之所以是慈善文化的特征,是因为慈善是一种积极性的道德要求,它与消极性的道德规范(道德禁令)不同,不能用强制性的手段去推动,只能用教育、倡导、鼓励的方法去提高人们的思想觉悟和精神境界,去培育人们的慈善意识。自愿性是慈善活动源远流长、久盛不衰的基石。

 专栏 2-1

互惠利他理论

互惠利他理论从不同视角深入分析了人与人之间互惠利他行为的主要内涵和基本特征。该理论大致包含四种路向:

第一种是生物学视角下的互惠利他理论,认为人类存在某种利他基因。俄国地理学家彼得·阿列克谢耶维奇·克鲁泡特金(Pyotr Alexeyevich Kropotkin)以大量的观察事实为根据论证了互助进化的机制,指出生物进化的规律是互惠利他,而不是生存竞争,互助和合作是包括人在内的一切生物进化的法则和影响生物进化的构成要素。

---

① 章志光.社会心理学[M].北京:人民教育出版社,2008:349.

第二种是社会学视角下的互惠利他理论,主要从社会关系的角度出发来解释人的利他行为。一些学者认为利他行为主要源自个人的主观社会感受和对社会规则的遵守。戴维·斯隆·威尔逊(David Sloan Wilson)认为,人的行为应与社会规范相一致。人们帮助他人,仅仅因为他们是按照社会规范和准则去做的,而利他行为则是个体对这些社会规范进行学习并内化的结果。

第三种是经济学视角下的互惠利他理论。首先,从经济学的研究模型(直接互惠模型和间接互惠模型)出发,分析互惠利他理论。在直接互惠模型中,利他主义者通过牺牲自身利益,从其他人那里直接获益。显然,根据自然选择理论,这种获利要比利己主义者的获利少得多。但是,从重复合作和长时期发展来看,利他主义者的获利更多。在间接互惠模型中,在重复博弈的基础上,利他主义者获得了关涉声誉和地位等方面的回报,并且通过印象策略,获得丰厚的回报。其次,从经济学的效用理论出发研究互惠利他理论。加里·斯坦利·贝克尔(Gary Stanley Becker)指出,所有行为都源自不同消费效用函数的极大化。通过进行一系列的效用函数计算,他试图将人类的所有行为建立在资源约束条件下的广义效用理论的基础上,并且把人类的非理性行为纳入这个分析框架中,进而推断利他主义是可用广义效用函数来描述的,具有道德和经济双重收益的。最后,从博弈论出发,研究互惠利他理论。罗伯特·艾克斯罗德(Robert Axelrod)与威廉·汉密尔顿(William Hamilton)合作,研究了演化博弈中的策略选择。他们指出在非零和博弈中,诸多策略进行较量,最终获胜的是合作策略而不是背叛策略,个体的合作和利他行为实际上也是一种生存策略。

第四种是文化学视角下的互惠利他理论,这一流派主要将利他行为理解为文化传承和塑造的结果。威尔逊指出,自进入文明时代以来,人类社会"基因进化"的速度和作用远远小于"文化进化"的速度和作用。与此同时,这两种进化相互作用、协同并进,实现人类利他行为的进化和延续。理查德·道金斯(Richard Dawkins)在《自私的基因》一书中提出了谜米(meme)的概念。这一概念是指"在诸如语言、观念、信仰、行为方式等的传递过程中与基因在生物进化过程中所起的作用相类似的那个东西"。它被看作是文化的基本单元,通过模仿的方式得到传递。苏珊·布莱克摩尔(Susan Blackmore)认为谜米是利他主义传承的条件。利他性的传递通过谜米的存在与传播而顺利进行,在谜米的驱动下人们实现合作,并且这种合作在自然选择中走向进化稳定,从而代代相传。

资料来源:饶异.互惠利他理论:历史、问题与趋势[J].广东社会科学,2016(1):69-74.

2.2 中国传统慈善文化

自古以来,中华民族就有乐善好施、积德行善的优良文化传统。儒家学说对慈善有精辟的阐述,道教、佛教文化中也有关于慈善的丰富论述。慈善文化是中华优秀传统文化的重要组成部分。

2.2.1 儒家文化中的慈善思想

儒家学说形成于春秋战国时期,创始人孔子(前551—前479)是春秋末鲁国人。他学问渊博,思想精深。秦汉之后,孔子创立的儒学成为儒教信仰、政治规范和伦理道德三合一的观念体系和意识形态。改革开放以后,孔子被作为一个教育家、哲学家和思想家进行研究,他思想中的精华部分重新被人们所认识。

1. 仁爱思想

儒家学说的慈善观是以"仁"为中心展开的。那么,什么是"仁"呢? 孔子认为"仁"就是爱人。《论语·颜渊》记载:"樊迟问仁。子曰:爱人。"孔子认为,仁者爱人应从孝悌开始。"孝"指孝顺父母,"悌"指尊重兄长。孔子非常重视孝悌,认为孝悌是为仁之本。在《论语·学而》中,他说:"君子务本,本立而道生。孝悌也者,其为仁之本欤!"然而,孔子的"爱人"没有止于对父母兄长的爱。从孝顺父母的人伦道德出发,孔子引申出了"泛爱众"的概念:"子曰:弟子入则孝,出则悌,谨而信,泛爱众,而亲仁。""泛爱众"就是要普遍地爱众人。于是,以孝悌为根基的仁就获得了更高层次的道德规定——这就是个体对氏族以至整个民族利益的道德要求和社会责任。

孔子以"爱人"释仁,那么,如何来"爱人"呢? 孔子认为爱人的路径有两条:一是"己欲立而立人,己欲达而达人"(《论语·雍也》),二是"己所不欲,勿施于人"(《论语·卫灵公》)。这两条路径被称为忠恕之道,也就是从积极的"忠"和消极的"恕"两个方面阐述了如何"爱人",如何处理人际关系。一方面,"仁"就是自己要想有建树,也要帮助别人有所建树;自己要想通达,也要帮助别人通达。在这里,孔子把帮助他人、与人为善视为个人成功的必要条件,推演出"爱人"与"爱己"之间的辩证关系,鼓励人们友爱互助、己立立人。另一方面,"仁"要求自己不喜欢的不要强加给别人,这从内心自省的角度阐述了仁的含义。孔子的仁爱思想从孝悌出发延伸到"泛爱众",形成了一个由近亲血缘、远亲血缘至非亲血缘的"涟漪"状的"仁爱"差序,体现的是一种推己及人的利他精神和助人为乐的人生理念。

2. 性善论

儒家慈善思想的另一个重要理论是性善论,由孔子之后儒家最重要的代表人物孟子提出。孟子是战国中期邹国人,是著名的思想家、教育家。孟子的伦理思想以仁义为核心,以性善论为理论基础。孟子认为人性有四个善端。他说:"恻隐之心,人皆有之;羞恶之心,人皆有之;恭敬之心,人皆有之;是非之心,人皆有之。恻隐之心,仁也;羞恶之心,义也;恭敬之心,礼也;是非之心,智也。仁义礼智,非由外铄我也,我固有之也,弗思耳矣。"(《孟子·告子上》)孟子认为,人面对他人遭遇苦难及不幸,都会对其产生怜悯之心,这就是不忍人之心,也为恻隐之心。如何来证明这个观点呢?孟子讲了一个故事:假如一个蹒跚学步的孩子将要坠入深井里,所有看到此种情形的人都会不约而同地去营救小孩。产生这种心情与行动,并不是想借此攀交孩子的父母,也不是为了博取名声,而是出于人的一种本能,是人固有的恻隐之心的表现。接着孟子认为,人都有喜善厌恶的心理,对于不公之事会感到愤愤不平,这便是羞恶之心,将其发展便可行义。此外,孟子认为,当人们面对自己的所得时,常有应得不应得、先得还是后得的思虑,这就是一种恭敬之心、辞让之心,是礼仪在人心中的萌芽。最后,孟子认为,人都有判别是非的能力,如若将其教化开导便可为智。在孟子看来,仁、义、礼、智这四个善端是人皆有之的人性始端,是引导人们扬善弃恶的力量之源。

然而,在现实生活中,并非人人都为善。这是否与人性本善相矛盾呢?孟子认为,人之为不善,其原因不在于人性,而是由于环境的浸染和主观不努力,从而使人丧失其本善的良心所造成的。所以,不善的行为是善端丢失的结果。为了防止善端丧失,孟子提出要进行道德修养,他说:"尽其心者,知其性也。知其性,则知天矣。存其心,养其性,所以事天也。"(《孟子·尽心上》)孟子认为,发展人的本心,就可以知道人的本性。知道人的本心,就可以知道天道。保持本心,修养本性,就是遵循天道的方法。孟子的这一观点与孔子的学生曾子所说的"吾日三省吾身"一脉相承,即:儒家学说既认为人性本善,又强调道德修养,保持天赋的良心和理性不失去,并扩而充之,从而成为志士仁人。

孟子的性善论与孔子的"仁"一样,都是以血缘关系之爱为基础的。他将骨肉亲情视为人间第一情,认为"仁之实,事亲是也",并将这种由血缘关系而形成的伦理亲情推演至非血亲关系的其他人:"亲亲而仁民,仁民而爱物"(《孟子·

尽心上》),"老吾老以及人之老,幼吾幼以及人之幼"(《孟子·梁惠王上》)。在这个由"亲亲"至"仁民"、由"仁民"至"爱物"的逻辑推演过程中,孟子不仅提倡骨肉亲情间赡养扶助,亦要求非亲非故的人们之间和睦相助、和谐相处,从而使整个社会形成一种趋善的道德价值。这种道德价值能起到改善人际关系、促进社会和谐的作用。"仁者爱人,有礼者敬人。爱人者,人恒爱之;敬人者,人恒敬之"(《孟子·离娄下》)。

3. "天下为公"思想

"天下为公"思想是儒家学说中最具理想主义色彩的内容,对中国历史上的慈善活动产生了极大影响。这一思想首先来自孔子的财富合理分配,反对贫富悬殊的思想,后来这一思想在《礼记》中得到进一步发展。《礼记》中写道:"大道之行也,天下为公,选贤与能,讲信修睦。故人不独亲其亲,不独子其子,使老有所终,壮有所用,幼有所长,鳏、寡、孤、独、废疾者皆有所养,男有分,女有归。货恶其弃于地也,不必藏于己;力恶其不出于身也,不必为己。是故谋闭而不兴,盗窃乱贼而不作,故外户而不闭,是谓大同。"这段话的意思是,在大道施行的时候,天下就是人们所共有的,人们把品德高尚的人、德才兼备的人选举出来,人人讲求诚信、讲求和睦。人们不单单赡养自己的父母,也不只抚养自己的儿女,让老年人能终其天年,中年人能为社会效力,幼童能顺利成长,鳏夫、寡妇、孤儿、老而无子的人、残疾人都能得到社会的供养,男子有分工,女子有归宿。对于财物,人们憎恨把它扔在地上的行为,却不一定要自己私藏。人们都愿意为公众之事竭尽全力,而不一定为自己谋私利。因此邪恶阴谋不会发生,盗窃、造反的事情不再兴起,家家户户的大门都不用关闭,这里所说的就是大同社会。"天下为公"思想和"大同社会"愿景对中国思想文化的影响极其深远,就对慈善思想的影响而言,它深刻阐述了慈善活动的领域、意义和目的。

综上所述,孔子是将设身处地为他人着想、宽怀容人、恩惠助人等当作仁,孟子则从人性的本原来探寻仁的内涵。从孔子的"仁者爱人"、孟子的四个善端到儒家的"天下为公"思想,儒家学说中的慈善理论体系逐渐建立起来,为后世的慈善活动和慈善事业提供了有价值的思想指引。

2.2.2 道家和道教文化中的慈善思想

1. 道家文化中的慈善思想

道教文化源于道家文化,创始人是老子(前571—前471)。老子是春秋末期楚国人,曾做过周王朝的守藏吏,著有《道德经》。《道德经》上说:"天道无亲,常于善人。"(《道德经》第七十九章)上天之道不分亲疏,总是把善果报应善人。老子认为,"道"是天地万物之源,不可名状,亦无法察知,却赏罚应时,使善人得福,恶人遭祸。他认为人世间应遵循"道"的规律,人人向善,人人行善。"圣人无常心,以百姓心为心。善者吾善之,不善者吾亦善之,德善。"(《道德经》第四十九章)

老子认为当时老百姓生活的苦难是统治者"损不足以奉有余"造成的。因此,应改变这种不合理、不平等的社会现象。"天之道,损有余而补不足"——自然界的法则是削减过多的、补足欠缺的,得道者应该"有余以奉天下",即用自己富余的物资奉养天下。他还说:"圣人不积,既以为人,己愈有;既以与人,己愈多。"(《道德经》第八十一章)圣贤人士不爱为自己积蓄财富,而是尽力帮助别人,这样自己反而更加富有;尽力给予别人的人,自己获益更多。"天之道,利而不害;圣人之道。为而不争。"(《道德经》第八十一章)

2. 道教文化中的慈善思想

到了东汉时期,道教正式诞生。当时出了一本道教经典《太平经》。该书提出建立"太平世道"的设想,要求道众敬奉天地,遵守忠、孝、顺、仁等伦理道德。《太平经》认为天地的一切财物是天地中和所有,以共养人。这就是说财物是天、地、人共同创造出来的,是自然给世人提供的恩惠。"天之有道,乐与人共之;地有德,乐与人同之;中和有财,乐以养人,故人生乐求真道,真人自来。"(《太平经》卷六十七)既然财物是天地中和的结果,因此,就应该乐意将拥有的财物去养护世人。《太平经》提出"夫人最善莫如乐生,急急若渴,乃后可也。其次乐成他人善,如己之善。其次莫若人施,见人贫乏,谓其愁心,比若忧饥寒,乃可也"(《太平经》卷四十),"积财亿万,不肯救穷周急,使人饥寒而死,罪不除也,或身即左,或流后生"(《太平经》卷六十七)。不肯救穷周急是有罪的,这种人有的被处死,有的殃及后代。基于以上逻辑,《太平经》提出了"承负说"的善恶报应思想,认为今人的祸福遭遇取决于其先人的善恶行为,而今人的善恶行为同样也对其后人的祸福遭遇产生着影响。任何人的善恶行为不仅自身遭报应,而且也对后世子孙产生影响。因此,一方面,为后世子孙着想应该行善积德,"为人先生祖父母,不容易也,当为后生者计,可毋使子孙有承负之厄"(《太平经》卷四十);另一方面,"能行大功万万倍之,先人虽有余殃,不能及此人也"(《太平经》卷十八)。自身如果能行大善,积大德,就可避免祖先的余殃。

道教的鼎盛时期是唐朝和宋朝。北宋末年编撰的《太上感应篇》是依据道教经典辑录的一部著名劝善书。它宣扬善恶报应，列举了种种善恶行为作为人们趋善避恶的标准。《太上感应篇》全文约1 200多字。总纲为四句话："祸福无门，唯人自召，善恶之报，如影随形。"全文列举22项善行，155项恶行。倡导人们"众善奉行，诸恶莫作"。它倡导的善行包括忠孝友悌、正己化人、矜孤恤寡、敬老怀幼、济人之急、救人之危等，它告诫人们莫作的恶事包括虚诬诈伪、杀人取财、贬正排贤、凌孤逼寡、弃法受贿、破人婚姻、掳掠致富、巧诈求迁等。《太上感应篇》宣称，做善事的人"人皆敬之，天道佑之，福禄随之，众邪远之，神灵卫之，所作必成，神仙可冀"。如果一个人做坏事，则会受到神的惩罚，轻者减寿，重则丧命，并殃及子孙。"故吉人语善、视善、行善，一日有三善，三年天必降之福。凶人语恶、视恶、行恶，一日有三恶，三年天必降之祸。"《太上感应篇》借助神道说教、因果报应来扬善抑恶，对于希求福寿的民众来说具有很大的影响力，不仅推动了道教信徒力行善事义举，而且对民间慈善事业的发展产生了深远影响。

2.2.3 佛教文化中的慈善思想

佛教诞生于公元前6世纪的古印度，由乔达摩·悉达多创立。西汉末年佛教传入中国。隋唐两代，佛教的发展达到了鼎盛时期。佛教教义极为复杂，内容十分丰富，其慈善思想主要体现在"因果报应说"和"转迷成悟说"中。

1. "因果报应说"中的慈善思想

"因果报应说"认为，宇宙是一个无穷无尽的时空，万事万物都离不开轮回循环，如昼夜交替、春夏秋冬的更迭等。人的生命也是如此，不是一期生死，而是循环无穷。生命在过去、现在、将来的时间中在六道不同生命形态中轮回。佛教所说的"六道"包括：地狱、饿鬼、畜生、阿修罗、人、天。其中，地狱、饿鬼、畜生是三恶道，是受苦受罪之地；阿修罗、人、天是三善道。阿修罗和人道是有苦有乐之地，天界则是享福之地。人如果犯了"五逆"或"十恶"等罪恶，死后就会进入三恶道受报；如果持"五戒"、修"十善"，死后就能进入三善道。

佛教中的"五逆"是指五种最为严重的罪恶，包括杀父、杀母、杀阿罗汉、出佛身血和破和合僧（共住一起、共同修学的僧侣）。"十恶"指世间十种不善行为：杀生、偷盗、邪淫、妄言、两舌（离间）、恶口（粗恶）、绮语（指花言巧语，或说轻浮无礼不正经的话）、贪欲、嗔恚（指仇视、怨恨和损害他人的心理）和邪见。

"五戒""十善"是相对于"五逆"和"十恶"而言的世间各种善的行为总和。"五戒"即不杀生、不偷盗、不邪淫、不妄语(讲话要有信用,不随便乱语)、不饮酒,"十善"是离杀生(救生)、离偷盗(布施)、离邪淫(梵行)、离妄语(诚实语)、离两舌(和诤语)、离恶口(爱软语)、离绮语(质直语)、离贪欲(不净观)、离嗔恚(慈悲观)、离邪见(因缘观)[①]。

佛教认为,六道轮回的因就是善恶意念和行为。"五逆"和"十恶"是三恶道的因,"五戒"和"十善"是三善道的因。只要具有这些善的与恶的意念和行为,就会在条件具备的情况下得到相应的结果。通过这种因果报应说,佛教强调善因生善果、恶因得恶果,劝导人们抑恶扬善。

2. "转迷成悟说"中的慈善思想

佛教认为人世间是一个大而无边的苦海。人生有生老病死,是苦;人在六道轮回里不得解脱,也是苦。而这种凡人的苦就是因为"无明",即不觉悟,不觉悟就会"迷"。迷分为迷于理和迷于事两大类。迷于理主要是指幻见、偏见、邪见等,迷于事指的是贪、嗔、痴等各种迷惑。众生有了上述迷惑,就要"造业",有了"业"就要受苦。要从迷惑走向觉悟,就要学佛,依法修持,澄清妄念,端正行为,转迷成悟,从烦恼的此岸度到觉悟的彼岸。在大乘佛教中修习有六种途径,分别是布施、持戒、忍辱、精进、禅定和般若。

布施讲的是做善事,就是将《大智度论》中说的"大慈与一切众生乐,大悲拔一切众生苦"付诸实践。布施一般分为财布施、无畏施和法布施三类。财布施是以金钱、物品去帮助穷苦者,改善他们的生活;无畏施是对有痛苦的人,用温暖爱心加以安慰,使之免除畏惧,身心安乐;法布施是以自己所学、领悟的佛法理论,向世人宣说,使众生同沾法雨、转迷成悟。

佛教慈善思想一经传入中国,便同中国社会中早已有的"积善之家,必有余庆;积不善之家,必有余殃"的说法和道教"善恶报应"思想相合,在中国社会中产生了广泛影响。于是,千百年来"善有善报、恶有恶报"的思想一直成为中国人从事和参与慈善活动的一个精神支柱,引领人们慈心向善、慈心行善。

用马克思主义的观点来审视,道教、佛教文化中存在不少唯心主义的宣传神鬼迷信的糟粕,但其中确实也蕴含有价值的辩证思想、伦理思想和慈善思想。我们应以取其精华、摒弃糟粕的观点对待宗教文化中的慈善思想。

---

① 圣严法师.戒律学纲要[M].北京:宗教文化出版社,2006:75.

2.3 英美传统慈善文化

英国是世界上最早出现慈善事业的国家之一,美国是当代慈善事业最发达的国家之一。学习了解英美两国的慈善文化,有利于开展慈善文化和慈善实践的交流互鉴,推动当代慈善事业的发展。

2.3.1 英国传统慈善文化

1. 古希腊文化中的慈善思想

英国的慈善传统来源于古希腊文化和古希伯来文化。英语中"慈善"(philanthropy)这个词来源于希腊文,原意是"爱"+"人类"。这种爱人类的理念集中体现在雅典城邦制国家的公共精神中,如人们参与对体育、艺术、公共设施等有益于公共利益的事业的捐赠,努力为城邦做贡献以及将私人生活置于公共生活和共同事业之下[①]。古希腊哲学家亚里士多德(Aristotle)在《尼各马科伦理学》中探讨了什么样的品格是最值得拥有的。他把美德分为十种,即勇敢、节制、乐施、慷慨、自豪、求荣、稳重、诚实、友爱、诙谐,其中,乐施、慷慨、友爱三种美德都蕴含着行善的内容,如施舍做善事和把钱用在组建歌舞队、建造公共设施等公益事业上[②]。古罗马沿袭了古希腊的慈善传统。古罗马哲学家图利乌斯·西塞罗(Tullius Cicero)在《论责任》一文中提出了"社会公约"的概念,认为"社会公约"由公正和仁慈组成。他指出,"世界上所产生的一切东西都是创造出来给人用的;因为人也是为其他人而生的,所以他们能够相互帮助;在这方面,我们应当遵从自然的意旨,彼此关爱,相互授受,为公众的利益贡献自己的一份力量"[③]。他认为,没有什么比仁慈和慷慨更能够体现人性中最美好的东西了。"应当使自己的财产为尽可能多的人所享用(只要他们是应该得到帮助的),应当用于慷慨济助,而不应当用于奢侈淫逸。"[④]在古罗马帝国,每一个就职市政职位的人都要付给城市金库一笔钱,这些钱用于资助建造一些景点、一些公共建筑物。除了政府官员,名人也会自发地建造一些建筑物如角斗士格斗

---

① 赵映诚.古希腊公民社会与公民精神[J].理论月刊,2005(5):60.
② 古谢依诺夫,伊尔利特茨.西方伦理学简史[M].刘献洲,译.北京:中国人民大学出版社,1992:136-138.
③ 西塞罗.西塞罗三论[M].徐奕春,译.北京:商务印书馆,1987:98-99.
④ 西塞罗.西塞罗三论[M].徐奕春,译.北京:商务印书馆,1987:132.

场,举办公共宴会来款待那些与他朝夕相处的民众①。

2. 基督教文化中的慈善思想

古希腊慈善文化对英国慈善传统有深远的影响,但对英国慈善传统影响最大的是古希伯来文化中的基督教文化。英语中表示慈善概念的另一词 charity 源于基督教中的基督之爱。基督教创始于公元一世纪。在中世纪,基督教成为西方统一的意识形态和宗教。在历经多次改革之后,基督教和基督教文化现在仍是英美等西方国家的主流宗教和主流意识形态。英国诗人托马斯·艾略特(Thomas Eliot)认为,"一个欧洲人可以不相信基督教信念的真实性,然而他的言谈举止都逃不出基督教文化的传统,并且必须依赖那种文化才有意义"②。基督教的经典是圣经,由《旧约》和《新约》两部分构成。《旧约》最初是犹太教的法典,后来基督教保留了它,把它纳入圣经之中。《新约》记述的是耶稣的生平和言行,包括福音书、使徒行传、使徒书信和启示录等。

(1)"博爱思想"。 基督教诞生在穷苦的犹太人中间。公元前14世纪,犹太人来到巴勒斯坦定居之后,很快沦为受苦受难的不幸民族。犹太人长期处于外族人的奴役下,产生了很强的苦难意识。因为生活苦难,人们一方面期盼有一位救世主把犹太人拯救出来;一方面认为人们应当互相关爱、互相帮助、同甘共苦。《旧约》中的《创世记》讲述了上帝创造世界、亚当和夏娃、挪亚方舟等故事。在《出埃及记》中介绍了以色列人在摩西率领下离开埃及到达西奈,在西奈山与上帝订立"摩西十诫"的经过。"摩西十诫"提出了基督教律法的具体准则,其内容是:①除上帝外不可崇拜别的神;②不可崇拜偶像;③不可妄称上帝的名;④当守安息日;⑤孝敬父母;⑥不可杀人;⑦不可奸淫;⑧不可偷盗;⑨不可做假见证陷害人;⑩不可贪恋别人财物。从伦理学角度看,"摩西十诫"中除了前四条,其他六条讲的都是人与人之间关系的道德准则。

除了"摩西十诫",《旧约》还指出了上帝希望犹太人做的事,这就是要行善。《旧约》指出,拿自己的盈余去捐助他人,不要只帮助那些我们有正式责任的急需帮助的人,还要帮助寡妇、孤儿、外来人、贫困者等。这里提出了慈善的两个要义:一是有了盈余的财富就要去施舍和救济困难的人;二是慈善是一种对他

---

① 周真真.英国慈善活动发展史研究[M].北京:中国人民大学出版社,2020:13.
② 艾略特.基督教与文化[M].杨民生,陈常锦,汪濉,译.成都:四川人民出版社,1989:205-206.

人的怜悯,即要帮助那些我们对其并无责任的困难群体,如寡妇、孤儿、外来人、贫困者和老年人等①。

在《新约》中,以"博爱"为核心的慈善思想被提出,基督教慈善思想得到丰富和发展。《马太福音》第22章中,耶稣对他的门徒说:"你要尽心、尽性、尽意爱主——你的神,这是诫命中的第一,且是最大的,其次也相仿,就是要爱人如己。这两条诫命,是律法和先知一切道理的总纲。"基督教认为,上帝创造了天地万物,创造了人类,并且为了救众生派儿子耶稣做出牺牲,这是一种伟大的爱。上帝赋予了人们爱,人们理应用爱去回报。回报的途径就是爱人如己(love your neighbor as yourself)。因为每一个人都是上帝的孩子,每一个人都应该亲如兄弟、情同姐妹。爱人如己,要求每一个人不分亲疏、不分等级差别地爱众人。因此,基督教的这种爱是博爱。它有两个显著特点:其一,博爱是超越血缘亲情,不分民族、肤色、阶层、性别、文化和国家等界限的普世主义的爱;其二,博爱排除了对道德回报的期待,达到了"为爱而爱""为道德而道德",以博爱自身为价值的精神境界②。

《新约》还为基督徒提出了具体的行善要求:"你们愿意人怎样待你们,你们也要怎样待人。"(《新约·路加福音》第6章)耶稣还举例说明怎样行善:"我饥饿时你给我食物,我口渴时你给我饮水,我是一个陌生人你欢迎我,我需要衣服时你给我衣服,我生病了你照顾我,我被关进监狱你来看我。"(《新约·马太福音》第25章)这样做了,在末日审判时,就可以到天国里去。反之,不这样做,就要进入地狱,永远被惩罚。

《新约·路加福音》中有个著名的"好撒玛利亚人"的故事,诠释了基督教"爱人如己"的慈善思想。故事内容如下:有个犹太人被强盗打劫,受了重伤,躺在路边,有祭司和利未人路过但不闻不问。唯有一个撒玛利亚人路过,不顾教派隔阂善意照应他,拿出随身携带的油和酒医治受伤的人,扶伤者骑上自己的牲口,把他带到店里照应他。第二天,撒玛利亚人拿出2便士交给店主,对店主说:"请你照顾他,如果有多的花费,我回来时必定还你。"在耶稣时代,犹太人蔑视撒玛利亚人,认为他们是混血的异族人。耶稣用这个寓言说明,慈善的核心是良心,人们有义务去帮助一个求助的陌生人,即便这样做会有风险。

---

① 佩顿,穆迪.慈善的意义与使命[M].郭烁,译.北京:中国劳动社会保障出版社,2013:165-167.
② 黄家瑶.比较视野下的中西方慈善文化[J].科学·经济·社会,2008(3):31.

基督教对慈善实践方式还提出了两项额外的要求。首先,捐助者应当在帮助受助者提高物质境遇的同时关注其精神层面;其次,捐助是为了合上帝之意,必须真诚地表现出公正之义,同时要充满爱意①。

(2)"救赎理论"。基督教教义认为,上帝最初创造的人具有先天的善,但由于人类祖先亚当和夏娃不遵守上帝的规定,偷食伊甸园禁果犯了罪,所以后世子孙就有了原罪。人们只有信仰耶稣基督,向主忏悔,积累"善功",自我救赎,死后才能进天堂,免受进地狱遭受炼狱之苦。基督教的这种"救赎论"也就是"原罪论",在实践中发展成性恶论,即:每一个人都是有罪的,有人罪轻,有人罪重,富人的罪往往更深重。耶稣说,财主进天堂比骆驼穿过针眼还难。由于人人有罪,基督教鼓励人们通过做善事(帮助他人、捐赠财富等)来赎罪,使灵魂得到救赎。美国现代慈善事业的开创者、钢铁大王安德鲁·卡耐基(Andrew Carnegie)认为"在巨富中死去是一种耻辱"。笃信基督教的石油巨头约翰·洛克菲勒(John Rockefeller)提出"尽其所能获取,尽其所有给予"。

救赎文化在英美等国家已经成为重要的文化传统和社会公众的道德意识,并且由此进一步催生了谦卑、忏悔等道德情感,引导公民个人要始终保持自省、忏悔和自律的心态,积极履行道德义务,积极参与帮助他人、捐赠款物、志愿服务等慈善活动。

2.3.2 美国传统慈善文化

美国是在北美十三个英国殖民地的基础上建立起来的。最早殖民北美的是西班牙人。1587年,第一批英国移民抵达北卡罗来纳海岸附近的罗阿若克岛,试图建立移民定居点。自此,一批又一批的英国和欧洲移民历经千辛万苦,远涉重洋,来到北美这片陌生而荒芜的土地上开始新生活。来到北美的欧洲移民中许多是新教徒,新教徒们主张圣洁的宗教信仰,生活节俭,反对奢侈浪费,倡导通过勤奋工作发财致富和发展经济。他们把公益活动理性化为对上帝的服务活动,将传统的救助邻里的人性含义替换为通过奉献社区和社会来帮助他人的更理性的含义②。在殖民开发的过程中,移民们在发展新教伦理文化的同时,发展了具有自身特色的自愿结社文化和志愿服务文化。

---

① 佩顿,穆迪.慈善的意义与使命[M].郭烁,译.北京:中国劳动社会保障出版社,2013:168.
② HEWA S,刘波,熊常君.美国慈善事业的文化基因[J].广州公共管理评论,2015(00):21-49,338.

1. 自愿结社文化

欧洲移民们踏上的那块北美洲土地没有政府,也没有现成的组织或机构帮助他们抵御严寒、饥饿、疾病和水土不服。为了生存,移民们必须团结起来,互相帮助,同舟共济。1620 年 9 月,102 名清教徒及其家属乘坐"五月花号"轮船离开英国驶向北美大陆,经过两个多月的艰苦航行,在马萨诸塞州的普利茅斯登陆并定居下来。上岸之前,41 名成年男子签署了一份公约,名为《五月花号公约》。该公约约定:"我们漂洋过海,在弗吉尼亚北部开发第一个殖民地。我们在上帝面前共同立誓签约,自愿结为一民众自治团体。"《五月花号公约》是欧洲移民试图通过自愿结社、相互协作解决生存问题的尝试。在美洲殖民地,最早的政府形式是城镇会议。这是一种由拥有一定财产的白人男性参加的公开讨论会,会议以投票形式对问题做出决定。行政官员由选举产生,负责监督会议确定的事项的执行①。这种城镇会议实际上就是通过自愿结社实现公共事务管理的制度安排。

18 世纪中叶以后,随着工商业的发展,组织化的慈善活动开始在北美出现,许多为公共利益服务的社会组织纷纷成立。19 世纪 30 年代,法国历史学家托克维尔在美国考察时发现,"美国人不论年龄多大,不论处于什么地位,不论志趣是什么,无不时时在组织社团。为了举行庆典,创办学院,开设旅店,建立教堂,销售图书……美国人都要组织一个团体。他们也用这种办法设立医院、监狱和学校……在法国,凡是创办新的事业,都由政府出面;在英国,则由当地的权贵带头;在美国,你会看到人们一定组织社团"②。

北美殖民地时期形成和发展起来的自愿结社文化,使得美国形成了一种"小政府、大社会"的传统观念,认为解决社会问题主要不是依靠政府,而是依靠民间社会力量。

2. 自愿服务社会的志愿精神

美国志愿服务传统由来已久,志愿服务精神根植人心。从某种意义上说,美国就是由志愿者建立的:一群清教徒为了寻找自由,组织在一起,尝试共同合作治理,并建立起新的国度③。在殖民地时期,每个社区的公共服务主要是通

---

① 高嵘.美国志愿服务发展的历史考察及其借鉴价值[J].中国青年研究,2010(4):108.
② 托克维尔.论美国的民主[M].董果良,译.北京:商务印书馆,1989:692-693.
③ 马季.正在消逝的"国家精神":美国志愿服务精神与传统面临挑战[N].21 世纪经济报道,2014-06-27.

过居民的志愿服务实现的,如学校校舍建设、教师聘请通常由大伙出钱出力,社会治安由志愿者维持。一些新英格兰地区小镇约定16岁以上男子承担夜间值班守护职责[①]。1736年,本杰明·富兰克林(Benjamin Franklin)在费城组建了包含30名成员的志愿消防队,每个队员都要准备用于消防的一定数量的皮水桶、耐用的袋子和装运货物的筐,每月消防队在晚上召开一次会议。之后,这种新型消防组织像雨后春笋一样不断建立起来。富兰克林组建的志愿消防队延续了50余年[②]。美国独立战争时期,大陆军的主要组成人员是13个殖民地的民兵和志愿人员。由于有广大民众和志愿者的支持,大陆军击败了训练有素的英军。进入19世纪后,美国已经有较成熟的志愿服务。如1818年的纽约救贫协会,把城市划分为许多个小社区,安排志愿人员到不同的小社区去从事服务工作。志愿人员访问那些处境困难的贫困家庭,帮助他们克服困难和改善处境,指导他们从事合适的经营和工作,并教育和培训他们的孩子掌握一定的工作技能[③]。在美国,人们普遍认为,志愿精神是在职业之外的、不受私人利益或法律驱使的人们通过改造社会和提供帮助所体现出来的社会文明、社会活力和社会保障力量[④]。目前,美国的志愿精神已经渗透到慈善事业的方方面面,慈善事业已成了广大社会成员都积极参与的"大众慈善"。2019年有30%(7 790万人)的美国成年人自愿参加志愿服务,志愿服务时间约58亿小时,创造价值约1 470亿美元。

2.4 建设中国现代慈善文化

慈善文化对一个国家、地区的慈善事业发展和社会文明进步起到了重要的推动作用。在现代社会,我们要以传统慈善文化为根基,发展和建设现代慈善文化。2023年6月2日,习近平总书记在北京出席文化传承发展座谈会时指出,要在新的起点上继续推动文化繁荣,建设文化强国,建设中华民族现代文明。他强调,要传承发展中华优秀传统文化,促进外来文化本土化,不断培育和创造新时代中国特色社会主义文化。

---

① 高嵘.美国志愿服务发展的历史考察及其借鉴价值[J].中国青年研究,2010(4):109.
② 富兰克林.富兰克林自传[M].王正林,王权,译.北京:中国华侨出版社,2013:133-134.
③ 陈东.浅论美国志愿服务经验及其借鉴价值[J].广东青年干部学院学报,2006(5):3.
④ 颜睿.志愿精神的文化渊源与现代价值[J].思想教育研究,2013(8):44.

慈善文化是中华民族现代文明的组成部分。建设中国现代慈善文化要以马克思主义为指导，既注重从我国传统慈善文化中汲取精华，坚守中华文化立场，也需要开展国际慈善文化交流互鉴，从国外优秀慈善文化中吸纳养分，构建起"不忘本来、吸收外来、面向未来"的中国现代慈善文化，为中国式现代化提供精神动力。

2.4.1 在传承发展中华传统慈善文化中建设中国现代慈善文化

中华民族 5 000 多年的文明是中国特色社会主义厚植"中国特色"的文化根脉。传承和发展中国特色文化根脉中的慈善思想，是建设中国现代慈善文化的必由之路。

1. 传承发展"仁者爱人"的慈善思想，建设以"友善对待他人、对待社会、对待自然"为道德责任的现代慈善文化

孔子提出的"仁者爱人"及其忠恕之道——"己欲立而立人""己所不欲，勿施于人"和孟子提出的性善论及其"亲亲而仁民，仁民而爱物"，是中华民族传统的处世之道和道德意识，影响着每一个中国人的思维方式、行为方式和交往方式。"仁者爱人"思想不仅从推己及人的视角提出了人际交往中的利他主义的原则和亲社会主张，还从顺应自然的视角提出了人与自然和谐共生的价值理念。建设现代中国慈善文化要传承和发展"仁者爱人"这一宝贵的慈善思想。

党的十八大报告从国家、社会、公民三个层面提出了 24 字的社会主义核心价值观。其中，"友善"是社会主义核心价值观的一个重要范畴。培育和建设"友善"文化，就是对"仁者爱人"思想的传承和发展。培育和建设"友善"文化，首先要营造"友善对待他人"的文化氛围。其中的核心要义是对困难群体要怀有恻隐之心，愿意提供力所能及的帮助，对普通民众要立己立人、达己达人。当前，我国已经取得脱贫攻坚的全面胜利，解决了绝对贫困问题。但相对贫困问题仍然存在。据一项国家社会科学基金项目的调查，2020 年，我国相对贫困家庭、脆弱家庭的比例分别为 18.82% 和 15.95%，加在一起约有 4.91 亿人口[①]。因此，改善相对贫困家庭、脆弱家庭生活状况的任务繁重。弘扬"友善对待他人"文化，可以发动更多慈善资源投入相对贫困人口居住集中的乡村地区，推动乡村振兴，促进相对贫困问题的解决。

---

① 李培林，陈光金，王春光. 社会蓝皮书：2023 年中国社会形势分析和预测[R]. 北京：社会科学文献出版社，2022：200.

培育和建设"友善"文化,还要营造"友善对待社会"的文化氛围。现代社会存在大量公共事务,社会公众对待社会"公域"事务的积极意识能够使其积极参与社会公共事务,自觉维护社会公共利益,推动共建、共治、共享活动深入开展,推动现代社会治理体系的建设和完善。

培育和建设"友善"文化,还要营造"友善对待自然"的文化氛围。坚持人与自然和谐共生理念,倡导社会公众从自己做起,从身边事做起,积极参与垃圾分类,积极参与污染防治和改善生态环境的各项活动,推动城乡人居环境的明显改善,使美丽中国建设取得显著成效。

2. 传承发展"有余以奉天下"的慈善思想,建设以"乐于奉献"为道德追求的现代慈善文化

"有余以奉天下"的慈善理念是老子提出的。道教经典《太平经》进一步阐述了这一理念,提出"中和有财,乐以养人"的慈善思想。"有余以奉天下"的慈善观体现的是一种"乐于奉献"的慈善思想。这一慈善思想在现代社会仍然具有价值指引和促进社会公正的积极作用。著名经济学家厉以宁曾提出"第三次分配"的概念。他指出:市场经济条件下的收入分配包括三次分配,第一次分配是由市场按照效益进行分配;第二次分配是由政府按照兼顾效率与公平的原则,通过税收、扶贫及社会保障统筹等方式来进行再分配;第三次分配是在道德力量的作用下,通过个人收入转移和个人自愿缴纳和捐献等非强制方式再一次进行分配[1]。

"第三次分配"的概念从经济学理论和伦理学理论上对"乐于奉献"的传统慈善思想进行了肯定和发展,指明在社会主义市场经济条件下经过第一次分配和第二次分配,社会资源分配仍然存在着不平衡和不合理的方面,需要具有"奉献"精神的道德力量发挥作用,实现社会财富资源在劳动人民各阶层、社会各主体之间由盈余方向短缺方流动或由盈余方与短缺方共享[2]。2020年,我国中等收入以上群体占比约为36.7%[3],具备一定的开展第三次分配的经济基础。随着社会财富的增长,中等收入以上群体的人口比重会越来越大。通过传承和弘扬"乐于奉献"的慈善文化,引导有能力的企业和公民在民生保障领域和教育、

---

[1] 厉以宁.股份制与现代市场经济[M].北京:商务印书馆,2020:70.
[2] 马文武,况成兰.第三次分配的科学内涵、理论逻辑与时代价值[J].政治经济学评论,2023,14(4):178.
[3] 李培林,陈光金,王春光.社会蓝皮书:2023年中国社会形势分析和预测[R].北京:社会科学文献出版社,2022:41.

医疗、文化等公共服务领域进行捐助,一方面可以健全社会保障体系,促进基本公共服务均等化;另一方面可以引导人们追求更高的人生价值,满足人的更高层次的精神需求,推动精神文明建设。

3. 传承发展"天下为公"慈善思想,建设以"共同富裕"为道德愿景的现代慈善文化

习近平总书记指出,"中华民族历来讲求'天下一家',主张民胞物与、协和万邦、天下大同,憧憬'大道之行,天下为公'的美好世界"①。"天下为公"是中华传统慈善文化中最具有远大道德愿景的内容,它提出了财富合理分配、反对贫富悬殊的思想,描绘了"大同社会"的蓝图。党的十八大以来,党和国家提出的促进全体人民共同富裕的发展战略和各项保障、改善民生的政策,是对"天下为公"思想在政策和制度层面的传承和创新。在建设中国现代慈善文化的过程中,要传承发展"天下为公"思想,培育以"共同富裕"为愿景的现代慈善文化。改革开放 40 多年来,我国经济快速发展,已经进入中等收入国家行列。但我国目前在城乡收入、城乡居民社会保障、地区收入方面仍存在较大差距,低收入人群的比例较高。

培育以"共同富裕"为愿景的慈善文化,就是要营造一种"大庇天下寒士俱欢颜"的社会责任意识,倡导先富帮后富、有余济不足的社会氛围,围绕帮助困难群体和健全基本公共服务,有钱出钱、有物出物、有力出力,推动缩小城乡、区域差距,促进社会公平、公正。

4. 创造性转化"善恶报应"慈善思想,建设以"好人有好报"为道德生态的现代慈善文化

中国的道教文化和佛教文化中强调"善恶报应"的思想,这种"善恶报应"思想无疑是唯心主义世界观的反映,具有浓厚迷信色彩。然而,善恶报应说也有其积极和合理的因素,它反映了广大人民群众崇善厌恶的心理趋向和对社会正义的期待,并作为价值指引起到了抑恶扬善和修身养性的作用。建设中国现代慈善文化,应该创造性地转化"善恶报应"慈善思想,建设"好人有好报"道德生态环境。

首先,要培育"好人有好报"的社会文化。根据间接互惠理论,虽然好人助人行为能否得到回报取决于或然性,但是好人的助人行为为社会以良知为核心的道德系统的持续运行提供了助力,因而,好人最终也会从这个系统中获益。

---

① 习近平.携手建设更加美好的世界:在中国共产党与世界政党高层对话会上的主旨讲话[M].北京:人民出版社,2017:3.

此外,好人的助人行为能给行为人带来精神愉悦这样一个确定的"回报"。根据马斯洛的人类需要层次理论,参与慈善活动可以满足行为人自尊的需要和自我实现的需要。因此,应积极营造"好人有好报"的文化氛围,使"好人有好报"成为人们的心理预期,让助人为乐成为人们的生活方式。

其次,要通过健全法制、完善制度、宣传表彰慈善行为,为"好人有好报"提供制度文化保证。美国南加州大学教授克里斯托弗·博姆通过研究发现,声誉选择机制和惩罚性选择机制对人类的利他主义行为有重要的影响。声誉选择指语言的存在可以使人们对别人的声誉形成一个详细的、非常有用的一般性的认识。人们更偏好于寻找一个特别慷慨的人作为他们的合作伙伴,对于那些具有恃强凌弱、欺骗性的或者盗窃行为倾向的异常自私的个体,只要有选择的机会,人们就会小心翼翼地尽量避开他们。惩罚性选择指人们以集体形式对掠夺性的行为进行制裁①。博姆阐述的声誉选择和惩罚性选择其实就是社会扬善抑恶的道德生态环境。因此,建设现代慈善文化,一方面要大力宣传表彰见义勇为、乐善好施等慈善行为,让好人好事得到社会褒奖和社会声誉;另一方面要依法惩治各种损人利己、损公肥私行为,让坏人坏事得到社会惩罚和舆论唾弃。通过彰显社会正义和公道,为人们心理的健康发展和精神境界的提升跃迁创造良好的道德生态环境。

专栏2-2

冯友兰的人生境界说

冯友兰在新理学著作《新原人》中提出的人生境界说是冯友兰哲学中最具有理论价值的学说。冯友兰将人的生命存在状态从低到高分为四个层级:自然境界、功利境界、道德境界和天地境界。处于自然境界的人"其行为是顺才或顺习",即按照本能或习性来行事。处于功利境界的人"其行为是为利底",他们的行为或是求增加他们自己的财产,或是求发展他们自己的事业,或是求增进他们自己的荣誉。冯友兰认为,在功利境界中的人皆以求自己的利益为目的。但这并不是说他们的行为都是损人利己的,他们亦可有损己利人的行为,但他们之所以如此做,是因为这些行为从长远看对于他们有利。处于道德境界的人的行为则是"行义",即求社会的利,利他为人,遵循道德规则行事。他指出:"在功利境界中,人的行为,都是以'占有'为目的。在道德境界中,人的行为,都是以

---

① 博姆.道德的起源:美德、利他、羞耻的演化[M].贾拥民,傅瑞蓉,译.杭州:浙江大学出版社,2015.

'贡献'为目的。用旧日的话说,在功利境界中,人的行为的目的是'取';在道德境界中,人的行为的目的是'予'。""行义的人于行义时,不但求别人的利,而且对于别人有一种痛痒相关的情感。此等人即所谓仁人。"处于天地境界的人则"知天"并"事天",不仅了解社会的规律,还了解宇宙的规律,他们不但对社会做贡献,而且也对宇宙做贡献。"在天地境界中的人,其地位是圣人地位。""圣人在其最高的境界中,从宇宙的观点,以看事物。"

冯友兰认为人的人生境界的差别是由"觉解"(了解和领悟)程度不同决定的。通过"觉解"进行自身修养,人的生命境界可以实现从低到高逐级上升。在冯友兰看来,整个人生过程就是一个境界不断发生、不断提升的生命历程。自然境界和功利境界是人生境界的低级阶段,道德境界和天地境界是人生境界的高级阶段。处于人生境界高级阶段的人都以"贡献"为人生目的,均具有利他为人的行为。处于这种境界中的人生就是有意义的人生,就是有价值的生存。

资料来源:陆建华,颜莉.冯友兰人生境界说析论:兼及冯友兰人生境界说的儒道墨法之源[J].中州学刊,2017(1):93-102.

安继民.冯友兰境界说的人生意义追思[J].中州学刊,2008(2):145-151.

2.4.2 在借鉴吸纳外来优秀慈善文化中建设中国现代慈善文化

慈善是人类共同的价值追求。在人类历史长河中,各个国家和民族在慈善活动实践中创造了各有千秋、各具特色的慈善文化。习近平总书记指出:"每一个国家和民族的文明都扎根于本国本民族的土壤之中,都有自己的本色、长处、优点。我们应该维护各国各民族文明多样性,加强相互交流、相互学习、相互借鉴,而不应该相互隔膜、相互排斥、相互取代,这样世界文明之园才能万紫千红、生机盎然。"①因此,建设中国现代慈善文化,一方面应以中华传统慈善文化为本源,另一方面应开展各文明相互学习,借鉴吸纳外来优秀慈善文化。

1. 借鉴吸纳"爱人如己"慈善思想,建设凝聚人类共同价值的现代慈善文化

"爱人如己"的概念,一般认为是圣经《旧约》提出的。在《新约》中,耶稣将"爱人如己"上升为基督教最重要的两条律法之一,并正面对"爱人如己"概念进

---

① 习近平.在纪念孔子诞辰2565周年国际学术研讨会暨国际儒学联合会第五届会员大会开幕式上的讲话[N].光明日报,2014-09-25.02版

行阐释:"你们要别人怎样待你们,你们也要怎样待他们。"事实上,"爱人如己"的概念不仅在圣经中,在琐罗亚斯德教(古代波斯帝国的国教)、耆那教、佛教、伊斯兰教等人类其他宗教经典中都有相似文字表述①。在伊斯兰教中,穆罕默德曾将"爱人如己"作为"最高贵的宗教":"最高贵的宗教是这样的——你自己喜欢什么,就该喜欢别人得什么;你自己觉得什么是痛苦,就该想到对别的所有人来说也是痛苦","人若不为自己的兄弟渴望他为自己渴望的东西,就不是真正的信徒"②。我国儒家经典《论语》中也有这样一段表述:"我不欲人之加诸我也,吾亦欲无加诸人。"(《论语·公冶长》)

"爱人如己"思想实际上是人类的一种共同价值表达,被称为伦理学上的"金规则",回答了人类应该怎样对待自己的同类这样一个根本性问题,表达了人类希望生活在一个和睦相处、互相关爱的美好社会的愿望。20世纪90年代至21世纪初,国际伦理学界曾就全球伦理基本规则问题进行过长时间的理论探讨。经过探讨,全球伦理倡导者们将"你想让人如何待你,就要怎样待他们"作为全球伦理两条基本原则中的一条(另一条是"每个人必须得到人道的待遇")。因此,"爱人如己"已成为最基本的人类道德共识③。

在建设中国现代慈善文化过程中,我们应借鉴吸纳"爱人如己"慈善思想,将"爱人如己"思想与"仁者爱人"思想相融通、相结合。儒家"仁者爱人"思想是一种推己及人的文化,被认为"爱有差等",因而与"爱人如己"的博爱思想有不同。然而,我们认为这两种理念在本质上是一致的:一是两者都强调要"爱人";二是"爱人如己"的落脚点是"如己",因此,实际上也是一种推己及人的文化。借鉴吸纳"爱人如己"思想,将"爱人如己"思想和"仁者爱人"思想相结合,就是弘扬和践行人类共同价值,培育关怀他人恰如关怀自我、帮助他人恰如帮助自我的现代慈善文化。

2. 借鉴吸纳自愿服务社会的志愿精神,建设公众广泛参与的现代慈善文化

美国是一个志愿服务文化发达的国家,通过自愿结社和志愿服务解决社会问题、弥补公共服务不足已成为美国的文化传统。美国的这一文化传统,与美国作为一个移民国家在建国过程中要解决种种社会基础设施缺失的问题有关。

---

① 王晓朝.宗教学基础十五讲[M].北京:北京大学出版社,2003:278-280.
② 王晓朝.宗教学基础十五讲[M].北京:北京大学出版社,2003:279.
③ 王晓朝.宗教学基础十五讲[M].北京:北京大学出版社,2003:251-253.

目前,美国的志愿服务精神已经渗透到慈善事业的方方面面,慈善事业已成了广大社会成员都积极参与的"大众慈善"。

建设中国现代慈善文化,可以借鉴吸纳这种"志愿精神"。中国传统慈善文化蕴含着浓厚的志愿精神文化。以"仁爱"为核心的价值体系孕育着自愿帮助他人、服务社会的志愿精神。中国历史上的扶危济困、矜孤恤寡、敬老怀幼等慈善活动中表达的都是志愿精神。20世纪90年代以来,我国的志愿服务开始普及并进入全面发展阶段,参与志愿服务的人数众多,社会影响力日益扩大,中国特色的志愿服务文化正在形成。2021年,我国活跃志愿者有1.09亿人,志愿服务参与率为7.71%,志愿服务时间为42亿小时,志愿者贡献价值达1954亿元。

然而,目前我国志愿服务参与率与发达国家和国际水平相比仍有差距。如美国2019年志愿服务参与率是23.75%。2019—2020年,全球15岁以上的劳动人口每月有14.9%的人参与志愿服务[1]。

借鉴吸纳国外自愿服务社会的"志愿精神",培育和营造社会大众广泛参与社会治理的现代慈善文化,有利于更好地弘扬爱国主义和集体主义精神,深化文明创建活动,引导社会成员为建设人人有责、人人尽责、人人享有的社会治理共同体贡献力量。

本章小结

慈善文化,在广义上指人类在社会实践中创造的与慈善行为和慈善活动有关的物质财富和精神财富;在狭义上指与慈善行为和慈善活动有关的精神产品,如慈善观念、慈善思想、慈善理论等。慈善文化具有利他性、奉献性、亲社会性和自愿性等四个基本特征。中华优秀传统文化中有丰富的慈善思想,如:儒家文化中的"仁爱思想"、性善论、"天下为公",道家和道教文化中的"有余以奉天下""中和有财,乐以养人""善恶必报",佛教文化中的"因果报应""大慈与一切众生乐,大悲拔一切众生苦""布施行善"等。英美等国也有着丰富的传统慈善文化,如:古希腊文化中的"公共精神"和基督教文化中的"博爱思想""救赎理论",美国传统慈善文化中的自愿结社文化、"志愿精神"等。建设中国现代慈善文化,要以马克思主义为指导,传承发展厚植中华文化根脉的中华优秀传统慈善文化,借鉴吸纳外来优秀慈善文化。

---

[1] 杨团,朱建刚.中国慈善发展报告(2022)[R].北京:社会科学出版社,2022:55.

思考题

1. 什么是慈善文化？慈善文化有哪些基本特征？
2. 儒家文化、道教文化和佛教文化中有哪些慈善思想？
3. 英国传统慈善文化中有哪些慈善思想？
4. 美国传统慈善文化中有哪些慈善思想？
5. 建设中国现代慈善文化过程中如何传承发展中国优秀传统文化？
6. 建设中国现代慈善文化过程中如何借鉴吸纳外国优秀传统文化？

主要参考文献

[1] 习近平.携手建设更加美好的世界：在中国共产党与世界政党高层对话会上的主旨讲话[M].北京：人民出版社，2017.

[2] 习近平.在纪念孔子诞辰2565周年国际学术研讨会暨国际儒学联合会第五届会员大会开幕式上的讲话[N].光明日报，2014-09-25.02版.

[3] DUNBAR R, BARRETT L, LYCETT J.进化心理学：从猿到人的心灵演化之路[M].万美婷，译.北京：中国轻工业出版社，2011.

[4] 博姆.道德的起源：美德、利他、羞耻的演化[M].贾拥民，傅瑞蓉，译.杭州：浙江大学出版社，2015.

[5] 斯密.道德情操论[M].蒋自强，钦北愚，朱钟棣，等译.北京：商务印书馆，1997.

[6] 威尔逊.利他之心[M].齐鹏，译.北京：机械工业出版社，2017.

[7] 赵映诚.古希腊公民社会与公民精神[J].理论月刊，2005(5)，57-61.

[8] 古谢依诺夫，伊尔利特茨.西方伦理学简史[M].刘献洲，译.北京：中国人民大学出版社，1992.

[9] 西塞罗.西塞罗三论[M].徐奕春，译.北京：商务印书馆，1987.

[10] 周真真.英国慈善活动发展史研究[M].北京：中国人民大学出版社，2020.

[11] 艾略特.基督教与文化[M].杨民生，陈常锦，汪滪，译.成都：四川人民出版社，1989.

[12] 佩顿，穆迪.慈善的意义与使命[M].郭烁，译.北京：中国劳动社会保障出版社，2013.

[13] 黄家瑶.比较视野下的中西方慈善文化[J].科学·经济·社会，2008(3)：30-33.

[14] HEWA S.美国慈善事业的文化基因[J].刘波，熊常君，译.广州公共管理评论，2015(3)：21-49.

[15] 高嵘.美国志愿服务发展的历史考察及其借鉴价值[J].中国青年研究，2010(4)：108-113.

[16] 陈东.浅论美国志愿服务经验及其借鉴价值[J].广东青年干部学院学报，2006(5)：3-7.

[17] 颜睿.志愿精神的文化渊源与现代价值[J].思想教育研究,2013(8):44-49.
[18] 厉以宁.股份制与现代市场经济[M].北京:商务印书馆,2020.
[19] 马文武,况成兰.第三次分配的科学内涵、理论逻辑与时代价值[J].政治经济学评论,2023,14(4):173-196.
[20] 李培林,陈光金,王春光.社会蓝皮书:2023年中国社会形势分析和预测[R].北京:社会科学文献出版社,2022.
[21] 王晓朝.宗教学基础十五讲[M].北京:北京大学出版社,2003.

第 3 章 历史上的慈善活动和慈善事业

> **学习目标**
>
> 慈善活动古已有之,慈善事业源远流长。通过学习本章,我们应当了解我国和以英美两国为代表的西方国家慈善活动和慈善事业发展的简要历史,了解中西方国家不同时期慈善活动和慈善事业的内容、形式和特点,领悟其中跨越时空、具有当代价值的慈善运作实践经验。

3.1 中国历史上的慈善活动和慈善事业

自古以来,中华民族就有乐善好施、积德行善的优良文化传统。在中国历史发展的长河中,广大民众积极参与扶贫济困、养老恤幼、赈灾救险、建桥修路等慈善活动和慈善事业,形成了中华民族的传统慈善活动形式,这种慈善活动形式是中华优秀传统文化的组成部分。

3.1.1 明清以前的慈善活动

在中国历史上,明清以前的慈善活动主要包括个人从事的慈善活动和宗族组织、宗教组织开展的慈善活动。

1. 个人从事的慈善活动

中华民族有着优良的慈善文化和深厚的慈善传统,人们在日常生活中"出入相友,守望相助,疾病相扶持"。《左传·文公十六年》中记载:"宋公子鲍礼于国人,宋饥,竭其粟而贷之。"春秋时期宋国的公子鲍对国人以礼相待,宋国发生饥荒,他拿出所有的粮食施舍给别人。范蠡是春秋末期的政治家、军事家、慈善家。他帮助越王勾践复国雪耻后被封为上将军,功成名就后他急流勇退,到齐国的海边结庐而居,辛勤耕作,兼营副业,很快积累了巨额财产。经商致富后,他仗义疏财,将财产用于接济贫穷的朋友和远房的兄弟。《史记》记载,他"十九年之中三致千金,再分散与贫交疏昆弟。此所谓富好行其德者也"。北宋著名文学家、政治家苏轼也是一位富有爱心的慈善人士。他被贬黄州任团练副使时,得知当地有溺婴恶俗,十分痛心。为了救助婴儿,他成立了一个救儿会,开展面向富人的劝募活动,并自己带头每年向救儿会捐款十缗。救儿会筹集的款项用于购买米、布、棉被等物资并发放给应允养育婴儿的孕妇。苏轼在杭州任太守时,了解到杭州作为水陆交通枢纽城市,时有瘟疫流行。为了方便百姓看病,他从公款中拨出两千缗,自己捐出五十两黄金,在杭州城中心建了一个名为"安乐坊"的医院。该医院在三年内治疗了一千个病人。苏轼一生爱民、忧民,一有机会他就身体力行为百姓做好事。此外,中国古代个人的慈善活动还体现在邻里之间的互济互助活动中。邻里之间以地缘关系为基础,多有"相保、相爱、相葬、相救、相赒、相宾"的责任和义务[①]。

2. 宗族组织开展的慈善活动

宗族组织开展的慈善活动是指由具有血缘关系的群体成员开展的慈善活动。先秦时期,宗族承担起了最初也最重要的赈济义务。当时的宗法制度要求本族之内财产相通,同宗兄弟共有剩余财产,即《礼记》所言:"有余,则归之宗;不足,则资之宗。"《左传》中记载:"史佚有言曰:兄弟致美。救乏、贺善、吊灾、祭敬、丧哀,情虽不同,毋绝其爱,亲之道也。"这种宗族共享剩余财产的办法,一方面为宗族内部的互济提供了必要的经济基础,另一方面也起到了稳定宗族关系和维护宗族和谐的作用,即"富者有赈济贫者的义务,贫者有得到赈济的权利。这样宗族的贫者就不致贫困流徙,引起宗族溃散,起到收族的作用"[②]。

北宋时期,范仲淹举办的义庄是典型的宗族组织举办的慈善性事业。范仲淹是北宋时期的政治家、文学家。他60岁任杭州知州时,有人建议他购置田产以供安享晚年,但被他拒绝。他拿出多年积余俸禄,在故乡苏州买田千亩,捐为范氏宗族公产,称作义庄,其所得租米,用于宗族成员婚嫁丧葬、周贫济困和子弟教育之用。范仲淹还制定了《义庄规矩十三条》,明确资助、物资发放的具体规定。范氏义庄使宗族内的临时性救助转变为经常性救助,对后世宗族产生了

---

① 甄尽忠.先秦社会救助思想研究[M].郑州:中州古籍出版社,2008:155-156.
② 徐扬杰.中国家族制度史[M].北京:人民出版社,1992:115.

广泛影响,士大夫效法者颇众。明清两代出现了设立义庄的高潮,出现"义庄之设遍天下"的情景①。族田义庄的慈善内容较为广泛,如万历时期安希范订有《赈族条件》,对族内救助对象与内容做了颇为详细的规定,涉及老、弱、孤、寡、贫、病、婚、丧、嫁、学等方面。清朝吴江任氏义庄规定的赈恤内容包括赈寡、养老、恤病、周贫、劝学、救急等六个方面的内容。

3. 宗教组织开展的慈善活动

宗教组织开展的慈善活动主要是佛教寺院举办的济贫赈灾、养老慈幼、施医舍药等慈善活动。佛教传入中国后,通过民众捐赠、国家赏赐,积累起大量财富。寺院通过这些财富,开展慈善活动。如:对贫苦大众进行布施,布施的物品有米饭、稀饭,也有钱币、布料等;每遇旱涝灾害、瘟疫流行时期,寺院多能行动起来,开设粥院或发放救济粮。

南北朝开始,一些寺院设置"无尽藏"机构,将信徒施舍的财务借贷给他人,收取利息以修缮寺庙。后来"无尽藏"积累的财物越来越多,并在饥荒时期对贫民开展低息借贷,使其具有了救济功能。唐代一些寺庙设置"无尽藏院",号召信徒向"无尽藏院"布施。"无尽藏院"中的财物则用于修理天下寺院、救济贫困众生和供养僧众。

施医舍药是佛教寺院开展的特色慈善活动。唐代有寺院建立的悲田养病坊,专为无力求医的贫困患者治病施药,也收容鳏寡老人、孤儿和流落街头的穷人,经费由寺院筹集。后来,唐朝政府参与养病坊管理,并在经费上提供扶持。唐宋时期还有一个典型的官僧合办的慈善机构叫福田院,主要收养鳏寡残疾和乞讨人员。僧人主持院内事务,政府派官员巡视指导工作,经费由官府负责。宋英宗时期,京城设置了东西南北四处福田院,有房 20 间,可收容 1 200 人②。

明清以前的慈善活动,从活动内容上看,多集中在生活救助方面;从救助方式看,多采取施舍的方式,即无偿赠予财物。

3.1.2 明末及清代前期的慈善活动

明末清初,受西学东渐影响,我国慈善经历了传统慈善向近代慈善的转型,主要表现是慈善活动在一定程度上突破了传统的血缘关系、地缘关系和教缘关

---

① 王卫平,黄鸿山.中国古代传统社会保障与慈善:以明清时期为重点的考察[M].北京:群言出版社,2005:149.

② 郭文佳.宋代的济贫与助困[J].江西社会科学,2003(6):78.

系,呈现出组织化和专业化趋势,一批以行善为目的的善会善堂纷纷涌现。所谓善会,是个人自愿参加的、以实行善举为目的而成立的组织。而善会的办事机构以及具体实施善举的设施则是善堂。善会善堂在江浙、北京等经济发达的地区数量最多。当时代表性的善会善堂有同善会、育婴堂、保婴会、普济堂等。

1. 同善会开展的慈善活动

同善会是明末清初影响最大的善会,起源于河南。明万历年间,刑部侍郎杨东明在河南虞城创立同善会,成员由退休官僚和地方绅士组成,倡议地方名士捐款,用于救济贫困和资助善举。同善会成立后,开展了修路架桥、资助婚丧、救济贫病、施医舍药、表彰孝义等一系列活动。虞城同善会出现后,不久便被移植到江南地区。从万历后期到崇祯年间,江苏武进、无锡、苏州、浙江嘉善、杭州等地均成立了同善会。同善会的经费主要依赖会员捐赠,工作开展依靠定期举行的会议,如嘉善同善会每季开会一次,太仓同善会每年开会两次。同善会在组织形态、资金募集、业务范围、救助标准等方面都做出了创新,为中国近代慈善组织的形成和慈善事业的发展奠定了基础。

2. 育婴堂开展的救孤活动

育婴堂是以收养弃婴为职能的慈善机构。中国传统社会缺乏有效的避孕节育措施,贫穷父母又缺乏养活众多子女的能力,使得溺婴之风盛行。明末,在扬州、绍兴等地出现了育婴社、保婴局。扬州的育婴社由商人蔡连创立,方法是聚集同志,四人共养一弃婴,以会员的捐银雇乳妇。育养弃婴三年,到时招人领养。据记载,扬州育婴社存续了23年之久,救助婴儿三四千人。清代前期,在清廷号召下,各地府、县纷纷设立育婴堂等机构。江南地区是清代育婴堂分布最为密集的地区。至乾隆年间,育婴堂在江南府县的普及率已达62.5%。清代乾隆时期以前的育婴堂多为地方绅士创办,育婴堂的管理也由地方绅士负责,资金自筹。为了保证运营经费,有的育婴堂设法置办田产,以稳定的田租收入作为运营经费。

3. 保婴会开展的育婴活动

保婴会是为了弥补育婴堂不足而出现的新型育婴机构。尽管育婴堂在收养弃婴方面取得成效,但也存在问题。一是限于财力,将婴儿寄养于乳妇之家,平时难于管理,造成高死亡率;二是偏远地区的乡民送婴不便,不少乡民畏于长途,宁可溺婴也不将婴儿送育婴堂;三是乳妇难觅。为了弥补育婴堂的不足,清代道光年间产生了保婴会,其保婴办法为:对于贫困家庭的婴儿,给米半年,令其暂养。数月后,婴儿已能嬉笑,娇憨可爱,以致父母不忍溺毙。保婴会由绅士余治在无锡首创。数年之间,保婴会即扩散到了江浙皖闽等省。保婴会的经费主要来自官绅富商捐赠。在实施中,各地都是保婴和育婴同时进行,有的地方既设育婴堂也设保婴会。保婴会因为采取了产妇自己哺乳的方法,大大降低了婴儿的死亡率,并在遏制溺女婴陋习方面起到了积极作用。

4. 普济堂开展的慈善活动

普济堂是以救助鳏寡孤独贫病之人为主要职能的民间组织。清代承担此类职能的官办机构是养济院,但由于收养名额非常有限,加之腐败现象严重,不能满足救助鳏寡孤独贫病人士的需要。此时,普济堂产生并发展起来。最早的普济堂出现在康熙年间,由北京的绅士建立,之后江苏、河南、山东相继建立。清代雍正年间,河南省109个州县建立了129所普济堂,山东省101个州县设置了131所普济堂。普济堂最初是由绅士自发创设的民间机构,其经费主要来自绅士和商人捐赠,"纤毫不需公项"。普济堂在扶危济困、弘扬乐善好施风习方面起到了积极作用。清代乾隆时期以后,由于皇帝的支持,不少地方由官府担负起创设、管理普济堂的责任,普济堂变成官办的救济机构。

3.1.3 中国近代的慈善活动和慈善事业

鸦片战争后,中国迈入"三千年未有之大变局"的近代社会。此时,中国慈善事业近代化转型加速了,表现在三方面:一是改革传统善会善堂,使之成为教养并重的慈善机构;二是实施助人自助的慈善活动;三是慈善活动的外延扩展,不仅仅限于对困难群体的救助,还将有利于社会进步和发展的公共事业纳入慈善活动的范围。这一时期出现了以下一些新型慈善机构和慈善活动:

1. 恤孤局(抚教局)开展的未成年人救助活动

恤孤局与育婴堂的功能类似,也属于未成年人的救助机构,不同的是,恤孤局救助的是年岁稍长但尚未成年的无依无靠孤苦儿童。此外,恤孤局更加重视对收养对象进行知识和技能培训,表现出"教养兼施"特色。恤孤局最初由清代官员创立,经费由官府调拨,后来一些慈善组织也办起了类似的机构。同治五年,官员应宝时和绅士余治创办了上海抚教局,对16岁以下流浪孤儿进行"抚养而兼教习",聘请工匠教孤儿刻字、印书、裁衣、皮匠、竹匠、洋铁、编芦、理发等手艺,以一两年为期,学成后发给器具和本钱,令其出局谋生。沿至光绪年间,山东、天津、北京等地相继成立了类似机构。

2. 洗心局和迁善所开展的矫治活动

洗心局和迁善所是以收容改造不肖子弟和地痞无赖等为职能的组织。清代同治年间,苏州绅士冯桂芬在苏州创办洗心局。洗心局专为20岁上下的"失教废学、误入下流"的名门子弟而设。子弟每人独居一室,每日上午学习书算,下午学习手艺。洗心局制定专门的考核和奖惩办法,如设"功过簿",根据子弟的表现填写功和过。收容期限由洗心局制定,改过自新者由洗心局通知家属领回,不知改者,严加管教。洗心局在苏州地区产生了一定影响,后来在江苏、浙江的其他城市推行。一些城市的洗心局(迁善所)收容对象也大为扩充,把许多不肖之徒乃至轻罪犯人也包括在内。

3. 借钱局开展的小额借贷活动

借钱局在晚清时期出现,通过提供小额借贷救助城市失业贫民。借钱局最初出现于光绪二年(1876年)的扬州。当时扬州的贫民为了谋生,不得不借印子钱取得谋生资本。印子钱利息极为高昂,百日内的利息即要达到本金的40%～100%。1876年,镇江丹徒绅士严寿彭等筹资设立借钱局。借钱局的运作方法是"借一千文者,每日还本十文,五日一送,以百日为期,收清为止",借款时不收分文利息。借钱局救助对象是以小本经营谋生但缺乏必要资本的城市无业贫民,每户借款金额自800文至5 000文,标准为"钱业相符合",借款人必须找到可靠的担保人或与邻人"连环互保"。扬州借钱局开办近3年,运转非常顺利,借出资金总额达到4 000余串,救助了2 400余户、7 000余人。借钱局着眼于助人自助,化"输血"为"造血",突破了传统施舍式的救助方式。借钱局成立后即引起了社会舆论关注和好评。此后江苏其他城市和北京、浙江、湖南、安徽等地纷纷效仿。

4. 工艺局开展的收容和培训活动

1901年,受八国联军侵华战争影响,北京出现大批失业游民,治安状况急剧恶化。已革职翰林院侍读学士黄思永与其子创办了善后工艺局,收容无业游民,并教授各项工艺。工艺局主要收容少壮游民,传授书画、雕刻、算数、织布、铜铁、瓦木工等技能,学艺期限为1～2年。开办经费采取招股的办法,招股10万元,以100元为1股,年利7厘。工艺局管理人员由绅士担任,仿照公司办法运作。善后工艺局很快引起了当时人们的注意,全国各地纷纷效仿成立。

5. 民间力量举办的"民捐民办"赈灾活动

1876年至1880年,华北地区发生极为惨烈的丁戊奇荒(旱蝗灾害),波及鲁、豫、晋、陕、直隶等9省,死亡人数达1 000万人以上。当时清政府腐败严重,财政非常困难,丁戊奇荒的赈济主要不是靠政府力量,而是靠民间力量。救灾的主要内容是"救死"和"防流"。在这次救灾过程中,出现了民间自行组织募捐、自行向灾民发放善款和救灾物资的"民捐民办"救灾活动。当时,为了救助受灾最严重的山东,上海成立了由民间人士组成的"山东赈灾委员会",开展募捐、发放救灾物资、收养弃孩等活动。上海《申报》连续7次刊登劝捐山东赈灾启事,号召绅士、商人、市民踊跃捐款。在发放救灾款物时,放赈人员深入农村,查明受灾户情况,有针对性地施赈,杜绝冒领。救灾人员还把收养弃孩作为一项重要工作。江南绅商李金镛、谢家福等在山东灾区设立养济局,前后收留弃孩800余名。此次救灾活动中的"民捐民办"模式推动了后来中国红十字会、华洋义赈会等跨地区和全国性的慈善机构的产生。

6. 实业家举办的社会公益事业

进入近代以后,中国的工商业快速发展,出现了一批实业家。其中一些实业家用实业所得盈余从事公益慈善事业。上海富商经元善从19世纪70年代末起,长期主持上海协赈公所,主持赈灾活动10余年。他提出,救急不如济贫,善举之惠应从一时及于永久。他重视兴办义学,重视开风气、正人心的社会公益活动。1898年他会同严信厚、郑观应、施则敬和梁启超等社会名流,在上海创办了中国第一所女子学堂——经正女学。经元善还在家乡筹建农工学堂,以践行"为贫民力谋生计,为国家渐图富强"。遗憾的是,由于浙江巡抚拖延不批和经元善患病等原因,最终农工学堂未能付诸实现。

在中国近代实业家中,从事公益慈善事业成就最为突出的是张謇。张謇通过开办大生纱厂等实业开展和支撑慈善事业和公共事业,创办了370余所学校、几十个慈善机构和公共事业机构,将20世纪初的中国慈善事业推向一个新的高度。

 专栏 3-1

张謇的公益慈善事业

张謇(1853—1926)是中国近代著名实业家、政治家、教育家、慈善家。张謇1894年考中状元,授翰林院修撰。中华民国建立后,张謇担任过实业总长、农商总长兼全国水利总长、吴淞商埠督办等职务。然观张謇一生,其主要工作不是从政为官,而是通过办企业开展地方自治,发展公益慈善事业。张謇1895年在南通创办大生纱厂,之后陆续兴办数十个工厂、公司,并将企业经营所获利润投入以"村落主义"理论为指导的地方自治和公益慈善事业之中。

张謇"村落主义"理论的要点是：村落自治的主要任务是发展农工商各业，细分又有实业、教育、水利、交通、慈善、公益诸端；村落自治的中心任务是发展实业教育，为地方造就合格的士农工商人才；村落自治的目的是要建设"新新世界"，做到婴有所育、长有所教、青壮有所用、残疾有所依、流离有所栖、灾荒有所济、垂老有所养、尸骨有所葬。

在建设这一理想社会的实践中，截至1915年，张謇在教育领域创办了240余所小学和师范学校、农业学校、商业学校、纺织学校、医学校等学校；在公益慈善领域创建了中国第一家地方博物苑、第一家地方图书馆、第一个地方气象台，兴办了新育婴堂、养老院、医院、贫民工场、残废院、盲哑学校等机构。1916年至1925年期间，张謇主导疏导淮河，筹建城郊公路；将医学、农业、纺织三校合并为南通大学，并陆续建设学校、养老院。截至1925年底，张謇用于地方公益慈善方面的经费已达300万元（其中自有资金150余万元，弟兄资助资金50余万元，自身单独负债90万元）。这在晚清、民国，即便地方政府也较难做到，张謇却几乎凭一己之力做到了。当时南通在地方自治、实业教育、慈善公益事业等方面被称为全国的模范县。

张謇的公益慈善事业具有从传统向近代转型的鲜明特征：①从教养轻教到教养并重。在张謇创办的贫民工场、残废院、盲哑学校等机构内，受助者都被要求学习一门技艺，以便他们日后能自食其力。②高度重视教育的作用。张謇认为，开民智须"广设初等小学"，而师范学校又为"教育之母"，处于重中之重的地位。③拓展慈善范围，将地方公共事业纳入公益慈善事业之中。张謇创建的博物苑、图书馆、气象台等都是属于公共事业范畴的社会公益设施。④将实业、教育、慈善三者连为一体，视为地方自治的核心，从社会改良的角度突出公益慈善事业的重要性。

资料来源：周秋光，李华文.达则兼济天下：试论张謇慈善公益事业[J].史学月刊，2016(11)：79-88.

3.1.4　中国当代的慈善事业

新中国成立后，我国慈善事业大致经历了停顿（1949—1978年）、恢复（1978—1993年）、发展（1993年至今）三个主要阶段。

中华人民共和国建立之初，我国实行计划经济体制，政府承担了一切福利救济活动,原有的慈善事业被纳入社会事业统一计划管理。到 1965 年,全国性的社会团体只剩下不到 100 个。党的十一届三中全会以后,经过拨乱反正,我国慈善事业进入了恢复发展的新时期。1981 年,中国儿童少年基金会由全国妇联、总工会、共青团中央和中国科协等 7 个单位发起成立。这是新中国第一个以基金会形式注册成立的全国性慈善组织。在随后的两年多时间里,宋庆龄基金会、中国残疾人福利基金会、北京社会福利基金会等十余家基金会纷纷成立。1993 年 1 月,吉林省慈善总会成立。1994 年 4 月,中华慈善总会登记注册,民政部原部长崔乃夫任首届会长。这些慈善组织的成立,为我国慈善事业的恢复发展奠定了组织基础。

在党中央的坚强领导下,20 世纪 90 年代以后,我国慈善事业的地位、作用和发展方向得到进一步明确。2001 年,第九届全国人大批准的《国民经济和社会发展第十个五年计划纲要》中提出"发展慈善事业"。这是我国政府首次明确将发展慈善事业写进国民经济和社会发展计划。2004 年,党的十六届四中全会提出"健全社会保险、社会救助、社会福利和慈善事业相衔接的社会保障体系",慈善事业第一次被写入党的重要文献。党的十八大、十九大报告分别提出"支持发展慈善事业""完善社会救助、社会福利、慈善事业、优抚安置等制度"。2022 年,党的二十大报告指出,要"扎实推进共同富裕""构建初次分配、再分配、第三次分配协调配套的制度体系""引导、支持有意愿有能力的企业、社会组织和个人积极参与公益慈善事业"。党中央关于发展慈善事业的一系列方针政策有力推动了我国慈善事业在运作主体、社会捐赠、慈善项目、慈善服务、法律法规等方面快速发展、不断完善。2021 年我国共有社会组织 90.09 万个,志愿者 2.7 亿人。2020 年我国社会捐赠总额约为 1 534 亿元。慈善事业在维护社会稳定、促进社会和谐、打赢脱贫攻坚战、全面建成小康社会的过程中发挥了积极作用[①]。

3.2 英国历史上的慈善活动和慈善事业

3.2.1 英国早期的慈善活动

英国是世界上最早出现慈善事业的国家之一,具有起步较早、基础厚实、创

---

① 注:关于中国当代慈善事业发展状况请参阅本书第 1 章 1.3。

新性强等特点,对欧洲和世界各国的慈善事业发展产生了深远影响。

1. 中世纪英国的慈善活动(5 世纪—15 世纪)

在中世纪,基督教成为欧洲统一的意识形态和宗教信仰。中世纪英国的教会根据基督教的慈善理念,将慈善救济归纳为肉体上的怜悯行为和精神上的怜悯行为①。通过践行"善功得救",教会积极开展行善活动。中世纪的英国建立了许多由修道院直接和间接管理的学校、医院、麻风病院、救济所等慈善机构,提供济贫、助医、教育等慈善服务,其资金来源于对教区居民征收的慈善税和信徒的捐赠。如在 7 世纪,林第斯凡岛(Lindisfarne)修道院和坎特伯雷教堂建立了附属学校,教授圣经、文法、算数、古典语言等多门课程,培养了大量学生②。修道院还向社会各阶层人士提供了虽然效果有限但较为全面的医疗服务。15 世纪开始,英国许多教区建立了捐赠基金用于救助穷人③。英国中世纪的这些慈善活动,对受助者的帮助以直接的、具体的物资帮助为主。有的西方学者把这种直接的、具体的物资帮助活动称之为 charity 式的慈善④。

2. 1601 年《慈善用途法》对慈善活动的规范

16 世纪,英国资本主义工商业已有相当程度的发展,其中羊毛业和呢绒业最为发达。在 16 世纪初,羊毛及羊毛制品已占英格兰出口业的 90%。羊毛业和呢绒业的大发展使羊毛的需求量大幅度增加,牧羊业成了利润丰厚的行业,圈地运动由此兴起。圈地运动是地主、贵族用暴力大规模剥夺租佃农土地的一种方式。被剥夺土地的农民食不果腹,衣不遮体,流离失所,处境悲惨。

圈地运动造成大量无业游民,农民起义此起彼伏,英国社会秩序受到严重影响。为了解决日益恶化的失业、贫困和社会动乱等问题,英国政府从两个方面采取了措施:一是在 1601 年颁布了《伊丽莎白济贫法》(The Elizabethan Poor Law),规定地方政府开征济贫税,对在本教区居住一定年限、曾从事体力劳动的失业者提供救济;二是在 1601 年颁布了《慈善用途法》(The Statute of Charitable Uses 1601)。《慈善用途法》是世界上第一部规范慈善事业的法律,因该法是在伊丽莎白一世女王在位时颁布的,因此也被称为《伊丽莎白一世法》。

---

① 佩顿,穆迪.慈善的意义与使命[M].郭烁,译.北京:中国劳动社会保障出版社,2013:169.
② 王凯.西欧中世纪修道院教育研究[D].保定:河北大学,2008:28.
③ JORDAN W K. Philanthropy in England, 1480—1660: A study of the changing pattern of English social aspirations[M]. New York: Russell Sage Foundation, 1959: 58-82.
④ FRIEDMEN L J, MCGARVIE M D. Charity, philanthropy and civility in American history[M]. Cambridge: Cambridge University Press, 2003: 33.

1601年《慈善用途法》的立法意图是鼓励社会富裕人士更加慷慨地向慈善事业进行捐赠，同时优化慈善信托的运作，防止慈善财产的滥用，加强对慈善活动的监管。这部法律明确了慈善事业的种类和慈善事业的监管制度，希望通过发展和规范慈善事业促进贫困问题的解决。该法第一次用罗列的方法概述了慈善事业的范围。在这部法律的序言部分，慈善事业被概括为以下各种行动：①救助老年人、弱者和穷人；②照料病人、受伤的士兵和水手；③维护学校、兴办义学和赞助大学学者；④修理桥梁、码头、河堤、避难所、教堂、海堤和道路；⑤教育孤儿；⑥支持和维护教养院；⑦帮助贫苦女仆成婚；⑧支持、资助和扶助年轻的商人、手艺人和体弱者；⑨救助囚犯或为囚犯赎身；⑩救助交不起税的贫困居民等①。从这个表述看，慈善领域已经从对困难群体的救助延伸到了兴办教育，修理桥梁、海堤、道路等为公共利益服务的事业上。1601年《慈善用途法》通过列举国家期待的慈善事业的种类，鼓励富人在这些领域进行捐赠，承担救济贫困的责任。

1601年《慈善用途法》还明确了慈善事业的监管制度。该法规定国家可以启动和维持对一个慈善项目彻底的调查权，以保证赠予物遵循捐赠者的意图被使用。该法将调查慈善财产滥用的权力赋予地方政府，要求以郡为单位任命5个慈善专员，对一切违法行为进行调查，包括虚假报告、闲置、隐匿和改变慈善财产用途等行为。一旦慈善专员发现上述行为，慈善委员会就会提请地方政府注意，宣布慈善财产已被滥用，并会发布一道命令纠正该行为或者向衡平法院提起诉讼②。建立慈善事业监管制度有利于防止慈善财产的滥用、误用，保证慈善资源用于慈善目的，服务于公共利益。

1601年《慈善用途法》为促进和规范慈善活动提供了法律保障，是英国慈善事业发展史上的一个里程碑。该法也为其他国家制定有关慈善的法律提供了借鉴，对世界慈善事业的发展有重要影响。

3.2.2　18世纪英国的慈善事业

18世纪被不少英国人称为是"慈善时代"。当时英国有着种类繁多、数量众多的慈善机构和组织，如弃婴医院、诊疗所、收容所、少管所、孤儿院等。人们把

---

① BAWTREE D, KIRKLAND K. Charity administration handbook[M]. 4th ed. West Sussex: Tottel Publishing Ltd, 2008: 74.

② 解锟. 英国慈善信托制度研究[M]. 北京：法律出版社，2011：31.

参加慈善活动作为一种时尚。18世纪英国著名小说家、慈善家亨利·菲尔丁(Henry Fielding)宣称"慈善事实上是这个国家这段时期的特征——我相信,我国最近涌现出来的体现明智、高贵、基督品德的事例,在世界范围内也无可匹敌"。

18世纪英国慈善事业的一个重要特点是组织化地开展慈善活动。当时英国成立了许多慈善组织,它们有着不同的名称,如社团(society)、协会(association)、学院(institution)、慈善公司(corporation)等。这些组织在组织方式和运行机制上有以下六个方面的特征:①采用了会员制的组织方式。对某项慈善事业感兴趣的人组建起社团并交纳一定数额的会费,会员享有选举权、被选举权和表决权。②制定了民主的决策机制。决策机构由年度大会和一般例会组成,决策方法为投票表决和少数服从多数。③制定了组织章程与规定,保证组织规范、有序运行。④聘请专业人士担任管理人员。如聘请医生、护士、牧师担任相关管理人员。⑤采用了多渠道的筹款方式。除了基本的会费认捐外,还在公共场所组织募捐,如布道募捐、演出募捐等。此外还开展投资活动,如购买股票、彩票、公债等。⑥建立了慈善监督机制和惩罚机制。

当时比较典型的慈善机构有盖伊医院、伦敦育婴堂、济贫院等。盖伊医院(Guy's Hospital)成立于1725年,是伦敦书商托马斯·盖伊向颇负盛名的圣托马斯医院捐款成立的下属机构。该医院在短短几十年里,解剖学与外科医学飞速发展、硕果累累。医院的一群医生被后世称为"盖伊群英"。当时英国有许多医院是富人通过股份慈善的方式建立起来的。所谓股份慈善,是多个捐赠者联合起来将捐款汇集到一个慈善中介组织来开展慈善活动。英国的西敏寺医院、圣乔治医院、伦敦医院等都是通过这种方式建立起来的。

伦敦育婴堂(Foundling Hospital)由托马斯·科拉姆(Thomas Coram)于1739年创立。伦敦育婴堂不仅挽救了大批弃婴的生命,还把他们培养成了对社会有用的人。目前,这所育婴堂已经发展成为托马斯·科拉姆儿童基金会,继续从事培养教育儿童的事业。

济贫院(poorhouse)是从17世纪开始逐步发展起来的救助贫民的慈善机构。济贫院由教会管理,按教区管辖范围收留贫困人员。救助对象包括孤(弃)儿、失去劳动能力的贫民和没有生活保障的贫困青壮年等。根据1776年英国官方的报告,当时有2 000个济贫院,平均每院安置贫民20～50人。到

18世纪末,大约有五分之一的贫民被安置在济贫院①。许多年里,济贫院兼具学校、精神病院、医院和无家可归者的避难所等功能。济贫院对儿童的教育提高了贫穷儿童的社会适应能力,使得他们在进入劳动力市场后具有竞争力。许多济贫院还建立了医院,为患病贫民进行治疗。济贫院也有一些措施受到社会舆论谴责。如为了减少穷人接收救济,要求被救助者进入济贫院后穿上统一的服装、遵守统一作息时间,体格健壮的人要从事繁重的体力劳动,使被救助者在某种程度上失去了人身自由。许多人宁愿在外边挨饿也不愿进入济贫院。

3.2.3 19世纪英国的"科学慈善运动"

1. 英国"科学慈善运动"产生的背景

19世纪下半叶,英国经济达到强盛的顶峰。当时英国的工业生产能力大于全世界的总和,号称"日不落帝国"。然而,当时英国财富的分配很不均匀,贫富差距十分明显。许多大工厂劳保设备简陋,成为大量死亡和疾病发生的中心场所。《英国剑桥城市史》描述,19世纪30年代和40年代是人们预期寿命最短的20年。郎特里(Rowntree)和查尔斯·布斯(Charles Booth)在19世纪下半叶进行的调查显示,英国都市人口有25%~30%处于贫困之中②。工人们为了改善生活待遇,举行游行示威、罢工,甚至起义。为了缓和社会矛盾,英国不少贤达人士采取行动开展慈善活动,使慈善事业得到快速发展。

当时,人们通过对慈善实践活动进行反思和总结,认识到慈善不能只是解决表面问题的治标,而要寻找治本的方法。1795年成立的"改善穷人状况协会"的理事们认为,穷人不是消极被动的被救济者,他们应该勤勉、自律和节俭地生活。该协会负责人班纳德提出要"运用科学的方法,促进穷人幸福"③。"科学慈善运动"除了继续组织化地开展慈善活动,还特别强调用助人自助的形式开展慈善活动。

2. "科学慈善运动"中的慈善组织和慈善活动

"科学慈善运动"中比较著名慈善组织有"巴纳多之家"、"救世军"、汤恩比会馆和友谊会等。"巴纳多之家"(Barnardo's)由托马斯·巴纳多(Thomas

---

① 郭家宏,唐艳.19世纪英国的济贫院制度初探[J].学海,2006(6):51.
② 吕晓燕.施善与教化:伦敦的慈善组织研究(1700—1900)[M].北京:中国社会科学出版社,2018:72.
③ 吕晓燕.施善与教化:伦敦的慈善组织研究(1700—1900)[M].北京:中国社会科学出版社,2018:169-171.

Barnardo)于1870年设立,其从事的活动是为孤儿、贫困儿童提供免费膳宿和教育,如培训男孩成为木匠、铁匠、鞋匠,培训女孩做家政服务和护理服务。到1905年巴纳多去世时,该儿童之家发展到96所,有8 500余名儿童在其中生活学习。目前这家机构仍然作为一家为儿童和家庭服务的慈善机构存在,在全英国开展近400个慈善项目。

"救世军"(Salvation Army)由威廉·布思(William Booth)夫妇于1878年成立,其救助对象包括无家可归者、失业者、老年人、被拐卖的妇女儿童以及各种灾难性事件的受害者等。如今这个组织的国际总部在伦敦,在全世界有几千个分部,分布在100多个国家和地区,成员有200多万人。世界上第一个慈善商店就是由"救世军"在19世纪80年代建立起来的。"救世军"的创始人布思在其撰写的《英格兰最黑暗的时代及其出路》一书中指出,社会上有大量来自富裕家庭的闲置物品,可以雇用工人将这些物品送给有需要的人们和家庭,还可以雇用工人将这些物品售卖或翻新后循环利用。

汤恩比会馆(Toynbee Hall)由牧师巴涅特(Samuel Barnett)和夫人于1884年建立,建在伦敦最贫困的东部地区。该会馆邀请牛津大学和剑桥大学的学生开展志愿扶贫帮困服务,为劳工开办夜校,举办演讲会、音乐会、展览会等活动。后来这种志愿帮困服务发展为"睦邻运动"。汤恩比会馆最主要的贡献是它的工作方法:一是工作者深入到困难群体中,与穷人相处;二是以居民的需求作为工作的重点,寻找解决问题的办法;三是使各地的社区睦邻中心成为当地的社区服务中心。

友谊会(Friendly Societies)是18—19世纪英国工人阶级特别是收入较高的上层工人中筹集互助款项建立的民间互助组织。其成员自愿按规定向协会交纳一定数量的会费,其后,即可在遇到疾病、失业、死亡、天灾人祸等困难时由本人或家属向协会提出救济申请,协会则有义务为会员提供必要的经济援助。1891年,各类友谊会的基金总数为2 270万英镑,1909年增至4 820万英镑。曼彻斯特联合共济会会员在生病后的前12个月每周援助金为9先令,以后每周为4先令6便士;会员如去世,一次性支付9英镑;会员妻子去世,一次性支付4英镑10先令。友谊会这种互助组织在为工人提供生老病死保障方面发挥了重要作用。1910年,友谊会有会员约386万人,共济会有会员约279万人[①]。

---

① 闵凡祥.18—19世纪英国"友谊会"运动述论[J].史学月刊,2006(8):91.

3. 英国"科学慈善运动"的特点

（1）组织化地开展慈善活动。这一时期,慈善组织如雨后春笋般纷纷涌现。1861年,仅伦敦地区就有640个慈善组织。伦敦慈善组织每年的慈善捐赠收入达到250万英镑,超过了同期政府部门在伦敦的济贫投入[①]。1889年还出现了全国性的指导机构"慈善组织协会"。

（2）建立了比较科学的慈善组织治理机制。一是慈善组织在决策过程中采用了少数服从多数的民主决策制度；二是完善了监督制度,由专门的会议或机构对组织的工作情况和财务收支情况进行审查,对于违反规则的人员进行罚款或开除惩罚。例如,莎洛普医疗室在章程中规定"为了防止此项慈善事业的任何滥用,必须由主要捐赠者进行管理","为使所有捐赠者满意,必须不时公开账目"。

（3）注重慈善救助的长期效果。18世纪英国个人的慈善行为很多,但是许多英国人也担心,若是考虑不周,就算捐赠意图非常美好,也可能会鼓励无所事事、放荡和诈骗。经济学家大卫·李嘉图（David Ricardo）认为,对穷人施舍会提高人们愿意工作的工资水平期待,从而加剧失业。作为回应,这一时期的慈善理论认为,慈善对穷人的救助应当激发他们对生活的希望,提供给他们自我发展的手段,使他们过有尊严的生活[②]。为此,慈善组织开展了对救助者进行走访的活动,通过走访他们的家庭核实其信息的真实性。同时还要对受助者提出建议、进行指导、开展培训,促使和帮助受助者学习必要的谋生技能。

（4）关注慈善活动的效率和可持续性。一是采用了多渠道的筹款方式。除了基本的会费认捐外,还在公共场所组织募捐,并开展投资活动,如购买股票、彩票、公债等,实现慈善资金的保值增值；二是进行规模经营,使得慈善活动的效率明显优于零散的施舍。同时,加强对资金使用的监督,防止贪污和滥用。由于注重效率和可持续性,慈善组织筹集到的资金比以前大幅增加。据1885年1月出版的《时代》杂志报道,伦敦各类慈善组织的总收入超过瑞典、丹麦、葡萄牙等国的政府收入,甚至是瑞士政府收入的两倍[③]。

19世纪的"科学慈善运动"被学者称为philanthropy式的慈善,它不同于早

[①] 郭家宏,唐艳.19世纪英国民间慈善活动探析[J].学海,2011(2):173.
[②] FRIEDMEN L J, MCGARVIE M D. Charity, philanthropy and civility in American history[M]. Cambridge: Cambridge University Press, 2003: 37-39.
[③] 丁建定.1870—1914年英国的慈善事业[J].南都学坛（人文社会科学学报）,2005(4):21.

期的 charity 式的慈善。因此,有的西方学者把 charity 式的慈善概括为"授人以鱼",把 philanthropy 式的慈善概括为"授人以渔"。慈善事业的发展弥补了英国政府在社会救济方面的不足,对稳定社会秩序起到了积极作用。

3.2.4　当代英国的慈善事业

作为世界最早出现慈善事业的国家之一,英国当代慈善事业在创新社会问题的解决方案中不断发展。当代英国慈善事业有以下几个特点:

1. 制定公共服务改革政策,促进慈善事业发展

第二次世界大战后,英国提出了建设福利国家的发展思路,设计了一套从"摇篮到坟墓"的福利政策。20 世纪 80 年代,为应对经济滞胀和居高不下的失业率,时任首相撒切尔夫人提出一系列激进的市场化和私有化主张。1997 年,英国工党执政后制定了"第三条道路"的纲领。"第三条道路"认为,政府在社会领域的作用有限,要削弱国家对社会直接干预,提倡政府机构与社会机构(如学校、社区和家庭等)建立伙伴关系,鼓励公民参与公共事务的决策,主张通过促进慈善、志愿服务和社区组织以及社会企业的发展,满足社会的多种需要。在保守党与自民党组成的联合政府执政时期,英国政府提出了"大社会"的社会改革计划。时任首相卡梅伦指出:"'大社会'所要创造的是这样一个社会:个人和社区拥有更大的权力,负有更多的责任去创造高质量的邻里和社区服务"。2010 年 7 月,英国正式发起"大社会运动",将更多的权力和资金由政府下放给社区、慈善机构和公众,以转变政府的管理方式,进一步提高公共服务的效率和水平,用社会公益慈善行动来解决社会问题。英国的公共服务改革计划有两个意图:一是弱化福利国家功能。社会福利完全由庞大的、等级制的官僚体系提供不仅成本过高,而且会降低它的公信力。社会福利可以通过"民主的、自我治理的"慈善组织来提供。二是强化市场和第三部门的功能。开放公共服务市场,鼓励私人部门和第三部门组织参与经营。英国政府认为,慈善组织目标明确、行动有效、管理灵活、擅长动员资源,非常适合承担提供社会福利和公共服务的责任,在这一过程中能够有效解决有关社会和经济问题。公共服务改革政策为英国慈善事业发展注入了动力。

2. 拥有多样化的慈善组织

截至 2018 年 3 月,在英格兰和威尔士慈善委员会注册的慈善组织共计有 168 000 多家。2017 年,慈善组织的总收入和总支出分别为 760 亿英镑和

735亿英镑。英国的慈善组织可以分为资助类、服务类、运作类等三种。

（1）资助类组织。资助类组织指为一线运作型组织提供资金的组织，如基金会、信托基金、慈善融资组织等。2020年英国约有27 800多个基金会和信托基金，为各类慈善组织提供慈善资金。英国比较著名的信托机构有国民信托（National Trust）、惠康信托（The Wellcome Trust）等。

国民信托创立于1895年，目标是"永久保护全国最具历史价值和自然美的土地与建筑"。该组织章程规定信托的资产不可转让。这项运动的发起人之一是英国女性社会企业家奥克塔维亚·希尔（Octavia Hill）。国民信托目前拥有超过400万的会员和6万多名志愿者。在国民信托的"保护伞"下有300多处景观、100多处庭园、1 200多英里（约合1 931.2公里）海岸线、50多个小村庄等。国民信托的收入来源是会费、捐赠、遗赠和信托收益等。

惠康信托（The Wellcome Trust）成立于1936年，资金来源于制药商亨利·惠康（Henry Wellcome）的捐赠。目前，该信托拥有382亿英镑的投资证券组合资金，是英国排名第二的慈善信托机构。惠康信托致力于通过科学研究解决人们面临的紧迫的健康问题，改善人们的健康状况。该信托机构有四个资助项目，分别为发现研究、心理健康、全球变暖和传染病解决方案。

英国慈善融资组织的主要功能是为慈善组织、社会企业融资。它们发放贷款给慈善组织和社会企业，并将所还贷款投入新的慈善项目中，使慈善资金持续发挥作用。英国著名的慈善银行（Charity Bank）创办于2002年。成立之初，它既是在英国慈善委员会注册的一家慈善机构，也是获得英国金融服务监管局认证的一家正规银行。长期以来，慈善银行一直运用来自社会投资人的资金以及具有社会意识的个体储户的资金向慈善组织和社会企业发放贷款。

（2）服务类组织。这类组织包括英国慈善、新慈善资本、慈善基金会协会、社区基金会网、法律服务组织等，其功能包括提供指导、提供咨询、开展培训、促进交流等。如帮助大额捐赠者选择资助对象，为大众捐赠者提供捐赠咨询，为慈善组织制订行动计划、设计项目，并参与组织管理、事务协调和项目评估。

（3）运作类组织。这类组织包括慈善团体、慈善公司、社会企业等，它们构成慈善运作的主体。英国运作类慈善组织数量多、分布广、分工细。社区、宗教和福利领域内的慈善组织数量众多，但规模较小；教育、儿童、家庭、养老领域内的慈善组织是传统强势组织；医疗领域、环保领域的慈善组织所获慈善资金比例最大。下面介绍英国救助儿童会和乐施会这两个典型的运作型慈善组织。

英国救助儿童会(Save the Children)创建于1919年,总部设在伦敦,是一个非宗教和非营利的慈善机构,致力于实现儿童权利,为儿童创造一个美好的世界。英国救助儿童会目前在全球100多个国家开展项目,帮助在贫困社区中生活的儿童。英国救助儿童会在中国开展过项目,为流浪儿童、残疾儿童、被拐儿童提供服务和帮助。

乐施会(Oxfam)是一个具有国际影响力的扶贫和救援组织,1942年在英国牛津郡成立。乐施会跨越种族、性别、宗教和政治界限,与政府部门、社会各界及贫困人群合作,努力解决贫困问题,让贫困人群得到尊重和关怀。"助人自助,对抗贫穷"是乐施会的宗旨和目标。乐施会先后在全球90多个国家和地区开展扶贫、救灾、综合发展等工作,并在教育、卫生和水利等领域实施项目。

3. 形成多渠道的慈善资金

英国慈善资金主要有三个来源:一是政府资金,约占55%;二是企业捐赠,约占15%;三是公民捐赠,约占30%[①]。政府慈善资金来自三个渠道:财政拨款、项目经费和政府采购。近年来,政府采购数量逐年增加,涉及医疗、照护、环保、教育等领域。企业捐赠来自企业的现金捐款和物资捐赠。公民捐赠的参与人包括普通工薪阶层、中产阶级、企业家等。

4. 健全慈善事业法律法规

英国是世界上第一个通过制定法律来管理慈善活动的国家。自1601年《慈善用途法》颁行以来,英国多次对慈善法进行修改,并制定了相关的法律。2001年7月至2002年9月,英国政府内阁战略智库(Strategy Unit)对涉及慈善和非营利组织的法规进行了回顾评估,发现现有的法规中关于慈善的定义不能准确地反映当前英国慈善事业的现状。为此,英国政府提出制定新的慈善定义和修改慈善法的建议。经过长时间的征询意见和审议,2006年11月,英国议会通过了2006年《慈善法》(The Charities Act 2006)。2011年12月英国议会又通过了2011年《慈善法》,但这部法律没有对2006年《慈善法》进行修改,只是将相关的法律进行合并。

2006年《慈善法》第一次以成文法律条文的形式对慈善组织和慈善事业进行了明确的定义。该法第一部分第1条规定,"慈善组织是为从事慈善事业而

---

① 杨团.中国慈善发展报告(2013)[M].北京:社会科学文献出版社,2013:344.

成立的、受高等法院监控的组织"。该法第一部分第 2 条规定,"只有从事一项或多项具有慈善目的(charitable purposes)的事业,并且是为公共利益服务的(for public benefit),才能被认定为是慈善事业"。

关于"具有慈善目的的事业",2006 年《慈善法》第一部分第 2 条第 2 款把它归纳为 13 类:①扶贫与防止贫困发生;②发展教育;③促进宗教;④促进健康和拯救生命;⑤促进公民意识和社区发展;⑥促进艺术、文化、历史遗产保护和科学;⑦发展业余体育运动;⑧促进人权,解决和调和冲突,促进不同宗教与种族之间和谐,促进平等与多样性;⑨保护与改善环境;⑩扶持需要帮助的青少年、老年人、病人、残疾人、经济困难者或者其他弱势群体;⑪促进动物福利;⑫提高皇家武装部队、警察、消防、紧急援救、医疗救护的效率;⑬其他符合相关法律规定的慈善事业。

关于"公共利益"的含义,英国慈善委员会制定的《公共利益指南》(Public Benefit Guides)指出,"公共利益"包括两个方面:一是有益性,二是公众性。有益性指:①慈善事业必须给公众带来可证实的益处;②这种益处可以量化或测量。公众性指:①慈善活动的受益人必须是社会公众或者是特定范围内足够数量的社会公众,如一个社区、地区的居民、老年人、残疾人、孕产妇、少数民族等受保护的群体,从事某一职业的人群等;②慈善活动带来的任何惠及私人的利益必须是附带的,即这种私人利益是从事慈善活动后必然带来的副产品;③低收入群体不能全部被排除在受益人之外。根据《公共利益指南》,从事慈善法列举的、具有慈善目的的事业的组织要成为慈善组织,都要满足有益性和公众性这两个要求[①]。

5. 创新慈善事业运作方式

英国是一个具有创新精神的国家。英国慈善事业运作方式创新主要体现在将现代商业运作的方式运用到慈善事业中,拓展慈善事业资源,提升慈善事业效率。慈善运作的创新方式主要有社会投资、社会企业、公益创投等。

社会投资(social investment)指所提供的资金能够同时产生社会效益和经济回报。这一新的慈善资金注入方式反映了慈善理念和慈善运作模式的新发展,不仅私人投资银行和公司开展社会投资,政府、基金会也开展社会投资。社会投资缓解了慈善资金的不足,并提高了慈善资金的使用效益。2012 年 2 月,英国

---

① 《公共利益指南》(Public Benefit Guides)参见:www.charitycommission.gov.uk.

政府成立了世界上第一个社会投资银行——大社会资本(Big Society Capital),该组织是政府与四大主要商业银行合作成立的独立于政府的金融机构,使命是为慈善组织融资,为慈善项目提供贷款。大社会资本依照银行运营模式,将慈善组织、社会企业的还款能力作为首要的贷款标准。其成立时的资金为6亿英镑。

社会企业(social enterprise)是把社会目标放在首位的企业,其盈余被再投资于企业本身或社会/社区,以便实现社会目标。社会企业所兼具的社会属性和商业属性,可以使其对商业效率和社会资源进行双重吸纳和利用,有利于社会目标的实现和组织的可持续发展。社会企业起源于英国。截至2018年底,英国已经有10万多家社会企业和200多万名雇员,产值高达600亿英镑[1]。慈善商店是英国通过企业经营的方式实现资源再利用和取得慈善事业经费的一种社会企业。慈善商店通过出售居民捐赠的物品为慈善事业筹集善款。根据英国慈善商店协会的统计,2018年,英国有11 200家左右慈善商店,年收入约2.95亿英镑。

公益创投(venture philanthropy)指的是将商业风险投资的做法应用于慈善事业。公益创投与商业风险投资的不同点在于公益创投以解决社会问题为主要目的,用风险投资的方法去实现投资者的价值和影响最大化。公益创投强调解决社会问题,而不是为了资金回报。公益创投与传统的慈善捐赠不同,公益创投不仅提供资金,还提供管理、技术、营销、财务、培训等方面的服务。公益创投的理念于20世纪90年代发端于美国。首先将公益创投理念用于实践的是英国。20世纪70至90年代,"世界需要帮助"基金会(World in Need)就尝试开展公益创投。2002年,英国成立了第一个公益创投基金——促进信托基金(Impetus Trust),对具有发展潜力的慈善组织进行资金资助。2004年,英国政府注资1.25亿英镑建立了英格兰未来建设者基金(Future Builders England),致力于"社会目标组织"的能力建设,使它们更好地提供公共服务。英国文化、传媒和体育部发布的一个调查报告披露,2010年至2019年期间,与附近没有接受投资的地区相比,接受英格兰未来建设者基金投资地区的贫困程度有所改善。当投资额分别超过300万英镑和400万英镑时,平均差异分别达到12%和17%以上。

---

[1] 金世斌.英国社会企业的发展历程、规制体系与启示[J].中国发展观察,2020(Z4):121-125.

3.3 美国历史上的慈善活动和慈善事业

美国是世界上慈善事业最发达的国家之一。16世纪开始,欧洲的移民来到北美,他们在开拓新大陆、与大自然做斗争的过程中,通过志愿结社、志愿服务、参与社会治理,发展了慈善理论,创新了慈善事业的组织形式和运作形式,形成了美国慈善事业的模式。

3.3.1 北美殖民地时期的慈善活动

研究发现,北美在印第安人部落时代就存在慈善活动。大多数美国原住民认为捐赠款物是一种帮助人们摆脱困难和维护人际关系的手段,是对造物主给予他们祝福的认可和感恩。部落成员通过参加志愿服务和捐赠款物为公共事务做贡献,努力成为有良好声誉的部落成员。

欧洲殖民群体来到美洲大陆以后,带来了本民族的慈善文化。1587年,第一批英国移民抵达北卡罗来纳海岸附近的罗阿诺克岛。自此,一批又一批的英国和欧洲移民历经千辛万苦,来到北美这片陌生而荒芜的土地上开始新生活。1620年9月,102名英国清教徒及其家属乘坐"五月花号"轮船到达马萨诸塞州的普利茅斯,并定居下来。定居后的第二年春天,当地印第安人给了清教徒谷物种子,教他们种植庄稼、打猎、捕鱼,在印第安人的帮助下,清教徒们当年获得了大丰收。为庆祝丰收,感谢上帝的恩赐,加强白人与印第安人的和睦关系,1621年11月下旬的星期四,清教徒们和当地90名印第安人欢聚一堂,制作和品尝美味佳肴,还举行了摔跤、赛跑、唱歌、跳舞等活动。这个活动后来成为一个节日——感恩节。感恩节的许多庆祝方式流传400多年,一直保留到今天。

欧洲移民信奉基督教。他们依据基督教教义,把自己和他人看作兄弟姐妹,节省自己的剩余物品,给需要的人提供帮助。随着移民的增多,教会和社区建立起来,承担着为需要帮助的人提供救济的责任。每个社区都有照顾社区成员的义务。当个人或家庭有需要时,他们可以向集体求助。当地权力机构会派人去该家庭了解情况,核实后向求助人提供所需要的食物、饮料等物资[1]。

---

[1] FRIEDMEN L J, MCGARVIE M D. Charity, philanthropy and civility in American history[M]. Cambridge: Cambridge University Press, 2003: 32-33.

3.3.2 组织化慈善活动的形成和发展

18世纪中叶以后,随着工商业的发展,组织化的慈善活动开始在北美出现。当时美国有一个史称"宗教大觉醒"的运动,许多基督教的教义得到重新阐释和发扬,促进了慈善事业发展。1820年,美国各地建立了2 000余个慈善组织,业务活动领域涉及济贫、卫生、教育、助残、济孤、宗教等。这些慈善组织被准许成立非营利公司,可以拥有不动产,通过签订合同开展业务活动,并具有免税资格[1]。1846年,詹姆斯·史密森学会(Smithson Institute)成立。其宗旨是"促进人们之间知识的增加和传播",对博物馆、画廊、艺术收藏和有关研究项目进行资助。1970年,黑文斯救助基金协会(Havens Relief Fund Society)成立,其宗旨是"济贫扶困,尤其是向那些遭受苦难的、有进取心和行为高尚的人提供短期救助"[2]。

在美国慈善事业发展进程中有一位先驱人物——本杰明·富兰克林(Benjamin Franklin)。富兰克林出生于美国马萨诸塞州波士顿,是美国著名政治家、科学家、慈善家。他是美国独立战争时期重要的领导人之一,参与了《独立宣言》等多个重要文件的草拟。富兰克林直接创办和协助创办了一系列慈善机构:1731年创办了美国第一家公共图书馆,1735年创办了美国第一个志愿消防队,1740年创办了宾州学院,1743年创办了美国哲学学会。富兰克林去世前留下遗嘱,在波士顿和费城各建立一笔基金,用于扶助学习手工艺和应用科学的学生。人们用他的遗赠加上其他人的捐赠,建成了波士顿第一家理工学院。

富兰克林的慈善观点可以归纳为这几个方面:一是要施福于人。富人要以财富做好事,进而用知识服务于大众。二是单纯的施舍会加深贫困化。对穷人做好事之道不在于使他们在贫困中过得舒服一些,而是要引导他们走出贫困。他理想的目标是为所有人创造自力更生的机会,从而达到社会没有需要救济的穷人的目标。三是每一个公民都应该合理地利用自己的时间和资源来帮助自己的同胞,要通过志愿服务为社会服务。四是慈善的宗旨是"促进人类幸福"。在富兰克林的晚年,他采取了反对奴隶制的立场,向第一届国会递交了"废奴协会"的请愿书,敦促国会通过禁止奴隶买卖的法案。

---

[1] FRIEDMEN L J, MCGARVIE M D. Charity, philanthropy and civility in American history[M]. Cambridge: Cambridge University Press, 2003: 40-41.
[2] 李韬. 慈善基金会缘何兴盛于美国[J]. 美国研究, 2005(3): 137-138.

美国组织化慈善活动的一个重要事件是银行家乔治·皮博迪(George Peabody)于1867年创立了第一个慈善基金会——皮博迪教育基金会。1838年，皮博迪成立了一家金融公司：乔治·皮博迪公司。1854年，他与朱尼厄斯·摩根合作创立了美国最具有影响力的摩根财团。皮博迪在他生命的最后十几年里热衷慈善事业，获得多项殊荣。皮博迪所创立的基金会的主要业务是发展美国南方地区的公立学校，改善州教育系统，培养师资，以促进南北战争后破坏严重的南方地区公共教育的恢复和发展。皮博迪的慈善理念是："追求财富是一个可敬的抱负，是对一个人是否有益于他人的一大考验"，但"富人只是穷人的代理者和信托人。富人应当成为生活简朴的典范，要用有效的方式管理和使用财富资源，将剩余财富返还大众，为他们带来长期的利益"。

皮博迪创立的教育基金会虽然规模不大，但它是慈善组织形式的创新，是现代慈善基金会的雏形。基金会与慈善社团、慈善公司等运作型的慈善组织不同，它是资助型的组织，为慈善组织和慈善项目提供慈善资金，被称为"慈善事业的发动机"。基金会与慈善信托也不同，基金会采用了公司化法人实体形式，设有决策机构、执行机构、执行部门，从而使得捐赠的财产能更好地服务于公众的利益。此外，基金会作为慈善法人组织，可以开展筹款活动，有利于慈善财产的发展。

3.3.3　美国的"科学慈善运动"和三大基金会的成立

1. 美国的"科学慈善运动"

19世纪末，工业化和科学技术的发展推动美国经济高速增长。1894年，美国的工业产值已位居世界第一。但是，这时也出现了严重的贫富分化。马克·吐温将这一时期称为"镀金年代"(Gilded Age)，寓意这一时期表面光鲜无比，内部却十分腐朽。一些人通过巧取豪夺暴富而跻身上层阶级，被嘲讽为"强盗贵族"。1896年，占美国人口1%的人拥有的财富占全美国财富的一半以上，12%的美国人拥有全美国近90%的财富①。由于贫富差距巨大，工农运动风起云涌。此时，发端于欧洲的"科学慈善运动"引入美国并在美国蓬勃发展。

美国"科学慈善运动"主要观点是：①传统慈善给那些可以自食其力的人以救济，会让其轻易地放弃工作，使其"被贫穷"。因此，慈善救助要弄清需求，

---

① 何顺果.美国历史十五讲[M].北京：北京大学出版社，2007：139.

通过慈善工作的介入,影响受助者的品行,鼓励受助者就业。②慈善组织应当更有效率地利用资源。③慈善救助除了要缓和某一社会问题,更应当预防这一问题发生,即慈善应当消除贫困的根源,而不是仅仅给予穷人救济物品。④慈善应该用批发的方法(一揽子)解决问题而不是用零售的方法(零敲碎打)解决问题。若没有大的解决社会问题的方案,快速转型的社会将解体。"科学慈善运动"实质是一种社会改良运动,目的是修补现行制度,缓和社会矛盾。

2. 美国"三大基金会"的成立

在"科学慈善运动"理念的影响下,一些富人投入资金成立了公司化的慈善基金会,以期通过慈善事业的科学运作解决社会问题。这一时期最有代表性的事件是拉塞尔·塞奇基金会、洛克菲勒基金会和卡内基基金会等三大基金会的成立。

(1) 拉塞尔·塞奇基金会。该基金会由著名的慈善家拉塞尔·塞奇夫人(Mrs. Russell Sage)于1903年在纽约创立。她在丈夫去世后继承了6 500万美元的遗产,并把这些财产用于慈善事业。该基金会的宗旨是"改善美国的社会和生活条件",最初注册资金为1 000万美元。1918年,拉塞尔·塞奇夫人去世,在遗嘱中将全部财产捐给基金会,使本金达到1.5亿美元。该基金会主要从事社会调查,工作人员多为社会学家和社会工作者,研究的重点是儿童福利、产业关系、城市规划、劳工、妇女、救灾、改造罪犯等,发表了许多有影响力的关于社会问题的报告,推动了相关政策的制定和社会科学的发展。

(2) 洛克菲勒基金会。洛克菲勒基金会由约翰·洛克菲勒(John D. Rockefeller)创立。洛克菲勒是美国标准石油公司创办人。1879年洛克菲勒及其合伙公司控有全美90%的炼油业。20世纪初,洛克菲勒成为世界上第一个亿万富翁。在事业获得成功后,洛克菲勒接受了美国浸礼会教育协会领导人费雷德里克·盖茨(Frederick Gates)的建议,开始投身慈善事业。1892年,洛克菲勒捐资创办了芝加哥大学。1913年,他成立了洛克菲勒基金会,创办资金为一亿美元。洛克菲勒基金会的宗旨是:促进一切使人类进步的因素,造福美国和各国人民,推进文明。截至1929年,洛克菲勒家族向各种独立的基金会捐赠了6亿美元,用于教育、医疗卫生、农业、人文艺术、社会平等等事业,促进相关的科学研究和理念传播。

约翰·洛克菲勒的慈善理念是:①"尽其所能获取,尽其所有给予。"他说:"我一直财源滚滚,有如天助,是因为神知道我会把钱返还给社会的。"②如果不在生前以快于聚财的速度散财,他的财产将发生"雪崩",祸及子孙,殃及社会。③要科学地进行慈善捐赠,要变"零售"为"批发",使花的钱产生最大社会效益。

(3) 卡内基基金会。卡内基基金会由美国钢铁业巨头、著名企业家和慈善家安德鲁·卡内基(Andrew Carnegie)创立。在1901年至1911年期间,他分别成立了苏格兰大学卡内基信托基金会、卡内基教学促进基金会、纽约卡内基基金会等5个基金会。卡内基出身于贫苦的苏格兰移民家庭,30岁投资铁路卧车公司及油井并获利。他于1873年投资钢铁业,不到20年成为钢铁业巨头。卡内基虽然赚了很多钱,但他认为商人应该回馈社会,富人不应死后留下巨额财富。卡内基的慈善事业主要聚焦教育、文化、人权、国际和平等领域。他在美国和世界各英语系国家捐资约6 000万元修建了2 800多所公共图书馆。每一座卡内基图书馆通常都是当地的标志性建筑,象征教育是指路明灯。至1919年去世前,卡内基慈善捐赠总额超过3.5亿美元。

20世纪初期,美国的"科学慈善运动"以及拉塞尔·塞奇基金会、洛克菲勒基金会、卡内基基金会等三大基金会的成立标志着美国慈善事业进入一个新阶段。慈善事业在组织形式、功能定位、运作模式等方面都有创新发展。美国"科学慈善运动"的理念也有不切实际的方面,如科学慈善倡导者们关于通过研究、用知识一揽子解决社会问题的观点有天真的成分,但"科学慈善运动"确实给现代慈善事业留下了许多宝贵遗产。

专栏3-2

《财富的福音》(*The Gospel of Wealth*)中的慈善思想

安德鲁·卡内基于1889年在《北美评论》上发表了《财富的福音》一文,之后他又写了续篇《慈善捐赠的最佳领域》,后来,卡内基将这两篇文章合起来出版了单行本《财富的福音》一书。《财富的福音》系统阐述了卡内基的慈善思想,被公认为是美国慈善理论的经典之作。该书的主要观点如下:

(1) 贫富差距扩大是文明进步不可避免的代价。卡内基认为,最近几百年来,人类生活发生了革命性的变化,贫富差距显著扩大。这种变化是进步的表现,值得欢迎。大规模的制造业或者商业如果赚不到资本的最低利润,很快就会破产。企业要么进取,要么落伍,原地踏步是不可能的。在经济力量的作用下,那些拥有经营才能的人必定会迅速获得远远超过其自身正常消费水平的大量收入,这是一个规律。

(2) 富人对社会有不可推卸的责任。卡内基认为,从经济发展中得到最多收益的人有义务使自己的金钱和智慧惠及全世界。富人应该为世人树立一种简朴的、不事张扬的生活方式的样板,在适当地满足家人合理的生活需求后,应该把所有的剩余收入简单地看成是社会委托自己管理的信托基金,当仁不让地承担起管理职责,依据自己的判断将钱用于对社会最有益的事业。这样,富人就成了穷苦兄弟们的信托人和代理人。聚集在少数人手中的剩余财富会因为妥善用于公益事业而成为实质上的多数人的财产。

(3) 剩余财富有最佳使用方式。卡内基认为剩余财富有三种使用方式:第一种是将财富留给家族后代,第二种是遗赠给公共事业,第三种是在有生之年妥善处理剩余财富。第一种方式最不明智,容易使后代游手好闲、不思进取,对国家也无益处。第二种方式亦非剩余财富的最佳处置方式,主要原因是无法监督和激励以确保财富得到最合理的运用,无法确保遗赠人的意愿得到真正体现。第三种方式,即富人在生前把剩余财富通过适当的运作用于造福公众的事业,这是最可接受的方式。这种方式"能够真正矫治目前的财富分配不均,使得富人和穷人彼此和解,和谐相处,并且不必像激进主义者所主张的那样彻底革新现存秩序,也不用完全推翻我们的文明"。采用这种方式,"我们会拥有一个理想的国度"。这样的富人"应该因为从事这些价值无量的善举而受人爱戴。他们在有生之年出钱出力为公众的长久福利而忙碌,他们的人生也因此而尊贵"。

(4) 慈善捐助有原则。卡内基反对滥用剩余财富和简单施舍,认为慈善捐助应该有原则,这个原则就是:"帮助那些愿意自助的人;助那些奋力自救的人一臂之力;帮助那些借助这些捐助就能重新自立的人","不可以或者永远不可以大包大揽。浮泛的施舍救济既不能改良个人,也不能改良人类"。他认为"施舍钱财给乞丐个人是一种严重的犯罪","富人的百万家产与其这样滥施布施,鼓励懒人、醉汉和不值得尊重的人,倒不如扔进大海里对人类更加有益"。

(5) 慈善捐赠有最佳领域。在助人自助慈善理念指引下,卡内基提出了慈善捐赠的七个最佳领域:一是建立大学或向现有的大学捐赠。二是建立免费公共图书馆。他认为没有比满足贫苦的青少年读书的愿望对他们的帮助更大了。三是建立或扩展医院、医学院、实验室以及其他关乎减轻人类病痛的机构。他认为对于缺少医院的社区,建一所医院是最佳的礼物。四是建立公园或者向公园捐赠设施,美化环境。五是建立音乐厅或者礼堂,让人们的生活更加快乐,身心更加健康。六是建立游泳池。七是建立社区教堂,使其发挥社交生活中心和邻里感情的聚集地的作用。

卡内基认为,明智地使用剩余财富的其他渠道还有很多,他只列举了其中极少的几种。公益项目的选择主要取决于财富的主人的用意和心思。管理余财正如其他工作一样,都需要倾注热情和心血。

资料来源:卡内基.财富的福音[M].北京:京华出版社,2006.

3.3.4 当代美国的慈善事业

美国是当代慈善事业最发达的国家之一。美国当代慈善事业有以下几方面的特征:

1. 形成了现代慈善事业的理念

现代慈善理念认为,慈善不仅是仁慈的行动,更是解决社会问题、推动社会进步、增进人类福祉的事业。美国人历来有依靠民间力量解决社会问题的传统。在欧洲移民踏上新大陆时,是先有社会组织后有政府。因此,美国人大多赞成"大社会、小政府"的观点。美国印第安纳大学慈善学院和美国信托公司于2014年10月开展的一项调查显示,73.5%的美国人相信通过自己的捐赠可以使世界发生改变[①]。著名投资家、慈善家沃伦·巴菲特(Warren Buffett)把自己的捐赠看作是改变世界、让世界变得更好的一种投资,而不仅仅是关怀。比尔·盖茨(Bill Gates)成立的基金会的使命是:坚持所有生命价值平等的信念,致力于世界贫困地区不再遭受传染病的困扰,帮助全球各地的妇女和女孩都能拥有改变自身命运的力量,让所有儿童——尤其是最贫困国家的儿童,都能获得公平发展的机会。在美国不少基金会的章程中,都把增进全社会、全人类的幸福和进步作为愿景,提出要消除社会问题产生的根源。

2. 形成了富人与普通民众都积极参与捐赠的"大众慈善"

社会捐赠是慈善事业的重要资金来源。美国拥有比尔·盖茨、沃伦·巴菲特等亿万身家的慈善家,在慈善捐赠方面发挥了引领作用。

比尔·盖茨是微软公司创始人。1995至2007年期间,比尔·盖茨连续13年成为《福布斯》全球富翁榜首富。1994年,在其父威廉·盖茨的建议下,比

---

① 数据来源: https://scholarworks.iupui.edu/server/api/core/bitstreams/bbce4c1f-47ab-472a-8e2d-88123a041f70/content.

尔·盖茨捐出 9 400 万美元,创立了威廉·盖茨基金会。三年后,比尔·盖茨又创立了盖茨图书馆基金会。1999 年,他将这两个基金会合并,成立世界上规模最大的基金会——比尔和梅琳达·盖茨基金会。2008 年,比尔·盖茨宣布将把 580 亿美元个人财产捐给慈善基金会。

沃伦·巴菲特是全球著名的从事股票、电子现货、基金行业的投资商。2003 年,沃伦·巴菲特个人资产达 280 亿美元,是世界 10 位亿万富翁之一。2006 年 6 月 25 日,沃伦·巴菲特在纽约公共图书馆签署捐款意向书,正式决定向 5 个慈善基金会捐出其财富的 85%,约合 375 亿美元。这是当时美国和世界历史上最大一笔慈善捐款。巴菲特将捐款中的绝大部分、约 300 亿美元捐给比尔和梅琳达·盖茨基金会。同时,巴菲特也宣布,将其余价值约 67 亿美元的波克夏股票分别捐赠给苏珊·汤普森·巴菲特基金会(Susan Thompson Buffett Foundation)以及他三名子女所计划成立的基金会。

盖茨和巴菲特不仅自己热衷于慈善事业,还积极动员鼓励其他富人参与慈善事业。2010 年,盖茨和巴菲特发起"捐赠承诺"(Giving Pledge)行动,号召美国乃至全世界最富有的个人和家庭将大部分财产在生前或死后捐给慈善组织或者慈善事业。"捐赠承诺"网站披露,截至 2021 年底,已有来自 28 个国家的 231 名富豪参与了"捐赠承诺"行动。

此外,美国普通民众也积极参与慈善捐赠。据美国施惠基金会(Giving USA)于 2022 年发布的报告,2021 年美国慈善捐赠总额预估达 4 848.5 亿美元,其中个人捐赠总额预估达 3 268.7 亿美元,占美国慈善捐赠总额的 67%[①]。根据非营利资讯网的报道,约七成的美国人会给慈善组织捐款,其中有 5% 的人(约 1 000 万人)会捐出收入的 10%,80% 的人会捐出收入的 2%。

3. 慈善事业由众多公共慈善机构和基金会运作

2021 年,美国有 149 万个慈善机构,年度支出为 2.46 万亿美元[②]。2019 年,美国非营利组织雇用了 2 400 万人,占整个劳动力市场的 14%。美国的慈善机构大体可分为公共慈善机构(public charities)和基金会(foundations)两类。

公共慈善机构包括在教育、医疗、艺术、人道救助、社区等领域提供服务的非营利机构,组织形式有公司、社团等。如美国的好意公司(Goodwill Industries)是一家著名的慈善公司,其使命是通过整合社区资源,消除获得机会的障碍,帮助

---

① 数据来源:https://givingusa.org/.
② 数据来源:https://www.statista.com/topics/1390/nonprofit-organizations-in-the-us/#topicOverview.

人们参加培训挖掘出自身潜力和工作能力,从而提升个人和家庭的尊严和生活质量。好意公司在美国和加拿大有165个附属组织和2 900个零售店。其运作模式是通过接受社会各界捐赠的物品(包括居民的二手衣物、日用品等)并将其变现筹集资金,用于针对失业年轻人、退伍军人、残疾人的职业培训项目。美国智力与发展障碍者服务社(Association for Retarded Citizens)是一家慈善社团。该组织为100万美国智力障碍人士提供服务,促进和保护智障人士的人权,发挥他们的潜力,支持他们融入社会和参与社区事务,对他们的家庭提供支持和帮助。该组织每年50亿美元的收入中有96%来自政府。

美国有17万多个基金会,分为私人基金会(private foundation)、资助型公共类基金会(grantmaking foundation)、公司基金会(corporate foundation)、社区基金会(community foundation)等类型[1]。私人基金会通常是基于某个人或某个家族成员捐赠或遗赠所成立的基金会,如洛克菲勒基金会、卡内基基金会、比尔与梅琳达·盖茨基金会等。私人基金会是所有基金会中最重要的一种,历史最为悠久,影响最大,数量也最多。其运作方式是资助各种机构的慈善项目。资助型公共类基金会的资源三分之一或者以上来自公众的捐赠,主要业务是提供资助,不自己实施项目和提供服务。公司基金会是由企业捐资设立的基金会。企业对其所设立的基金会的捐赠是长期的、不间断的。公司基金会也以资助为主要运作方式。比较著名的公司基金会有可口可乐基金会、通用汽车基金会等。社区基金会是一个地区的居民为解决本地区的问题而设立的基金会。社区基金会的资金是从社区内经多种渠道筹集而来,包括个人捐赠或遗赠、家族捐赠、公司捐赠以及其他机构的捐赠等,因此,社区基金会在类别上属于公共慈善机构。社区基金会经常由社区内政界、银行界、教育界的知名人士组成董事会进行管理。社区基金会很大一部分的捐赠资金用在本社区内的社会服务项目上,并大多自己组织开展各种慈善项目为本社区的居民服务。克利夫兰社区基金会是美国历史上的第一个社区基金会,由银行家弗雷德雷克·戈夫(Frederick H. Goff)于1914年创立。该基金会的主要业务是促进教育和科学研究事业,解决疾病、养老等问题,提升克利夫兰居民的精神生活和物质生活水平,提高居民的道德素质。

需要指出的是,美国的大多数基金会是非官方组织,其宗旨是为了解决社

---

[1] 数据来源:https://www.causeiq.com/directory/foundations-list/.

会问题,提供公共产品和服务。但是,也有少数以输出"民主"为名干涉别国内政、颠覆别国合法政权的基金会,如索罗斯基金会、美国国家民主基金会等,对这类基金会的活动我们要坚决反对。

4. 建立了较规范的法律体系支持和监管慈善事业

美国慈善事业的法律规定主要体现在税法和公司法中。《国内税收法典》(Internal Revenue Code)通过对慈善组织从事的业务和免税资格进行规定,对慈善组织进行了明确界定。《国内税收法典》501(c)(3)条款明确慈善组织是服务于"宗教、教育、慈善、科学、文学、公共安全测试、培育业余体育竞赛爱好者、预防虐待儿童和动物"的组织。该条款提到的慈善不仅包括传统意义上的扶贫帮困,还包括了缓解邻里紧张关系、消除偏见和歧视、保护人权和公民权利、防止社区道德败坏和青少年犯罪等。此外,根据《国内税收法典》107(b)(1)关于公共慈善机构的规定,提供医疗、护理服务或医学教育的机构可获得公共慈善机构资格。

慈善组织要获得免税资格(即收入无须交税,向其捐赠的捐赠者可以获得税收减免)必须满足以下六个必要条件:①满足《国内税收法典》501(c)(3)项中列举的一项或多项目的;②为了非营利目的而成立;③主要围绕非营利目的开展活动;④禁止分配利益;⑤不得参与竞选,即不支持或反对任何公职候选人;⑥不得进行实质性的游说活动,即不得对立法进行实质性的支持或反对[①]。美国法律关于慈善组织税收优惠的相关规定保证了捐赠者的经济利益,激励个人和组织为慈善事业捐赠资金,同时规范着慈善组织的活动,以确保其资金用于慈善事业。

美国政府主要在联邦和州两个层级对慈善组织进行监管。联邦政府的国税局负责慈善组织财务税收监管,州政府负责对慈善组织的注册、筹款等事务进行监管。在美国,要成立慈善组织,需要先在州务厅注册成为非营利组织。慈善组织开展募捐活动,需要在开展募捐活动的州申请取得募捐资质。

5. 运用商业运作的方式促进慈善事业发展

在美国,社会捐赠并不是慈善组织最主要的收入。慈善组织年收入中约50%来自服务收入,约30%来自政府部门资助[②]。为了增加慈善组织的收入,使慈善事业获得可持续发展的资源,应用商业运作方法进行慈善事业运作已在

---

① 艾德勒.通行规则:美国慈善法指南[M].金锦萍,朱卫国,周虹,译.北京:中国社会出版社,2007:5.
② 饶锦兴.美国慈善事业发展印象[J].社团管理研究,2011(1):28.

美国形成共识。这就是说慈善事业的运作也要像商业运作一样,用尽可能少的投入来实现尽可能多的产出,对慈善事业的投入既要产生社会效益也要产生经济效益,要用财务回报来促进慈善事业的增长和慈善服务规模的扩大。

在运用商业化的手段进行运作的过程中,公益创投、社会影响力投资、社会企业等慈善运作新形式被催生出来。公益创投和社会企业前面已有论述,现在介绍社会影响力投资。社会影响力投资(impact investing)指的是旨在产生积极的社会与环境影响,并伴随一定财务回报的投资方法。社会影响力投资与慈善捐赠不同:慈善捐赠只关注捐赠行为所产生的社会效益,不追求任何形式的财务回报;而社会影响力投资是"主动将资本配置给那些能生产对社会或者环境有益的产品、服务或者附带收益——比如提供就业机会——的企业,并且期待同时获得资金回报,资金回报可高可低,既可是高度特惠的,也可是超过市场水平的"[1]。社会影响力投资与公益创投也不一样:公益创投追求的是受助组织的能力提升和项目的持续影响力,在财务回报方面没有要求;而社会影响力投资的出资者包括私立基金会、私募股权基金、风险投资公司及其他有社会责任感的企业等,其投资对象包括企业、社会组织和基金会。

本章小结

人类的慈善活动和慈善事业历史悠久、内容丰富。本章对中国、英国和美国历史上的慈善活动和慈善事业进行了简要介绍。中国早在明清以前就存在个人、宗族组织、宗教组织举办的慈善活动。明末和清代前期,中国的慈善活动突破了传统的血缘关系、地缘关系和教缘关系,出现了一批民间自愿成立的以行善为目标的善会善堂。进入近代以后,中国社会的善会善堂被改革成为教养并重的慈善机构,慈善活动注重助人自助,并且不仅仅限于对困难群体的救助,还将有利于社会进步和发展的公共事业纳入慈善活动的范围。党的十一届三中全会以后,中国慈善事业恢复发展。当前,在党中央的坚强领导下,中国慈善事业空前繁荣,快速发展。

英国是世界上最早出现慈善事业的国家之一。为了促进和规范慈善事业的发展,英国在1601年颁布了世界上第一部关于慈善事业的法律——1601年《慈善用途法》。18世纪以后,英国出现了种类繁多、数量众多的民间慈善机构,

---

[1] BREST P,刘焰,何东盛,等.社会效益与商业回报:鱼和熊掌能否兼得?[J].中国社会组织,2015(4):36.

进入组织化开展慈善活动的时代。19世纪,英国发生了"科学慈善运动",其特点是:组织化开展慈善活动,建立比较科学的慈善组织治理机制,注重慈善救助的长期效果,关注慈善活动的效率和可持续性。当代英国慈善事业在创新社会问题的解决方案中不断发展。

美国是世界上慈善事业最发达的国家之一。美国慈善活动的历史可以追溯到印第安人部落时代。18世纪中叶以后,组织化的慈善活动在北美出现。19世纪末,"科学慈善运动"在美国蓬勃发展,其主要理论观点是:慈善要助人自助,慈善要更有效率,慈善应当消除贫困的根源,慈善应该用一揽子的方法解决社会问题。20世纪初,拉塞尔·塞奇基金会、洛克菲勒基金会和卡内基基金会等三大基金会成立,标志着美国慈善事业进入一个新阶段。当代美国慈善事业的特点是:形成了现代慈善事业的理念,形成了富人和普通民众共同积极参与的"大众慈善",慈善事业由众多公共慈善机构和基金会运作,建立了较规范的法律体系支持和监管慈善事业,运用商业运作方式促进慈善事业发展。

思考题

1. 中国的宗族组织和佛教寺院在历史上开展了哪些慈善活动?
2. 明末清初有哪些典型的善会善堂?它们开展了哪些慈善活动?
3. 中国近代慈善事业的特点是什么?这一时期有哪些新型的慈善机构和慈善活动?
4. 英国1601年《慈善用途法》的主要内容和意义是什么?
5. 19世纪英国"科学慈善运动"有哪些特点?
6. 英国当代慈善事业的特点是什么?
7. 英国2006年《慈善法》从哪几个方面对慈善事业概念进行了阐述?
8. 美国"科学慈善运动"的主要理论观点是什么?
9. 约翰·洛克菲勒、安德鲁·卡内基等人对慈善事业有哪些贡献?
10. 美国当代慈善事业有哪些特点?

主要参考文献

[1] 周秋光,曾桂林.中国慈善简史[M].北京:人民出版社,2006.
[2] 王卫平,黄鸿山,曾桂林.中国慈善史纲[M].北京:中国劳动社会保障出版社,2011.
[3] 钱乘旦,许洁明.英国通史[M].上海:上海社会科学院出版社,2012.

［4］赵林.基督教与西方文化［M］.北京：商务印书馆，2013.

［5］周真真.英国慈善活动发展史研究［M］.北京：中国人民大学出版社，2020.

［6］吕晓燕.施善与教化：伦敦的慈善组织研究（1700—1900）［M］.北京：中国社会科学出版社，2018.

［7］林立树.美国通史［M］.北京：中央编译出版社，2014.

［8］何顺果.美国历史十五讲［M］.北京：北京大学出版社，2007.

［9］艾德勒.通行规则：美国慈善法指南［M］.金锦萍，朱卫国，周虹，译.北京：中国社会出版社，2007.

［10］比索普，格林.慈善资本主义：富人在如何拯救世界［M］.北京：社会科学文献出版社，2011.

［11］佩顿，穆迪.慈善的意义与使命［M］.郭烁，译.北京：中国劳动社会保障出版社，2013.

［12］JORDAN W K. Philanthropy in England, 1480—1660：A study of the changing pattern of English social aspirations［M］. New York：Russell Sage Foundation, 1959.

［13］FRIEDMEN L J, MCGARVIE M D. Charity, philanthropy and civility in American history［M］. Cambridge：Cambridge University Press, 2003.

［14］BAWTREE D, KIRKLAND K. Charity administration handbook［M］. 4th ed. West Sussex：Tottel Publishing Ltd, 2008.

第 4 章 慈善组织

> **学习目标**
>
> 慈善事业要科学、高效、可持续地发展,必须要有专业的慈善组织进行运作。通过学习本章,我们应当了解我国的慈善组织有基金会、社会团体、社会服务机构等组织形式,了解基金会、社会团体、社会服务机构的概念、产生过程、组织结构和功能定位,了解这些组织的发展现状和它们在现代慈善事业发展中的作用。

慈善组织是依法成立、以面向社会开展慈善活动为宗旨的非营利性组织。如前所述,慈善组织有狭义和广义之分。狭义的慈善组织是指依据慈善法,由各级民政部门准予设立或认定并颁发慈善组织证书的组织。广义的慈善组织是指登记认定的慈善组织和那些虽然未取得民政部门颁发的慈善组织证书,但是事实上以面向社会开展慈善活动为宗旨的非营利性组织。本章论述的慈善组织是指广义的慈善组织。

4.1 基金会

4.1.1 基金会的概念

基金会产生至今已有一个多世纪的历史。关于基金会的定义,很长时间没有一个明确的说法。20 世纪 50 年代,美国学者弗兰克·安德鲁斯(Frank Andrews)在《慈善基金会》一书中对基金会做出定义,基金会是"非政府的、非营利的、自有资金,并自设董事会管理的组织,其创办的目的是支持或援助社会、教育、慈善、宗教或其他活动以服务于公共福利"①。在这一定义的基础上,美国基金会中心对基金会做出一个更明确的定义:"非政府的、非营利的、自有资金(通常来自单一的个人、家庭或公司)并自设董事会管理工作规划的组织,其创办的目的是支持或援助教育、社会、慈善、宗教或其他活动以服务于公共福利,主要途径是通过对其他非营利机构的赞助。"②赫尔穆特·安海尔(Helmut Anheier)和雷吉那·李斯特(Regina List)编写的《公民社会、慈善和非营利部门词典》给基金会下的定义是:"基金会是为公共目的服务的私人资产,具有五个核心特征:①建立在契约基础上的非会员组织,通常在章程中表明机构成立和持续的目的;②在体制上独立于政府的私人实体;③具有内部治理机制,能控制组织活动;④不向机构拥有人、成员、受托人或董事分配机构产生的利润;⑤为超越狭义的社会公共目的服务,即不是为家庭成员或封闭的受益人圈子服务的组织。"③

我国在1988年和2004年先后颁布了《基金会管理办法》和《基金会管理条例》。在《基金会管理条例》中,基金会被定义为"利用自然人、法人或者其他组织捐赠的财产,以从事公益事业为目的,按照本条例的规定成立的非营利性法人"。

根据《基金会管理条例》的定义,我国的基金会有以下五个特征:①设立基金会的主体可以是自然人、法人或者其他组织。这一规定明确了设立基金会的主体可以是作为个体的自然人、作为组织体的法人(如营利法人、非营利法人等),也可以是不具备法人资格的其他组织(如个人独资企业、合伙企业等)。②设立基金会的财产是捐赠的财产。即基金会的原始财产来自自愿无偿捐赠的财产,这与政府机构的原始财产来自税收、企业的原始财产来自投资不同,这是基金会区别于政府机构和企业的重要标志。③基金会的目的是从事公益慈善事业。这一规定明确了基金会的本质属性,即基金会必须有明确的公益宗旨,从事的必须是法律法规明确的一种或几种慈善活动。2016年颁布的《中华人民共和国慈善法》对慈善活动的范围做出了明确的界定,基金会必须从事慈善法规定的一种或几种慈善活动。④基金会是非营利性组织。基金会的非营

---

① ANDREWS F. Philanthropic Foundations[M]. New York:Russell Sage Foundation,1956:11.
② 王名.中国社会组织[M].北京:社会科学文献出版社,2018:167.
③ ANHEIER H, LIST R. A dictionary of civil society, philanthropy and the non-profit sector[M]. London:Routledge,2005:101.

利性体现在三个方面：一是在组织的章程等一系列关系组织基本问题的文件中,必须申明非营利的目的;二是捐赠人、设立人或者工作人员除了必要的工资福利之外,不得分配运营产生的利润,即不得获得收入分红;三是当基金会终止活动并注销时,剩余财产应当按照章程的规定或者权力机关的决议用于公益目的,不得以任何形式转移给包括捐赠人在内的私人所有。⑤基金会是法人。法人是指具有民事权利能力和民事行为能力,依法享有民事权利和承担民事义务的组织。法人依法成立,有自己的名称、组织机构、住所、财产或者经费。我国的法人包括营利法人、非营利法人、特别法人,基金会必须按照非营利法人的要求设立。

4.1.2 基金会的产生过程

基金会的起源可以追溯到古希腊时期。公元前387年,古希腊哲学家柏拉图(Plato)在朋友们的资助下在雅典创办了开展教学和研究的柏拉图学院。柏拉图学院存续了900多年,运作资金来源于各方捐赠。中世纪后期,英国出现了慈善信托。所谓慈善信托是指委托人委托一个人(或机构)作为财产的托管人,管理这些财产用于慈善目的。慈善信托被法律承认后,解决了捐赠财产由私人管理服务于公共目的的问题,为个体公民创建社会公益财产提供了法律工具。不过,慈善信托有不尽如人意之处。第一,慈善信托不是一个法人组织,只是一种"受人之托,代人理财"的契约。为了保证这种契约的实行,信托协议规定的受托目的不可改变,这就会限制这笔公共财产的使用;第二,慈善信托将信托财产服务于公共目的的责任完全交给受托人可能会发生欺骗、管理不善或者滥用的问题①。由于慈善信托具有局限性,慈善事业在发展过程中创造出了新的组织形式,19世纪末20世纪初,基金会产生了。

有美国学者认为,基金会的产生是慈善事业的革命②。基金会不再依托信托形式,而是采用了公司化的法人实体形式,将公司的组织形式用于慈善机构。基金会设有理事会或董事会,使得捐赠的财产具备了法人治理的性质,即基金会的重大决策由理事会或董事会做出,从而能使捐赠财产更好地服务于公众的利益。如慈善组织外部环境发生变化时,基金会具有重新界定慈善组织目标的责任。

---

① 葛道顺,商玉生,杨团,等.中国基金会发展解析[M].北京:社会科学文献出版社,2009:3.
② 西尔克.亚洲公益事业及其法规[M].中国科学基金研究会,主译.北京:科学出版社,2000:73.

现代意义上的基金会首先出现在美国①。19世纪末20世纪初,美国一方面经济增长不断加速,资本和财产高度集中;另一方面贫富差距不断加大,社会矛盾日益尖锐。约翰·洛克菲勒、安德鲁·卡内基等一批明智的垄断资本家为了缓和社会矛盾,改变"强盗贵族"的恶劣形象,开始思考财富的意义和富人的责任,探索用科学慈善的方式进行社会改良,解决社会问题。此时期,美国社会出现了一个持续了半个世纪的基金会发展高潮,涌现了一大批具有深远影响的基金会。1867年,乔治·皮博迪创立了皮博迪教育基金会。该基金会是现代慈善基金会的雏形。20世纪初,拉塞尔·塞奇基金会、洛克菲勒基金会、卡内基基金会等三大基金会创立。基金会的出现和发展推动了各项社会事业的发展,对缓解社会矛盾发挥了积极作用。同时,这些基金会在使命愿景、运作方式、资助模式等方面奠定了现代慈善基金会的基础。

目前,美国有基金会17万多个,其中私人基金会(private foundation)13.5万余个、资助型公共类基金会(grantmaking public charity foundation)1.6万余个、公司基金会(corporate foundation)3 200多个、社区基金会(community foundation)3 300多个②。英国2020年约有27 800多个基金会和信托基金。

中国的基金会是改革开放的产物。改革开放不久,到欧美考察的第一批中国政府官员带回来一个重要发现——发达国家的许多社会公益事业是基金会从事的,于是建议我国也设立基金会。1981年7月,新中国第一家基金会——中国儿童少年基金会成立。这是由全国妇联、全国总工会、共青团中央和中国科协等17个全国性社团和单位发起设立的。之后由政府各部门批准的基金会纷纷成立,其中包括宋庆龄基金会、中国煤矿文化宣传基金会、孙冶方基金会、中国残疾人福利基金会、北京社会福利基金会等。据不完全统计,至1987年9月,全国建立了214个基金会③。2004年,《基金会管理条例》出台后,基金会出现了一个快速增长期。截至2021年底,我国基金会总数达8 885家。从基金会区域分布看,2020年,广东省基金会最多,有1 321家,基金会数量居全国第二至五名的省(直辖市)分别是北京市(976家)、浙江省(821家)、江苏省(791家)、上海市(542家),这五个省(直辖市)的基金会总数占全国基金会总数的52%④。

---

① 资中筠.财富的责任与资本主义演变:美国百年公益发展的启示[M].上海:上海三联书店,2015:25.
② 数据来源:https://www.causeiq.com/directory/foundations-list/.
③ 民政部民间组织管理局,国务院法制办政法司.基金会指南[M].北京:中国社会出版社,2004:40.
④ 杨团,朱建刚.中国慈善发展报告(2021)[M].北京:社会科学文献出版社,2021:81.

4.1.3 基金会的功能

基金会是财产的集合体,拥有资金优势,故被称为"慈善事业的发动机",是慈善事业运作的重要机构和其他慈善组织重要的支持性组织。

1. 筹集慈善资金

筹集慈善资金是基金会的一项基本功能。首先,通过成立基金会汇聚资金。个人、组织通过捐赠资金成立基金会汇聚社会慈善资金。2019年年末,我国基金会净资产总量达到1809亿元,基金会平均净资产规模为3316万元。其次,通过开展各种形式的募捐活动筹集资金,动员社会将资源用于慈善项目和活动。2020年,我国基金会捐赠收入约为720亿元,占当年社会捐赠总额的46.9%[①]。最后,通过资金运作以获得投资收益,并将收益用于慈善事业。2017年,我国基金会行业整体净资产投资收益率为2.18%。净资产排名前50的基金会平均投资收益率2.44%[②]。从总体看,我国基金会投资业绩较差。与2017年全国社保基金投资收益率9.68%相比,基金会投资收益有很大的潜力。

2. 实施慈善项目

基金会的使命须通过基金会的运作来实现。目前,我国基金会运作的主要形式是实施慈善项目。因此,根据社会需求和社会问题设计和实施项目是基金会的重要功能之一。基金会将其募集的资金和物资用于实施各类慈善项目,提供包括慈善救助在内的公共产品和公共服务。如中国青少年发展基金会于1989年10月发起实施希望工程。截至2022年底,全国希望工程累计接受捐赠收入210.76亿元,资助困难学生692.9万名,援建希望小学20 992所。同时,该基金会还推出了乡村教师培训、"圆梦行动"等项目,有效推动了欠发达地区教育事业发展,服务了广大青少年成长发展,弘扬了社会文明新风。希望工程已经成为我国社会参与最广泛、最富影响力的慈善项目之一。中国妇女发展基金会于2000年组织实施"母亲水窖"项目,旨在帮助饮水困难地区的妇女及家庭解决饮用水困难。经过20多年的探索发展,"母亲水窖"项目范围从基础安全饮水扩展到水生态、绿色农业、乡村振兴等领域。截至2022年底,"母亲水窖"项目在30个省、自治区修建集雨水窖13.99万口、集中供水工程1 987处、

---

① 杨团,朱建刚.中国慈善发展报告(2022)[M].北京:社会科学文献出版社,2022:22-24.
② 刘文华,徐建军,杨海燕,等.着眼第三次分配,慈善资产管理亟待破局[J].中国银行业,2021(12):43.

校园安全饮水工程1 045处,在20个村实施"绿色乡村"项目,约有370万多人从项目中受益。2019年,我国基金会用于包括慈善项目支出在内的公益总支出达657.6亿元[①]。

3. 资助慈善项目

作为财产集合体的基金会是"慈善产业链"的资源端,筹资和资助应是基金会的主业。如美国和英国90%以上的基金会都是资助型基金会,专门为慈善机构提供项目资助。目前,我国大多数基金会还是运作型基金会,但已有一些成立之初就定位为资助型的基金会,如南都公益基金会、浙江敦和慈善基金会等。南都公益基金会成立于2007年5月,是民政部批准成立的全国性非公募基金会。南都基金会坚持"支持民间公益"的使命,通过提供资金和资源,推动优秀公益项目和公益组织发展,推动民间的社会创新。截至2021年,南都基金会资助的公益组织和公益项目分别有699家和1 039个,慈善活动资金支出4.45亿元。2016年,南都基金会设立"中国好公益平台",遴选优质项目,为它们提供资金、能力建设等方面的支持。截至2021年底,累计签约公益项目84个,覆盖全国34个省(自治区、直辖市)。此外,还有一些公募基金会开始向资助型基金会转变,如中国乡村发展基金会、中国红十字基金会、中国青少年发展基金会等,它们每年提供一定资金资助民间社会服务机构的慈善项目。

4. 传播慈善文化

传播慈善文化是基金会的一项重要工作。基金会通过开展慈善节日纪念、先进典型表彰和义演、义赛、义卖、义展、义拍等活动,弘扬公益理念,传播慈善文化,引导社会风尚。2015年,腾讯公益慈善基金会联合数百家公益组织、知名企业、明星名人、创意传播机构共同发起"99公益日"活动。通过移动互联网、社交平台等渠道,用轻松互动的形式,发动全国网民参与小额捐赠、"集小红花"等活动,以轻松、便捷、快乐的方式参与公益。2023年"99公益日"活动捐款人次超6 500万,捐款总额超38亿元,超过1.2亿用户参与了公益互动。"99公益日"不仅是个慈善募捐活动,更是一个全国性的公益慈善节日,传播了慈善文化,激发了人们的慈善意识。上海市慈善基金会每年岁末年初举办为期约一个月的"蓝天下的至爱"大型系列慈善活动,内容包括慈善募捐、慈善晚会、慈善帮困、慈善义诊、慈善义卖、"慈善之星"表彰等几十项慈善活动。通过举办"蓝天

---

① 杨团,朱健刚.中国慈善发展报告(2021)[M].北京:社会科学文献出版社,2021:85.

下的至爱"慈善活动,宣传慈善文化,展现"上海慈善温度"。

5. 推动社会创新

社会创新是用新的理念和方法解决社会问题,回应社会需求。当今社会面临许多错综复杂的问题,难以用传统的办法解决。基金会作为社会组织,与政府机构相比,具有更接地气知民情、更少条条框框、更有创新精神等特点。因此,无论国内还是国外,基金会等社会组织都是社会创新的先行者。如中国乡村发展基金会(原中国扶贫基金会)自 1996 年始设立小额信贷项目,成立中和农信公司这一社会企业,在 18 个省的贫困县、欠发达县和地震灾区县设立 212 个分支机构,为中低收入群体发放小额信贷。2016 年,中和农信公司向 36.6 万户农户(其中 91%是贫困妇女客户)发放贷款 67 亿元。该机构的贷款回收率长期以来超过 99%,机构盈利能力为 1%左右,实现了机构和项目的可持续发展①。该基金会的另一个创新型项目是"顶梁柱健康公益保险"项目,由中国乡村发展基金会、阿里巴巴公益、支付宝公益及蚂蚁集团蚂蚁保平台于 2017 年联合推出。该项目聚焦 160 个国家乡村振兴重点帮扶县,为 18~60 周岁低收入人群提供疾病、意外公益保险,对被保人住院总费用中政府保障后剩余"自付费用"进行补充报销,对发生意外的被保人进行保障。该项目的创新之处是:①利用 AI 技术进行公益保险理赔。受益人只需要在手机端提交相关信息和医疗单据,经 AI 技术识别,理赔款很快就能发到受益人账户里,提升了理赔效率,降低了理赔成本。②项目从筹款到理赔引入区块链技术,打造项目"公共账簿",让捐款人、公益机构、保险公司、受保人在内的项目参与方共同"记账"和监督。截至 2021 年底,项目累计筹集善款近 3.7 亿元,累计理赔 19.18 万人次,累计理赔金额达 2.9 亿元。

4.1.4 基金会的类型

1. 按照资金使用方式分类

按照基金会的资金使用方式,我国的基金会可分为资助型基金会、运作型基金会和混合型基金会三类。资助型基金会指自己不运作项目,将筹集到的资金主要用于资助其他组织运作项目的基金会。运作型基金会指使用自己筹集的资金运作项目的基金会。我国成立较早的大型公募基金会主要属于运作型

---

① 杨团.中国慈善发展报告(2017)[M].北京:社会科学文献出版社,2017:163-181.

基金会;稍晚成立的一些非公募基金会中,资助类型的比重有所增加,如前面提到的南都公益基金会、浙江敦和慈善基金会等。混合型基金会指既运作公益项目又开展资助活动的基金会。

2. 按照原始资金来源分类

按照原始资金来源分类,我国的基金会可大致分为五类:一是私人基金会,指由个人或家族捐赠资产成立的基金会。典型的私人基金会有内蒙古老牛慈善基金会、江苏陶欣伯助学基金会等。二是企业基金会,指由企业捐赠资产成立的基金会。典型的企业基金会有腾讯公益慈善基金会、阿里巴巴公益基金会等。三是共同基金会,指由多个企业或个人共同捐赠资产成立的基金会。四是社区基金会,指由街道(乡镇)政府、当地企业等作为出资主体创办的基金会,直接为社区提供社会服务并参与社区治理。典型的社区基金会有桃源居公益事业发展基金会、上海洋泾社区公益基金会等。五是政府创办的基金会。改革开放以后最早成立的一批基金会大多由政府出资创办。

在慈善法颁布以前,按照资金筹集形式,基金会还可以分为公募基金会与非公募基金会两种形式。公募基金会属于公共筹款型的基金会,它主要依靠向社会募集资金来从事慈善活动。非公募基金会则属于独立基金型的基金会,它主要依靠自有资金、自有资金的运作增值,以及发起人、理事会成员的捐赠资金从事慈善活动。非公募基金会不能在公共场所公开向社会公众募集资金。慈善法颁布以后,基金会不再区分公募和非公募基金会,新成立的基金会可以根据法律规定申请公开募捐资格。

4.1.5 基金会设立的条件

根据《基金会管理条例》,设立基金会必须具备五个实质性条件:

1. 为特定的公益目的而设立。基金会的公益性是基金会的本质特征。基金会必须为从事某一项或几项慈善事业而设立。关于慈善事业的范围,慈善法已经做了界定,即帮助困难群体、特殊群体的事业和教科文卫体及环保等社会公共事业。基金会在设立之初必须明确其业务活动的主要范围。

2. 达到法定的最低原始基金数额。根据《基金会管理条例》规定,全国性公募基金会的原始基金不低于 800 万元;地方性公募基金会的原始基金不低于 400 万元;非公募基金会的原始基金不低于 200 万元。原始基金必须为到账货币资金。设立最低数额的原始基金主要基于两个方面的考虑:一是基金会以财产管理和使用为主要活动方式,因此必须具有一定的资产作为基础,否则无法实现其公益目的;二是基金会作为独立承担民事责任的法人,必须具有一定规模的财产作为其进行民事活动、承担民事责任的担保。

3. 有规范的名称、章程、组织机构以及与其开展活动相适应的专职工作人员。基金会名称是一个基金会区别于另一个基金会或者其他社会组织的重要标志,有很多无形的内容附着其上。基金会的章程是一个基金会的灵魂,《基金会管理条例》规定基金会的章程必须载明下列事项：①名称及住所;②设立宗旨和公益活动的业务范围;③原始基金数额;④理事会的组成、职责、产生程序和任期;⑤法定代表人的职责;⑥监事的职责、资格、产生程序和任期;⑦财务会计报告的编制、审定制度;⑧财产的管理、使用制度;⑨基金会的终止条件、程序和终止后财产的处理。基金会的组织机构是基金会正常运作和履职的组织保证,包括规范的理事会、监事会、秘书处等。基金会还要有专职工作人员,这是保证基金会有效运作的条件。

4. 有固定的住所。基金会是民法意义上的独立法人,根据我国民法典的规定,法人应当有自己的住所。

5. 能够独立承担民事责任。我国民法典规定,法人是具有民事权利能力和民事行为能力、依法独立享有民事权利和承担民事义务的组织。为此,基金会必须要有自己的组织机构和法定代表人,要有与其所从事的民事活动相适应的财产担保。

申请设立基金会,申请人应当向登记管理机关提出申请,提交《基金会管理条例》规定的文件。登记管理机关自收到申请人的全部有效文件之日起60日内做出准予或不准予登记的决定。

4.1.6 基金会的发展方向

1. 去行政化

在我国慈善事业发展中,有一批基金会是自上而下设立的。这批基金会有很强的行政力量支持,也获得了相应的资源动员能力,吸纳了大部分的民间捐赠。这批具有政府背景的"官办基金会"按照政府行政模式运作,在一定时期内给这批基金会的募捐和项目运作带来很大优势。但随着慈善事业的发展,这种行政化的模式成为阻碍基金会发展的因素。行政化的管理体制会导致官僚主义和效率低下。党的十九届三中全会通过的《中共中央关于深化党和国家机构改革的决定》指出:"加快实施政社分开,激发社会组织活力,克服社会组织行政化倾向。"去行政化是"官办基金会"转型的方向,也是这类基金会回归民间、获得发展活力的主要途径。去行政化的途径包括:构建科学的内部治理结构;建立新的人事管理制度,取消行政级别;成立专业人士组成的理事会,增强内部改革创新的动力;运用成功的企业管理方式来运作等。中国乡村发展基金会(原中国扶贫基金会)率先进行了"去行政化"改革。早在1996年,该基金会就主动向业务主管单位——国务院扶贫办提出取消行政级别。在改革过程中,中国乡村发展基金会采取了以下措施:一是建立新的人事管理制度,实行全员招聘制和干部竞争上岗制;二是建立了全面的财务预算管理机制,以"收支平衡、略有结余"为目标,将机构所有部门、人员和活动的收入、支出均纳入预算,并作为各部门和每个员工的考核目标严格落实;三是建立"社会化"的募捐体系,将过去依靠行政力量进行募捐的方式改为"社会化"的募捐方式,在项目管理和公信力建设两个方面狠下功夫。中国乡村发展基金会"去行政化"改革实践为其他政府背景基金会转型树立了良好的标杆①。

2. 向资助型组织转变

在我国的几千家基金会中,资助型基金会比例很低。《中国慈善发展报告(2018)》披露,2015年,我国资助型基金会不超过40家,不到当年基金会总数量的1%。基金会的资助功能有重要的价值。首先,资助能够发挥资金的杠杆作用,实现更好的社会效益。社会问题具有复杂性和不确定性的特点,这意味着需要动员多方力量参与提供解决方案。把资金投放给那些拥有不同特质、不同优势、不同专长的社会组织,有利于创造性、专业化地解决社会问题。其次,基金会的资助有利于加强社会服务机构的能力建设。基金会的资助类似于投资者的投资,这种投资不仅关注项目的成功实施,而且关注机构能力的提升,帮助机构充分释放潜力,从而使机构的服务获得更好的社会效益和经济效益。因此,基金会的资助不仅是资金的投入,还具有支持项目实施、帮助机构成长的价值。成立于2012年的浙江敦和慈善基金会是一家特色鲜明的资助型基金会。该基金会以"弘扬中华文化,促进人类和谐"为使命,在国学传承、公益文化、公益支持三大领域开展资助。截至2022年,敦和基金会共资助项目549个,资助金额达10.3亿余元,受益人数达117万多人。经过多年的探索和实践,敦和基

---

① 基金会中心网.中国基金会发展独立研究报告(2014)[M].北京:社会科学文献出版社,2014:42-44.

金会摸索出了较为科学的公益资助模式。该基金会在遴选资助组织和项目阶段,设立专项遴选指标,组织专家进行评审,并将"尽职调查"的方法引入遴选过程;在项目实施阶段,采取"过程管理"对资助项目进行事中监督和指导;在项目结束阶段,对资助项目的实施成效进行评估,努力提高受资助组织的职业化、专业化水平。

3. 走专业化发展道路

基金会的使命是发现社会问题和需求,制订解决方案,然后运用资源资助和实施项目,解决社会问题。要完成这一使命,就要具备专业化的运作能力,如要具备专业的机构治理能力、信息公开能力、资金筹集能力、项目资助能力、项目管理能力、品牌建设能力、公关传播能力等。在专业化运作方面,成立于2007年的南都公益基金会是资助型基金会的"领头羊"。该基金会坚持"支持民间公益"的使命,致力于通过提供资金和资源,支持优秀慈善项目和慈善组织的发展,推动民间的社会创新,先后实施了培养公益慈善人才的"银杏伙伴计划"、提升公益慈善组织能力的"景行计划"和助力优秀公益慈善项目规模化的"中国好公益平台"项目。作为慈善资金和资源的提供者,该基金会展现出了专业化的资助能力。基金会研发了南都资助的 PPOF 模型,将公益慈善组织的核心能力概括为项目/产品(product)、领导人/团队(people)、运营管理(operation)、可持续的财务(finance)四个方面。基金会利用 PPOF 模型遴选受资助组织,并根据受资助组织核心能力的状况找出其能力增长的切入点,制订清晰明确的资助方案。在资助过程中,基金会通过创建线上线下讨论组、提供培训机会和咨询服务、举办交流会等,帮助受资助组织提升能力,起到资助的"能力转化杠杆"作用。

专栏 4-1

中国乡村发展基金会

● 基金会概况

中国乡村发展基金会(原中国扶贫基金会)成立于 1989 年,是在民政部注册、由农业农村部主管、由国家乡村振兴局负责日常管理的全国性基金会。基金会的使命是"助力乡村振兴,促进共同富裕"。基金会成立 30 多年来,在产业扶贫、教育扶贫、卫生健康、灾害救援四大业务领域实施了 100 多个公益项目,为脱贫攻坚和乡村发展做出了贡献。截至 2021 年底,基金会累计筹集资金(包括物资折合金额)91.77亿元,项目受益人数约5 714万人。

● **基金会实施的部分慈善项目**

(1) 产业助农项目

• "百美村庄"项目。该项目于2013年发起。项目通过整体规划和专业设计对传统村庄、旧民居进行改造,对村庄周边生态环境进行维护整治,发展乡村旅游事业,构建以合作社为载体,实现成员共享、利益联结的村庄治理体制,将村庄打造成一个产业强、生态美、文化兴、机制活、百姓富的乡村振兴示范村。截至2021年,"百美村庄"项目累计获得捐赠2.59亿元,河北、河南、甘肃、陕西等12省(自治区、直辖市)12.5万人(次)受益。

• "善品公社"项目。该项目于2015年发起。项目通过合作社孵化、品质管控、品牌打造、网络销售,带动农村地区小农户充分参与生产发展,提升产品市场竞争力,增加农民和村集体收入。2021年项目筹集善款3 300多万元,支出资金3 200多万元。截至2021年底,"善品公社"项目惠及四川、云南、陕西、新疆等19省(自治区、直辖市)77县(市、区)91家合作社,受益农户达42 581多户。

(2) 关爱少年儿童项目

• "爱心包裹"项目。该项目于2009年发起。项目通过组织"爱心包裹"捐购,给孩子们送去一对一的关爱,改善他们的学习和生活条件。截至2021年底,"爱心包裹"项目累计接受社会捐赠8.16亿元,累计发放学生型美术包678万余个、学生型温暖包72万余个、其他类型的生活包裹6万多个。惠及31个省(自治区、直辖市)34 500多所学校的757万多人次的学生。2010年,该项目被评为"中华慈善奖最具影响力项目"。

• "爱加餐"项目。该项目于2008年发起。项目通过营养加餐、"爱心厨房"和物资援助等方式,改善学校供餐条件,改善儿童营养状况,助力乡村振兴。截至2021年底,项目累计筹集款物4.82亿元,惠及云南、贵州、河北、新疆、安徽等18省(自治区、直辖市)141县(市、区),为学生提供了约7 200多万份营养加餐,并为3 000多所学校配备了"爱心厨房"设备,累计受益学生超过151万人次。

• "童伴妈妈"项目。该项目于2015年发起。项目采取"一个人、一个家、一条纽带"的模式,以"童伴妈妈"为抓手,以"童伴之家"为平台,以县级横向联动机制为保障,建立村级留守、困境儿童监护网络。截至2021年底,项目累计筹集款物价值约1.45亿元,获得地方配套资金支持2 600多万元。该项目在10个省(自治区、直辖市)106个县(市、区)1 300多个村实施,惠及近75万名儿童。

(3) 健康保障项目

2017年,基金会联合阿里巴巴公益、支付宝公益及蚂蚁金服保险平台联合推出"顶梁柱健康保险"项目。项目通过提供专属公益保险,为18～60周岁低收入人群提供健康医疗及意外的综合保障,降低因病、因意外返贫的发生率。截至2021年底,项目累计筹集善款近3.7亿元,累计理赔19.18万人次,累计理赔金额达2.9亿元。该项目荣获第十一届"中华慈善奖"。

● **基金会开展的筹款活动**

(1)"捐一元"项目。该项目是中国乡村发展基金会携手百胜中国于2008年发起的全国性劝募活动。项目在肯德基、必胜客等品牌餐厅倡议一人捐一元,用于改善欠发达地区儿童营养状况,推动"人人可公益"的理念。截至2021年底,项目累计筹集善款超过2.3亿元人民币,约1.3亿人次参与了捐赠。

(2)"善行者"项目。2014年,基金会发起"善行者"运动筹款项目。项目鼓励公众4人组队,在规定时间内完成50～100公里的徒步挑战,动员身边的人以公益捐赠或消费帮扶的形式支持公益项目。截至2021年,"善行者"项目开展了8届19场活动,共有来自10多个国家150多个城市的1.6万支队伍报名,近4万人次参与了徒步,2.7万人次完成了挑战。累计筹集善款5 700余万元。

(3)"善行100"活动。该活动是基金会2011年发起的一项全国性大学生志愿筹款公益活动。活动倡导青年大学生以志愿精神开展社会募款,帮助更多乡村地区儿童圆梦。截至2021年,"善行100"活动已经开展十九期,全国31个省(自治区、直辖市)、127个城市、328所高校、71万多名大学生志愿者参与了活动,累计为欠发达地区小学生筹集善款1.014亿元,令67万余名欠发达地区小学生受益。

(4) 网络募捐活动。基金会积极与互联网募捐服务平台合作,开展网络募捐活动,为"爱心包裹""顶梁柱健康保险""童伴妈妈"等多个公益项目筹集善款。一是与阿里巴巴公益基金会合作,2021年在公益宝贝筹款1.23亿元,在公益网店筹款1 100多万元。二是携手腾讯公益开展多个主题筹款活动和"99公益日"筹款活动,2021年筹集善款1.09亿元。三是与支付宝公益合作,2021年在爱心捐赠平台筹集善款1.1亿元。此外,中国乡村发展基金会还与字节跳动公益平台、新浪微公益、美团公益、水滴公益、轻松公益、苏宁公益、滴滴公益、小米公益和联劝公益等11家公益平台紧密合作,开展互联网募捐活动。

截至2021年底,基金会累计募集资金和物资91.77亿元,其中2021年筹款 13.41 亿元。

● **基金会资助的慈善项目**

基金会于 2013 年发起"公益同行"项目。通过提供项目资金、提升项目管理能力等综合支持，推动社会组织在产业发展、乡村建设、社会事业等方面开展项目，提供高质量的社会服务。2021 年，项目支出 2 086.65 万元，支持了 26 家社会组织，惠及 30 个省（自治区、直辖市）的 230 个县（市、区），令 3.77 万人（次）受益。

资料来源：中国乡村发展基金会官网，http://www.cfpa.org.cn.

4.2 社会团体

4.2.1 社会团体的概念

根据国务院 1998 年颁布的《社会团体登记管理条例》，社会团体是指中国公民自愿组成，为实现会员的共同意愿，按照其章程开展活动的非营利性社会组织。这一概念包含以下四个要素：一是社会团体举办主体是中国公民；二是举办社会团体的目的是为了实现会员的共同意愿；三是社会团体的组织原则是自愿组成，成立后按照章程开展活动；四是社会团体是非营利性社会组织。

根据社会团体的定义，社会团体有以下三个特征：①社会团体是会员制社会组织，经依法登记成立，取得社会团体法人资格。基金会、社会服务机构则是非会员制社会组织，是以财产的集合为基础成立的社会组织，依法登记成立后，取得的是捐助法人资格。②社会团体由社会成员自愿发起，社会成员根据兴趣、爱好、不同职业需求自愿参加不同的社会团体，享有入会自由和退会自由。③社会团体具有公益性或互益性。社会团体是为了实现会员的共同意愿而成立的，社会团体成员的共同意愿可分为两类：一类是公益性的，另一类是互益性的。为公益目的而成立的社会团体具有公益性，表现为为社会困难群体、特殊群体服务和为社会公共利益服务；为会员共同利益目的而成立的社会团体具有互益性，表现为为社会特定成员的利益服务。

4.2.2 社会团体发展历史

社会团体是一种历史悠久的社会组织。中华人民共和国成立以后，社会团

体在相当长一段时间内是我国社会组织的主要形式。从中华人民共和国成立后社会团体的发展历程来看,大体可分为三个阶段:

1. 中华人民共和国成立至 1978 年

中华人民共和国成立初期,为了巩固新政权和建立计划经济体制,社会团体主要由两个方面的组织组成:一是改组和扩大的解放区已有的社会团体和改组的原国民党统治区的社会团体,包括中华全国总工会、中华全国妇女联合会、中华全国青年联合会、中华人民共和国科学技术协会等;二是新组建的社会团体,如1949 年 12 月成立的中国人民外交学会、1952 年成立的中国国际贸易促进委员会等。从 20 世纪 50 年代中期开始,社会主义改造基本完成,高度集中的计划经济体制对社会团体发展产生了不利的影响。"文化大革命"期间,我国政治、经济、文化、教育、科学研究等各项工作秩序受到严重冲击,社会团体几乎全部停止活动。

2. 1978 年至 1998 年

这一时期是社会团体全面兴起的时期。改革开放以后,党和政府大力推动各种社会团体的发展,社会团体如雨后春笋般蓬勃兴起。此阶段社会团体数量空前增加,社会团体形式多样,社会团体活动涉及经济、社会、文化和政治等领域,结社主体也出现了多元化倾向。1979 年至 1992 年,社会团体平均每年增长48%。1988 年,全国社会团体数量为 4 446 个,1992 年达到 154 502 个[①]。1998 年 10 月,国务院颁布了修订后的《社会团体登记管理条例》,明确了社会团体的组织特征和法律地位,社会团体进入规范化发展新阶段。

3. 1998 年至今

这一时期,改革开放逐步深入,社会转型全面展开,社会团体的作用进一步得到重视。党的十八大以来,随着中央提出创新社会治理体制,完善共建共治共享的社会治理制度,社会团体有了越来越广阔的舞台,出现快速发展势头。截至 2021 年底,全国登记注册的社会团体达 37.1 万余个。

4.2.3 社会团体的分类

社会团体种类繁多,可以从不同角度和按不同标准划分社会团体的类型。

1. 按照社会团体的宗旨划分

按照社会团体的宗旨划分,社会团体可以分为公益性社会团体和互益性社

---

① 徐家良.社会团体导论[M].北京:中国社会出版社,2011:21.

会团体两类。公益性社会团体指为社会公共利益服务的社会团体,分为免登记公益性社会团体和登记注册的公益性社会团体两类。免登记公益性社会团体是指依照我国法律规定,参加中国人民政治协商会议的人民团体和经国务院批准的免于登记的团体。前者包括中华全国总工会、中国共产主义青年团、中华全国妇女联合会、中国科学技术协会、中华全国归国华侨联合会、中华全国台湾同胞联谊会、中华全国青年联合会、中华全国工商业联合会等,后者包括中国文学艺术界联合会、中国作家协会、中华全国新闻工作者协会、中国人民对外友好协会、中国人民外交学会、中国国际贸易促进委员会、中国残疾人联合会、宋庆龄基金会、中国法学会、中国红十字总会、中国职工思想政治工作研究会、欧美同学会、黄埔军校同学会、中华职业教育社等。登记注册的公益性社会团体有中华慈善总会、中国慈善联合会、各类志愿者协会等。互益性社会团体指从事的活动是为本组织内部成员这一特定人群服务的社会团体,如各类行业协会、商会、联谊会、同学会等。

2. 按照社会团体的性质和任务划分

按照性质和任务划分,社会团体可以分为学术性、行业性、专业性和联合性四种类型。学术性社会团体由专家、学者和科研工作者组成,其目的是促进自然科学、人文社会科学的研究,普及科学知识,培养人才,维护自身合法权益。这类社会团体的名称参照《中华人民共和国学科分类标准》二级学科设置,如中国社会学学会、中国行政管理学会等。行业性社会团体由相同或相近领域的法人组织或个人组成,沟通本行业与政府的关系,协调同行业的利益,规范市场行为,提供行业服务,反映会员需求,保护和增进全体成员合法权益,如中国互联网协会、中国环境保护产业协会等,其名称参照《国民经济行业分类》中类标准设置。专业性社会团体由相同领域的法人组织和专业人士组成,围绕专业技术开展活动,提高组织和个人的专业能力,维护自身合法权益,如中国律师协会、中国注册会计师协会等,其名称参照《国民经济行业分类》小类标准设置,一般命名为协会。联合性社会团体是由相同或不同领域的法人组织或个人为了共同的兴趣、爱好、利益进行横向交流而组成的组织,如北京大学校友会、中国国际友好城市联合会等。联合性社会团体分为联谊类社会团体和联合类社会团体两种。联谊类社会团体一般命名为联谊会,联合类社会团体参照《国民经济行业分类》门类标准设置,一般命名为联合会、促进会。

此外,按照社会团体的活动领域,还可以将社会团体划分为经济、科学研究、社会事业、社会服务和综合社会团体五大类。

综上所述,社会团体种类繁多。鉴于登记注册的公益性社会团体是与基金会和社会服务机构并列的慈善组织形式,下面主要介绍登记注册的公益性社会团体。

4.2.4 公益性社会团体的功能

公益性社会团体是为社会公共利益服务的社会团体,是慈善事业运作主体之一,在募集慈善资金、开展慈善项目和活动、传播慈善文化、参与社会治理等方面发挥了积极作用。

1. 募集慈善资金

募集慈善资金是公益性社会团体的一项重要功能。根据《2022年中国慈善组织发展报告》对1 066家认定为慈善组织的社会团体的调查,发现这些社会团体2021年的捐赠收入占总收入的81.71%。近年来,公益性社会团体尤其是各级慈善会创新工作方法、拓宽募捐渠道,募捐总额不断上升。2020年,全国慈善会系统的募捐总额为344亿元,占社会捐赠总额的22%。重庆市慈善总会在2020年"99公益日"活动中募捐总额和动员参与捐赠人次均居全国首位,募集善款达3.35亿元,参与捐赠人次超1 186万人次。在当年的"99公益日"活动中,重庆市慈善总会协同联动34个区县慈善会、67家社会组织推出包括乡村振兴、抗洪救灾、助老助学、助医助困在内的140个慈善项目供大众参与。这些项目创意新颖,"营销"有方,极大地调动了公众参与的积极性,撬动了社会资源。2020年,重庆市慈善总会共计募集款物9.07亿元,创建会以来新高[①]。

2. 开展慈善项目和慈善活动

公益性社会团体主要通过开展慈善项目和慈善活动来实现自己的使命。许多公益性社会团体将业务范围聚焦在扶贫济困、扶老救孤、医疗救助、助学支教、生态保护等领域,实施和开展一系列慈善项目和活动。如中华慈善总会自1994年成立以来,开展了先心病儿童救助行动、"微笑列车"唇腭裂修复项目、慈爱孤儿工程、"慈善文化进校园"、"幸福家园"村社互助工程等有较大社会影响力的慈善项目。截至2021年底,中华慈善总会募集慈善款物1 400多亿元,令数以千万计的困难群众受益。

---

① 杨团,朱健刚.中国慈善发展报告[M].北京:社会科学文献出版社,2021:258-259.

3. 传播慈善文化，倡导精神文明

公益性社会团体在开展慈善项目和慈善活动的过程中，注重传播慈善文化，倡导文明新风。如中华慈善总会2011年就开始实施"慈善文化进校园"项目，这是中华慈善总会联合各地慈善会、教育部门共同开展的全国性慈善文化普及项目。项目通过赠阅《慈善读本》，在中小学校开展专题阅读、主题活动和课外实践，使孩子们在慈善文化的熏陶下积极开朗地学习和生活，养成关爱他人、关爱社会的品格。

在公益性社会团体中有一个重要的组织，这就是遍布我国城乡的各级志愿者协会。志愿者协会通过指导、协调、扶持各类志愿者团队开展志愿服务活动，培育和弘扬社会主义核心价值观，提升公众素质和社会文明程度。如成立于1997年的上海市志愿者协会积极倡导文明新风，传递公益理念，推动精神文明建设。该协会近年来开展的活动包括：①垃圾分类志愿服务活动。组织志愿者在社区、学校等场所进行垃圾分类宣传和指导。②实施惠民志愿服务活动。组织志愿者为老年人提供生活照料、健康咨询等服务，为残疾人提供康复训练、就业指导等服务。③邻里守望志愿服务活动。组织志愿者参与社区巡逻、安全宣传等工作，维护社区治安稳定。④大型赛会志愿服务活动。在世博会、进博会等国际性大型活动中，组织志愿者提供翻译、导览、咨询等服务。此外，该协会还开展了其他有特色的志愿服务活动，如：开展网络文明传播志愿服务活动，组织志愿者在网上进行正面宣传和引导；开展环保志愿服务活动，组织志愿者参与植树造林、环境清洁等活动。上海志愿者协会已成为上海城市文明建设重要力量，在价值引领、道德示范、公益服务方面发挥着重要作用。

4. 参与社会治理

公益性社会团体是党和政府联系群众的桥梁和纽带。社会团体参与管理社会事务，对于化解社会矛盾、维护社会稳定有积极意义。如成立于2008年的杭州"和事佬协会"，由文晖街道一社区的原党委书记和5名老党员共同发起。如今有60多名成员的"和事佬协会"分布于文晖街道的8个社区。目前，杭州市2 900余个社区（村）都成立了"和事佬协会"，2万多名"和事佬"们活跃在大街小巷，每年化解6万多起矛盾纠纷，实现了"小事不出楼组，大事不出社区，矛盾不上交"①。2005年成立的泰安市平安协会，成立之初是为了解决当地治安

---

① 调解邻里千千结 协商社区百家事：杭州和事佬助力基层社会治理有高招[N/OL]. [2023-12-21]. https://baijiahao.baidu.com/s? id=1655669429604923914&wfr=spider&for=pc.

状况不好的问题。协会雇人巡逻,看家护院,保护人民生命财产安全。经过逐步发展,平安协会的功能不断扩展,承担了安全防范、纠纷调解、突发事件处置、法制教育宣传等职能,在协商解决涉及社区公共利益的重大事项、关乎居民切身利益的实际问题和矛盾纠纷方面探索出了一条柔性的、自下而上的社会事务管理新路子。泰安市平安协会已成为当地社会治理的一支重要力量[①]。

4.2.5　社会团体成立登记的条件

根据《社会团体登记管理条例》规定,成立社会团体必须具备以下6个方面的条件:

(1) 有50个以上的个人会员或者30个以上的单位会员;个人会员、单位会员混合组成的,会员总数不得少于50个。

(2) 有规范的名称和相应的组织机构。社会团体的名称应当符合法律、法规和规章的规定,并应当与其业务范围、会员分布、活动地域相一致,准确反映其特征。在组织机构方面,社会团体要有完善的内部治理机制,要明确会员大会或会员代表大会是社会团体的权力机构,理事会是会员大会或者会员代表大会的执行机构,并要设立监事或监事会。

(3) 有固定的住所。

(4) 有与其业务活动相适应的专职工作人员。

(5) 有合法的资产和经费来源。全国性的社会团体有10万元以上活动资金,地方性的社会团体和跨行政区域的社会团体有3万元以上活动资金。社会团体的经费来源包括以下几方面:一是会员交纳的会费,二是有关部门的资助,三是国内外捐赠,四是有偿服务的收入。

(6) 有独立承担民事责任的能力。

申请成立社会团体,应当经其业务主管单位审查同意(行业协会商会类、科技类、公益慈善类和城乡社区服务类社会组织可以依法直接向登记管理机关申请登记,不需要业务主管单位审查同意),由发起人向登记管理机关申请登记,提交《社会团体登记管理条例》规定的相关文件。登记管理机关自收到发起人提交的全部有效文件之日起60日内做出准予或者不予登记的决定。

---

① 王振海.社会组织发展与国家治理现代化[M].北京:人民出版社,2015:259-288.

专栏 4-2

阿拉善 SEE 生态协会

● 阿拉善 SEE 生态协会概况

阿拉善 SEE 生态协会于 2004 年 6 月 5 日由近百名企业家在内蒙古阿拉善腾格里沙漠发起并成立。协会是中国首家以社会责任(society)为己任,以企业家(entrepreneur)为主体,以保护生态(ecology)为目标的社会团体,其使命是"凝聚企业家精神,留住碧水蓝天"。关于成立阿拉善 SEE 生态协会的初心,协会官网有这样一段描述:在中国经济持续高速增长的同时,一些对自然不友好的思想方式、生产方式和生活方式正在日渐毁坏我们的自然环境。空气和水污染、江河湖泊枯竭、洪灾旱灾频繁发生、森林面积缩小、草场退化、生物多样性锐减、土地荒漠化,这些问题影响到中华民族的生存根基。在生态环境问题日趋严重的今天,应要求企业家自觉地将企业发展和环境保护共同纳入视野,积极寻求经济增长与环境保护的统一。基于这样的自觉和共识,来自不同区域、不同行业、不同所有制企业的企业家们自觉地会聚于阿拉善沙漠,共同签署宣言,成立"阿拉善 SEE 生态协会",使之发展成为中国治理沙尘暴重要的环境公益机构。2021 年,该协会有会员近 900 名。

阿拉善 SEE 生态协会的最高权力机构是会员代表大会,下设监事会、理事会、章程委员会,理事会下设议题委员会(8 个)、专门委员会(8 个)、秘书处(下设 5 个部门)、项目中心(32 个)等机构。加入协会需至少 1 名以上会员作为推荐人,并交纳会费。

阿拉善 SEE 生态协会成立后,先后发起成立包括基金会、社会服务机构在内的 19 家社会组织,业务领域聚焦荒漠化防治、气候变化与商业可持续、滨海湿地保护、生物多样性保护、长江大保护、绿色供应链等环保议题。成立了 32 个环保项目中心,支持了 900 多家民间环保公益机构或个人的工作。获评"全国先进社会组织"、中国社会组织评估等级 5A 级。协会 2021 年总收入 2 893 万元,其中会费收入 1 855 万元(占总收入的 64%)、捐赠收入 941 万元。当年总支出 3 248 万元,净资产余额 1 953 万元。

● 阿拉善 SEE 生态协会实施的主要项目

(1) "一亿棵梭梭"项目。该项目致力在 2014—2023 年的 10 年时间里,在阿拉善地区种植一亿棵以梭梭为代表的沙生植物,恢复 13.33 万公顷荒漠植被,从而改善当地生态环境,遏制荒漠化蔓延趋势,并借助梭梭的衍生经济价值提升牧民的生活水平。截至 2021 年底,项目累计种植以梭梭为代表的沙生植物 7 512 万棵(106 521 公顷)。

(2)"卫蓝侠"项目。该项目以影响环境质量的工业污染源、移动污染源为主要工作对象,致力于推动污染信息公开、污染源公众监督、企业污染减排与可持续发展,促进水、空气、土壤等环境污染问题解决。截至 2021 年末,项目累计直接支持了全国 59 家一线环保公益组织成为"卫蓝侠",覆盖全国 24 个省份;累计为"卫蓝侠"一线伙伴资助金额超 7 560 万元,所支持的环境数据库累计覆盖全国 1 275 万家企业。

(3)"任鸟飞"项目。该项目是以中国候鸟及其栖息地为主要保护对象的综合性生态保护项目。截至 2021 年底,累计支持 68 家机构在 90 个保护地开展保护项目,保护超过 4 000 平方公里的鸟类栖息地;提交鸟类调查记录超过 24 万条,共记录 700 余种鸟类;提交盗猎、污染和开发建设等记录超过 2 400 条;开展公众参与和科普教育活动近 1 200 次,累计覆盖超过 80 万人次。

(4)"三江源保护"项目。该项目旨在维系三江源地区自然生态系统的功能,守护中国最独特高原生态系统及 7 亿人的水源地。自 2012 年启动至今,已带动 111 家当地环保组织参与保护网络,累计保护面积达 126 585 平方公里。持续资助所在地机构开展物种保护、水源保护、草场管理等保护议题项目。

(5)"诺亚方舟"项目。该项目致力于保护中国西南山地原始森林和高原湿地的生物多样性。2021 年,项目为亚洲象保护项目募集资金近 500 万元,用于优化 1 443 亩亚洲象栖息地;发布了通过三年监测调查形成的《金丝猴保护绿皮书》;在金沙江放流了 12 万尾土著鱼苗,在濒危物种栖息地种植了 5 927 棵乡土树种。

(6)"留住长江的微笑"项目。该项目旨在推动政府、科研机构、爱心企业、社会组织、公众等多方力量联动,实现江豚种群数量恢复、长江生态系统健康发展。2021 年,项目协助巡护员人数突破 10 000 人,巡护点增至 375 个;为 159 名巡护员提供保险保障,为 11 支巡护队配置夜视仪装备试点;资助 20 余家社会组织开展江豚文化传播。

(7)"海洋保护"项目。该项目聚焦海洋物种保护、海洋生态系统保护与修复、可持续渔业等议题,助力海洋生态文明建设。项目支持超过 60 家本土海洋公益组织发展,救护放归 300 多只海龟、350 多头白海豚,保护和修复约

20 000公顷红树林、海草床和珊瑚礁。

资料来源：阿拉善SEE生态协会官网[EB/OL]. https://www.see.org.cn.

4.3 社会服务机构（民办非企业单位）

4.3.1 社会服务机构的概念

根据民政部发布的《社会组织登记管理条例（草案征求意见稿）》，社会服务机构是指自然人、法人或者其他组织为了公益目的，利用非国有资产捐助举办，按照其章程提供社会服务的非营利性法人。社会服务机构的概念包含四个要素：一是社会服务机构举办主体是自然人、法人或者其他组织；二是举办社会服务机构的资产是非国有资产，如企业的财产、公民个人的财产等；三是社会服务机构的业务活动是提供社会服务；四是社会服务机构是非营利性法人。

慈善法颁布以前，社会服务机构称为民办非企业单位。根据国务院1998年颁布的《民办非企业单位登记管理暂行条例》，民办非企业单位是指企业事业单位、社会团体和其他社会力量以及公民个人利用非国有资产举办的，从事非营利性社会服务活动的社会组织。这个概念用"非官办、非企业"来定义这一类从事社会服务的组织，缺乏科学性，因为基金会和社会团体也是民办的非企业组织。2016年颁布的慈善法把这类提供社会服务的社会组织称为社会服务机构。

根据社会服务机构的定义和内在属性，与基金会、社会团体相比，它具有以下三个特征：①社会服务机构的主要业务是提供社会服务。关于社会服务的概念，慈善法颁布前，不少专家把社会服务界定为是对社会困难群体和弱势群体提供的服务。慈善法颁布后，社会服务机构的概念取代了民办非企业单位的概念。由于许多民办非企业单位的业务是为社会普通民众提供服务，社会服务概念的外延也随之扩大。社会服务的内容不仅是为社会困难群体和弱势群体提供服务，还将基本公共服务中的教育、医疗、养老、文化、体育等服务也包括在内。社会服务机构的主要业务是运用专业技能向公众提供上述范围内的社会服务，通过提供服务获得收入、资助和捐赠。因而，社会服务机构与以筹集资金、运作和资助慈善项目为主要业务的基金会不同，与以实施慈善项目和开展慈善活动为主要业务的公益性社会团体也不同。②社会服务机构具有经营功能。社会服务机构是为公众提供社会服务的组织,为了有效地使用资源,它必须进行成本核算,追求在既定条件下的效益最大化。因此,社会服务机构要借鉴企业的运作方式,进行需求调查,有效使用资源,寻求最优管理方式,努力获得最佳的社会效益和经济效益。③社会服务机构参与市场竞争。市场经济的一个特征是企业根据市场需求组织生产,同时,产品的提供是竞争性的。作为提供社会服务的社会服务机构,也要根据社会的需求来提供服务。社会服务机构的服务一方面是对政府公共服务的补充,另一方面也与事业单位、其他社会组织和企业提供的社会服务形成竞争关系。

4.3.2 社会服务机构的分类和活动领域

从社会服务机构的服务对象看,社会服务机构可以分为两大类型:一类是为一般社会公众提供服务的机构,如为社会公众提供教科文卫体、婚姻中介、法律咨询、社区服务等服务的机构;另一类是为困难群体提供服务的机构,如为贫困人群、老年人、残疾人和其他弱势人群提供服务的机构。

从社会服务机构的活动领域看,社会服务机构主要活跃在以下领域:①教育领域。如民办幼儿园、民办小学、民办中学、民办大学、民办进修学校(学院)、民办职业培训学校等。②社区服务领域。如民办福利院/养老院、托老所、残疾人服务中心、青少年服务中心等。③医疗卫生领域。如民办医院、康复机构、保健所、疗养院等。④文化艺术领域。如民办艺术表演团体、文化馆、图书馆、博物馆、美术馆、纪念馆、收藏馆等。⑤体育领域。如民办体育俱乐部、民办体育场/馆等。⑥科学技术领域。如民办科学研究院、科技传播或普及中心、科技服务中心、技术评估所等。⑦中介服务领域。如民办评估咨询服务中心、民办人才交流中心、民办职业介绍所、婚姻介绍所等。⑧法律服务领域。如民办法律咨询援助中心等。根据《2022年中国民政统计年鉴》披露的数据,2021年,社会服务机构(民办非企业单位)中教育类机构占51.98%,社区服务类机构占18.03%,卫生类机构占6.75%,文化类机构占6.36%,体育类机构占4.20%,科技类机构占2.54%[①]。

4.3.3 社会服务机构发展历史

社会服务机构是我国改革开放以来经济转型和社会发展的新生事物。

---

① 黄晓勇.中国社会组织报告(2022)[M].北京:社会科学文献出版社,2022:90.

1978年以前,我国是高度集权的计划经济体制。经济领域,国有经济处于绝对主导地位;社会领域,教科文卫体、社会福利等事业都由国家事业单位举办。事业单位是"国家为社会公益目的举办的社会服务组织"。由于事业单位主导的公共服务供给的一元化模式和行政化运作,缺乏竞争,造成公共服务供给动力不足、质量不高、效率较低。

改革开放后,随着市场经济的发展和社会的进步,各类社会需求和社会问题增多,如入托难、入学难等,各类民间组织应运而生。例如,20世纪80年代以后各地出现了各类民办托儿所、小学、中学、大学、为出国留学考试提供培训和咨询服务的学校等。民办教育由于用人制度灵活,资金来源多样,办学场所和所设专业更适应社会需求,补充了公办学校的不足,逐渐成为我国教育的重要生力军,满足了社会和家长对优质教育的需求。20世纪80年代是中国人口出生高峰期,"入托难"是个普遍的社会问题,民间力量参与开办托儿所,缓解了"入托难"问题。此外,民间力量兴办小学中学,一方面解决了农民工子女的入学问题,另一方面解决了社会对优质教育资源的选择问题。民办小学、中学的出现,形成了基础教育阶段公立教育和民办教育的分工,即公办学校面向所有学生提供普通教育,民办学校则面向有需求的学生提供有特色的精品教育。中小学教育阶段民办教育的发展使得经济条件较好的家庭子女选择民办教育,从而使公办教育的资源能更多地向工薪阶层、困难群体和流动人口子女倾斜。在高等教育阶段,民办大学的兴办使得更多的学子步入高校课堂,成长为国家需要的专业人才。在继续教育方面,民办业余进修学校满足了人们提高外语水平和职业技能的需要,如参加进修学校培训通过托福、雅思考试,为出国留学和进修创造了条件。

上述民办机构,虽然当时并不称作社会服务机构,但为社会服务机构的兴起和成长奠定了组织基础。改革开放初期,民办机构数量还不多,主要集中在教育、卫生、中介服务等领域。20世纪90年代末,社会组织逐步被政策研究者和决策者视为事业单位改革的一种替代性选择。政府相继出台了一系列政策支持社会力量举办社会事业。此后,社会服务机构作为一种重要的社会组织快速发展起来。

1996年以前,民办事业单位没有实行统一归口登记管理,由各个挂靠单位和业务主管单位自行审批,加上数量相对比较多,管理比较混乱。1996年,中央从完善我国社会组织管理制度出发,决定把民办事业单位交由民政部进行统一归口登记。党的十五大提出,要培育和发展社会中介组织。党的十六届六中全会提出,鼓励社会力量在教育、科技、文化、卫生、体育、社会福利等领域兴办民办非企业单位。这些政策为社会服务机构的发展提供了良好的外部环境。1998年,国务院颁布《民办非企业单位登记管理暂行条例》,标志着社会服务机构进入规范化管理阶段。党的十八大以来,中央出台一系列改革措施,促进社会组织发展。党的十八届三中全会提出,激发社会组织活力,正确处理政府和社会的关系,加快实施政社分开,推进社会组织明确权责、依法自治、发挥作用。适合由社会组织提供的公共服务和解决的事项,交由社会组织承担。中央的改革措施和政策促进了社会服务机构的快速发展。截至2021年底,全国共有社会服务机构52.1万多个,在三大类社会组织中占57.8%[①]。

总体上说,我国社会服务机构的发展尚处在起步阶段,与发达国家相比,仍有较大差距。如美国一半的大学和医院、近三分之二的提供社会服务的组织都是非营利组织,按照中国的语境,它们都属于社会服务机构[②]。

4.3.4 社会服务机构的功能

社会服务机构的功能主要体现在两个方面:一是提供社会服务,二是参与社会治理。

1. 提供社会服务

社会服务的领域与基本公共服务的许多领域重合,如幼有所育、学有所教、病有所医、老有所养、住有所居、弱有所扶等。社会服务机构的兴办增加了公共服务的供给数量,提升了公共服务的质量,满足了人民群众对公共服务多样化、个性化、便捷化的需求,推动了社会保障、教科文卫体和社区服务等事业的发展。

(1)托育和学前教育服务。20世纪80年代,为解决"入托难"问题,民办托幼机构产生和发展起来。当前办好托育服务和学前教育,实现幼有所育,仍然是公共服务的重要内容。据统计,目前公办托育机构很少,社会服务机构在提供普惠性的托育服务中发挥重要作用。如上海市2019年有165家托育机构,其中非营利性托育机构有50家,营利性托育机构有115家。非营利性托育机构的月平均收费为3669元,比营利性机构的平均收费低5000多元。再来看学

---

① 杨团,朱健刚.中国慈善发展报告(2022)[M].北京:社会科学文献出版社,2022:3.
② 景朝阳.民办非企业单位导论[M].北京:中国社会出版社,2011:14-15.

前教育，截至2020年底，全国民办学前教育机构在园幼儿数占全国在园幼儿数的57%。在深圳市，截至2021年底，全市共有幼儿园1 906所，其中民办幼儿园1 003所，占52.6%。社会服务机构在提供学前教育方面撑起了"半壁江山"。

(2) 养老服务。我国已进入老龄化社会。截至2021年底，我国60岁以上老年人口达2.67亿人，占总人口的18.9%。社会对机构养老服务、社区居家养老服务有巨大需求。社会服务机构已成为养老服务行业生力军。在机构养老方面，2021年一季度，我国共有养老机构38 670个，其中社会力量开办或经营的达到42.1%。在江苏省，2018年底共有养老床位65.2万张，其中社会力量开办或经营的达到42.9万张，占65.8%。在社区居家养老方面，社会服务机构的服务领域、活动空间更为广阔。如：成立老人日托中心，为社区失能失智、独居生活老人提供日间照料服务；成立居家养老服务中心，提供居家养老管理、协调和服务；成立养老服务评估机构，开展养老服务指导与评估以及养老服务从业人员培训；组建老年协会，开展老年人志愿服务、文化体育活动，提升老年人的生活质量等。2018年，江苏省已利用社会力量在全省建成1.94万家居家养老服务中心、413家街道老年人日间照料中心、8 094家社区老年人助餐点①。在养老服务中，社会服务机构还能提供一种社会特别需要但又非常稀缺的服务——临终关怀。如成立于2008年的上海浦东手牵手生命关爱发展中心，以医院、社区、学校协同模式，为临终患者和家庭提供陪伴服务和主题活动，缓解患者身体、心理痛苦，让患者平静度过生命最后时光。截至2019年，"手牵手"团队的社工和1 700多名志愿者服务临终患者4万余名，7 000多户家庭受益。

(3) 助残服务。2021年我国约有8 500万名残疾人。在发展残疾人服务事业的过程中，社会服务机构发挥着重要作用，如为残疾人提供专业化的社会支持、康复训练、教育培训、就业支持等服务。上海青聪泉儿童智能训练中心成立于2004年10月，是一家为自闭症儿童提供专业性康复训练与辅导的社会服务机构。机构以"助自闭儿走向自立"为使命，为孩子们提供感觉统合、认知个训、音乐游戏、社交训练等专业康复培训，提供长期家庭心理支持，举办各类公益活动，倡导全社会都来关注自闭症及其他特殊儿童。截至2021年底，青聪泉儿童智能训练中心已为848名自闭症儿童提供了早期康复训练服务。机构获

---

① 江苏省民政厅.努力推动江苏养老服务高质量发展[J].中国社会工作，2019(5)：15.

得"上海十佳公益机构""全国助残先进集体""上海市优秀社会组织"等荣誉称号。深圳智家喜憨儿成长关爱中心成立于2015年6月,是一家为心智障碍者提供洗车工作岗位的社会服务机构。该中心营造就业与康复相结合的工作环境和工作内容,帮助智障人士培养社会适应能力,通过为社会提供服务实现就业。截至2022年6月,喜憨儿洗车项目已经推广到全国20余个城市,有400多名智障者走上了洗车工作岗位。

(4) 困难儿童服务。根据民政部2018年的数据,我国农村留守儿童有697万余人。2016年2月,国务院出台《关于加强农村留守儿童关爱保护工作的意见》,对加强农村留守儿童关爱保护工作做出全面系统的制度安排,提出民政部门要加大力度培育社会组织,通过政府购买服务等方式,引入专业社会力量参与农村留守儿童保护工作。从目前各省市建立的留守儿童关爱保护服务体系看,关爱保护主要集中在配备工作人员(关爱保护督导员/儿童保护专干)和建设儿童关爱保护中心等方面。社会服务机构凭借专业优势积极参与儿童关爱保护服务体系的建设,如建立社工督导制度,对儿童保护工作人员进行培训、管理和指导;建设、管理和运营儿童关爱保护中心等。云南省楚雄州Z社会工作机构在开展农村留守儿童关爱与保护工作方面取得良好成效。Z社会工作机构所在的县是国家级贫困县,通过与当地政府部门建立联络和对接机制,该机构在社区和学校建立社工站,深入开展家访,对留守儿童进行有针对性的个案辅导和救助工作。该机构还在社区层面搭建由学校老师、邻居、朋友等非正式照顾者参与的非正式社会支持网络,及时回应身处困境的儿童及其家庭的现实需求。此外,还协同民政部门构建由乡镇政府、村委会、教育部门、共青团、妇联、社工机构、社区志愿者共同参与的留守儿童关爱保护资源共享机制,提升了基层社区在儿童救助和保护工作中的工作效能[①]。

(5) 青少年服务。青少年是社会最活跃的群体,是推动经济社会发展的生力军和后备力量。当代青少年在学习生活条件总体改善的同时,在成长成才、身心健康、社会融入等方面也面临着一些困难和问题。社会服务机构运用专业理论和方法为青少年开展服务,促进青少年健康成长。上海阳光社区青少年事务中心承担着政府委托的6~25周岁社区青少年教育、管理和服务事务。该中心在上海的13个区设立了工作站,在168个街道设立社工点,每年为近5万名

---

① 杨海萍,李俊.社工机构介入楚雄州农村留守儿童的关爱与保护[J].楚雄师范学院学报,2019(1):156-157.

青少年提供一人一档、一对一的专业化服务。中心策划和实施了"新希望未成年人考察教育项目""青苹果禁毒宣教项目""守护星关爱崇明留守儿童"等品牌项目。此外,该中心还将未成年人司法社会工作服务作为机构的核心品牌,累计服务涉罪未成年人达 1.5 万人,有效预防和减少了未成年人的违法犯罪[①]。济南 JA 社会工作服务中心接受济南市市中区团委委托,为某街道办事处辖区内的青少年提供专业社工服务。该中心的服务包括开通青少年维权热线,开设青少年个案成长坊,成立特殊青少年成长训练小组,组织大型社区主题活动,组建亲子互动小组等。专业的服务解决了弱势家庭青少年放学后没有良好学习环境的困难,帮助了有网瘾的青少年摆脱网瘾开始了新生活,增强了社区青少年的环境适应能力和人际交往能力,培养了青少年的多种兴趣爱好[②]。

2. 参与社会治理

根据党的十九届四中全会通过的《中共中央关于坚持和完善中国特色社会主义制度、推进国家治理体系和治理能力现代化若干重大问题的决定》,我国社会治理体系是党委领导、政府负责、社会协同、公众参与、法治保障、科技支撑。社会治理目标是建设人人有责、人人尽责、人人享有的社会治理共同体。社会服务机构作为社会服务的提供方,在完善社会治理体系、建设社会治理共同体方面具有重要作用。当前,我国社会主要矛盾已经转化为人民日益增长的美好生活需要和不平衡不充分的发展之间的矛盾,人们不仅对物质文化生活提出了更高要求,而且在民主、法治、公平、正义、安全、环境等方面的要求日益增长。社会服务机构参与社会治理,可以有效提供多样化、接地气的社会服务,分担社会事务管理,在政府与市场之间、政府与普通公民之间发挥补缺、润滑、减压的作用,有利于社会运行和谐有序,有利于建设和完善共建共治共享的社会治理制度。

社会服务机构参与社会治理主要通过参与社区治理的方式进行,有以下几种模式:

(1) 承接街道综合服务中心运营。如杭州上城区亲民社会工作服务中心承接了小营街道综合服务中心红巷生活广场的运营,为社区提供儿童托管、便民服务、纠纷调解、志愿服务、公共事务协商等 20 多项服务[③]。上海屋里厢社区

---

① 黄旦闻. 探索预防未成年人违法犯罪的"法宝":以上海市阳光社区青少年事务中心为例[J]. 中国社会工作,2020(10):22-23.
② 李宁. 政府购买公共服务的新探索[J]. 中共山西省委党校学报,2015(6):84-86.
③ 王名. 中国社会组织(1978—2018)[M]. 北京:社会科学文献出版社,2018:120.

服务中心提供包括社区公共空间管理、社区基金管理、社区社会组织培育、公益品牌项目打造等服务,目前业务遍布 10 多个城市,覆盖社区达 500 余个,培育支持 460 余家社区社会组织。

(2) 作为社区枢纽组织参与社区事务管理。这一模式是社会服务机构受上级党委政府委托,与社区党组织、居委会、业委会、物业公司、志愿者等建立联动机制,并在其中作为枢纽组织参与社区事务管理。北京市海淀区、杭州市江干区、南京市雨花台区等地区的社区采用过这种治理模式。成都爱有戏社区文化发展中心在参与水井坊街道社区治理中策划和实施了"城市农耕""市民论坛""义仓""义集"等项目,有效改善了老旧社区的社区治理状况。

(3) 承接专项事务参与社区治理。这一模式是社会服务机构通过承接专项服务事务参与社区治理。北京市协作者社会工作发展中心自 2013 年开始承接北京市东风地区为老年人、未成年人、流动人口和残障人士服务的专项事务。在提供服务的过程中,该中心积极开展"三社联动"(社区、社会组织、社会工作者三方联动),不仅使 7 万多居民受益,还提升了社区治理水平[①]。上海市徐汇区梅陇三村是大型老式住宅社区,公共服务设施不足,公共事务难以治理,尤其是户外垃圾堆积问题长期得不到解决,严重影响居民生活。2011 年初,在梅陇三村党总支的支持下,由社区志愿者成立的"绿主妇"工作室,在社区开展低碳环保活动。工作室的志愿者们回收社区废弃的塑料袋、牛奶利乐包并将回收物品制作成各种生活用品分发给社区居民;上门宣传垃圾分类方法,并带动社区居民积极参与;举办"家庭阳台一平方米小菜园"活动,免费发放种子和菜苗。"绿主妇"工作室的活动提升了社区居民的自治意识,改善了社区的人居环境。"绿主妇"工作室后来发展为"绿主妇"议事会,志愿者团队人数增加到 2 600 多人,活动内容也由主要参与环保事业发展为参与社区居民自治,协助解决居民最关心的问题,推动社区共建共治共享[②]。

专栏 4-3

成都爱有戏社区发展中心参与社区治理案例

成都爱有戏社区发展中心(以下简称"爱有戏")成立于 2009 年,是一家 5A 级社会组织,其使命是"协力构建更具幸福感的社区"。2012 年,成都市锦江区水井坊街道引入"爱有戏"参与老旧社区治理。

---

① 黄晓勇.中国社会组织报告(2018)[M].北京:社会科学文献出版社,2018:191-230.
② 王杰秀.社区治理:实践创新与探索[M].北京:中国社会出版社,2019:162-165.

作为成都老旧社区，水井坊街道有 84 个老旧院落，存在建筑密集、设施缺乏、绿化不足、公共服务缺失、安全隐患突出等问题。"爱有戏"在参与社区治理的过程中策划和实施了"城市农耕""市民论坛""义仓""义集"等项目。"城市农耕"项目发动居民在社区中种植农作物和景观植物，美化环境。项目在社区的公共空间（如过道、楼顶等处）种植各类蔬菜，在院落入口处栽种景观植物。"市民论坛"项目包括开展"模拟整治"、制定"院落议事"、"居民代表大会"、"院落公约"等制度。"模拟整治"即针对院落公共空间存在的诸多问题，组织居民充分讨论，发表意见，达成协议。"院落议事"是指导居民开会，建立会议规则，保障居民大会有序进行。"居民代表大会"即各院落建立居民代表大会制度，让居民代表行使单元居民权利，并履行相应义务。"院落公约"是居民对相关问题进行讨论后形成大家都要遵守的制度，例如"车辆停放公约""商户经营公约"等。"义仓"项目鼓励社区居民向"义仓"捐助生活必需品，志愿者定期将这些物资分发给社区内生活困难的家庭。"义集"项目是通过集市的形式，号召居民出售家中闲置物品，用收益捐助社区困难家庭。"爱有戏"实施的这些项目有效改善了水井坊街道老旧社区的环境卫生问题，加强了社区居民之间的互动和互助，使社区公共生活质量得到了明显提升。

资料来源：刘太刚，张昊楠，车闰平.非营利组织何以嵌入城市老旧社区治理？[J].中共云南省委党校学报，2022(3)：123-135.

4.3.5 社会服务机构成立登记

社会服务机构的成立登记是社会服务机构获得合法身份的法律手续。申请成立社会服务机构，应当具备下列条件：

1. 业务主管单位审查同意

根据 2013 年十二届全国人大一次会议审议通过的《国务院机构改革和职能转变方案》，行业协会商会类、科技类、公益慈善类和城乡社区服务类社会组织可以依法直接向民政部门申请登记，不需要业务主管单位审查同意。成立以上四种类型以外的社会服务机构，需要发起人寻找一个与其欲从事业务相关的行政管理部门或者政府授权的组织作为业务主管单位，向该业务主管单位提出申请，经业务主管单位审查同意后再向登记管理机关申请登记。

2. 有规范的名称、章程、组织机构

申请成立社会服务机构，必须有自己的名称和章程，名称和章程应当符合法律、法规和规章的规定。社会服务机构要有自己的组织机构,如理事会、监事会/监事、执行机构等,实现决策权、执行权、监督权的合理配置。

3. 有与其业务相适应的从业人员

社会服务机构是提供专业社会服务的组织,因此必须要有掌握一定技术或技能的专职工作人员,以确保有效开展业务活动。如社区服务中心,就要有具备社会工作或慈善管理专业知识和技能的工作人员。

4. 有与其业务活动相适应的合法财产

具备与其业务活动相适应的合法财产或开办资金是保证社会服务机构正常开展业务活动的需要。同时,这些合法财产也是社会服务机构承担民事责任的必要物质条件。

5. 有必要的场所

场所是社会服务机构开展业务活动的所在地。社会服务机构必须有一个固定的办公和活动场所。

上述五项是申请登记成立社会服务机构的必备条件,具备了以上五个条件,开办者才能向登记管理机关提出申请登记,提交相关文件。登记管理机关自收到成立登记申请的全部有效文件之日起60日内做出准予登记或者不予登记的决定。

4.3.6 社会服务机构存在的问题和改革方向

社会服务机构提供的服务涉及社会生活的各个方面,培育和发展有中国特色的社会服务机构,对于健全基本公共服务体系,完善共建共治共享的社会治理制度具有重要意义。然而,目前不少社会服务机构在运营中存在资金匮乏、发展资源短缺等问题,影响了机构的可持续发展和社会服务的提供。要解决这一问题,需要从两个主要的方面进行改革。

一是改革社会服务机构运作机制,增强"造血能力"。不少社会服务机构的资金来源过度依靠政府购买服务和社会捐赠,自身"造血机能"不足。为此,要通过改革,寻找既能解决社会问题又具有自身造血机制的可持续发展的运作形式。20世纪70年代以来,欧美国家出现了社会企业这一新的组织形式。社会企业是指用商业模式解决社会问题的组织。社会企业采取企业运营模式,通过提供产品和服务获取经营收入,并将经营收入用于组织发展和服务提供。2006年以来,社会企业在中国进行了探索实践和初步发展。社会服务机构可以借鉴社会企业的运作模式,运用企业管理的理念和方法提升经营管理能力,提高服务质量和水平,加强成本核算,改进营销方式,增强自身"造血能力"。

二是建立健全政策制度和体制机制。要加大政府购买社会服务的力度,按照项目化模式,通过公益招投标、公益创投、服务委托等多种方式,建立健全政府向社会服务机构购买服务的工作机制。要解决政府购买服务项目周期短,不利于社会组织能力建设的问题,积极探索与社会组织建立长期合作伙伴关系,增强社会服务机构的业务能力,提高社会服务的效能,推动社会组织发展壮大。要出台具体政策,落实税收优惠政策,建立健全社会服务机构专业人才的培养、评价、使用、激励制度,落实其在职业发展、薪酬待遇和社会保障方面的应有待遇。

以上介绍了慈善组织的三种组织形式:基金会、社会团体和社会服务机构。除了这三大类组织,参与慈善事业运作的还有大量活跃在社区、提供社会服务的"草根社会组织"。它们由城乡居民自发成立,少数在街道办事处(乡镇政府)备案,大多没有正式登记。这些"草根社会组织"在城乡社区开展的为民服务、慈善帮困、邻里互助、文体娱乐和农村生产技术服务等活动中发挥了积极作用。根据民政部 2017 年 12 月 27 日印发的《民政部关于大力培育发展社区社会组织的意见》,对于这类草根社区社会组织,符合法定登记条件的,可以到所在地县级民政部门申请登记。民政部门要通过简化登记程序,提高审核效率,结合社区社会组织特点制定章程范本等方式优化登记服务。对未达到登记条件的社区社会组织,按照不同规模、业务范围、成员构成和服务对象,由街道办事处(乡镇政府)实施管理,加强分类指导和业务指导;对规模较小、组织较为松散的社区社会组织,由社区党组织领导,基层群众性自治组织对其活动进行指导和管理。

本章小结

我国慈善组织主要有三种组织形式:基金会、社会团体和社会服务机构。基金会是指利用自然人、法人或者其他组织捐赠的财产,以从事公益事业为目的,依法成立的非营利性法人。基金会是捐助财产的集合体,其主要功能包括筹集慈善资金、实施慈善项目、资助慈善项目、传播慈善文化、推动社会创新等。社会团体是指中国公民自愿组成,为实现会员的共同意愿,按照其章程开展活动的非营利性社会组织。社会团体的特征是:会员制,社会成员自愿发起,具有公益性或互益性。登记注册的公益性社会团体是慈善事业的运作主体之一。公益性社会团体具有募集慈善资金,开展慈善项目和慈善活动,传播慈善文化和倡导精神文明,参与社会治理等功能。社会服务机构是指自然人、法人或者其他组织为了公益目的,利用非国有资产捐助举办,按照其章程提供社会服务的非营利性法人。社会服务机构有三个特征:提供社会服务,具有经营功能,参与市场竞争。社会服务机构的功能包括为普通民众和困难群体提供社会服务、参与社会治理等,服务范围涵盖教育、养老、助残、青少年、卫生、文化、体育、科技等领域。

思考题

1. 什么是基金会?基金会是怎样产生的?
2. 我国的基金会有哪些功能?
3. 什么是社会团体?社会团体有哪些类型?
4. 我国的公益性社会团体有哪些功能?
5. 什么是社会服务机构?社会服务机构有哪些特征?
6. 社会服务机构的功能是什么?
7. 我国基金会的发展方向是什么?
8. 我国社会服务机构存在的主要问题是什么?如何改革?

主要参考文献

[1] 王名.社会组织概论[M].北京:中国社会出版社,2011.

[2] 陶传进,刘忠祥.基金会导论[M].北京:中国社会出版社,2011.

[3] 葛道顺,商玉生,杨团,等.中国基金会发展解析[M].北京:社会科学文献出版社,2009.

[4] 徐宇珊.论基金会[M].北京:中国社会出版社,2010.

[5] 资中筠.财富的责任与资本主义演变:美国百年公益发展的启示[M].上海:上海三联书店,2015.

[6] 景朝阳.民办非企业单位导论[M].北京:中国社会出版社,2011.

[7] 徐家良.社会团体导论[M].北京:中国社会出版社,2011.

[8] 杨团,朱健刚.中国慈善发展报告[M].北京:社会科学文献出版社,2020—2022.

[9] 黄晓勇.中国社会组织报告[M].北京:社会科学文献出版社,2018—2022.

[10] 王振海.社会组织发展与国家治理现代化[M].北京:人民出版社,2015.

[11] 王杰秀.社区治理实践创新与探索[M].北京:中国社会出版社,2019.

[12] ANHEIER H, LIST R. A dictionary of civil society, philanthropy and the non-profit sector[M]. London:Routledge, 2005.

第5章 慈善项目设计和管理

> **学习目标**
>
> 慈善组织的使命和行动目标需要通过一定的运作方式来实现。设计和实施慈善项目是慈善组织运作的一种主要方式。通过学习本章,我们应当掌握慈善项目的概念、慈善项目设计的步骤和方法,了解慈善项目实施与控制的过程,了解慈善项目收尾和慈善项目评估的步骤,了解慈善项目评估的内容和方法。

5.1 慈善活动和慈善项目

5.1.1 慈善活动

活动是由共同目的联合起来并完成一定社会职能的动作的总和。活动由目的、动机和动作构成,具有完整的结构系统。慈善活动的概念有广义和狭义之分。广义的慈善活动是指自然人、法人和非法人组织以捐赠财产或者提供服务等方式自愿开展的下列公益活动:①扶贫、济困;②扶老、救孤、恤病、助残、优抚;③救助自然灾害、事故灾难和公共卫生事件等突发事件造成的损害;④促进教育、科学、文化、卫生、体育等事业的发展;⑤防止污染和其他公害,保护和改善生态环境等。狭义的慈善活动是指为了一定的慈善目的而开展的行动。它的特点是在短时间内进行内容单一的一次性行动,例如:在中华慈善日组织一次志愿服务活动,在春节前到困难家庭进行一次慰问活动等。

5.1.2 慈善项目

项目是以一套独特而相互联系的任务为前提,有效地利用资源,在一定时间内为实现一个特定目标所做的努力。一般来说,项目要满足五个基本要素:①项目有一个明确界定的目标;②项目的执行要通过一系列相互联系的活动;③项目需要运用到各种资源;④项目有明确的起点和终点;⑤项目具有一定的不确定性。

一直以来,慈善项目在研究和实践领域有着不同的定义。在研究领域,邓国胜认为,慈善项目是指在组织内实行的、相互关联并构成一个整体的一系列活动,项目的最终目标是满足某种社会需求,解决某一社会问题[①]。张健认为,慈善项目是指一定的组织或个人以捐赠财物、时间、精力和知识等形式,在特定的时间、预算、资源限定内,依据计划完成一个有明确目标的、具有社会效益的活动[②]。在实践领域,慈善组织对于项目的认识各有侧重。例如,某境外非营利组织对项目的界定是所有运用机构资金、由机构员工或支持合作伙伴实施的特定的扶贫及发展活动,包括:①按项目资金审批权限审批的项目;②按年度计划及预算设定的活动;③按需要在年度计划及预算外开展的活动。世界宣明会认为,项目是有时间性的,由一个或多个子项目互相协调,以达到预期的项目目标。

综合上述定义,本书认为,慈善项目是指慈善领域开展的一系列独特的、复杂的并相互关联的活动。这些活动有一个明确的目标或目的,且必须在特定的时间、预算、资源限定内,依据一定的规范完成。

5.1.3 慈善项目生命周期

从本质上讲,项目需要在规定期限内完成特定的任务并实现相应的目标,因而经历了一个从提出到完成的过程。项目生命周期(project life cycle)是按顺序排列、有时又相互交叉的、各项目阶段的集合。慈善项目的生命周期就是一个慈善项目从概念到完成所经过的各个阶段。慈善项目管理,通过慈善项目的生命周期管理得以实现。世界宣明会将慈善项目周期分为需求评估、设计、

---

① 邓国胜.公益慈善概论[M].济南:山东人民出版社,2015:151.
② 张健.中国慈善项目发展分析报告[R]//杨团.中国慈善发展报告(2010).北京:社会科学文献出版社,2010:155.

监测、后期评估、反思与过渡六个环节。亿方公益基金会的项目周期则包括项目筛选、审批立项、启动拨款、实施监测、结项总结、项目后续。香港乐施会的项目周期则由项目存续期的所有互动过程构成,包括发现、需求评估、设计、评审、实施、评估与学习以及结束。

在本章中,我们将慈善项目的生命周期分为项目立项期、项目启动期、项目实施期以及项目完成期四个阶段(如图5-1所示)。由于项目的本质是在规定期限内完成特定的、不可重复的客观目标,因此所有项目都有开始与结束。但许多项目由于意料之外的环境变化,即使在接近原先规划的最后阶段也可能重新开始。即使在同一个项目中,这种周期也可能会有多种变化。例如,大型、复杂、周期长的慈善项目,各方面进行调整的可能性较大;而那些小型、简单、周期短的慈善项目,管理起来相对简单,部分环节可以精简和压缩。此外,慈善项目的生命周期也与对工作细节的关注度、文档管理、项目交付等要求密切相关。

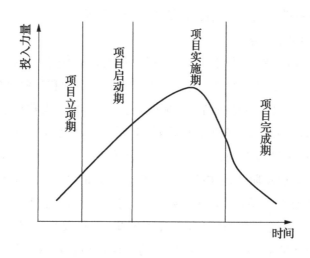

图5-1 慈善项目生命周期

1. 慈善项目立项期

在项目立项期,项目团队往往热情高涨、充满理想和激情,但此时的项目目标往往不够清晰。因此,这一阶段的关键任务是明确项目概念和制订计划,使之能够指导未来的项目活动,具体包括阐明项目意义、确定项目规格、提出工作方案和明确职责划分。

(1)项目策划与设计。项目策划与设计是一种具有创造性、探索性的思维过程,通过把所有可能影响决策的因素总结出来,提出解决方案,最终实现目标。在策划与设计过程中,需要阐明项目的理念和发展方向,尤其应该以国家政策法规、社会现实需求与走向、捐赠者意愿、组织自身能力和资源为基本依据,遵循严格的程序和流程进行。开发、设计公益项目必须认真思考和准确回答三个问题:一是项目要解决什么样的社会问题?二是项目的主要客户(直接受益人)是谁?三是开展项目具有的资源有哪些?

(2) 项目立项。立项就是指项目获得资助方同意。要使一项策划与设计进入正式的实施阶段,需要通过立项这一关键环节。立项阶段主要解决是否做和选择谁做的问题。前者主要取决于项目的资助方,后者需要在国家的政策法律框架内,结合组织自身能力特点进行。在慈善项目立项阶段,项目经理与项目资助方就项目概念和项目战略进行谈判是一项关键的任务。项目资助方是最关键的利益相关者,必须与之达成一致意见。另外,还要与项目资助方进行关于项目期限和全面资源计划的谈判,这不仅关系到项目的执行,还能促进项目团队与项目资助方之间建立良好、清晰的合作关系。

2. 慈善项目启动期

在项目启动期,项目的规划将逐步成为现实,其中包括一些为了实现项目目标而采取的实际措施与行动。这一时期主要包括启动和计划两个环节。

(1) 启动。"项目不是在结束时失败,而是在开始时失败!"这句话深刻地解释了项目启动的意义。在项目的启动期,最有可能在各个方面产生矛盾与冲突,会产生许多管理上的挑战。要确保慈善项目的顺利实施,必须重视启动阶段的工作。启动阶段的主要任务是组建良好的项目团队,慈善项目团队要特别注重志愿奉献精神,坚持公益导向。另外,慈善组织往往内部人员数量较少,项目团队也是少而精,分工并不明确,往往要求团队成员成为多面手。组建项目团队后,召开一次项目启动会议是项目正式开始的标志,其核心目标是建立团队内外部的沟通制度。启动会最好有机构高层管理者参加,主要目的是进一步强化对项目开展意义的认识,向团队提出压力和期望。但并不是所有的项目都需要举行启动会议,一些小型的公益慈善项目通常并不举行启动会议。

(2) 计划。这一阶段主要是完成项目计划和进程的制订,为项目执行做准备。总体来说,项目计划应该以原始计划为依据,确定工作的详细划分及相应的产出、明确工作任务排序、确定任务所需要的资源,包括时间、人力、物力和财力在内的各种资源(如图 5-2 所示)。

图 5-2　公益慈善项目运行计划流程

3. 慈善项目实施期

随着项目的推进,团队之间的合作与沟通进一步强化,各项工作的进展都会加快。项目管理的重点也从早期整合协调阶段发展到全面实施阶段。在这一时期的重点工作是:

(1) 完善和优化工作流程。在项目发展成熟阶段,项目团队的关键工作是持续保持项目的动力以及管理正在发展着的项目。大多数项目的主要问题不再是管理项目团队的个人工作,而是着重处理项目发展过程中对其他方面能够产生影响的特殊事件和互动关系。例如,一项工作中关键资源欠缺,或者某一项工作拖延,都会迅速地影响到项目其他工作的正常进展。因此,在项目发展成熟阶段,管理工作的重点应该放在工作流程上,而不是项目团队中其他成员的实际工作上。

(2) 明确关键路径。在项目工作网络图中存在一条数学意义明确的关键路径,项目过程中工作上的一些微小延误都会改变关键路径。因此,项目经理应该随时确认最新的关键路径,并及时通知项目团队中的每一位成员。

(3) 培养团队合作精神。每一位成员都要理解合作的价值,而不是通过互相争夺资源来维护自己"狭隘的利益"。但是,合作的目标是任务导向的。为此,团队应致力于发展适度竞争的氛围,并使其向健康的方向发展。这非常有利于公益慈善项目发展。

(4) 评估关键节点。在项目中有许多相互依赖、相互影响的工作,因此,一些工作的结果往往直接影响到下一步的工作。项目经理必须时刻审查相互依赖的工作之间的变化,以及这些变化对项目其他工作所产生的影响。不然,任何一步工作出现了问题就容易产生多米诺骨牌效应,进而导致项目失败。

(5) 及时、准确地沟通。当项目的各项工作有序展开的时候,项目经理应担负起建立、维护组织沟通渠道的任务,并且成为沟通的平台。成功的项目经理应认识到,团队成员不仅需要了解他们所从事的工作,也需要了解所从事工作的背景。维护组织的沟通渠道主要应注意外部因素的影响、临时会议的重要性、提高沟通效果几个方面的内容。

(6) 表彰与激励。作为成功项目的重要特征,表彰是一种非常重要的项目管理行为。它可以使项目成员获得成就感以及对组织的归属感。另外,还可以使团队成员更加注重工作的成绩,从而使项目顺利开展。

4. 慈善项目完成期

即使对于成功的项目而言,项目的完成阶段也是最危险的时期。在这个阶段,团队人员会很容易认为项目将很快完成,态度就会变得松懈,一些突发性因素可能会出现,项目的服务对象或资助方可能对项目抱有过高的期望。在这个阶段,项目经理应该在项目日常工作中发挥重要的积极作用,要更加直接地管理项目的各项工作。因此,在项目完成阶段,项目经理面临许多特殊的挑战,需要采取更加细致周全的措施。

(1) 要确保每项关键工作顺利完成。在项目最后阶段,项目经理已经失去了许多对项目合作方或利益相关者的约束力,项目成员以及合作方经常忽略一些非常重要的细节因素。因此,项目经理必须使项目保持在持续运营的状态,坚持与项目的关键人员保持密切联系,避免可能阻碍项目推进的因素出现。

(2) 避免项目范围蔓延。工作范围的扩大可能会导致项目周期延长,增加项目成本。必须意识到项目本身的有限性,防止无限扩大工作范围。

(3) 帮助相关人员正常退出。项目具有临时性,随着项目完成,团队解散是正常现象,这符合项目管理的原则。

(4) 传递学习经验。项目经理还要承担一项义务,就是将项目经验传递给同类项目的团队。因而,项目经理的工作重点应该放在项目记录和学习经验的整理方面。通常情况下,要等到项目真正完成后才进行事后分析总结,因而,在实施过程中收集相关资料十分关键。随着项目成员和其他合作方陆续退出,大量的数据和记录的获取会变得非常困难。

综上所述,项目生命周期为管理项目提供基本框架,清晰明确地阐释各阶段在时间、人员、成本、资源投入、活动范围、可交付成果等方面的工作要求,以使项目经理更好地监测管理过程和可交付的成果。项目周期管理表(表5-1)显示了某基金会采取项目周期管理的方式监管项目进展。

表 5-1 项目周期管理表

项目周期	×××项目周期管理情况表			
	活动流程/内容		产出	说明/备注
	项目管理流程	合作伙伴管理流程	文档内容	
意向洽谈			—	
			—	
审批立项				
			—	
启动拨款			—	
			—	
实施监测				
结项总结			—	

5.2 慈善项目设计

5.2.1 社会需求识别

对慈善项目来讲，需求是最直接的驱动因素，如何合理地发现服务对象的需求，明确项目范围，是设计慈善项目面临的首要问题。在一定的社会环境下，系统地搜集、分析和报告有关项目信息，准确地掌握目标群体存在的实际问题和需求，可以使项目建立在坚实可靠的基础之上，减少项目的不确定性，使项目决策更有依据，从而降低项目设计的风险。

需求具有多样性、不确定性和个性化的特点,加上慈善资源有限及各种客观条件的限制,无法满足所有服务对象的需求。因此,项目团队需要加强与利益相关方之间的沟通,在充分调查和掌握相关信息的基础上进行深入分析,准确把握需求并进行适当指导,获得利益相关方的理解、支持和帮助,提升需求的真实性和有效性,进而为设计项目奠定基础。社会需求识别一般需要了解谁是受益者及其需求是什么,问题的根源及目前有谁在试图解决这些问题,不同的利益相关方及其关注点如何,项目的可行性和策略方向如何。

5.2.2 项目可行性研究

项目设计考虑最多的便是可行性。"实践是检验真理的唯一标准",同样,项目设计的创意也要经得住事实的检验。进行项目设计必须要根据项目自身特点,集合外部环境条件,经过科学、详细的分析调研,制定针对性的方案措施,这样才能保证项目设计的效果。

慈善项目设计的可行性研究主要内容包括项目背景和历史、慈善组织服务能力、项目投入、项目开展范围、项目方案、项目团队人员、项目时间周期、技术经济社会评价、项目的综合评价和建议等。

5.2.3 项目方案制定

项目方案制定包含确定项目范围和细化目标,并为实现目标制定行动方案的一组过程。项目方案的主要内容可以用"5W1H"概括,即:where(项目地点及环境)、what(项目的目标要求及范围)、who(什么人做,各自的责权利)、when(项目的起止日期)、why(何种方法来实现管理目标)、how much(项目所花费用)。制定项目方案的主要作用是为成功完成项目确定战略、战术及行动方案或路线。在制定方案的过程中,项目团队应当征求所有利益相关者的意见,鼓励所有利益相关者参与,在项目实施和执行过程中,也可以更容易地获取利益相关者的认可和参与。

5.2.4 项目预算编制

1. 制定项目预算的依据

项目预算的制定要以成本估算为基础,同时参考估算依据、项目进度计划、资源情况、风险情况等综合考量。例如,香港乐施会在项目预算制定时主要遵循下列原则：①符合当地政策法规的要求；②更多的资源用于贫困地区、灾害地区、弱势人群、目标人群；③费用标准控制得当，成本效益也是需要考虑的因素；④严格控制行政费用，合理使用专家顾问费用；⑤对出现财务问题的合作伙伴的项目预算给予更加严格的控制和审核；⑥对项目预算的合理性做全面的比较分析，如同类项目、以往项目、同地区物价水平等，必要时可以寻求第三方意见。

2. 制定项目预算的方法

（1）成本汇总。以工作分解结构中的工作包为单位对活动成本估算并汇总，然后再由工作包汇总至工作分结构的更高层次，并最终得出整个项目的总成本。

（2）专家判断。从组织内的其他部门、顾问、利益相关方、行业团体/协会等多种渠道获取制定预算的信息。

3. 制定项目预算的步骤

（1）将项目的总预算成本分摊到各项活动中：根据项目成本估算出项目的总预算成本，将总预算成本按照项目工作分解结构和每一项活动的工作范围，以一定的比例分摊到各项活动中，并为每一项活动建立总预算成本。

（2）将活动总预算成本分摊到工作包：这是根据活动总预算成本确定每项活动中各个工作包具体预算的一项工作，其做法是将活动总预算成本按照构成这一活动的工作包和所消耗的资源数量进行成本预算分摊。

（3）在整个项目的实施期间内，对每个工作包的预算进行分配：主要是确定各项成本预算支出的时间以及每一个时点所发生的累计成本支出额，从而制订项目预算计划。图 5-3 列出了某境外非营利组织采用的预算编制流程图。

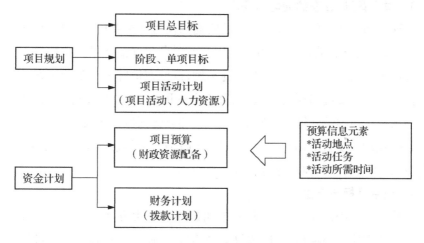

图 5-3 某境外非营利组织项目预算编制流程图

5.2.5 项目计划书撰写

慈善项目计划书可以是为获得上级的批准与支持的项目申请书,也可以是机构就某一项目寻求资金上支持的对外筹款计划书。它和项目策划书的区别在于策划书更多供团队内部参考和决策使用。从先后顺序上来看,先有策划书再形成计划书。相对于策划书,项目计划书显得更为正式。一个慈善项目计划书应包括以下几个方面的内容:

1. 封面页

项目计划书封面页是让资助方了解和认识项目的一个重要窗口,应当非常专业与严谨。封面可以只简单地写上项目名称和日期,也可以包括以下信息:项目名称,申请(执行)机构,通信地址,电话、传真、电子邮箱,联系(负责)人,还可以把银行账户、律师、审计机构等信息列在封面页上。

2. 项目概要

这是项目计划书最重要的部分。基金会的项目经理们每天都会收到大量的项目申请,他们也许没有足够的时间看完所有的项目计划书。所以,项目概要部分将成为影响初选结果的决定因素。在概要部分,需要把所有重要信息汇集起来。概要一般包括:机构的背景信息、使命与宗旨,项目要解决的问题与解决的方法,项目申请方的能力和以往的成功经验等。需要特别指出的是,尽管项目概要部分排在计划书的前半部,但实际上这一部分是在写完所有计划书以后才真正完成的。

3. 项目背景、存在的问题与需求

在这一部分,需要详细介绍存在的问题以及为什么要设计这个项目来解决这些问题,要充分地说明问题的严重性与紧迫性,最好能提供一些数据。此外,项目官员还可以使用一些真实、典型的案例,以便在情感上打动合作方,进而引起他们的共鸣。要说明项目的起因、逻辑上的因果关系、受益群体以及它与其他社会问题之间的关联等。一般来讲,这一部分包括以下主要信息:①项目范围(问题与事件、受益群体);②导致项目产生的社会环境;③提出这个项目的理由与原因;④项目的其他长远与战略意义。

4. 项目目标与产出

在使资助方确信问题存在以后,要明确提出解决方案。在这一部分中,项目经理要详细地介绍项目计划、项目的总体目标、阶段性目标与任务,以及各目标的评估标准。总体目标是一个长期的、宏观的、比较抽象的描述。它可以分解成一系列具体的、可衡量的、可实现的、带有明确时间标记的阶段性目标。例如,"遏制沙漠化蔓延"是总体目标,"2014—2023年十年时间里,在阿拉善地区种植一亿棵以梭梭为代表的沙生植物"则是具体目标。对目标的陈述要非常清楚。最重要的是,制定的目标要切合实际。对资助方而言,他们希望在项目完成报告里看到项目实际上实现了这些既定目标。

5. 项目目标群体

在这一部分中,项目经理要对项目的目标群体做一个更加详细的描述。必要时,项目经理还可以把目标群体分为直接受益群体和间接受益群体两类。例如,在NPO信息咨询中心的能力建设项目中,直接受益群体是国内慈善组织从业人员,但是,其间接受益群体却是慈善组织的服务对象。因为通过能力建设,提高了慈善项目的服务能力与效率,从而为服务对象提供更好、更多、更完善的服务。又如,一家残疾人服务机构的直接受益群体是残疾人群,间接受益群体则是他们的家庭,甚至是整个社会。

许多资助方都希望受益群体能从始至终地参与到项目之中。尤其是在项目的设计阶段,受益群体的参与非常重要。项目经理可以在附件中列出受益群体参与项目的活动,包括列出组织受益群体参加的讨论会、讨论会主题、时间、参加人员等,让资助方了解到项目不仅是针对受益群体设计的,而且得到了他们的广泛支持与认可。

6. 项目实施方法

通过以上部分,项目经理已经清楚地解释了存在的问题及希望完成的工作。现在,需要介绍项目如何达到目标,即采用什么方法、开展什么活动来实现这些目标。在介绍方法时,项目经理要特别说明这种方法的优越特性。项目经理可以同时列举出其他相关的方法,并对它们进行比较,还可以引用专家的观点和其他失败或成功的案例等。总之,要充分说明该项目选择的方法是最科学、最有效、最经济的。同时,也要说明慈善项目在采用这种方法时也存在一定的风险与挑战。此外,还要提到为了执行这一解决方案需要哪些条件与资源。

7. 项目进程计划

在这一部分中,要详细地描述出各项任务的先后顺序以及起始时间。可以用一个带有时间标记的图表(如甘特图)来表示。这样,就可以一目了然地告诉读者"在什么时候做什么",以及各项活动之间的关联与因果关系。

8. 项目组织架构

在这一部分中,要描述为了达成上述目标,需要什么样的项目团队和管理结构。项目团队应包括所有项目组成员:专职人员、志愿者、专家顾问等。项目团队成员的相关工作经验、专业背景、学历等非常重要。项目团队的经验与能力往往在很大程度上决定了项目的成败,所以,这也是资助方非常关心的问题。另外,还要明确项目的管理结构,应该明晰地写出项目总负责人、财务负责人以及其他各分项目的负责人。如果是两个或多个机构合作完成一个项目,还要说明各机构的分工。

9. 项目预算与效益

这一部分要提供的绝不仅仅是一个费用预算表,而是要叙述和分析预算表中的各项数据、总成本与各分成本,包括人员、设备的费用等。其中,人员经费类别可以包括工资、福利和咨询专家的费用;非人员经费类别可以包括差旅费、设备和通信费等。如果已经有了一部分资金来源,也要注明。而且,要很明显地写出还需要总数为多少的经费支持。项目除了要有资金投入,还要有产出效益。慈善组织运作的一大特点是产生巨大的社会效益。社会效益比较难量化,但还是可以找一些数据来进行分析。例如,一个戒毒人员的服务机构虽然为吸毒人员提供免费服务,没有任何收入,但是,可以估算出通过服务一个吸毒人员可减少哪些方面的社会问题,可以对吸毒人员的医疗费用、失业、犯罪等相关费用进行估算。总之,越明确地算出单位成本的投入可以产生的效益,就越能说明项目方法的优越性,也就越能得到资助方对项目的认可。

10. 项目监测与评估

监测是慈善项目实施过程中非常重要的部分,监测的执行机构与人员(可以是理事会、资助方或其它第三方机构)、监测任务等都应该写在项目计划中。与之相关的还有项目团队的自我评估计划。项目进行中的评估报告比项目结束的评估还要重要。在项目的不同阶段进行评估,可以使慈善组织及时地发现问题,尽早地解决。同时,可以使资助方得到一个信息,那就是项目团队不仅提出了一个很好的计划,而且可以很好地实现这个计划。有两种可供参考的监测和评估方式:一种是衡量结果,另一种是分析过程。其中一种或者两者都有可能适用于慈善项目,选择何种方式将取决于项目的性质和目标。无论选择何种方式,都需要说明组织准备怎样收集评估信息和进行数据分析,以及在项目进行到哪些阶段时进行阶段性的评估。评估活动及时间也应该包括在项目实施计划的时间表中。无论是监测报告还是评估报告,都应该包括项目的进展与完成情况,原定计划与现实状况的比较,预测未来实现计划的可能性等。除总体评估报告外,还要提供一些子评估报告,例如项目中期的审计报告等。

11. 附件

重要的文件或篇幅太长而不适宜放在正文中的文件都可以被放在附件中,例如机构介绍、年度报告、财务与审计报告等。也可以把那些在正文中会干扰读者或使他们的兴趣偏离主题的部分放到附件当中。

5.3 慈善项目实施与控制

5.3.1 项目团队创建

1. 慈善项目团队的定义

慈善项目团队是为了实现一个具体慈善项目目标而组建的、协同工作的人员队伍。项目团队的根本使命是在项目经理的直接领导下,为实现慈善项目的目标、完成项目任务而共同努力,并协调一致和有效地工作。一般来说,慈善项目团队成员应尽可能参与到项目的计划与决策中。项目成员的早期参与可以为计划过程贡献智慧,也能够增强对项目的认同。慈善项目团队是一种临时性的组织,一旦项目完成或终止,项目团队的使命也完成或终止,项目团队即告解散。项目团队的结构和特点可以相差很大,但项目经理作为团队领导者的角色是固定不变的。慈善项目团队组建的依据是人员配备需求、人力资源储备、项目资金等。

2. 慈善项目团队的特点

就如慈善项目的独特性一样,没有两个慈善项目团队会完全一样。但是,不管慈善项目团队由多少人组成,不管他们是专职还是兼职,都需要以高效的团队模式运营。只有这样才能够既满足工期需求,又能达到慈善项目的目的。

(1)目标一致。统一的目标是高效团队的特征之一。慈善项目的实行是为了更好地服务社会,创造社会价值,践行慈善组织的宗旨和使命。所以,项目成员必须有一致的目标,大家在一个共同的目标下凝聚在一起,并为之共同奋

斗。例如,"行动援助"项目团队在纲领性文件中明确了如下价值观,以凝聚团队成员:

① 平等和公正。要求我们为保证每一个人获得平等机会而工作,不论种族、年龄、性别、性取向、是否患有艾滋病、是否残疾、肤色、民族、地区和信仰。

② 诚实和透明,在任何层次都高度负责以使我们的行动有效;公开自己的意见并愿意与人交流。

③ 和贫困民众站在一起,和贫困的、被剥夺权力和被边缘的民众在一起将是我们在对抗贫困的事业中唯一的倾向性。

④ 自信的勇气。要求我们充满创意和激进,大胆和革新地、不怕失败地为消除贫困而奋斗。

⑤ 独立,不被任何宗教左右。

⑥ 在任何语言表述和行为中表现谦逊。要记得我们只是对抗贫困联盟中的一部分。

(2) 绝对的信任。慈善项目团队的另外一个特质就是团队成员之间高度信任。团队成员彼此相信各自的品行、工作以及能力。信任是十分脆弱的,它往往需要很长时间才能被建立起来,却又很容易被破坏,而且破坏后想要恢复非常困难。因此,团队成员间彼此绝对的信任是一个高效慈善项目团队的基础。

(3) 合理的角色定位。在一个慈善项目团队中,要有明确合理的分工与协作,每个成员都要明确自己的角色、责任、权利与义务。通常,项目团队成员包括如下角色:

① 项目管理人员:负责规划进度、制定预算、报告与控制、管理沟通、风险控制、行政支持等工作。

② 项目人员:负责项目执行工作,以创造项目可交付成果。

③ 项目顾问:负责为项目管理计划的制定或执行提供支持,例如,在项目合同、财务管理、物流、法律、安全、工程、质量控制等方面提供支持。顾问可以全职参与项目工作,也可以只在项目需要他们的技能时才参与。

④ 资助方项目官员:负责派代表或联络员参与项目,协调相关工作,提出相关建议,确认项目结果。

⑤ 供应商:负责为项目提供组件或相关服务。有的供应商对交付项目结果承担着大部分风险,这样的供应商在项目团队中扮演着重要角色。

⑥ 业务伙伴：负责为项目提供专业技术或专业服务，例如，提供安装、定制、培训或支持等服务。

（4）高度的凝聚力。凝聚力是指项目团队对成员的吸引力、向心力。慈善项目团队对成员的吸引力越强，成员的社会责任感和奉献精神就会越强，项目资金的使用也就越规范。具有高度凝聚力的团队能使团队成员积极、热情地为项目成功付出必要的时间和努力，通过发挥个人价值来创造项目的社会价值。

3. 慈善项目团队创建的过程

项目经理应从各种来源物色团队成员，同有关负责人谈判，将符合要求的人编入项目团队，将计划编制阶段确定的角色连同责任分配给各个成员并明确他们之间的配合、汇报和从属关系。组建慈善项目团队是一个动态过程。随着项目的发展，对人员的需要是动态变化的。项目经理必须能够监控这种变化，在人员技能与项目需求不一致的情况下，及时与组织高层、人力资源经理及其他项目人员进行沟通来保证项目对人员的动态需求。一般而言，项目团队创建过程包括形成阶段、磨合阶段、规范阶段和表现阶段。

（1）形成阶段。形成阶段是项目团队的初创和组建阶段。在这个阶段，团队成员由个体转变为团队的一员，总体上有一种积极向上的愿望，团队成员的情绪特点包括激动、希望、怀疑、焦急和犹豫，在心理上处于一种极不稳定的状态。项目经理需要为整个团队明确方向、目标和任务，在保证角色不缺失的情况下力求在各个角色间实现平衡。创建的慈善项目团队和慈善项目之间应保持一致性。

（2）磨合阶段。这一阶段，团队成员按照分工开始了初步合作，有些成员会发现项目的工作与个人当初的设想不一致，或是发现项目团队成员之间的关系与自己期望的不同，或是与项目管理人员和项目经理发生矛盾和抵触，团队成员情绪的特点是：紧张、挫折、不满、对立和抵制。在磨合阶段，项目经理需要应付和解决出现的各种问题和矛盾，需要容忍不满的出现，解决冲突，协调关系，消除团队中的各种震荡因素。

（3）规范阶段。经过磨合阶段的考验后，项目团队就进入了正常发展的规范阶段。在这一阶段，项目团队矛盾要少于磨合阶段。团队成员的情绪特点表现为信任、合作、忠诚、友谊、满意。项目经理在这一阶段应该对项目团队成员所取得的进步予以表扬，应该积极支持项目团队成员的各种建议和参与，努力规范团队和成员的行为。

（4）表现阶段。这一阶段是项目团队不断取得成就的阶段。在这一阶段，项目团队成员积极工作，努力为实现项目目标做贡献。成员的情绪特点是开放、坦诚、依赖、团队的集体感和荣誉感。项目经理在这一阶段应该积极放权，使项目团队成员更多地进行自我管理和自我激励。同时，项目经理应该及时公告项目进程，表彰先进的团队成员，努力帮助项目团队完成项目计划，实现项目的目标。

4. 加强慈善项目团队建设

项目经理决定着项目运行的成效，是至关重要的角色，需要具有丰富的项目管理经验、较好的团队管理能力、较强的公关能力、丰富的社会经验和一定的个人魅力。项目经理要具有"五个意识"，即项目管理意识、进度意识、质量意识、分工意识、层次意识。项目经理可以从外部招聘，亦可从内部员工中选拔或者从内部其他部门调用。

慈善项目团队的建设过程是提高工作能力、促进团队成员互动和改善团队氛围、提高项目绩效的过程。为此，要培养、改进和提高项目团队成员以及项目团队整体的工作能力，提高项目团队成员之间的信任感和凝聚力，使项目团队在项目管理过程中不断提高管理能力，改善管理业绩。在一个有效的团队中，团队成员能够在工作负担不平衡的情况下帮助他人，能够积极与同事交流、共享信息和资源。慈善项目团队建设成效一般是通过正式的或非正式的绩效评估来衡量。评估指标包括团队实现预定目标的状况、团队成员能力与感情的提升、团队成员流动性降低、团队凝聚力增强等。

5.3.2 项目进度安排

对项目进度管理就是在规定的时间内，制订出合理的进度计划，然后在该计划的执行过程中，检查实际进度是否与计划一致，若出现偏差，便要及时查找原因，采取必要的措施。如有必要，还要调整原进度计划，从而保证项目按时完成。慈善项目的进度管理又称为时间管理，即采用科学的方法编制进度计划和资源供应计划，进行进度控制，在与质量、费用目标协调的基础上实现项目目标。进度管理的主要目标是在给定的限制条件下，用最短时间、最低成本，以最小风险完成项目工作。

上海真爱梦想公益基金会对项目的进度安排管理经验值得借鉴。该基金会的核心公益产品——"梦想中心"是一个集网络、多媒体、图书和课堂于一体的，设计独特的、分布在各个偏远地区学校中的标准化教室。为了应对分布在如此广泛区域中众多网点建设的工作,基金会需要依托高度标准化的建设流程——所有的学校现在只需要在互联网下载申请表,按表格要求提供一间现成教室的平面图和三个指定角度的照片,基金会会按照标准模板生成设计图,而后,物流仓库准备相应货物运到各学校。学校接收后,按照基金会提供的标准施工手册,自费找寻一支施工队,用 DIY 的方式完成组装工作。根据以往"梦想中心"建设反馈的情况,最快一周即可建成一个"梦想中心"。

1. 慈善项目进度安排相关内容

为了保证项目能按时完成,要根据工作分解结构对项目所有活动进行分解,列出活动清单。工作分解着眼于工作成果,而活动分解是对完成工作所必须进行的活动进行分解,使之变成易执行、易检查的活动,有具体期限和明确的资源需求。在进度管理中,另一个很重要的内容是确定活动的顺序关系,只有明确了活动之间的各种关系,才能更好地对项目进行时间安排。

(1)项目活动。项目活动是指为完成项目而必须进行的具体工作。在项目管理中,活动范围可大可小,一般应根据项目具体情况和管理的需要来确定。项目活动是编制进度计划、分析进度状况和控制进度的基本工作包。

(2)项目进度。进度是指活动或工作进行的速度。确定项目进度是指根据已批准或签订的项目协议或合同,将项目的执行进度做进一步的具体安排。进度是针对执行的活动和关键性节点而制订的工作计划日期表,也是跟踪项目进展状态的依据。

(3)项目活动顺序关系。为了进一步制订切实可行的进度计划,必须对项目活动(任务)进行适当的顺序安排。项目各项活动之间存在相互联系与相互依赖的关系(如图 5-4 所示)。

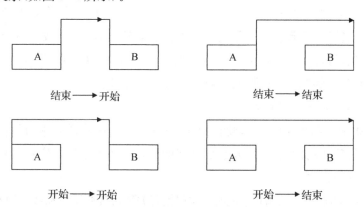

图 5-4 项目活动之间相互依赖的关系

图 5-4 中,左上"结束→开始",表示 A 活动结束的时候 B 活动开始;左下"开始→开始",表示 A 活动开始的时候 B 活动也开始;右上"结束→结束",表示 A 活动结束的时候 B 活动也结束;右下"开始→结束",表示 A 活动开始的时候 B 活动结束。

(4) 项目活动依赖关系。在确定活动之间的依赖关系时,需要必要的专业知识,因为有些强制性的依赖关系(或称硬逻辑关系)是来源于专业知识领域的基本规律。一般来说,决定活动之间关系的依据有以下几种:

① 强制性依赖关系。强制性依赖关系是工作任务中固有的依赖关系,是一种不可违背的逻辑关系。它是由客观规律和物质条件的限制造成的,有时也称为内在的相关性。例如,物资采购要在发放之前。

② 软逻辑关系。软逻辑关系是由项目管理人员确定的项目活动之间的关系,是人为的、主观的,是一种根据主观意志去调整和确定的项目活动的关系,也可称为指定性相关或偏好相关。例如,安排计划时,是先在 A 社区开展服务,还是同时在 A 和 D 两个社区开展服务,可以由项目管理者根据资源、进度来确定。

③ 外部依赖关系。外部依赖关系是项目活动与非项目活动之间的依赖关系。例如,开展驻校社工服务需要取得学校对此事的支持与认可。

(5) 里程碑。项目中的重大事件或节点,通常指一个可以交付完成的成果。例如,某慈善组织资助农民种植经济茶树作物,第一批作物产出即可视为一个里程碑。

2. 慈善项目进度计划编制

慈善项目进度计划编制是分析活动顺序、持续时间、资源需求和进度制约因素,创建项目进度模型的过程。慈善项目进度计划是慈善项目管理计划中最为重要的计划之一,这种计划的编制需要反复地试算和综合平衡,因为它涉及的影响因素很多,而且它的计划安排会直接影响到项目总体计划和其他管理计划。制订项目进度计划时,需要项目主要利益相关方、项目组织的主要负责人参与,明确各自的职责,安排项目活动相应的时间进度。

(1) 制订活动计划的依据

① 项目网络图和项目活动所需时间估计。项目网络图是项目活动排序得到的项目各项活动的内容,以及它们之间的逻辑关系示意图。它们是项目时间计划制订的依据之一。

② 项目的资源要求和共享说明。这包括有关项目资源质量和数量的具体要求

及各项目活动以何种形式与项目其他活动共享何种资源的说明。对进度编制而言，需要什么资源、有什么资源、在什么时候、以何种方法可供利用是必须知道的。安排共享的资源也许是特别困难的一件事，因为这些资源的可利用性是高度可变的。

③ 资源日历表。资源日历表确定了可用于工作的日期。项目日历表对所有资源有影响。例如，一些项目仅在法定的工作时间内进行，而有的项目可一日三班安排工作。各种资源日历表对特定的资源有影响。又如，项目团队的成员可能正在放假接受培训，某一劳动合同可能限定一周的工作天数。

④ 约束条件和假设。在制订项目进度计划时，有两类主要的约束条件必须考虑：强制的时间（服务对象或其他外部因素要求的特定时间）、关键时间或主要的里程碑（服务对象或资助方要求的项目关键时间或项目计划中的里程碑）。

⑤ 超前与滞后。为了精确说明活动间的相互关系，有些逻辑关系可能需考虑超前和滞后的时间。

（2）制订活动进度计划的方法

不同类型的进度计划，采用的编制方法也有所不同。主要包括如下方法：

① 系统分析法。在不考虑资源和其他约束条件的情况下，通过计算所有项目的最早开始时间和最晚结束时间等方法，可以计算出项目的时间，以此来安排进度计划。编制进度的基本方法有关键日期表、甘特图、CPM 和 PERT 等方法。

② 资源水平法。使用系统分析法制订项目时间计划的前提是项目的资源充足，但是，在实际中多数项目都存在资源限制，因此，有时需要使用资源水平法去编制项目计划。这种方法的基本指导思想是将稀缺资源优先分配给关键路线上的项目活动。这种方法制订出的项目计划常常比使用系统分析法编制的项目计划要长，但是更经济和实用。

具体采用哪种进度方法需要综合考虑以下因素：a. 项目规模的大小。小项目适合采用简单的进度计划方法，大项目一般要用较为复杂的进度计划方法。b. 项目的复杂程度。需要很复杂的步骤和很多专家参与的项目，就需要复杂的进度计划方法。c. 时间要求。紧急的项目（如救灾活动）要求用最好的方法、最快的速度来进行。

5.3.3 项目成本控制

1. 项目成本控制的定义

慈善项目所有活动的开展都离不开资金支持。项目成本控制是降低项费用必需的管理工作。任何一个项目都是由若干个项目活动组成的,所以,项目成本控制必须从控制项目各个工作包或项目活动开始,通过减少和消除其中的无效活动,改进其中的低效活动,最后达到控制资源浪费情况发生并使项目资源得到更合理利用的目的。

项目成本控制是按照项目成本预算过程所确定的成本预算基准计划,运用多种恰当的方法对项目实施过程中所消耗费用的使用情况进行管理控制,以确保项目的实际成本限定在项目成本预算所规定的范围内的过程。项目成本控制的主要目的是对造成实际成本与基准计划发生偏差的因素施加影响,保证其向有利的方向发展。同时,对与成本基准计划已经发生偏差和正在发生偏差的各项成本进行管理,以保证项目顺利进行。一般而言,项目成本控制主要包括如下内容:①检查成本执行情况,监控成本执行绩效;②发现实际成本与计划成本的偏差;③确保所有正确的、合理的、已经核准的变更都包括在项目成本基准计划中,并把变更后的项目成本基准计划通知相关人员(如资助方等);④分析成本绩效,从而确定是否需要采取纠正措施,并且决定要采取哪些有效的纠正措施。

项目成本控制的过程必须和项目的其他控制过程(例如,项目范围变更控制、计划进度变更控制和项目质量控制等)紧密结合,防止因单纯控制成本而出现项目范围、进度、质量等方面的问题。

2. 慈善项目成本控制方法

成本控制的关键是及时分析成本执行绩效,及早发现成本无效和出现偏差的原因,以便在项目成本失控前能够及时采取纠正措施。项目成本控制措施主要包括:

(1) 项目成本变更控制系统。虽然项目原成本计划指标是成本控制的依据,但在项目的实际实施中会对原计划进行修改,所以项目成本的状态一直都在不断地更新,需要不断地进行跟踪。项目成本变更控制系统是一种通过建立项目变动控制体系对项目成本进行控制的方法,包括从变更申请到批准变更,一直到最终变更项目成本预算的整个变更控制过程。2011年4月2日,邓飞联合500名记者、国内数十家主流媒体和中国社会福利基金会发起免费午餐公募计划,倡导每天捐赠3元为乡村学童提供热腾腾的免费午餐。随着各地物价持续上涨,3元的餐标已无法满足项目学校学生的用餐需求。为确保持续为中国乡村贫困地区学童提供营养健康的午餐,经免费午餐基金管理委员会批准,并报备中国社会福利基金会,于 2015 年 9 月 1 日起,免费午餐项目学校的午餐标准调整为 4 元。

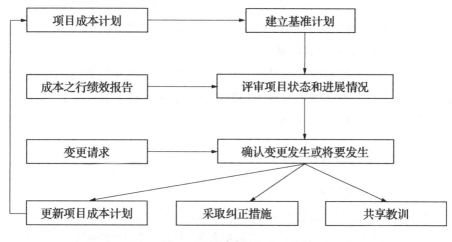

图 5-5　项目成本变更系统

(2) 项目成本绩效审查法。项目成本控制的关键是及时分析项目成本状况,尽早发现项目成本差异,争取在情况变坏之前采取措施予以纠正。项目成本绩效测量就是结合项目的实际完成工作量,分析正在进行的项目的成本效率,为成本控制措施的选取提供依据。绩效审查通常举行会议来审查与评估计划活动或工作包的成本状态和绩效以及成本绩效随时间的变化情况。绩效审查一般与偏差分析、趋势分析结合使用。偏差分析就是分析成本偏差、进度偏差和完成工作偏差的原因和影响,然后分析偏离成本基准的原因和程度,以确定是否采取纠正或预防措施。需要说明的是,项目开始时可允许较大的偏差,之后随着项目逐渐接近完成,偏差需不断缩小。趋势分析就是通过审查项目绩效随时间的变化情况,将发展趋势与未来项目目标进行比较,以利于决策采取何种措施。

偏差分析是在某个时间点看目标值与实际值的差值;趋势分析是统计不同时期表现,估计发展趋势。例如,某项目计划今天完成 10 个活动,实际完成 15 个活动。偏差分析的结果是多了 5 个活动;如果做趋势分析,则需统计昨天、前天、大前天分别完成了多少活动,假定分别为 10 个、8 个、5 个,则趋势分析是工作增长。只看当天结果是无法做趋势分析的。

(3) 附加计划法。现实中,很少有项目是按照原定计划完成的。所以在制订计划时,可以提前将可能发生的变化考虑进去。附加计划就是通过新增或修订原有计划来对项目的成本进行有效的控制。这样就能成功地避免当突然遭遇意外情况时,项目管理者无力应付而使项目成本失控的情况。所以,制订附加计划法是未雨绸缪、防患于未然的项目成本控制方法之一。

3. 慈善项目成本控制成果

开展项目成本控制的直接结果是项目成本的节约和项目效益的提高。间接结果是生成了一系列的项目成本控制文件。这些文件主要有项目成本估算的更新文件、项目预算的更新文件、项目活动改进的文件等。

5.3.4　项目质量控制

1. 质量控制的定义

美国质量学会关于质量的定义是:"质量是一个产品或服务的特色和品质的总和,这些品质特色将影响产品去满足各种明显的或隐含的需要的能力。"对慈善项目而言,质量包括两个基本方面:项目质量(又称结果质量)和过程质量。由于项目质量涉及的是服务对象最终可以看到或感受到的内容,故容易感知且评价比较客观。过程质量则是指慈善组织如何提供服务、产品以及服务对象是如何得到服务的过程,包括服务的程序、方法、内容、方式等。过程质量具有无形的特点,因此难以做出客观的评价。在对慈善项目的质量评估中,服务对象的主观感受仍占据主导地位。

质量控制是为达到质量要求所采取的技术措施和活动。这就是说,质量控制是为了通过监视质量形成过程,消除质量所有阶段引起不合格或不满意效果的因素,以达到质量要求,而采用的各种技术措施和活动。项目质量控制的主要内容包括项目质量实际情况的度量,项目质量实际与项目质量标准的比较,项目质量误差与问题的确认,项目质量问题的原因分析和采取纠偏措施以消除项目质量差距与问题等。

2. 慈善项目质量控制的方法

质量控制可以采用程序手册、服务流程图等方法。程序手册是一种标准控制文件,上面几乎记录了执行每一步工作的具体程序和系统。这种具体程序和系统是在对服务对象研究的基础上,从服务对象的观点出发确定的"关键成功要素"中得出的。服务流程图是一个帮助机构管理人员了解服务过程、控制服务过程的工具,又可以被称为服务图(在描绘服务过程当前状态时)或服务蓝图

(在设计一个新的或已修正的程序以及描述服务该如何运作时)。通常,服务流程图中不仅描绘服务对象从进入服务营运系统到离开系统所经历的一系列活动,而且会给出他们经历的每一项活动中所涉及的机构的支持活动。

3. 慈善项目质量控制的流程

质量控制首先要明确质量控制目标;其次,根据慈善项目管理活动,编写一张构成所有活动的清单;再次,选用合适的质量控制方法,确定控制的关键点和责任人;最后,根据项目开展情况进行动态质量控制和检查。由中国扶贫基金会发起成立的善品公社项目以合作社作为组织载体支持农户合作,通过农户生产优质农产品,并统一对接消费者和市场,促进上游生产者(即农户)和终端消费者的链接,助农增收,并为消费者提供优质产品。善品公社基于大量一线调研,创新设计了一套涵盖标准、机制在内的品控管理体系和生产技术规程。项目根据农村熟人社会的特点,制定诚信关联的制度,以保证善品公社产品的安全和高质量。

4. 慈善项目质量控制的产出

质量控制的产出包括:质量控制测量结果,即对质量控制活动的书面记录;核实的可交付成果,即可以作为项目最终交付物的产出;工作绩效信息,即利用在各控制过程中收集的资料,结合相关背景和领域整合分析而得到的绩效数据。

专栏 5-1

上海老年人住房适老性改造项目

● **项目背景**:上海是全国最早进入老龄化社会的城市。2010 年,上海 60 岁以上老年人口有 331 万人,占户籍人口的 23.4%。其中,70 岁以上老年人口 164 万人,占户籍人口 11.6%。大多数老年人居住在老式小区里。这些老式小区已有二三十年历史,缺乏相关楼内及室内的无障碍设施,尤其是室内不合理设计和设施老化给安全带来隐患,例如无防滑地板、电气线路老化等。上海一个老年用房中心 2008 年在黄浦区一个小区做的调研显示,有 46.6% 的受访老人需要安装无障碍通道,56.9% 的受访老人需要安装防滑地板,43.1% 的受访老人需要增设扶手。对住房进行适老性改造需要资金,一些老年人因收入低缺乏住房改造资金。2010 年,致力于让世界上每一个人都拥有安全、合适、能负担的居所的国际性非营利组织"仁人家园"的团队来上海开展项目。经过调研,在得到上海市民政局的支持后,"仁人家园"决定与上海市老年基金会合作实施上海老年人住房适老性改造项目。

● **项目方案：**

（1）项目目标：在2011年改造50户困难老人家庭住房。

（2）项目内容：对老人住房进行无障碍改造、安全性改造和修缮性改造。无障碍改造主要包括：平整地面;在卫生间铺设防滑地砖,安装安全扶手;调整厨房操作台高度等。安全性改造主要包括：更换老化的电气线路,更换老化的热水器、煤气灶、水管和煤气管等设备,更换损坏的门锁。修缮性改造主要包括：安装节能灯,粉刷居室墙面,油漆门窗,铺设复合地板,添置简易实用的储物柜等。

（3）项目实施计划：一是明确了项目的8个工作单元。制定受助家庭标准(70岁以上独居老人、低保家庭、居住条件差、愿意合作)和受助家庭遴选办法,与受助家庭签订协议书,制定改造标准和装修方案,采购装修材料,选择装修公司,招募志愿者,为受助家庭成员安排临时居住点,装修房屋等。二是制定了工作进度。

（4）项目团队：由"仁人家园"上海代表处工作人员和上海市老年基金会工作人员组成。

（5）项目预算：项目当年预算为100万元,每户改造装修费用为2万元。资金来自"仁人家园"的捐赠资金。

● **项目实施和项目成效：**

在项目实施过程中,"仁人家园"团队与上海市老年基金会团队密切合作,认真开展各项工作。项目团队动员了12家企业参与项目,发动组织了600多名志愿者为项目提供志愿服务。经过项目团队的努力,项目取得良好的成效：一是项目完成了对50户低收入老年人住房的适老性改造,改善了这些老年人的居住状况。许多受助家庭自发向项目团队献上锦旗。二是探索出了老年人住房适老性改造的标准。三是总结出了可复制、可推广的适老性住房改造项目运作模式。四是项目的效率较高,每个老年人住房改造装修费用仅为2万元。五是项目具有良好的社会影响力,4家电视台、8个平面媒体对项目进行了深度报道。

上海老年人住房适老性改造项目用创新的行动满足了弱势群体改善居住条件的需求,项目的成功推动了政府相关政策的出台。2011年底,对试点项目进行评估后,上海市政府将老年人住房适老性改造列入市政府实事项目,每年为一定数量的困难老年人家庭提供住房适老性改造,所需资金由市社会福利彩票公益金支持。

2020年7月10日,民政部、国家发展改革委等九个部门发布《关于加快实施老年人居家适老化改造工程的指导意见》,提出实施老年人居家适老化改造工程对构建居家社区机构相协调、医养康养相结合的养老服务体系具有重要意义。要求采取政府补贴等方式,对特殊困难老年人家庭实施居家适老化改造,有条件的地方可将改造对象范围扩大到城乡低保对象中的高龄、失能、残疾老年人家庭等。

5.4 慈善项目收尾与评估

5.4.1 慈善项目收尾

项目收尾是以正式结束项目或合同责任而实施的一组活动,包含为结束所有慈善项目管理过程而进行的所有活动。当这一过程完成,就表明为完成某一项目或项目阶段所需的所有活动均已完成,并正式确认项目或项目阶段已经结束。项目收尾可分为四种类型:项目结束、项目延期、项目扩大和项目重新设计。项目收尾中包括大量的文档化工作,涉及行政收尾、更新合同记录、反映最后的结果、资料存档等。项目收尾对于总结经验、吸取教训、提升项目团队能力有重要意义。

根据美国项目管理协会的定义,项目收尾可以分为两部分:一部分是合同收尾,另一部分是管理收尾。合同收尾就是与客户一起对合同进行核对,查看是否符合合同的具体要求,项目验收成果是否令人满意。管理收尾是指对项目验收成果进行验证和归档。这两个基本部分又可以进一步细分为以下几个基本步骤(如图5-6所示):

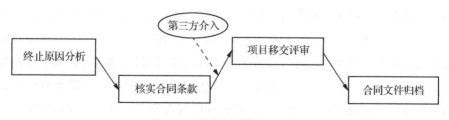

图5-6 项目收尾基本流程图

1. 项目终止原因分析

项目终止并非意味着项目不成功。项目终止有很多复杂的原因,这些原因大体上可以分为三类:资助方希望终止、执行方希望终止以及不可抗力迫使项目不得不终止。这时就需要找出原因。因此在项目收尾工作中,需要我们从合同中找出这些项目终止的部分原因。资助方和执行方希望终止的原因大体相同,分为以下几种:一是发现了更好的项目,新项目对问题的解决或资源的投入都优于该项目,不得不终止该项目以减少资源损耗。对于这种情况,另一方可以要求终止方适当给予补偿,例如,给予赔偿金或签订其他项目作为弥补。二是一方资金预算调整或内部人事变动等因素不得不终止项目。在这种情况下,虽然可以根据合同约定赔偿,但在对方实在无力赔偿的情况下,双方一般通过协商解决。三是项目延期、质量不合格等问题导致资助方要求终止项目。在此情况下,执行方将承担相应责任。四是双方之外的不可抗力等客观原因终止项目。诸如政策变化、自然灾害等造成项目不得不终止。这种情况往往会造成双方利益受损,通常会在合同中约定免责条款。

2. 核实合同条款

进一步排查在慈善项目执行过程中合同条例的兑现程度,确定该慈善项目所带来的社会效应是否达到预期。

3. 项目移交评审

这一环节也往往被称为合同收尾,目的是获得资助方对项目可交付物的验收。最好的方法是召开一次移交评审会。会议的一项重要内容是项目经理需要做出项目执行陈述,比较项目最终可交付成果与项目合同文件要求的偏差。在许多情况下,由于项目自身的专业性有限,资助方会要求聘请外部专家进行评审。项目移交评审可能得到如下结果:一是通过评审。即资助方代表同意项目符合验收标准,并且资助方取得可交付产品及支持材料的所有权。二是有条件通过评审。即资助方代表同意接受项目的结果,但必须先完成指定的纠正措施。三是未通过评审。即项目产品没有达到验收标准,需要进行其他工作。项目团队应安排执行已确定纠正措施的时间,并重新提交修订后的项目可交付物进行后续验收。在有条件通过的情况下,后续验收只需要确认已经完成指定的纠正措施。如果未通过评审,可能往往要重新执行整个项目。除非有特别说明,收回尾款是项目经理的责任。项目经理应要求资助方落实在项目成果移交过程中的责任,并确保资助方尾款的顺利支付。

4. 保存项目文档

保存项目相关文档是为了给未来项目的设计、计划、估算和管理积累经验，并应对后续的评估和审查。不同的慈善组织对项目文档的具体要求不同，但一般应包括以下内容：项目日志、项目计划、项目往来函件、项目会议记录、项目进展报告、合同文档、技术文件和其他文件等。例如，香港乐施会在项目手册中规定，需要存档的合同文件包括：①项目建议书（项目概述和评审文件）；②批准备忘（批准通知书）；③项目协议书；④顾问或志愿者合同；⑤已经支付的项目拨款申请表（含汇票复印）；⑥合作伙伴收到拨款后出具的收据或发票的复印件；⑦项目调整报告和批复。

慈善组织应该建立保存和维护这些项目数据的计算机信息系统，以便在需要时可以迅速检索和查找。在英国、美国、新加坡等国家，慈善项目的年度报告等文件保存时间为7年，超过这个时间才进行销毁。

5. 妥善安置项目团队成员

不少慈善组织存在借助项目"养"人的状况，项目收尾往往意味着有些员工暂时结束手里的任务，有的甚至还可能会失去工作，这些项目组成员往往会感到失落。为此，机构负责人或项目经理应该在项目收尾之前，结合团队成员的能力和优势提前申请新的项目或解散原有项目团队成员、转入新的项目团队。有条件的话，还可以就成功的项目召开庆功会，给予团队成员纪念章、证书或物质奖励等激励。只有在妥善地处理了上述问题以后，才能宣布项目结束。

5.4.2 慈善项目评估

1. 项目评估的定义

彼得·罗西（Peter Rossi）等在其著作《评估：方法与技术》一书中提出："项目评估就是采用社会研究的程序，在一定的政治与组织环境下，系统地调查旨在改善社会环境和条件的社会干预项目的绩效。"①慈善项目评估是指运用科学的方法对慈善项目的绩效进行客观、公正、准确的评判。慈善项目评估是检验项目成效和资金使用情况的重要措施，也是促进慈善组织规范化运作的重要手段。

2. 慈善项目评估的目的

（1）通过评估了解项目开展的进程。对于资助者来说，这十分重要。一般

---

① 罗西,李普希,弗里曼.评估:方法与技术[M].7版.邱泽奇,王旭辉,刘月,译.重庆:重庆大学出版社,2007:12.

而言,资助者比较关注项目的执行情况与原来的计划是否一致,是否达到了预期的目标。

(2) 通过评估寻找项目的经验和存在的问题。对于项目管理者来说,这一点尤其重要。在项目的规划阶段,项目评估能够帮助其明确目标和受益对象;在项目的执行阶段,项目评估能够帮助其梳理项目的逻辑,指导项目人员采取更为有效的实施计划;在项目结束阶段,项目评估能够帮助其总结经验教训,为将来项目的开展提供重要参考。

(3) 通过评估探讨项目本身的可复制性,为组织今后的工作计划和政府政策制定提供信息。

(4) 通过评估可以对利益相关者负责,能够确保社会问题得到解决、弱势群体得到项目承诺的服务,进而推动社会和谐和进步。

(5) 通过评估可以提升慈善组织的社会公信力。慈善项目的资源来自捐赠者和政府购买服务,不少慈善项目还享受了税费优惠政策和其他政策优惠。因此,慈善组织有责任向捐赠者、政府以及其他利益相关者报告资源的使用效果。通过客观公正的项目评估以及基于评估的问责交代,有助于提升慈善组织的社会公信力。

3. 慈善项目评估的步骤

(1) 确定项目评估人员。慈善项目评估包括自评估和外部评估,自评估类似于项目收尾阶段的项目工作总结,外部评估则显得较为正式,通常需要聘请第三方专业评估团队完成。一般而言,项目评估人员至少应包括项目的预期受益人、服务提供者和观察者三类角色。这些不同评估人员能够通过提供不同的信息来源形成多源验证(如表5-2所示):

表5-2 项目评估人员

信息来源		优势	弱点
项目的预期受益人	个体参与者	能够提供项目运营的信息,拥有独有的对项目的反映的信息,能够说明绩效的变化	对项目而言不是专家,见到改善时会产生偏见,顾虑项目提供方的感受
	社区居民	拥有独立的关于项目对社区影响的信息,可能倾向于不报告改进的信息	对项目而言不是专家,可能意识不到项目的存在

(续表)

信息来源		优势	弱点
服务提供者	项目成员	能够提供项目运营的信息	可能会倾向于展示项目合意的一面
	项目记录者	独有的描述项目和参与者的信息	可能会倾向于展示项目合意的一面，有时会造假来支持项目
观察者	专家观察者	熟悉项目，可能没有支持项目的偏见倾向	拜访专家会很简略，观察者会被误导
	受过培训的观察者	能够关注特定的感兴趣的变量，可能不会有偏见	培训与维护项目现场的费用昂贵
	重要的其他人员	能够很好观察参与人日常行为，能够提供目标信息，可能不会有偏见	见到改善时会产生偏见，在数据搜集方面花费昂贵

（2）确定评估指标。组建评估团队之后，团队成员需要结合项目合同中约定的承诺行动和项目目标对评估内容及框架进行讨论，商讨慈善项目究竟应该选择哪些合适的评估指标。由于慈善项目的内容千差万别，慈善项目评估的指标往往也不一致，需要结合具体问题具体分析。评估指标的设定要符合SMART的原则，应是具体的、可测量的、能够响应需求的、符合实际情况的，且有一定的时限性。

（3）开展调查活动。为了获得全面和真实的数据资料，评估团队必须开展调查活动，资料调查、访谈、问卷调查、实地观察等是常用的调查方法。

（4）收集和整理数据。在调查过程中，评估团队同时也在收集和整理数据资料。团队成员需通过对收集的数据进行归类处理，保证调查数据的完整性和有效性。

（5）资料和数据分析。调查结束后，评估团队对收集的资料进行分析，分析既可以采用定性分析方法，也可以采用定量分析方法，还可以采取两者相结合的方式进行。

（6）撰写评估报告。评估团队在专家的指导和建议下，将资料和数据的分析结果撰写成详细的书面报告。

（7）沟通。评估团队将撰写的项目评估报告与组织负责人及项目团队进行沟通,了解组织负责人及项目团队的看法和意见。在这一环节,慈善组织及项目团队通常会对项目评估结果存在一些异议,双方需要进行协商和讨论。

(8) 反馈。向资助方报告项目评估结果。资助方通过讨论研究项目评估报告,决定是否继续进行或支持该慈善项目。面向公众筹款的慈善项目还要将项目评估报告向社会公布。

4. 慈善项目评估的内容

(1) 项目需求评估。需求评估既可在项目的策划和设计阶段进行,也可在项目结束之后进行。下面以社区女性需求为例,阐述如何进行需求评估。表5-3汇总了根据社区女性不同的需求提供相应服务项目的状况。

表5-3 社区女性需求评估

服务大类	服务分支	服务对象(女性)	服务内容
婚姻家庭	青年交友	未婚女性	通过举办丰富多彩的活动,为未婚女性搭建交友平台
	反家暴	已婚女性	开展家庭暴力干预,维权联盟建设,提供法律帮助和指导,提高维权意识
	亲子教育	已婚、生子女性	开展亲子阅读、艺术、儿童安全、心理健康等教育活动,提供亲子教育指导,促进家庭亲子关系和谐发展
	特殊家庭关爱	单亲家庭、低收入家庭、危机家庭的女性	关爱特殊家庭女性,提供子女助学、心理辅导等服务,促进其身心健康
技能培训	素质能力提升	白领女性等	搭建O2O服务平台,满足白领女性的发展需求,提升综合素养等
	健康保健	各年龄段女性	开展保健教育,提高保健意识,预防和及时治疗疾病
陪护	重症康复	重症妇女	组织康复指导活动,提供心理辅导等服务,增强患者信心
	特殊型关爱	女性独居老人、智力障碍女性、老年失能女性等	提供生活照料、心理辅导、健康维护等服务,促进其身心健康

需求评估是用社会研究方法回答项目运作所需的社会条件以及项目需求程度等问题，用来确定项目的必要性。评估者需要具体考虑的问题如下：

① 问题的本质与范围是什么？

② 需求人群的特征是什么？

③ 人群的需求是什么？

④ 需要什么样的服务？

⑤ 所需服务的规模多大？在什么时候需要？

⑥ 为了将服务提供给人群，应该安排怎样的渠道？

(2) 项目理论评估。项目理论是描述项目产生预期社会收益，以及为此需采取的策略和行动之间关系的一系列假设。项目理论细致地描述了项目资源、项目活动和项目结果之间的逻辑联系，揭示了项目所设想的运作过程，以及项目如何得到预期结果。

项目理论的评估内容既包括项目理论研究假设的论证，同时也要兼顾项目实施的过程以及相应的结果。传统的评估研究主要关注基线评估以及末线评估，却忽略了项目运行过程中的需求、设计、过程，并没有把项目进行过程中的"黑箱"打开。因此，项目理论评估在评估研究中能够体现一定的综合性。而且，项目理论评估更强调应用导向，注重对项目目标内在机理的提炼和论证，这些研究成果对于以后开展的项目具有指导作用。

我们用青少年参加帮派并犯罪的例子来进一步了解何为项目的逻辑和相关的理论假设。例如，青少年参加城市帮派并实施犯罪的原因，有研究认为参与其中的青少年仅仅是为了寻求一个替代性的家庭；有研究认为是犯罪行为的成果的吸引；还有研究认为青少年参加帮派只不过是认为一个帮派会提供保护，免于其他帮派的威胁。这些不同的理论假设会建议使用不同的方法让青少年远离帮派。

(3) 项目过程评估。项目过程评估就是对项目的过程、活动和项目的实施状况进行评估，回答项目的实施以及服务送达等问题。开展对项目实施过程的评估，确保项目各项活动严格遵循计划开展是提升项目实施效果、实现项目目标的重要保证。在此过程中需要考虑的问题是：

① 项目在实施过程中做了哪些方面的工作？项目计划或方案要求的服务是否完成？项目在执行过程中面临哪些问题？项目在进行中是否有所改变？

② 项目的服务对象是什么人？项目的实际服务对象是否就是项目方案计划中的对象？怎么招募目标对象？目标对象在接受服务的过程中面临的困难

和问题是什么?

③ 员工的构成如何?员工的工作效率有多高?相关的工作职责如何?员工的工作满意度如何?

④ 项目的成本和费用有哪些?有哪些人力、财力、物力资源被提供以及被使用?这些提供的资源对于项目本身是否充足?资助方面有什么变化?

项目过程评估需要获取相关资料。首先,需要寻找项目既有的档案资料,例如实施计划(服务对象的信息、员工的信息、项目活动的具体内容等)、项目执行记录(员工会议记录、程序和培训手册、与项目有关的内部备忘录等)、项目财务收支凭证以及项目总结材料等(包括各类总结报告、服务对象反馈数据)。其次,可以通过座谈、走访、实地观察等手段获得相关资料。

(4) 项目结果评估。项目结果评估要观察项目是否实现了预期的项目目标,受益人对项目提供的服务是否满意,项目对社会环境的干预是否产生了影响,以及项目结果中是否包含意想不到的效果。和过程评估不同,结果评估更注重项目的效果。在结果评估中需要回答的问题如下:

① 项目所需要达到的目标和目的是否已经达到?

② 服务对象是否受到有利的影响?服务对象对项目提供的服务是否满意?

③ 服务对象是否受到负面的影响?

④ 项目服务对某些参与者的影响是否比对其他人的要大?

⑤ 项目企图改善的问题或情况是否有所改善?

适合结果评估的方法有资料调查、问卷调查、访谈、实地观察等。此外,还可运用社会准实验的方式进行调查,通过比较干预组和对照组进行结果评估。对一些较为简单的慈善项目,可以应用社区影响图表迅速获得对某一慈善项目的直观评估结果(如表5-4所示)。

表5-4 社区影响图表

投入	活动	产出	结果	影响
您在生产产品或提供服务以及为社会环境或经济发展做出贡献时所需的资源,例如:时间、经费、员工等	您所做的对人、社区或环境有影响的事情,例如:向人们提供产品、服务等	直接的结果和受益对象,例如:可计算的产品数量、服务人数等	项目带来的长期的变化,例如:对当地社区、人群或自然环境的意义及影响等	项目对更加广泛的外部世界所产生的影响,例如:社区经济复兴,社区信任和社会包容机制建立

在进行项目结果评估过程中,可以利用调查工具表,帮助理清调查思路,提高工作效率。表 5-5 为供参考的调查表范例。

表 5-5 调查表范例(结果评估部分)

	调查项目	调查项目(小项目)	调查方法	调查资料
评估要求:结果评估	1-1 项目目标是否达成?	1-1-1 将 A 地区的中学入学率提高到 90%	按照教育统计信息来分析至今为止的情况	政府发布的统计资料
		1-1-2 将 A 地区的毕业入学比提高到 0.9	按照教育统计信息来分析至今为止的情况	政府发布的统计结果
	1-2 目标达成与 J 项目支援活动是否有关?贡献程度如何?	1-2-1 J 机构对于毕业率的贡献有多大?	对各中学的毕业率和 J 机构支援进行回归分析	各种学校的被支援的相关信息
		1-2-2 特别有效以及特别无效的活动分别是哪个?	采访相关人士	相关人士的信息以及联系方式
			用有效性原因问卷进行问卷调查	调查问卷
		1-2-3 J 机构以外的支援活动的贡献度如何?	分析 M 机构教育行政改善评价报告上的影响情况	M 机构项目评价报告书
			对相关者进行问卷调查或者采访,探究是否有其他影响中学毕业率的事项	调查问卷,采访问题,采访者清单以及联系方式

项目结果评估会受到外部干扰因素的影响,外部干扰因素会掩盖或增强项目效果。为了评估项目真实有效,评估者一定要认识到评估的潜在干扰因素,并设法消除或校正其影响。

(5)项目效率评估。项目效率评估一般在过程评估和结果评估的基础上开展。在项目已经顺利实施并实现预期目标的情况下,需要考虑项目的效率问题。效率评估有成本收益分析和成本绩效分析两种方法。成本收益分析中,项目的产出是用货币形式表示的。例如,清华大学 NGO 研究所 2002 年对"幸福工程——救助贫困母亲行动"6 个项目点的成本收益情况进行评估。评估发现,"幸福工程"项目每资助 1 元,受助母亲最近一年的平均收益是

1.74元,净收益是 0.74 元①。成本绩效分析与成本收益分析不同。成本绩效分析中,项目的成本依然用货币形式表示,产出则用实质性的效果来表示,即用项目产出本身的单元来表示。例如,为乡村小学建造面积不低于 50 m², 配置 8 台电脑、1 000 册图书的多媒体教室的项目,其成本绩效分析表达形式为:每 100 万元成本能够建造多少间多媒体教室。因此,成本绩效分析重点考虑的是在一定货币成本下项目取得的绩效。在很多情况下,评估社会服务项目,成本绩效分析比成本收益分析更合适。采用成本绩效分析方法,可以将项目每单位产出所消耗的成本与其他致力于相同目标的项目进行比较,在比较中分析项目的相对效率。成本绩效分析方法需要考虑的问题如下:

① 项目中的成本与绩效是怎样的?

② 与其他致力于相同目标的项目相比,项目每单位产出所消耗的成本是否合理?

③ 项目可获得的资源是否被充分利用?

5. 慈善项目评估的产出

项目评估的产出最为常见的是书面的评估报告,评估报告的编制包括起草、反馈和完稿等环节。以下为供参考的评估报告大纲。

评估报告大纲

1. 目录
2. 项目的概要
2-1 项目实施的主体以及历史背景
2-2 项目拟解决的具体问题
2-3 项目活动概要
　2-3-1 项目活动的方针、目标
　2-3-2 项目开展的活动:时间、地点、内容
　2-3-3 项目的资金来源
2-4 项目实施背景
2-5 项目工作人员
2-6 项目参加者
　2-6-1 参加者的人数以及属性
　2-6-2 参加者招募方法
　2-6-3 中途退出的状况

---

① 邓国胜.公益项目评估:以"幸福工程"为案例[M].北京:社会科学文献出版社,2003:44.

3. 项目评估的概要
3-1 评估的实施背景
3-2 评估的目的
3-3 评估的具体问题
4. 评估方法以及实施过程
4-1 评估形式
4-2 评估设计
4-3 收集数据的方法以及数据的种类
5. 评估结果
5-1 基于数据的主要报告结果(包括图表)
5-2 基于评估问题对报告结果的解释
6. 讨论
6-1 项目决策等方面的建议
6-2 评估之后的未来的工作方向
6-3 评估的弱点和限制
7. 参考文献
附录(A.项目实施相关的资料信息,B.相关数据的表格,C.评价指标,D.解析的详细信息)

专栏 5-2

"梦想工程"项目评估

"梦想工程"是陕西省神木县民生慈善基金会 2013 年实施的慈善项目,旨在通过建设多媒体教室、开展梦想课程教学推进素质教育,首批项目在 7 所中小学实施。2014 年,该基金会委托陕西德祥企业管理咨询有限公司对项目进行评估。项目评估团队随机抽取了参与项目的 380 人(其中老师 60 人、学生 320 人)和部分基金会工作人员作为调查对象,运用问卷调查、小组座谈、资料调查等方法对项目进行了评估。评估发现:在项目产出方面,项目为每个参与项目的学校建设了 1 间配备 8 台电脑、1 000 余册图书的"梦想教室",开展了"梦想课程"的教学活动,实现了预期的计划;在项目成效方面,有 90.9% 的被调查学生对"梦想工程"项目的实施"非常满意";在解决社会问题方面,"梦想工程"改变了老师的教学理念和教学方法,提升了学生学习的主观能动性,为素质教育改革做出了一定贡献;在项目效率方面,7 间"梦想教室"的总投入为 87.5 万元,每间"梦想教室"成本为 12.5 万元。评估中也发现了项目存在的不足,例如课程资源缺乏,影像、影音资料太少,部分教师没有掌握梦想课程要领和理念等。针对这些不足,评估报告提出了改进建议。

本章小结

慈善项目是指慈善领域开展的一系列独特的、复杂的并互相关联的活动,这些活动有着一个明确的目标或目的,且必须在特定的时间、预算、资源限定内,依据一定的规范完成。慈善项目的生命周期可分为项目立项期、项目启动期、项目实施期以及项目完成期四个阶段。在慈善项目立项期和启动期要完成慈善项目设计。慈善项目设计包括社会需求识别、项目可行性研究、项目方案制定、项目预算编制、项目计划书撰写等五个步骤。在慈善项目实施期,要开展项目实施与控制,内容包括项目团队创建、项目进度安排、项目成本控制和项目质量控制等。在项目完成期要做好项目收尾与项目评估工作。慈善项目评估的步骤包括确定项目评估人员、确定项目评估指标、开展调查活动、收集分析数据、撰写评估报告和进行沟通反馈等。慈善项目评估的内容包括项目需求评估、项目理论评估、项目过程评估、项目结果评估和项目效率评估等。

思考题

1. 什么是慈善项目?慈善项目和慈善活动有哪些不同?
2. 什么是慈善项目的生命周期?慈善项目的生命周期有哪几个阶段?
3. 假设你在一家青少年服务中心工作,现在要为其策划一个"防止性骚扰"的项目,谈谈你的思路。
4. 慈善项目是如何实施的?
5. 如何对慈善项目的成本和质量进行控制?
6. 慈善项目评估的目的是什么?
7. 论述慈善项目评估的步骤和内容。

主要参考文献

[1] 美国项目管理协会.项目管理知识体系指南[M].5版.北京:电子工业出版社,2009.
[2] 王冬芳.慈善项目管理[M].北京:中国社会出版社,2014.
[3] 于仲明.项目设计与计划[M].天津:南开大学出版社,2007.
[4] 汪小金.项目管理方法论[M].2版.北京:中国电力出版社,2015.
[5] 杨侃等著.项目设计与范围管理[M].2版.北京:电子工业出版社,2013.
[6] 科兹纳.项目管理:计划、进度和控制的系统方法[M].11版.杨爱华,译.北京:电子工业出版社,2013.

[7] 陈关聚. 项目管理[M]. 北京:中国人民大学出版社,2011.

[8] 李跃宁,徐久平. 项目时间管理[M]. 北京:经济管理出版社,2008.

[9] ULFSDOTTER E Y. Global HRM standards as boundary objects: a device to enhance legitimacy and status[J]. Personnel Review, 2017, 46(6): 1089-1103.

[10] BALUCH A M. Employee perceptions of HRM and well-being in nonprofit organizations: Unpacking the unintended[J]. The International Journal of Human Resource Management, 2017, 28(14): 1912-1937.

[11] 罗伊斯. 公共项目评估导论[M]. 3版. 王军霞,涂晓芳,译. 北京:中国人民大学出版社,2007.

[12] RUSS-EFT D, PRESKILL H. Evaluation in organizations: A systematic approach to enhancing learning, performance, and change[M]. New York: Basic Books, 2009.

[13] 罗西,李普希,费里曼. 评估:方法与技术[M]. 7版. 邱泽奇,王旭辉,刘月,译. 重庆:重庆大学出版社,2007.

[14] 波萨瓦茨,凯里. 项目评估:方法与案例[M]. 7版. 于忠江,译. 重庆:重庆大学出版社,2014.

[15] 邓国胜. 公益项目评估:以"幸福工程"为案例[M]. 北京:社会科学文献出版社,2003.

第 6 章 慈善组织的物质资源

> **学习目标**
>
> 物质资源是慈善组织开展慈善活动和项目,维持机构运作,承担民事责任的物质基础。通过学习本章,我们应当了解和掌握慈善组织物质资源的来源、物质资源筹集的模式和方法,了解在互联网公益时代慈善组织开展公众募捐的策略。

6.1 慈善组织物质资源来源

慈善组织的物质资源是指慈善组织拥有的各种资产,包括金融资产、固定资产、各类物资等。物质资源是慈善组织开展慈善活动和项目、维持机构运作、承担民事责任的物质基础,对实现慈善组织的宗旨和使命至关重要。慈善组织的物质资源主要来自社会捐赠、政府资助、业务收入、会费收入、投资收益等五个方面。

6.1.1 社会捐赠

社会捐赠是指自然人、法人和其他组织基于慈善目的,自愿、无偿向慈善组织赠予财产。2020 年,我国接收境内外捐赠款物总额约为 1 534 亿元人民币。在慈善捐赠来源中,企业捐赠占捐赠总额的 70.66%,个人捐赠占捐赠总额的 25.13%。

1. 自然人捐赠

随着我国慈善事业的发展,自然人捐赠在社会捐赠总额中的比例不断提升。2016 年,个人捐赠占社会捐赠总额的 21%。2020 年,个人捐赠占比上升到

25%,当年人均捐赠 147.77 元。北京师范大学与北京大学的联合团队于 2019 年对北京、浙江、吉林、江西、四川、甘肃等六个省市的 4 404 人进行的抽样调查发现,中国公众在之前的一年里捐过款的占 32.54%,平均捐款次数为 3.18 次。其中,捐赠 50 元至 100 元的占 55.41%,平均捐款 336.4 元。以全体受访者计,平均捐款次数为 1.04 次,捐款额为 109.39 元。将捐赠领域按照响应率的百分比从高到低进行排序,分别是医疗健康、减灾救灾、扶贫与发展、教育、宗教、生态环境、文化、体育和艺术等①。北京大学国家发展研究院研究团队在 17 903 人中开展调查,发现在过去一年中有捐款行为的占 45.9%,捐赠的领域分别是医疗救助、灾害救援、教育助学、贫困救济、疫情防控、自然保护、宗教场所、公众倡导、社区发展、艺术文化、体育活动、科学研究等②。

捐赠人中哪些人的捐赠数额会更大一些呢?美国的一项调查显示:男性的平均捐款金额大于女性;年龄在 50~64 岁的人捐款金额最大;教育水平越高,捐款金额越大;家庭收入越高,捐款金额越大。然而,最低收入人群的捐赠数额占其家庭收入比重最大③。我国的一项调查则显示,收入与捐款有正相关关系,收入越多的人捐款金额越大,但是收入越多的人"捐款收入比"越低④。文化程度和政治面貌与捐赠也有密切关系。在辽宁省开展的一项针对 787 位城市居民慈善行为的调查发现,"主动做慈善次数"均值最大的是硕士研究生及以上文化程度这一群体,均值最小的是初中及以下文化程度这一群体。在不同政治面貌群体中,党员群体主动做慈善次数的均值最大⑤。就年龄与捐赠的关系而言,根据民政部 2019 年公布的 20 家"互联网公开募捐信息平台"的上半年筹款情况,80 后、90 后是捐赠的绝对主力。捐赠总额中,80 后捐赠额的占比为 45%,90 后捐赠额的占比为 26%。

捐赠行为是受思想动机支配的。关于捐赠人的捐赠动机,美国独立部门的一项研究显示:认为"拥有更多的人应当帮助拥有更少的人"占 79.4%,认为"这是社区成

---

① 韩俊魁,邓锁,马剑银.中国公众捐款[M].北京:社会科学出版社,2020:25-27.
② 数据来源:2023 年"中国公众捐赠研究论坛",https://www.nsd.pku.edu.cn/sylm/xw/533959.htm.
③ 萨金特,尚悦.慈善筹款原理与实践[M].孔德洁,顾昊哲,叶盈,等译.桂林:广西师范大学出版社,2021:74-75.
④ 张进美,杜潇,刘书海.城市居民不同收入群体慈善捐款行为研究[J].山东理工大学学报,2018(4):24.
⑤ 刘武,杨晓飞,张进美.城市居民慈善行为的群体差异:以辽宁省为例[J].东北大学学报(社会科学版),2010(5):427-430.

员义务"的人占58.3%,认为被要求捐款的占55.9%,认为"这是宗教信仰"的人占52.4%,认为"这可以获得减税"的人占20.03%[①]。北京师范大学与北京大学的联合团队在2019年开展的调查显示:认为"有余力者应该帮助别人"的人占60.2%,认为"被求助或募捐信息感动"的人占36.6%,认为"捐款体现了公民责任"的人占18.4%,认为"捐款是做功德与信仰"的人占18.0%。北京大学国家发展研究院的调查显示,捐赠人捐赠原因的响应率从高到低依次为:帮助/救助别人、同情受助者、出于社会责任、自我感觉更好、给自己和家人积福报等。以上三项调查的结果具有很大的相似性,说明利他主义和社会责任是公众捐赠的主要动机。

在了解捐赠人的捐赠动机后,还需要了解捐赠人的捐赠决定是如何做出的。阿德里安·萨金特和尚悦提出了一个个人捐赠行为模型(如图6-1所示)。在此模型中,捐赠决定首先来自外部各种募捐信息的刺激,人们接受刺激后会产生感知,感知会受认知和情绪的影响。例如:某人在认知上认为某一慈善组织更有效率或更有公信力,在情绪上对某一公益项目(如:环境保护)产生兴趣,他就有可能捐款。在认知和情绪的作用下,人们会产生态度,态度指人们对行为后果的评价。"面对一家推广某一乳腺癌诊疗方法的机构,如果捐赠人希

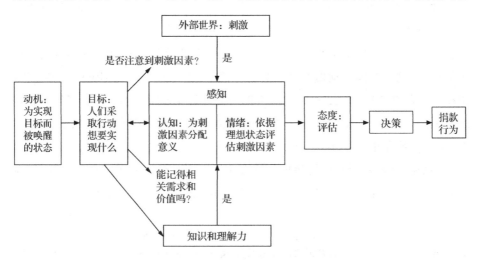

图6-1　个人捐款行为模型

资料来源:萨金特,尚悦.慈善筹款原理与实践[M].孔德洁,顾昊哲,叶盈,等译.桂林:广西师范大学出版社,2021:84.

---

① 萨金特,尚悦.慈善筹款原理与实践[M].孔德洁,顾昊哲,叶盈,等译.桂林:广西师范大学出版社,2021:76-77.

望多一种乳腺癌诊疗方法(价值),并相信他的捐款能带来变化(期待),那么她对捐款的态度就会是积极的。"①

2. 法人捐赠

法人捐赠是指依法独立享有民事权利和承担民事义务的组织的捐赠。本章中的法人捐赠主要是指企业法人捐赠。企业捐赠是慈善组织重要的资金来源。在我国的社会捐赠总额中,企业捐赠占60%以上。近年来,随着经济社会的发展,企业的社会责任感不断增强,越来越多的企业通过慈善捐赠参与扶贫济困、教育医疗、生态环境改善、灾害救助等慈善活动。

在企业捐赠中,民营企业和国有企业是慈善捐赠的主力。一项对沪深300上市公司捐赠情况的调查显示,民营企业的平均捐赠数额占净利润的比例最高,达到0.79%;其次是中央国有企业,该比例达到0.71%;再次是中外合资经营企业和地方国有企业,该比例约0.6%;外资企业的比例最低,该比例仅为0.11%②。

参与捐赠的企业因行业不同,捐赠数额也有区别。《2020年中国企业慈善发展报告》显示,2015年至2020年期间,共有2 836家上市企业参与慈善捐赠,分属18个行业(如图6-2所示)。其中,房地产业捐赠数额最多,达到205.12亿元;第二是制造业,捐赠数额达到140.25亿元;第三是金融业,捐赠数额达到75.70亿元。这三个行业的捐赠总额占参与捐赠的2 836家企业捐赠总额的69.3%。

企业的规模与捐赠数额也有密切关系。从捐赠数额来说,企业规模越大,捐赠数额也越大,企业规模越小,捐赠数额也越小。小型企业提供的更多是企业产品等实物形式的捐助。

3. 捐赠财产的种类

(1)货币。货币作为一般等价物,具有方便、灵活、易转移的特点,所以是最主要的捐赠种类。《2020年度中国慈善捐助报告》显示,2020年,全国接收的货币捐赠占捐赠总额的70.66%。

(2)物资。在灾害救助、扶贫济贫等领域,物资形式的捐赠较多。物资捐赠的优点是免去采购的人力和时间成本。例如,在救灾时,捐赠的帐篷、瓶装水、饼干、方便面可以立即发到灾民手中,提高了救灾效率。2020年,中国全年物资捐赠占全部捐赠收入的29.34%。

---

① 萨金特,尚悦.慈善筹款原理与实践[M].孔德洁,顾昊哲,叶盈,等译.桂林:广西师范大学出版社,2021:94.
② 杨团,朱健刚.中国慈善发展报告(2021)[M].北京:社会科学文献出版社,2022:231.

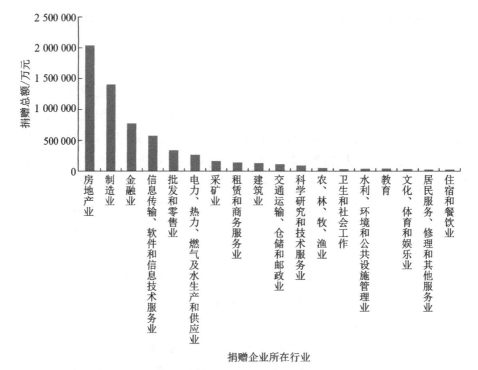

图6-2　2015—2020年参与慈善捐赠企业分行业捐赠总额

资料来源:杨团,朱健刚.中国慈善发展报告(2021)[M].北京:社会科学文献出版社,2021:148.

(3) 股权。股权捐赠,是指持有一个公司股权的个人或公司,将其持有的该公司的股权捐赠给受赠的第三人。中国用于慈善事业的股权捐赠起源于曹德旺先生的捐赠。2011年4月13日,福耀玻璃发布公告,曹德旺夫妇将其家族持有的3亿股福耀玻璃股票捐赠给了河仁慈善基金会。以福耀玻璃当天的收盘价计算,这些股票价值达35.49亿元。曹德旺先生捐赠股票的做法引起了有关部门的高度重视,财政部、民政部等相关部门专门对此进行调研。2016年5月10日,财政部、国家税务总局公布《关于公益股权捐赠企业所得税政策问题的通知》,明确了股权捐赠的税收优惠政策。2016年4月18日,腾讯公司CEO马化腾承诺捐出1亿股腾讯股票注入正在筹建中的公益慈善基金,市值高达137亿元人民币。股权捐赠作为非货币性资产捐赠,逐渐成为大额捐赠的重要形式。

(4) 知识产权。知识产权捐赠是指权利人将其所创作的智力劳动成果所享有的财产权利捐赠给慈善事业。中国最早的知识产权捐赠发生在武昌。

2015年5月,武汉千麦医学检验所将"千麦实验室信息管理系统软件V1.0"(简称LIS系统)的使用权无偿捐赠给武昌慈善总会,定向给付武昌区民福老年病医院长期使用。LIS系统是用于医院临床检验实验室管理信息化和结果信息共享的软件产品,获得国家软件产品登记证书,年使用费用为2万~3万元。按照定向捐赠协议内容,除LIS系统无偿提供给付民福老年病医院使用外,武汉千麦医学检验所有限公司还将提供LIS系统的技术支持及日常维护。

6.1.2 政府资助

政府是慈善组织资金重要的供给方。莱斯特·萨拉蒙(Lester Salamon)20世纪90年代中期主持的非营利部门比较项目的分析数据显示,在22个国家的非营利组织收入来源中,政府公共部门的投入占了40%。其中,美国非营利组织收入的30%来自政府,英国的这一比例是47%,日本的这一比例是45%,德国的这一比例是64%,法国的这一比例是58%,澳大利亚的这一比例是31%,爱尔兰和比利时的这一比例则高达77%[1]。

在我国,党的十八大以来,中央强调加强和创新社会管理,改进政府提供公共服务方式,将适合由社会组织提供的公共服务和解决的事项交由社会组织承担。2012年2月,财政部发布的《2012年政府采购工作要点》明确,为充分调动社会组织参与社会服务的积极性,2012年中央财政将安排专项资金支持社会组织参与社会服务。2012年3月9日,民政部下发的公告显示,2012年中央财政将拿出2亿元资金购买社会服务,对象为社会团体、基金会和民办非企业单位。这是中央资金首次在全国范围内购买社会组织的服务。2013年,国务院办公厅发布了《关于政府向社会力量购买服务的指导意见》,明确要求各级政府在公共服务领域更多利用社会力量,加大政府购买服务力度,初步形成政府主导、社会参与、公办民办并举的公共服务供给模式。2014年12月,财政部、民政部、工商总局印发了《政府购买服务管理办法(暂行)》,明确了政府购买服务的原则、承接主体的条件、购买内容及指导目录,并对购买方式和程序、预算及财务管理、绩效和监督管理做出规定。2020年,财政部公布了《政府购买服务管理办法》。新的管理办法规范了购买主体和承接主体的范围,对购买内容和指导性目录制定、购买活动的实施、合同及履

---

[1] 萨拉蒙.全球公民社会:非营利部门视界[M].贾西津,魏玉,译.北京:社会科学文献出版社,2002:27-29.

行、监督管理等做出规定。我国各省市也相继出台了政府购买服务的指导意见及管理办法。2022年,各地各部门持续深化政府购买服务改革,全国政府购买服务支出规模近5 000亿元。

除了政府购买服务,政府资助的方式还有提供办公场地、提供设施建设补贴等。例如,政府出资租下房屋场地,为承接者建立服务基地;政府为一些有需要、符合条件的慈善组织提供免费的办公场所。

6.1.3　业务收入

业务收入主要是那些面向社会提供服务的慈善组织(如:社会服务机构)收取的服务收入。服务类慈善组织主要活跃在教育、养老、助残、文化、科技、体育等领域。民办学校、民办养老院、残疾人康复中心等组织的服务收入占总收入的比例很高,一般在30%~50%左右。例如,专门为自闭症儿童提供康复训练服务的上海青聪泉儿童智能训练中心,2021年学费收入为504万元,占机构总收入的53.6%。

6.1.4　会费收入

会费收入是社会团体收入的重要来源,主要来自社会团体会员缴纳的会费。例如,阿拉善生态协会2021年的会费收入为1 855万元,占总收入的64%。

6.1.5　投资收益

根据慈善法规定,慈善组织的财产可以进行投资,实现财产保值、增值,但应当遵循合法、安全、有效的原则。慈善组织资金用于投资的途径有:直接购买银行、信托、证券、基金、期货、保险资产管理机构、金融资产投资公司等金融机构发行的资产管理产品;通过发起设立、并购、参股等方式直接进行股权投资;将财产委托给受金融监督管理部门监管的机构进行投资等。投资业绩比较突出的有上海市慈善基金会、中国乡村发展基金会等组织。2020年,上海市慈善基金会投资收益达6 500多万元。同年,中国乡村发展基金会投资收益达到5 800多万元。合法、安全、有效的慈善投资可以使慈善组织收入来源多元化,有利于慈善组织的可持续发展。图6-3显示了2021年部分慈善组织的收入来源。

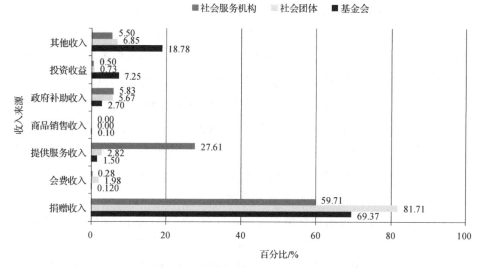

图 6-3　2021 年部分慈善组织收入来源

资料来源：杨团，朱健刚. 中国慈善发展报告（2023）[M]. 北京：社会科学文献出版社，2023：300.

6.2　慈善组织物质资源筹集

在慈善组织五个方面的资源来源中，社会捐赠、政府资助和业务收入是大多数慈善组织物质资源的主要来源。下面，我们重点介绍慈善组织怎样通过慈善募捐和争取政府资助来筹集慈善物质资源。

6.2.1　慈善募捐

慈善募捐是指慈善组织基于慈善宗旨募集财产的活动，包括面向社会公众的公开募捐和面向特定对象的定向募捐。慈善募捐的模式可分为传统募捐模式和新型募捐模式两类。

1. 传统募捐模式

（1）设置募捐箱。这是大多数慈善组织普遍采用过的筹款手段。有资料显示，1982 年 5 月，在宋庆龄故居大厅内设置的募捐箱是新中国成立后的第一个募捐箱。厦门市红十字会自 1993 年开始设置募捐箱，为社会广大爱心人士自愿捐款提供便利。

(2) "公益慈善一日捐"。这种形式是慈善组织联合地区或单位党政部门发号召,以党政领导带头,干部、职工自愿的方式进行捐赠。例如,南京市慈善总会等单位联合举办的"慈善一日捐济困送温暖"活动,2021 年募集善款 5 681 万元,善款用于以扶贫济困为目标的一批做得实、办得好的优质慈善项目。

(3) 信函募捐。信函募捐是以信件方式向目标对象募捐。例如,希望工程在 1989 年向全国 28 个省(自治区、直辖市)的企业发出 20 万封募捐信,收到近 20 万元捐款。又如,中国红十字基金会 2006 年为实施"红十字天使"计划,开展信函募捐,向福布斯排行榜、胡润排行榜企业的总经理、副总经理等发劝募函,回复率大约为 2%,募集到 300 多万元款物。

(4) 街头募捐。即由慈善组织工作人员或志愿者上街向行人募捐的活动。例如:上海慈善基金会举办的"蓝天下的至爱"万人上街募捐活动,2023 年募集善款 84 万多元;中国乡村发展基金会举办的"善行 100"活动,2020 年招募了 16 万余名募捐志愿者,筹集善款 854 万多元。

(5) 活动募捐。活动募捐包括举办义演、义赛、义卖、义展、义拍、慈善晚会等活动。精心筹办活动募捐不仅可以筹集善款,还可以提升机构的知名度和影响力,为接触潜在的捐赠人奠定基础。例如,上海真爱梦想公益基金会 2019 年 11 月 9 日举办"追梦无界·深耕未来"慈善义拍晚宴,筹得善款 7 583 万多元,约占当年筹款总额的 40%。

(6) 传统媒体(广播、电视、报刊)募捐。例如,希望工程项目曾在《光明日报》《工人日报》《经济日报》等报刊发布为救助贫困地区失学少年募捐的广告。

(7) 关系筹款。即慈善组织的领导人利用其关系资源筹款。有的慈善组织利用其聘任的名誉领导、理事的关系资源开展筹款。

2. 新型募捐模式

新型募捐模式指与传统募捐模式不同的募捐模式,包括以互联网为核心媒介的网络募捐、P2P 筹款和捐赠圈筹款等。

(1) 网络募捐。随着中国经济高速增长、互联网经济蓬勃发展、移动互联网爆发式增长,网络社交、移动支付等快速普及,网络募捐成为社会化筹资的重要手段。所谓网络募捐,指的是在劝募方式、捐赠实现以及信息反馈等环节以网络为核心媒介的募捐方式。从 2016 年到 2022 年,累计超过 5 亿的中国人参与互联网公益捐赠,在民政部指定的公开募捐信息平台的筹款额累计超过 360 亿元,若加上个人求助平台,总筹款额超过千亿元。2021 年,我国有 100 亿人次点击、关注和参与互联网慈善,互联网平台募集的善款近 100 亿元。网络募捐包括机构网站募捐、慈善信息平台募捐和社交平台募捐等形式。

① 机构网站募捐。机构网站募捐是指慈善组织通过建立自己的机构网站在网站上开展项目筹款活动。中国红十字基金会早在 2006 年就开通了救助重症儿童的中国重症儿童救助网,接受求助申请和在线捐款,并在网上开展项目宣传和咨询。目前,中国红十字基金会官网上有 40 多个涉及医疗救助、健康干预、赈济救灾、社区发展、教育促进、国际援助等领域的公益项目向社会介绍宣传,并接受捐赠人的在线捐赠。中国乡村发展基金会在官网上开通了"全民公益"在线捐赠平台,有 20 多个月捐项目和单次捐项目接受公众捐赠。此外,该基金会还在官网开通了基金会天猫公益店捐款通道,为"爱心包裹""童伴妈妈""顶梁柱健康公益保险"等 170 多个慈善项目募集善款,其中"爱心包裹""童伴妈妈""顶梁柱健康公益保险"等项目的在线捐款人次超 100 万。

② 互联网募捐信息平台募捐。慈善信息平台募捐起源于慈善组织在门户网站的募捐。2006 年 5 月,中国红十字会在淘宝网发起"魔豆宝宝爱心工程"项目,旨在帮助自强自立的困难母亲在淘宝网开店创业。项目在短短的 4 个月内获得 3 500 万网友的捐款支持,募得 49 万多元善款,帮助 18 位母亲在网上创业。2008 年被视作是中国网络募捐的"突破"之年。当年 5 月 12 日,汶川发生特大地震。当天 18 时,淘宝网开通了网络捐款快速通道,仅一周左右的时间就募集善款 1 738 万元。腾讯公益、支付宝公益、易宝公益等也纷纷开通网上捐款通道接受社会救灾捐赠。2012 年,新浪网推出新浪微公益平台,尝试将求助者、爱心网友、公益组织等进行对接整合,打造有影响力的社会化劝募平台。2013 年 4 月 20 日,芦山地震发生后,各大网络募捐平台纷纷联合基金会开通募捐通道。新浪微公益当天发起了"为四川雅安人们祈福"项目,截至 2023 年 4 月 22 日 18 时,该平台共协助发起 36 个项目,累计筹集善款超过 1 亿元。2016 年慈善法颁布后,按照慈善法要求,民政部于 2016 年、2018 年和 2021 年陆续指定了 3 批共 29 家互联网公开募捐服务平台,包括腾讯公益,淘宝公益、支付宝公益、新浪微公益等(详见表 6-1)。2018 年至 2022 年,河南省慈善总会在腾讯公益、支付宝公益等多个平台累计上线项目 2 600 多个,募集善款总额达 13 亿元。中华慈善总会依托公益宝募捐信息平台,定制开发了"幸福家园"村社互助工程。项目以亲情乡愁为纽带,通过公益宝募捐信息平台上线村(社区)扶危济困公益项目,链接政府资源、外出乡亲资源和社会力量资源,提升农村社区服务

困难群众的能力和品质。截至2023年2月19日,已有30个省市666家慈善组织加入,吸引超过46万村民注册、142多万人次捐款,累计募集善款超过13亿元①。

表6-1 民政部指定的29家互联网公开募捐服务平台

序号	平台名称	运营主体
1	腾讯公益	腾讯公益慈善基金会
2	阿里巴巴公益	浙江淘宝网络有限公司
3	支付宝公益	浙江蚂蚁小微金融服务集团股份有限公司
4	新浪微公益	北京微梦创科网络技术有限公司
5	京东公益	网银在线(北京)科技有限公司
6	公益宝	北京厚普聚益科技有限公司
7	新华公益	新华网股份有限公司
8	轻松公益	北京轻松筹网络科技有限公司
9	联劝网	上海联劝公益基金会
10	广益联募	广州市广益联合募捐发展中心
11	美团公益	北京三快云计算有限公司
12	滴滴公益	北京小桔科技有限公司
13	善源公益	北京善源公益基金会(中国银行发起成立)
14	融e购公益	中国工商银行股份有限公司
15	水滴公益	北京水滴互保科技有限公司
16	苏宁公益	江苏苏宁易购电子商务有限公司
17	帮帮公益	中华思源工程扶贫基金会
18	易宝公益	易宝支付有限公司
19	中国社会扶贫网	社会扶贫网科技有限公司
20	字节跳动公益	北京字节跳动科技有限公司
21	小米公益	小米科技有限责任公司
22	亲青公益	中国青少年发展基金会
23	哔哩哔哩公益	上海宽娱数码科技有限公司
24	平安公益	深圳市平安公益基金会

---

① 中国互联网协会,中国公益研究院.互联网公益慈善"中国样本":迈向高质量发展的中国公益慈善发展新模式[R/OL].(2023-05-20)[2024-01-10]. https://max.book118.com/html/2023/0703/7163153042005130.shtm.

(续表)

序号	平台名称	运营主体
25	360公益	北京奇保信安科技有限公司
26	中国移动公益	中移在线服务有限公司
27	芒果公益	湖南快乐阳光互动娱乐传媒有限公司
28	慈链公益	佛山市顺德区慈善组织联合会
29	携程公益	上海携程商务有限公司

2021年,通过支付宝公益平台捐款的网友达5.98亿人次,在支付宝参与公益超过100天的用户已经接近1亿人。新浪微公益平台上有600多个机构账号,4 000万微博网友参与捐赠。腾讯公益平台是目前最重要的募捐信息平台。2009年以来,腾讯公益平台相继上线"月捐计划""乐捐计划"。目前,腾讯公益平台已经上线了超过11万个公益项目。2012年至2022年腾讯公益平台捐赠人数由63.8万人增至4 142万人,捐赠人次由209.7万人次增至1.28亿人次。截至2022年底,腾讯公益平台累计筹款总额约226亿元。腾讯公益平台上影响力最大的慈善募捐项目是"99公益日"活动。这是腾讯公益慈善基金会在2015年9月联合数百家公益慈善组织、知名企业、明星名人共同发起的全民公益活动。活动发动全国网民通过小额捐赠、运动捐步、公益答题等,以轻松、快乐、便捷的方式参与公益慈善活动,资助、支持公益慈善项目。2023年9月,第九届"99公益日"活动举行,超过6 500万人次捐赠善款,筹款总额超38亿元。图6-4显示了2015年至2023年"99公益日"活动的捐赠数据。

③ 社交平台募捐。社交平台募捐是指在微博、微信等影响较大的社交网络平台上募捐。中国社会福利基金会"免费午餐"项目团队早在2011年就开始在微博平台开展了募捐。2011年4月14日,广州企业家刘嵘发出一条支持"免费午餐"的微博,承诺"此微博转发一次,我就捐出九块钱"。此举迅速得到广大网友响应,该微博后被转发10万多次,共募集善款90万元。2011年4月2日至12月31日,"免费午餐"项目募款超过1 833万元,1.5万余名乡村儿童受益。微博平台在践行公益的探索中形成了"社交传播+募捐"双轮驱动的社会广泛参与公益模式。截至2022年底,新浪微公益平台累计支持了24 000多个公益项目,覆盖应急救灾、医疗救助、妇儿保护、教育助学、乡村振兴、环境保护等七大领域。2011年1月腾讯公司推出微信这一款即时通讯社交软件。微信是一款基于强链接的社交平台,具有针对性强、信任度高、互动性强的特点。一些具

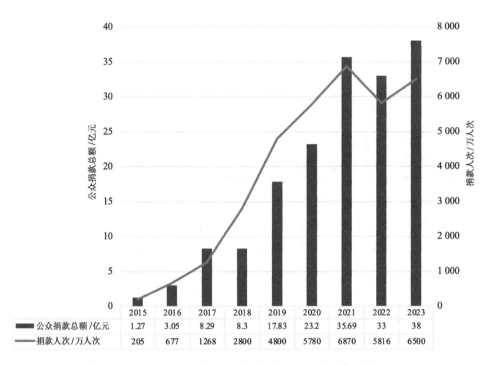

图 6-4　2015 年至 2023 年"99 公益日"公众捐款额和捐款人次

有公开募捐资格的基金会通过建立微信公众号的方式在微信平台上发布募捐信息,接受社会捐赠。2021 年 10 月,微信支付联合美丽深圳公益基金会和腾讯公益共同发起"微信支付爱心餐公益计划",使环卫工人每周能以 1 分钱在餐饮店享用一顿爱心餐。该项目以"爱心餐一块捐"作为口号开展线上募捐,每个微信用户都能参与其中,"一块做好事"。2023 年 5 月,微信支付平台产品运营中心负责人在中国互联网公益峰会上提到,"微信支付爱心餐公益计划"已覆盖深圳、延安、广州、重庆、上海、东莞、天津、武汉等多个城市,有 70 万用户参与捐赠,为近 20 万环卫工人送出 110 万份爱心餐、近 40 万瓶爱心水。

专栏 6-1

"99 公益日":用一块钱,造一个全民公益节

从最初的"捐赠一块钱"到如今社会多元化参与的全民公益节,"99 公益日"在 9 年中已经成长为中国公益慈善事业最重要的品牌之一。数据显示,截至 2023 年 9 月 10 日 0 点,超 6 500 万人次进行了捐赠,金额超 38 亿元,超过 1.2 亿用户参与了公益互动。

"公益行业最需要的是人和资金。借助'99公益日'的IP效应,可以让更多公益机构利用节日声势做线上线下倡导,也可以让更多人看到他所关心的社会议题,从而加入进来,做捐赠或是成为志愿者,让更多社会问题得到回应。"在坚持了9年之后,腾讯基金会秘书长葛燄坚信,"99公益日"正在为广大公众和社会组织提供共建美好社会的重要平台。

(1) 形成更多社会连接。除公益组织外,普通民众、企业和知名公众人物也被聚拢起来,成为公益活动的一环。在"99公益日"活动中,每个网友都能看到莫言、濮存昕、岳云鹏、沈月、惠若琪等各行各业名人的身影。他们作为不同公益项目的发起人,利用自身名人效应,组织网友共同参与到公益捐赠中来。数据显示,2023年"99公益日"中,号召力最强的"一起捐"队伍拉动了超过8.7万人次捐款,捐出了323万元的最高金额。这是一种将公众人物的公信力与熟人信任网络相结合的尝试。

"我们在'99公益日'期间感受到了越来越好的公益氛围。"中国社会福利基金会"爱小丫"公益项目的发起人张茹玮表示,"优质的项目内容能够撬动更多社会资源,通过不同形式的合作实现传播和筹款。"2023年也是"爱小丫"第7次参与"99公益日",今年项目得到6位女明星的支持,她们作为爱心传播官,为山区女童开展募捐。

(2) 在更多元的场景里做好事。从2015年至今,"99公益日"已经走过了9个年头。腾讯基金会副秘书长、腾讯公益平台负责人刘琴介绍,"99公益日"活动经历了"人人公益""透明公益"和"数字公益"三个不同的发展时期。

第一阶段是2015年,腾讯公益平台第一次举办"99公益日"活动。当时腾讯公益平台只是考虑怎样能让每个人都能尽量简单地参与公益。那年,每位用户在腾讯公益平台上捐款一元,腾讯就会配捐一元到相应项目上,用户开始对公益形成初步感知。随着善款规模越来越大,公众开始关心款项的使用情况和公益项目的透明度。于是,2018年腾讯公益平台进入"理性公益"时期,在鼓励大家参与"99公益日"的同时,推出"冷静器""透明组件"等新产品。到了"数字公益"阶段,腾讯公益平台开始致力于让每个人更多元、多场景地参与活动。刘琴认为,"无论是个人用户或第三方机构的参与形式,还是在项目的传播形式上,我们都希望跟行业、跟其他平台、跟公益机构一起努力,让更多的用户参与其中。"2023年推出的"分分捐"就是"数字公益"时代鼓励更多人参与公益的尝试。用户使用微信支付付款时,如果金额大于5元且出现零头,页面就会出现

"分分捐"入口,鼓励用户把零头捐给公益项目。

(3) 一条高质量发展之路。在北京大学法学院非营利组织法研究中心主任金锦萍看来,"高质量发展"是当下互联网公益的主题。以"99公益日"为代表的互联网公益,必须长期坚守"人人可公益""慈善资源合理配置"以及"慈善组织和慈善行业良善治理"的原则。在这条高质量发展的道路上,腾讯公益平台一直在尝试努力。近年来不少重点项目(如"公益真探""公益股东人大会""千百计划")的开发都与此相关,力求推进公益信息公开透明、扶持中小型公益机构。其中,"公益真探计划"始于2022年,已经面向全社会招募了450多位长期关注公益的捐赠人和志愿者,至各地实地调研公益项目服务的进展、过程、收效和结果。在扶持中小型公益机构方面,今年配捐的"指挥棒"指向了长期参与"99公益日"的用户和优质的公益项目。对连续9年参与"99公益日"的用户,9月7日至9月9日每天的第一笔捐赠,腾讯公益平台都会配捐99.99元。平台还取消了长期用户配捐金额的上限。"用户愿意捐得更多,那么腾讯也愿意配得更多。"为了扶持优质项目的开展,腾讯公益还将利用模型评估项目的质量、活跃度和可持续运营度,对配捐进行加成。

资料来源:https://www.tencent.com/zh-cn/responsibility/99-giving-day.html#.

(2) P2P筹款。P2P筹款(peer to peer fundraising)又称为点对点筹款,是国际上流行的一种新型募捐方式(如图6-5所示)。P2P筹款通常会举行一场别开生面的活动,动员活动的参与者发动自己社交圈里的亲友、同事及粉丝为慈善项目筹款。与传统的信函募捐、街头募捐相比,P2P筹款效率较高,通过开发慈善组织支持者的熟人圈(亲友、同事、粉丝)能迅速扩大捐赠人关系网络,与那些潜在的公益项目捐赠人建立关系。同时,通过参与者在社交圈的宣传,既可以获得参与者关联人(亲友、同事、粉丝)的捐款,又能为公益组织做宣传,提升组织的社会影响力。P2P筹款的主要形式有运动筹款和体验式筹款两种。

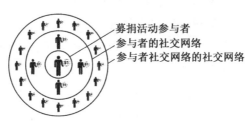

图6-5　P2P筹款模式

① 运动筹款。运动筹款以运动类项目为载体(如跑步、长距离徒步、骑行等),以参与者的熟人网络为劝募对象,由参与者向亲朋好友、同事领导进行劝募。我国大陆(内地)的运动筹款始于2011年。当时,上海联劝公益基金会的工作人员受50公里毅行活动和境外P2P筹资形式的启发,把具有刺激性和挑战性的50公里徒步行走和P2P筹资相结合,推出了"一个鸡蛋的暴走"慈善筹资活动。该筹款活动的目的是让贫困地区的学生每天吃上一个鸡蛋和实施教育发展、社会融合等慈善项目。该活动的方式是:参与者组成4至6人的团队,在12小时之内徒步走完50公里,并且利用身边的"熟人网络"募捐,例如在微博、微信上发布:"我去挑战50公里,你是否愿意为需要帮助的孩子捐点善款?"首次"一个鸡蛋的暴走"活动于2011年10月22日在上海崇明岛举行,有122支队伍参加,共有队员逾千人,人均筹款562元,筹款总额67.5万余元。截至2021年底,累积参与暴走活动的有63 580人,筹集善款8 245万元,31个省(自治区、直辖市)842个儿童公益项目和133万少年儿童受益。2011年后,许多慈善组织开始举办运动筹款,例如,中国乡村发展基金会举办的"善行者"、中国青少年发展基金会举办的"挑战8小时"和中华儿慈会举办的"为爱走一夜"等运动筹款活动。

运动筹款基于人们对运动的热爱和对健康生活方式的追求,运用运动这一刺激、时尚、挑战自我的方式吸引公众参加慈善筹资活动,当运动与P2P模式中的公益元素和网络社交结合后,活动就火爆起来。随着汹涌而来的运动健身的潮流和公众慈善热情的提升,运动筹款这一活动今后会在我国广泛发展。

② 体验式筹款。体验式筹款是指组织参与者参加体验受助者困境的活动,让参与者动用自己的社交网络关系来为受助者募款,并倡导社会对这一类群体进行关注和关爱。境外比较知名的体验式筹款活动有"饥馑三十",这是由世界宣明会组织的公益筹款活动,参与者需要连续禁食30小时,筹款帮助世界各地受到天灾人祸和疾病威胁的人。在我国大陆(内地),首个体验式筹款活动是由大爱清尘基金于2011年11月在北京发起的"爱·自由呼吸"徒步体验筹款活动。参与者通过亲身体验"呼吸困难",体会尘肺病人的痛苦,并号召亲朋好友为尘肺病人捐款。2012年,北京新阳光基金会发起"闪光侠"慈善筹款活动,参与者通过剃光头支持因化疗脱发的癌症患者,当年参与人数为270人,筹款36万元。2014年8月,"冰桶挑战"体验式筹款活动引入中国。截至2014年8月30日,共有4万人向"冰桶挑战"专项捐款,筹款总额

达814万多元。在"冰桶挑战"活动获得巨大成功的影响下,体验式筹款活动在国内迅速发展。比较知名的活动有中华社会救助基金会大爱清尘基金发起的"30秒不呼吸"、中国残疾人福利基金会发起的"饥饿体验"、中国乡村发展基金会发起的"饥饿24小时"等。

体验式筹款在国内走红表明,要激发更多公众参与公益慈善,就需要改变单一的悲情慈善的表现形态,用"体验公益"和"娱乐公益"的新模式激发大众投身公益、参与公益。研究也表明,使用网络筹款和社交媒体工具筹款能有效地提高慈善募捐的效率。随着互联网公益的发展,网络捐赠将越来越普及,懂得并善于运用网络为核心媒介的募捐方式进行募捐,已经成为慈善组织在募捐活动中能否获得成功的一个关键因素。

 专栏6-2

"冰桶挑战"体验式筹款活动

"冰桶挑战"体验式筹款活动发源于新西兰,流行于美国。其游戏规则是:参加者需要将一桶冰水倒在自己头上,并且把整个过程拍成视频上传至社交网络。参加者完成挑战的同时,可以最多点名三人要求其效仿此行为,被点名者须于24小时内选择接受挑战,否则要向慈善组织捐款100美元。2014年8月18日,小米科技有限责任公司创始人雷军接受DST首席执行官尤里·米尔纳(Yuri Milner)的"冰桶挑战",并向美国ASL协会捐款100美元,同时向中国"瓷娃娃罕见病关爱基金"捐赠了1万元。新浪微博获悉雷军接受挑战后,联合瓷娃娃罕见病关爱中心发起了"助力罕见病,一起冻起来"活动,至此"冰桶挑战"在中国迅速风靡。国内的"冰桶挑战"活动在规则上与国外有所不同,主要是被点名者在接受挑战的同时也会捐款。"冰桶挑战"一上微博即被引爆,话题阅读量达到47亿,讨论量达409.4万,相关博文达88万条。"冰桶挑战"活动成功地激发了公众对罕见病的关注,调动了全社会的公益激情,成为2014年标志性的公益事件。

资料来源:杨团.中国慈善发展报告(2015)[M].北京:社会科学文献出版社,2015:199-216.

(3) 捐赠圈筹款①。捐赠圈(giving circle)是指一群志同道合的人自发地

---

① 上海联劝公益基金会.运用捐赠圈激发公众慈善参与的中国模式研究[R/OL].(2022-12-08)[2024-01-10]. https://www.lianquan.org.cn/showInfoDisclosure? file = Know_GetCharityUseReport%3Ftype%3D4%26year%3D2010%26title%3D 运用捐赠圈激发公众慈善参与的国内模式研究.

捐赠资金,并共同决定如何使用捐赠的资金。捐赠圈成员除了捐赠资金,往往还将时间、技能等资源投入慈善活动。捐赠圈筹款是指通过孵化、培育捐助圈进行筹款。Rutnik 和 Bearman 于 2005 年首次发表了美国第一次捐赠圈普查的结果,这项研究发现美国有 220 个捐赠圈。2007 年,Bearman 更新了捐赠圈的相关数据,指出在全美有 400 个捐赠圈。2017 年,Bearman 等研究者根据第三次全美捐赠圈普查发现,捐赠圈规模从 2007 年起增加了 3 倍,资助金额已高达 12.9 亿美元;捐赠圈成员中女性占绝大部分;捐赠圈资助大部分停留在当地;捐赠人的捐赠动机是"回馈";捐赠人加入捐赠圈的目的是"更好地给予";捐赠圈之间以及与慈善部门之间有紧密联系。

舜益咨询的研究发现,我国 2000 年代开始出现捐赠圈。2006 年,北京网友 Grace 在绿野户外论坛发起通过网络义卖帮助北京周边贫困学生的活动。同年,上海的公益人季卉发起了"小桔灯"捐赠圈,成员为上海财大和复旦大学的大学生,通过每人捐赠 200 元帮扶河南、云南、贵州的初中生。2010 年以后,中国出现了两个典型的捐赠圈:一是社会创新合作伙伴项目(SVP);二是"一众基金"。SVP 项目由北京乐平公益基金会于 2013 年在北京成立,该项目借鉴公益风险投资(venture philanthropy)模式,鼓励社会精英利用自己的时间、专业技能和资金来长期支持有潜力的非营利组织,该项目参与者每年捐赠额为 3 万元。"一众基金"是上海联劝公益基金会于 2014 年设立的专项基金。2018 年,"一众基金"已有 100 位捐赠人,每人每年的捐赠额为 2 200 元,善款资助决定采用一人一票的表决形式,捐赠领域为教育,受益人群所在地为上海。

上海联劝公益基金会是国内较早开展捐赠圈筹款的慈善组织。2014 年以后,该基金会的平台上已出现了不同类型的捐赠圈。例如,一起参加文化雅集活动的高净值女性组成的捐赠圈、EMBA 同学会组成的捐赠圈、因参加"一个鸡蛋暴走"活动结缘的高校教师组成的捐赠圈等。2018 年,上海联劝公益基金会设立了捐赠人建议基金(donor advised fund),为捐赠圈提供了合规的公益社群身份。联劝基金会还在战略发展、资金管理、资助建议、项目管理、成员活动和公益传播等方面对捐赠圈进行支持。截至 2021 年底,上海联劝公益基金会已经孵化和培育了 27 个捐赠圈,捐赠圈人数超过 1 000 人。2021 年度捐赠圈捐赠额为 643 万元,累计捐赠额达 1 249 万元。

专栏 6-3

中国捐赠圈研究报告

2021年,在腾讯公益慈善基金会支持下,上海联劝公益基金会项目组开展了国内第一个中国捐赠圈研究。研究发现,截至2021年底,被调研的捐助圈累计筹款总额为13 271 299元,捐助圈成员约有2 700人,累计资助总额为6 275 230元。从活动地域看,近70%的捐赠圈成员分布在上海。从捐助圈成员的数量来看,最多的约有500人,最少的仅3人,中位数为40人。从捐助圈成员年度捐赠金额来看,几元到几十万元都有,45%的成员的年度捐赠额在1 000~4 999元区间。

中国捐赠圈研究报告的主要发现是:①捐赠圈成员的主要特征:年龄在32~52岁,有良好教育背景和良好收入,有共同的兴趣爱好,以女性为主。②设立捐赠圈的主要动因为"在一起,一起捐,回馈社会,没有特定资助需求";捐赠圈发起人一般有2~3人,他们有爱心和公益热情,有可靠的拥护者,有能力吸引朋友和熟人来启动捐赠圈。③捐赠圈成员加入的动因为"基于信任/价值观一致""捐赠圈是可靠的公益途径""能资助决定资助项目"。④捐赠圈日常运维情况:专人通过微信群开展工作,大多数的资助项目由捐赠圈管委会或核心个人进行决策。⑤捐赠圈的捐赠:捐赠圈成员不仅仅捐钱,还捐时间、资源,如担任志愿者,赞助活动场地,贡献名人资源等。⑥捐赠圈的资助领域主要集中在医疗领域、扶贫和社区发展领域,其中教育领域的资助额占65%,资助对象为儿童的资助额也占65%。⑦捐赠圈具有稳定性:65%的成员表示自己所在捐赠圈的成员自加入后全部都在,接近半数成员表示自己加入捐赠圈的时间在3年以上。⑧捐赠圈对成员公益行为和认知的作用:74.90%的成员表示加入捐赠圈使得自己对社会问题的认识得到提升,95.81%的成员认为自己可以成为"美好社会+1"的力量,多数成员表示加入捐赠圈后自己的捐赠额有了增加。⑨捐赠圈的受益人:捐赠圈成员认为捐赠圈最大的受益者是被资助的群体以及成员本身,受资助的公益组织认为捐赠圈为公益组织长期发展提供了较大帮助。

资料来源:上海联劝公益基金会.运用捐赠圈激发公众慈善参与的中国模式研究[R/OL].(2022-12-08)[2024-01-10].https://www.lianquan.org.cn/showInfoDisclosure?file=Know_GetCharityUseReport%3Ftype%3D4%26year%3D2010%26title%3D.

6.2.2 争取政府资助

争取政府资助主要是争取获得政府购买服务的项目。政府购买服务，就是把政府直接向社会公众提供的一部分公共服务事项，按照一定的方式和程序，交由具备条件的社会力量承担，并由政府根据服务数量和质量向其支付费用。目前政府购买服务有直接拨款、公益项目招投标和公益创投等方式。

直接拨款的方式是由购买者向承接特定公共服务项目的组织支付一笔费用。公益项目招投标的方式是政府部门将明确的公益服务项目通过招投标平台向社会发布，各类组织自行投标，经过专家评审，确定优胜者中标。公益招投标的项目目标、范围一般由政府有关部门负责，项目实施方案由社会组织提出。公益招投标有开标、评标、定标等三个阶段。公益创投的方式是政府部门拿出固定数量的资金，向社会征集创新型的社会服务项目。通过发布活动通知、项目征集、项目初评、项目终审等流程，将具有创新性和符合社区需求的公共服务项目遴选出来，对其进行资金支持，并由支持性社会组织提供能力建设服务。

为了保证政府资助资金使用的公开、公平、公正，目前，很多政府购买服务项目采用公益招投标和公益创投的方式进行。

上海较早采用了公益招投标和公益创投的方式开展政府购买服务。2009年，上海实施福利彩票公益金资助项目招投标工作，计划资助资金为4 000万元，实际合同总金额为3 983.57万元，资助项目127个。据统计，上海在2009年到2017年期间共举办了8次公益招投标活动，平均每次招投标活动的实际资助金额为7 000多万元。2009年，上海还出资1 000万元福利彩票公益金启动"上海社区公益创投大赛"，委托上海浦东非营利组织发展中心承办。公益创投大赛共收到127家机构的154份项目申请，经过四期评选，最终59个创新性的公益项目获得近1 000万元的资助，获选项目集中在"扶老、助残、救孤、济困"等民生保障领域。为了贯彻"资金投入+技术管理支持"的公益创投理念，除了资金支持以外，上海浦东非营利组织发展中心还为项目立项机构提供了项目管理、财务管理等方面的系列培训。截至2016年1月1日，全国共有85个各级地方政府开展了公益创投活动[1]。

---

[1] 李健.公益创投SPPP模式研究[M].北京：中国社会出版社，2016：2.

要获得政府资金的资助,慈善组织首先要具备资质,如依法设立,治理结构健全,具有健全的财务管理、会计核算和资产管理制度,具备提供服务所必需的设施、人员和专业技术能力,依法履行各项义务等;其次要提交一份完善的项目申请书,设定好项目目标,设计好项目内容,安排好实施计划,组建好项目团队,制定好项目预算;再次要有项目实施的经验和良好信誉;最后要做好与政府部门的沟通和联络。随着健全基本公共服务体系工作的推进,政府购买社会组织服务的力度会越来越大,申请政府资助将成为慈善组织的重要筹资渠道。

专栏6-4

上海市公益创投案例

● **公益创投的参与主体**

(1)主办单位为上海市民政局。主办单位的主要职责为制定公益创投活动的总体规划和工作进度,协调政府相关职能部门保证公益创投活动的开展,组织各大媒体开展宣传,落实获选项目的政府购买服务资金和工作经费。

(2)承办单位为民办非企业单位、基金会等社会组织。承办单位的主要职责为承办公益创投活动的策划设计、方案实施、获选项目资金监管和项目绩效评估等,并为获选项目的公益服务组织提供专业咨询服务和能力建设培训。上海浦东非营利组织发展中心承办了2009年度的公益创投大赛,上海市公益事业发展基金会承办了2010年度和2011年度的公益创投活动。

(3)协办单位为区县民政局。协办单位的主要职责为组织动员本行政区域内公益服务组织参与公益创投活动,协调街道、乡镇落实具体公益创投项目,督促公益服务组织获选项目的落实。

(4)申报活动的公益组织。参加公益创投项目征集申报活动的公益服务组织,必须是实施该项目或者即将实施该项目的,并经社会组织登记机关认定的公益服务组织。

● **公益创投的申报要求**

(1)参加公益创投征集申报活动的项目,必须符合公益创投规定的项目内容和政府相关政策的导向。

(2)获选项目的实施周期一般不超过一年,项目资金一般不超过20万元。

(3)上年度已经获选的项目,不得再参加公益创投项目的征集活动。

(4) 在同一年度的项目征集活动中,一家公益服务组织最多只能获选两个项目。

(5) 参加公益创投征集申报项目活动的实施地点应当以上海地区为主,适当兼顾上海对口支援的地区。

(6) 参加公益创投征集申报项目的服务对象应当以本市户籍的居民和本市常住人口为主,兼顾来沪务工人员中的困难群体以及上海对口支援地区的居民。

● **公益创投的资金来源**

公益创投的资助资金主要来源于市级福利彩票公益金。在2009年的第一次公益创投活动中,上海市民政局从福利彩票基金中拨出专款1 000万资助大赛。实际执行中,该年资助资金为995.42万元,资助项目59个。在2010年的第二次公益创投活动中,上海市财政实际批复及到位金额约1 100万。实际执行中,该年资助资金1 112.75万元,资助项目65个。

● **公益创投的日常管理**

(1) 获选项目公益服务组织在服务项目的实施过程中应主动接受各级财政、审计和民政等部门的检查,积极提供相关资料。

(2) 获选项目公益服务组织因不可抗力无法继续履行合同约定的服务项目时,应及时向承办单位提出;未经承办单位同意,不得擅自向其他组织转让服务项目。

(3) 获选项目公益服务组织未按合同的约定实施服务项目,承办单位不再申请服务项目后续资金的拨付。

(4) 承办单位对经市民政局批准的获选项目应提供有针对性的能力建设服务,包括对获选项目公益服务组织开展的专业咨询服务和能力建设培训。

(5) 经承办单位对本年度获选项目进行跟踪、评估后,将其中被认定为服务对象满意、组织运作良好,并具有推广意义的部分获选项目作为优秀公益创投项目向市民政局推荐。经市民政局同意后,在"上海民政"网站、"上海社区公益创投"网站上向社会发布,并作为公益创投活动的招投标项目(即创投型公益项目),向全市的公益服务组织公开招投标。

资料来源:王劲颖.上海公益招投标与公益创投的制度变迁[J].中共青岛市委党校 青岛行政学院学报,2014(1):71-77.

6.3 慈善组织公众募捐策略

慈善募捐包括向公众募捐、向企业募捐和向其他组织募捐。其中,从公众募集到的善款在社会募捐总额中的比例体现着慈善募捐和慈善事业的发展程度。公众捐赠(即个人捐赠),在捐赠总额中的比例越高,慈善募捐和慈善事业发展水平越高。2020年,我国个人捐赠在社会捐赠总额中的比例为25%。与慈善事业发达的国家相比,我国个人捐赠在捐赠总额中的比例还较低。但是随着我国经济发展和数字技术与慈善事业的加速融合,个人捐赠在募捐总额中的比例将逐年上升。2021年,我国互联网公益取得"双百亿"可喜成绩(即:超过100亿人次点击、关注和参与互联网慈善,接近100亿元善款通过互联网募集)就是一个例证。在互联网公益正在成为慈善募捐"蓝海"的形势下,慈善组织要取得公众募捐的好成绩,除了要坚守慈善组织的宗旨和使命,还必须采取有效的公众募捐策略。

6.3.1 设计优质的筹款项目(project)

设计优质的筹款项目是慈善组织公众募捐最重要的策略。慈善组织要在公众募捐上取得成效,关键要有优质的筹款项目。公众愿意捐款是因为看到慈善组织的项目能解决社会问题,推动社会进步。当某一募捐信息符合捐赠人期待实现的社会变化时,捐赠人就可能捐款。优质的筹款项目应具备以下两个特点:

1. 抓住社会痛点,聚焦百姓"急难愁盼"的问题

社会痛点问题通常是社会热门话题和公众关心的问题。慈善组织的筹款项目与社会痛点问题和百姓"急难愁盼"问题紧密结合,就能吸引公众对项目的注意力,从而取得好的募捐效果。2020年,扶贫问题、欠发达地区教育问题、留守儿童问题都是社会痛点问题。中国乡村发展基金会根据国家脱贫攻坚整体工作布局,精心策划方案,认真组织实施了"顶梁柱健康保险"项目、"爱心包裹"项目、"童伴妈妈"项目等扶贫项目。"顶梁柱健康保险"项目为建档立卡贫困户中的主要劳动力购买医疗及意外保险,一旦被保险人因病因意外住院,住院总费用中的"自付费用"可以得到一定额度的理赔。"爱心包裹"项目通过组织"爱心包裹"捐购,改善贫困地区农村小学生的学习条件和生活条件。"童伴妈妈"

项目通过建立"一个人、一个家、一条纽带"的模式,建立留守儿童、困境儿童监护网络。这些项目在阿里巴巴公益和支付宝公益等平台上开展筹款活动后获得了良好筹款效果。在阿里巴巴公益的"公益宝贝"平台上[①],2020年,"顶梁柱健康保险"项目筹款9 488万元,"爱心包裹"项目筹款4 282万元,"童伴妈妈"项目筹款2 829万元。"顶梁柱健康保险""爱心包裹""童伴妈妈"等三个项目在阿里巴巴公益平台上的筹款额分别占这些项目筹款总额的90%、88%和56%。此外,在支付宝公益平台上,"顶梁柱健康保险""爱心包裹""爱加餐"等多个品牌项目2020年也筹集到善款2 860万元。

2. 设计科学可行的项目方案

科学可行的项目方案可以保证项目实现预期目标,提升捐赠人对项目的信任。中国乡村发展基金会的"顶梁柱健康保险"项目通过与阿里巴巴公益、支付宝公益平台和蚂蚁金服保险合作,利用AI技术进行保险理赔,受益人只需要在手机端提交相关信息和医疗单据,通过AI技术识别,理赔款很快就能发到受益人账户里,提升了理赔效率,降低了理赔成本。此外,该项目还引入了区块链技术,打造"公共账簿",让捐款人、慈善组织、保险公司、受保人在内的项目参与方共同"记账"和监督。截至2022年,"顶梁柱健康保险"项目累计筹集善款3.94亿元。

6.3.2 建立多元的筹资渠道(place)

筹资渠道指慈善组织向捐赠人宣传、推送筹资项目的途径,是连接筹资项目和捐赠人的桥梁和纽带。建立多元的筹资渠道可以使慈善组织从多个渠道宣传、推送筹资项目,让更多的公众了解和捐助慈善项目。

1. 建立线上公众募捐渠道

在互联网时代,线上募捐是公众募捐的主要渠道。中国乡村发展基金会积极与阿里巴巴公益、支付宝公益、腾讯公益、新浪微公益等慈善募捐信息平台合作,在线上建立了多个筹资渠道。2020年,该基金会在阿里巴巴公益、腾讯公益、支付宝公益平台等线上筹资渠道募集的善款达2亿5 416万多元,占当年筹款总额的23%。2022年,据不完全统计,该基金会在以上筹资渠道募集的善款增加到3亿5 378万元,约占年度筹款总额的30%。

---

① 注:"公益宝贝"是阿里巴巴公益打造的慈善募捐平台,卖家在上架"宝贝"的时候自愿参与"公益宝贝"计划并设置一定的捐赠比例,在"宝贝"成交之后,会捐赠一定数目的金额给指定的慈善项目。

2. 建立线下公众募捐渠道

线下募捐是传统的募捐渠道。中国乡村发展基金会与百胜餐饮集团中国事业部、相关高校社团、相关政府部门合作开展"捐一元""善行100""善行者"等线下募捐活动。"捐一元"项目是与百胜餐饮集团中国事业部合作在肯德基、必胜客等餐厅开展的筹款项目,2020年募集善款1 664万多元,620多万人次参与捐赠。"善行100"项目是与高校学生社团合作开展的公众募捐活动,2020年募集善款854万多元,103万人次参与捐赠。"善行者"项目是与举办地政府合作开展公益徒步筹款活动,2020年筹集善款617万多元,5万多人次参与捐赠。

6.3.3　采取有效的"促销"策略(promotion)

"促销"这个概念来自市场营销,是指通过人员及非人员的方式传播产品及服务信息,帮助消费者熟悉该产品和服务,并促使消费者产生好感,最后产生购买行为的一切活动①。慈善募捐活动的"促销"与商品促销的性质和目的显然不同,但在帮助目标人群熟悉产品和服务、促使目标人群产生好感、最后产生购买行为(捐赠行为)方面有相同之处。慈善组织可借鉴商品促销策略,吸引捐赠人对慈善组织的筹资项目产生兴趣和偏好,激发捐赠人的捐赠欲望,推动慈善项目筹得实施资金,实现社会问题的解决。通过对一些成功的募捐活动的总结,慈善筹资项目通常采用以下"促销"策略:

1. 精心设计募捐文案

美国杜邦公司曾提出,包装是"沉默的推销员",63%的消费者是根据商品包装做出购买决定的。因此,筹资项目要获得捐赠,项目文案必须吸引公众、打动公众、激发公众捐款意愿。例如,腾讯公益平台上筹款效果较好的"母亲水窖"项目注重文案设计。该项目文案中有这样一段叙述:位于定西市安定区鲁家沟镇的山林村,长期以来饮水主要是靠收集雨水或往返3个小时到邻村拉水。由于近年来年轻人都外出打工,剩下都是妇弱老幼,饮水问题已严重影响了当地群众的生活和经济发展。"母亲水窖"项目帮助贫困缺水地区建设供水工程,解决生存、发展问题。募捐文案设计中最有效的设计是讲故事。在"急救意外伤害宝宝们"的项目文案中讲了这样一个故事:松松像小超人一样迅猛机智,爬树飞快。他5岁的时候,意外掉入石灰池中,身体被灼伤溃烂。经过项目

---

① 陈理飞,赵景阳.市场营销(学)[M].成都:西南交通大学出版社,2017:239.

紧急协调救治,松松已不是那个躺在病床上眼神涣散的孩子,他虽然还只能蹒跚行走,但是阳光般灿烂的笑容已经重新回到了他的脸上。

2. 提供真实、客观的数据

真实、客观的数据可以让捐赠人看到项目的重要性和必要性,从而愿意为项目捐款。例如"母亲水窖"项目文案中提供了干旱地区水源不足的数据:甘肃省泾川县丰台乡湫池村,年平均降雨量为 544 mm,年平均蒸发量为 1 455 mm。该村群众长期以来受地形及水源不足的限制,大多数群众用水需到 2~3 公里外的地方用人力车拉,严重制约了该村经济发展并影响人民生活健康。"急救意外伤害宝宝们"项目文案提供了我国每年意外伤害儿童的数据:中国儿童每年因各种形式的意外伤害至少有 1 000 万,其中有 10 万儿童因此死亡,有 40 万的儿童因此致残。该项目在突发事件发生后第一时间介入,提供救治款项,疏通医疗通道,保障患儿在紧急期得到有效治疗,抓住救治中的"生命黄金期",为获得步入"亚急期"深度治疗争取时间。

3. 提供主题鲜明、引人注目的图片

图片是形象符号,是受众首先接收的信息,具有真实性且感人。"母亲水窖"项目注意使用主题鲜明、有冲击力的图片。例如,在项目介绍中使用了当地土地干旱荒芜、沙尘滚滚的照片和妇女用水桶艰难挑水的照片,生动地展现了当地缺水的严重性和"母亲水窖"项目的必要性。"急救意外伤害宝宝们"项目在讲述救助一个因车祸失去双腿的男孩的故事时,用了一张孩子经救治后脱离危险装上了义肢的照片。照片上的男孩使用假肢蹒跚学步,但他面带微笑、充满自信。

4. 设置合理的捐赠数额

学者王征兵曾提出过"不在意资金理论"[①]。他认为,一般情况下年收入的 10‰以上为在意资金,年收入的 1‰为不在意资金,人们慈善捐赠资金一般占其收入的 1‰~10‰。因此,公众募捐项目的捐赠金额设置应小额化,这样有利于捐赠人做出捐赠决定。例如:已筹集 1 994 余万元的"母亲水窖"项目在腾讯平台上的人均捐款额是 6.7 元;在腾讯平台上开展募捐并已募集 3 650 余万元的"重症地贫儿紧急救助"项目的人均捐款数额为 15 元;2023 年"99 公益日"活动的人均捐款额约为 58 元。公众募捐项目设置合理的捐赠数额,可以使捐赠人轻松、快乐、"无感"地进行捐赠。

---

① 王征兵."不在意资金"与慈善捐赠[J].学术研究,2003(1):47-49.

专栏 6-5

"小朋友画廊"募捐活动

"小朋友画廊"募捐活动由腾讯公益平台、深圳市爱佑未来慈善基金会和上海无障碍艺途公益机构(WABC)联合开展,旨在为智障人士提供免费的艺术疗愈服务并改善其生活状况。"小朋友画廊"H5 移动端网页于 2017 年 8 月 28 日上线,截至 2017 年 8 月 29 日,共吸引超过 580 万人次进行爱心捐赠,募集善款 15 029 059.79 元。

"小朋友画廊"的 H5 移动端网页展示了 36 幅智障人士的画作,大部分作品还配有作者亲自录制的语音,向大家说明画作的心意并表达感谢。人们可通过微信支付一元钱,购得一幅电子版画作,将其保存作为手机屏保。在捐款后,捐助者不仅可以看到一个写有自己姓名和捐助作品的感谢页面,还能通过文字留言的方式鼓励这些特殊的"小朋友"。

该募捐活动筹款"产品"(画作)的艺术性、捐赠额度的低门槛、捐赠效益的可视化以及与受助者的互动性激发了人们的同理心和捐助欲望,而微信朋友圈的点赞、转发、评论功能又进一步助推了人们的行善意愿。该筹款活动最高峰时有超过 240 家媒体同时报道,相关新闻超过 5 300 条,超过 1 980 个公众号推送相关文章,总阅读量超过 460 万。

"小朋友画廊"募捐活动实际是腾讯公益平台上的"用艺术点亮生命"乐捐项目,是 2017 年"99 公益日"的一个预热活动。"用艺术点亮生命"项目自 2017 年 10 月开始实施至 2018 年 7 月底,已成功在全国 10 个城市 59 个特殊人群服务站点开展项目,服务智障人士近 2 000 余人,间接受益人逾 6 000 人。

资料来源:杨团.中国慈善发展报告(2018)[M].北京:社会科学文献出版社,2018:318-319。

6.3.4 提供周到的捐赠人服务(post-service)

慈善组织公众募捐的成功不仅取决于筹资项目能否吸引捐赠人,还取决于慈善组织能否留住捐赠人并进而发展捐赠人队伍。美国筹款人协会近年数据表明,美国的捐款人第一年流失率在 75% 左右[1]。这意味着,美国绝大多数的捐款人

---

[1] 萨金特,尚悦.慈善筹款原理与实践[M].孔德洁,顾昊哲,叶盈,等译.桂林:广西师范大学出版社,2021:359.

不会在第二年再次向曾经捐过款的组织捐款。由于保持一个老捐赠人的成本远远低于争取一个新捐赠人的成本[①]，流失一个捐赠人的同时还失去了捐赠人的影响力，因此，做好捐赠人服务工作、留住捐赠人对募捐工作有重要意义。

1. 发送感谢信

发送感谢信是募捐组织首先要做的一项捐赠人服务工作。感谢信是募捐组织对捐赠人的重视和对捐赠行为的赞美，也是留住捐赠人的重要措施。美国的一项调查发现，有75%的捐赠人表示他们在首次捐赠时并没有完全慷慨解囊。他们的首次捐款想试探一下募捐组织所能给的反应。他们希望看到募捐组织是怎样使用这笔钱，并怎样把项目成果反馈给他们。他们希望在解决社会问题时也成为参与项目的一分子[②]。在收到捐赠人的捐款后，募捐组织应尽快对捐赠人表示感谢，理想的状态是收到善款后的48小时内发出感谢信，最晚也不应该超过一周。感谢信可采用电子邮件、微信、短信等形式发出。腾讯公益平台很重视感谢信的作用，平台上的募捐项目收到捐款后会以项目发起组织名义向捐赠人发送一份电子捐赠证书，捐赠证书上写有这样一段话："感谢你为××项目成功捐赠××元，这将会为××群体带来××益处。感谢你，让世界更温暖。"除了收到捐款后及时发送感谢信，还可以在岁末年初用发送贺卡的方式向捐赠人致谢。例如，联合国儿童基金会就曾用发送新年贺卡的形式向捐赠人表示感谢并致以新年祝福。

2. 提供项目进展状况和取得的成效

捐赠人对项目捐款是希望项目能实现预期目标。很多捐赠人关心善款用在什么地方，善款的使用效益如何等。北京大学国家发展研究院的研究团队在2023年针对15 796位捐赠人开展了调查，结果表明50.9%的捐赠人会在捐赠后关注受益人的状况是否得到改善，45%的捐赠人关注捐款是否得到合理使用。因此，向捐赠人提供项目进展状况、资金使用情况和项目取得的成效，有利于提升捐赠人对慈善组织的信任，让捐赠人感到"捐有所值"，从而留住捐赠人。慈善组织要通过项目简报等形式定期向捐赠人反馈项目进展、资金使用等情况，加深捐赠人对项目的了解，鼓励捐赠人对项目提出建议，接受捐赠人对项目的监督，保持慈善组织与捐赠人的紧密度。

---

① 萨金特，尚悦.慈善筹款原理与实践[M].孔德洁，顾昊哲，叶盈，等译.桂林：广西师范大学出版社，2021：358.

② 米勒.公益组织市场营销指南[M].桂林：广西师范大学出版社，2016：153.

3. 发送机构年度报告

向捐赠人发送机构年度报告是与捐赠人保持联系、留住捐赠人的一种有效方式。年度报告不仅反映捐赠人所捐赠项目的实施情况,还包括机构全年运作情况、取得的成就和审计报告。年报内容要重点介绍项目实施情况和项目成效,年报要有照片、真实的故事佐证机构取得的成绩。向捐赠人发送机构年度报告,可以使捐赠人对该慈善组织有更全面、更深入的了解,有利于慈善组织与捐赠人建立长期稳定的关系。

4. 邀请捐赠人参加活动

公众募捐的对象量大面广,为捐赠人提供的服务也大多通过线上进行。然而,线上服务具有无法进行面对面交流的不足。因此,有条件开展公众募捐的组织可以举办邀请捐赠人参加的现场活动,活动形式包括沙龙、晚会、答谢会、年报发布会、项目地参访等。活动可以设置一定名额,按报名顺序确定活动参加人员。现场活动的优点是可以给捐赠人提供真实场景,让捐赠人获得归属感,增加捐赠人对慈善组织的感情,增强慈善组织与捐赠人的黏度。

6.3.5 建立筹资队伍和志愿者团队(personnel)

1. 设置筹资部门,建立筹资队伍

慈善募捐是一项专业性很强的工作,开展募捐活动的慈善组织有必要设置筹资部门和建立专业的筹资队伍。筹资部门的主要职责是根据理事会制订的年度工作计划制订筹资实施计划,组织开展各项筹资活动,完成年度筹资任务。随着互联网公益的快速发展,筹资部门应主动与各互联网募捐信息平台合作,按照各平台的规则、操作要求上传筹款项目,开展网络募捐活动。筹资部门的工作人员除了要有公益素质,还需要有筹资技能。人力资源社会保障部联合民政部组织有关专家制定了《劝募员国家职业技能标准(2022年版)》,该标准阐明了劝募员职业功能、工作内容和技能要求。慈善组织可根据该标准提出的劝募员的知识要求和技能要求,组织开展对筹资人员的培训,提升筹资人员的理论水平和专业能力。

2. 建立志愿者团队

慈善募捐也是一项社会性很强的工作,需要发动更多的社会成员支持、参与募捐活动。慈善组织要把社会成员中喜欢本组织、喜欢组织正在做的事情的社会成员发展成志愿者,组织志愿者团队,让他们参与到组织的项目筹资、项目实施和各项慈善活动中来。慈善募捐从短期看是"筹钱",从长期看是"筹人",志愿者在"筹人"中有重要作用。志愿者可以把一条慈善活动信息发朋友圈,朋友圈的朋友会把信息发自己的朋友圈,从而建起慈善活动的支持者网络。一家连续6年内个人捐赠比例在60%以上的基金会,许多项目都有4万~5万人的以志愿者为核心的粉丝群。该基金会领导认为,"形成一个庞大而具有价值认同感的捐赠者社群,是未来公益机构的核心竞争力"。

本章小结

慈善组织的物质资源主要来自社会捐赠、政府资助、业务收入、会费收入和投资收益等五个方面。社会捐赠主要包括自然人捐赠和企业捐赠。政府资助主要包括政府购买服务、提供办公场地、提供设施建设补贴等等。业务收入是面向社会提供服务的慈善组织收取的服务收入。会费收入是社会团体收取的会员会费。投资收入是慈善组织开展投资取得的收益。慈善组织物质资源筹集有多种途径,其中慈善募捐和争取政府资助是两个重要的途径。慈善募捐有传统募捐和新型募捐两种模式。传统募捐模式包括设置募捐箱、公益慈善一日捐、信函募捐、街头募捐、活动募捐、传统媒体募捐、关系募捐等,新型募捐模式有网络募捐、P2P筹款、捐赠圈筹款等。争取政府资助主要是争取获得政府购买服务的项目。慈善组织要通过参加政府部门举办的公益招投标和公益创投等活动去争取获得政府资助。随着互联网公益的发展,公众捐赠在社会捐赠总额中所占的比例会越来越高。为了提升公众募捐的成效,慈善组织可借鉴公众募捐的"5P"策略,即:设计优质的筹款项目(project),建立多元的筹资渠道(place),采取有效的"促销"策略(promotion),提供周到的捐赠人服务(post-service)和建立筹资队伍和志愿者团队(personnel)。

思考题

1. 慈善组织物质资源有哪些来源?
2. 传统募捐有哪些形式?
3. 新型募捐有哪些形式?
4. 什么是网络募捐?网络募捐有哪些形式?
5. 什么是P2P筹款?P2P筹款有什么特点?
6. 什么是捐赠圈筹款?

7. 政府购买慈善组织服务主要采用什么形式?
8. 慈善组织公众募捐有哪些策略?

主要参考文献

[1] 韩俊魁,邓锁,马剑银.中国公众捐款[M].北京:社会科学出版社,2020.

[2] 萨金特,尚悦.慈善筹款原理与实践[M].孔德洁,顾昊哲,叶盈,等译.桂林:广西师范大学出版社,2021.

[3] TEMPEL E R, BURLINGAME D F, SEILER T L. Achieving excellence in fundraising [M]. 4th ed. New Jersey: John Wiley & Sons, 2016.

[4] 克莱恩.成功筹款宝典[M].招晓杏,张嘉,译.广州:广东人民出版社,2016.

[5] 冯利,章一琪.公益组织筹款策略[M].北京:社会科学出版社,2015.

[6] 卢咏.公益筹款[M].北京:社会科学文献出版社,2014.

[7] 米勒.公益组织市场营销指南[M].桂林:广西师范大学出版社,2016,

[8] 张进美,杜潇,刘书海.城市居民不同收入群体慈善捐款行为研究[J].山东理工大学学报(社会科学版),2018,34(4):22-26.

[9] 刘武,杨晓飞,张进美.城市居民慈善行为的群体差异:以辽宁省为例[J].东北大学学报(社会科学版),2010,12(5):426-432.

[10] 李健.公益创投 SPPP 模式研究[M].北京:中国社会出版社,2016.

[11] 陈理飞,赵景阳.市场营销(学)[M].成都:西南交通大学出版社,2017.

第7章 慈善组织的人力资源

> **学习目标**
>
> 慈善组织的人力资源是慈善组织高质量发展的关键所在。通过学习本章,我们应当了解慈善组织人力资源的构成及特点,熟悉慈善组织员工招聘、员工培训和员工开发的步骤和方法,了解慈善组织绩效管理、薪酬管理的内容和方法,了解慈善组织志愿者管理的原则和内容。

7.1 慈善组织人力资源的构成

7.1.1 慈善组织人力资源概述

人力资源(human resource)是指能够推动国民经济和社会发展的、具有智力和体力劳动能力的人的总和。相应地,慈善组织人力资源是指在慈善组织中从业的、具有劳动能力的各类人员的总合。慈善组织人力资源可以从数量和质量两个方面衡量。数量包括绝对量和相对量两个方面:绝对量通常是慈善组织内的受薪专职人员、受薪兼职人员和不受薪志愿者数量之和;相对量主要是慈善组织中从业人员占全体人口的比重。相对量主要用于衡量慈善行业的人员数量是否合理。慈善组织人力资源的相对量目前没有统一标准,但通过横向比较可知:比例越高表示慈善行业人员充足,社会资本发达,可以提供较好的社会服务;比例越低则意味着慈善行业人员不足,社会服务供给不足。从质量上看,慈善组织人力资源质量一般指慈善组织从业人员个体素质的综合,它包括一定范围内人力资源所具有的素质、知识、技能和劳动意愿,常常用道德品质、受教育程度、劳动者技能资质以及劳动态度等指标来衡量。

7.1.2　慈善组织人力资源构成

　　慈善组织人力资源主要包括决策人员、管理人员、工作人员和志愿者。决策人员主要指理事会的理事。理事通常由出资人、捐赠方代表、专家学者、受益人代表等组成。理事的主要职责是制定和修改章程，选举或罢免理事长、副理事长、秘书长，制定管理制度和战略规划，决定机构设置和副秘书长、部门负责人的聘任，决定重大业务活动，审定年度工作计划和预算等。理事一般都是兼职的。管理人员主要指慈善组织的秘书长、部门负责人等。他们负责组织的管理和运作，帮助组织与外界建立良好的关系，助力组织完成自己的使命。管理人员不仅要具备管理知识和管理能力，还要具备专业知识和专业能力，善于沟通与协调，善于利用一切社会资本。工作人员是指在慈善组织中从事项目实施、社会服务、资金筹集、公关传播、行政事务等工作的专业人员。工作人员的能力和素质是影响慈善组织工作效率的一个重要因素。志愿者是指以自己的时间、知识、技能、体力等从事志愿服务的自然人。志愿者不以获取报酬为目的，为社会提供各项服务。志愿者是慈善组织所特有的人力资源。

7.1.3　慈善组织人力资源管理的特点

　　慈善组织人力资源管理指管理慈善组织一系列人力资源的过程。这些过程包括慈善组织人力资源规划的制定、员工的招募与管理、培训与开发、绩效管理、薪酬管理等。相对于企业和政府部门，慈善组织人力资源管理具有以下特点：

1. 使命驱动

　　慈善组织通常由强烈的社会使命和社会目标驱动，员工往往因共同的价值观和愿景而加入组织。慈善组织在招聘过程中强调组织的愿景和使命，吸引那些与组织价值观相契合的人才，并提供持续的使命教育和培训，以提高员工积极性、主动性和创造性。

2. 志愿性

　　慈善组织从业人员通常具有更多的志愿精神，这也是慈善组织发展的根本动力。同时，慈善组织开展活动和实施项目时往往需要招募和使用大量志愿者。慈善组织管理者在工作中需要调动和激发员工和志愿者的志愿精神。

3. 多元性

慈善组织通常服务于多元化的群体,因此需要拥有与服务对象多样性相适应的员工队伍。在人力资源管理中要尽量保证组织内部拥有多元文化背景的员工,并促进不同背景员工之间的理解和尊重。

4. 资源限制

与企业组织相比,多数慈善组织的财务资源较为有限,这就要求在人力资源管理上更为精打细算。例如,通过灵活的工作时间安排录用非全日制员工和实习生,积极招募和使用志愿者等。

7.2 慈善组织人员招聘

慈善组织的人力资源管理始于人员招聘。它包括三个主要环节:制定人力资源规划、进行工作分析、开展人员招聘。

7.2.1 慈善组织人力资源规划

1. 慈善组织人力资源规划的意义

慈善组织人力资源规划是指根据组织的宗旨和战略发展目标,科学地预测组织在未来环境变化中人力资源供给与需求的状况,制定必要的人力资源获取、利用、保持和开发策略,满足组织对人力资源在数量上和质量上的需求。慈善组织制定人力资源规划的意义包括以下几个方面:①内、外部环境的变化会对慈善组织人力资源的供求状况产生影响,需要对人员的需求进行合理的预测。②慈善组织员工存在较高的流动率,需要不断补充新的员工。人力资源规划可以使慈善组织的人力资源管理处于主动的地位。③慈善组织的业务往往以项目的形式开展,项目的周期性特点会导致人员变动。人力资源规划可以保证项目实施过程中的人员供给。④人力资源规划可以确保组织人力资源与未来发展各个阶段的任务相适应,减少组织发展的不确定性。

2. 慈善组织人力资源规划的内容

慈善组织的人力资源规划通常包括以下几个方面的内容:①战略规划。战略规划是根据组织发展战略目标,制定组织人力资源开发和利用的方针、政策和策略。它是人力资源规划的核心。②组织规划。组织规划是对组织整体框架的设计,主要包括组织结构的设计、组织部门的设置等。③制度规划。制度规划是指组织人力资源管理制度体系建设,它是组织人力资源规划目标实现的重要保证。④人员规划。人员规划是对慈善组织人员数量、构成与流动的整体规划,包括人力资源现状分析、组织定员、人员需求和供给预测。⑤费用规划。费用规划是指组织人工成本、人力资源管理费用的整体规划。

3. 慈善组织人力资源规划制定的步骤

慈善组织人力资源规划制定包括以下几个步骤:①人力资源的需求预测。根据环境变化和组织的战略目标,预测组织在未来一段时期对各种人力资源的需求。人力资源需求预测包括长期预测和短期预测、总量预测和各个岗位预测。②人力资源的供给预测。对未来一段时期里组织内部能够提供的人力资源和外部劳动力市场能够提供的人力资源进行预测,测算出组织在未来一段时期里各种人力资源的供给状况。③制定人力资源规划。根据组织的战略目标以及人力资源的供需状况,编制组织的人力资源规划,包括总体规划和各项具体规划。一个典型的人力资源规划应该包括规划的时间段、计划达到的目标、工作任务、具体措施等。

7.2.2 慈善组织工作分析

工作分析又称职务分析,是指对组织中各个工作职务的目的、任务、职责、权力、隶属关系、工作条件、任职资格等进行描述的过程,它的结果是产生工作描述和任职说明。工作分析是慈善组织人力资源管理的基础性环节,员工招聘、员工培训、绩效考核乃至薪酬管理都要以工作分析为依据。

1. 工作分析的重要性

工作分析的重要性主要体现在以下几个方面:①为人员招聘及甄选提供依据。通过工作分析确定人员招聘、甄选的标准,明确能够胜任岗位工作的员工应具备的知识、能力与素质。②为员工培训提供依据。工作分析可以用于评估培训需求,从而安排有针对性的培训活动。③为薪酬政策提供依据。工作分析对各个岗位的工作任务、工作职责、任职资格等进行了说明,组织可以根据各个岗位的重要性、贡献度制定不同的薪酬标准,以保证薪酬的内部公平。④为绩效管理提供依据。工作分析对每一个工作岗位进行了描述,在此基础上可以提炼出绩效评估的目标和相关指标,提高绩效评估的科学性。

2. 工作分析的具体内容

工作分析的具体内容包括三个部分:①对工作内容的分析,包括对工作步骤、工作流程、工作规则、工作环境、工作设备和辅助手段等相关内容的分析。②对岗位和部门的分析,包括对岗位名称、岗位内容、部门名称、部门职能、工作量等相关内容的描述和分析。③对在岗人员的分析,包括对人员的知识、能力、素质和个人特性(兴趣、爱好、特长)等内容的分析。

3. 工作分析的过程

工作分析的过程可以分为以下几个阶段:①准备阶段。这一阶段的任务是了解有关情况,明确调查范围与调查方法。同时,要做好员工思想工作,让员工了解工作分析的目的和意义,消除员工不必要的误解和恐惧心理。②调查阶段。调查阶段的首要任务是收集信息,信息的来源包括组织结构图、工作流程图、员工工作报告、工作日志等;接下来要进行调查,调查的方法包括直接观察、问卷调查和访谈等。③分析阶段。分析阶段是对调查阶段获取的信息进行分类、分析和整理的阶段。这一阶段要分析、揭示各职位的主要成分和关键因素。④总结阶段。总结阶段要形成工作说明书,具体说明工作内容与特征、工作职责与权限、工作目的与结果、工作标准与要求、工作时间与地点、工作条件与环境、任职者所需达到的条件等。

7.2.3 慈善组织人员招聘与甄选

1. 慈善组织人员招聘

有效的员工招聘是实现慈善组织目标的关键因素之一。有效的招聘过程能保证组织在合适的时间、合适的地点招聘到合适的人才。慈善组织人员招聘过程包括以下几个环节:

(1) 招聘需求。慈善组织的招聘部门每年需要根据组织本年度工作计划制订人力资源配置计划和年度招聘需求。在实际工作中,慈善组织的招聘需求可以分为以下三类:①正常招聘需求,即为满足日常工作需要的招聘。此类招聘需求的人员往往是全日制员工和实习生。②部门业务发展的需求。慈善组织经常会承接一些项目,需要有工作人员参与完成项目。此类招聘需求的人员往往是非全日制员工和志愿者。③临时性岗位的需求。慈善组织开展短期或者临时性工作时也需要增加人手。此类招聘需求的人员往往是非全日制员工和志愿者。

(2) 招聘原则。在招聘人员时,慈善组织在关注候选人良好的专业技能的同时,更应强调员工的价值观、道德素质、个人兴趣、团队合作意识等。价值观是慈善组织人力资源管理的关键性要素,而价值观又具有相对稳定性。因此,慈善组织在招聘环节应首先挑选与慈善组织价值观一致的员工。同时,要严格遵循"公开、平等、竞争、择优"的原则(见表7-1)。

表7-1 招聘原则的具体表现

原则	具体内涵
价值观一致	个人所秉持的立场和原则与组织的要求相匹配
能岗匹配	个人的知识和能力能胜任岗位的要求
公开	公开岗位招聘规划、人才筛选标准以及结果
平等	对所有应聘者予以均等的机会,不因应聘者的性别、民族、宗教信仰和推荐人而给予不同的考虑
竞争	招聘部门通过多层次综合考核筛选出所需人才
择优	考核标准应包括其是否拥有较高的道德素质、良好的专业技能、团队意识以及创新精神等

(3)招聘启事。在明确了招聘需求和招聘原则后,慈善组织需编写和发布招聘启事。招聘启事一般应包含以下信息:①组织简介和组织文化;②空缺岗位的名称和岗位职责描述;③任职资格、技能等要求;④组织能为员工提供的待遇和职业发展条件;⑤如何申请岗位;⑥申请截止时间;⑦联系方式等。

(4)招聘渠道。慈善组织的招聘渠道可分为内部招聘和外部招聘两种(见图7-1)。内部招聘即在内部招聘合适人才,主要包括内部提升、工作调换两种方式。内部提升是指当组织中有比较重要的岗位需要招聘人员时,让组织内部符合条件的员工从一个较低级的岗位晋升到一个较高级的岗位。工作调换也叫作"平调",目的是用人所长,以利于今后工作的开展。工作调换应尽可能事前征得被调用者的同意。外部招聘即从组织外部吸收人才,最常见的外部招聘渠道包括熟人推荐、网络招聘和中介组织招聘三种。熟人推荐是指通过组织的员工、客户、合作人等推荐合适人选。熟人推荐是慈善组织中相对最有效的招聘方式,大多数慈善组织愿意采用此渠道吸纳"招来就能用"的、人岗匹配度较高的人才。通过此渠道进入组织的新员工往往离职率低、工作满意度高、工作绩效也较好。网络招聘是指人事部门通过网络发布招聘信息。网络招聘主要有两种方式:一是通过组织自身的网站发布信息;二是通过招聘网站发布信息,主要的招聘网站有前程无忧、智联招聘、中国发展简报、NGOCN、公益慈善学园、中华英才网等。中介组织招聘是指通过人才交流中心、职业介绍所以及猎头公司等中介组织进行招聘。人才交流中心和职业介绍所主要面对中、低层次的人才,其招聘成本相对于其他招聘方式来说稍偏高。猎头公司帮助组织搜寻高级管理人才,其招聘成本相对更高。

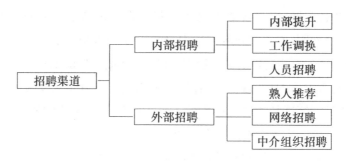

图 7-1 慈善组织主要招聘渠道

2. 慈善组织人员甄选

慈善组织人员甄选的过程包括对应聘者进行筛选、面试、笔试、背景调查和录用等。

(1) 对应聘者简历进行初步筛选。筛选的前提是尽可能地了解每个应聘者,因而,对简历所提供信息的真实性进行审核是十分必要的。初步筛选的目的是减少进入面试环节的人数,节省后续招聘工作的时间。

对应聘者进行筛选方法

- 求职信:求职者的求职信可以简要地反映出求职者是否适合这一岗位。求职信应该没有文字或语法错误并且容易阅读。
- 简历:求职者的简历应该反映出其工作技能和经验。要注意简历中的一些信号,比如长期的失业状态以及文字错误等。确保求职者的经验、技能和教育背景与岗位相接近。
- 视频面试:组织也可以通过视频对求职者进行初步面试。视频面试选择少量关键的问题,并且保持对话简洁。通过视频面试,对求职者对这份工作的热情、理解和能力进行综合评价。

在初筛过程中,组织通常还需要关注一些其他额外的因素,作为考虑是否进入面试的依据。它们通常包括:①薪酬期望。一些组织通常会在最开始就询问求职者的薪酬期望,从而确定是否符合组织预算。②个人特质。诸如工作热情、诚实守信和个人价值等特质都足以将这一求职者从人群中筛选出来。③软技能。包括清晰的沟通能力等。

（2）面试。面试一般分为结构化面试和半结构化面试两种，面试的问题可以有以下类型：①情境性问题，询问应聘者在一个给定的情境中将做出怎样的反应；②行为性问题，要求应聘者描述在某个真实情境中他们如何做出反应；③职位相关性问题，询问应聘者与他们过去工作经历相关的问题；④压力性问题，向应聘者提出有压力的问题，鉴别出压力承受能力较弱的应聘者；⑤需求性问题，对应聘者求职的目的和未来期望进行询问，了解其未来发展需求。

（3）笔试。笔试是通过应聘者在试卷上笔答试题，根据解答的正确性进行考查的方法。笔试主要考查应聘者的通识知识和专业知识。

（4）背景调查。背景调查是对求职者所提供的信息进行验证。一般而言，背景调查都会让求职者知悉。

（5）录用决策。慈善组织领导会同业务部门和人事部门负责人根据岗位任职要求和应聘者的面试、笔试和背景调查结果做出录用决策。

录用决策依据

- 个人简历、员工信息登记表所列内容完整、真实、有效。
- 个人的价值观符合组织的宗旨、价值观。
- 知识、能力符合任职资格的要求。
- 具有良好的沟通能力和团队合作能力。
- 能遵守组织各项规章制度。
- 体检信息真实，身体健康状况适宜从事所录用的工作。

（6）入职安排。应聘人员被录用后，人事部门通知新员工到单位报到、提交相关材料，并向新员工介绍其工作内容、相关同事和培训安排。

专栏7-1

无领导小组讨论测评技术

无领导小组讨论测评技术是采用情境模拟方式对应聘者进行集体面试的一种方法。该方法将4~8名应聘者组成一组，进行1个小时左右的讨论。讨论过程中，不指定主持讨论的组长，只是发给每人一个简短案例，其中隐含着一个或数个待解决和处理的问题，以引导小组进行讨论。应聘者一般围绕一张圆桌而坐。整个讨论分成三个阶段：一是面试官选读试题，应聘者独立思考，列出发言提纲,一般规定时长为5分钟左右;二是应聘者轮流发言阐述自己的观点;三是应聘者自由发言,不但阐述自己的观点,而且对别人的观点提出意见。讨论结束后,面试官根据每人在讨论中的表现和所起的作用给出评分。

无领导小组讨论的题型有开放式、两难式、排序式等。例如:"你认为领导应具备哪些特质?"就是典型的开放式试题;"你认为智商和情商哪个更重要?"则是两难式试题"你认为对于一个慈善组织来说,资金筹集、项目运作、公信力建设哪个更重要?"就是排序式试题。无领导小组讨论的评价标准包括:①参与有效发言的次数;②能否明确提出自己的见解和主张;③能否说服别人,调节争议;④能否倾听他人意见,尊重他人;⑤是否具有较好的语言表达、分析问题、归纳总结等方面的能力;⑥是否反应灵敏等。无领导小组讨论适于考察应聘者的积极行动能力、人际沟通能力、组织协调能力、分析和解决问题能力、应变能力等,经常在慈善组织面试应聘者时使用。

7.3 慈善组织员工培训和开发

7.3.1 慈善组织员工培训

慈善组织员工培训是为了提高员工工作能力,改善员工工作业绩和组织经营绩效而采取的一系列有计划的人力资本投资过程。慈善组织员工培训的步骤主要包括培训需求分析、培训计划制订、培训活动开展、培训效果评估等。

1. 培训需求分析

培训需求是指特定工作的实际需求与任职者现有能力之间的差距,即:理想的工作绩效－实际工作绩效＝培训需求。培训需求分析的目的是:①找出影响组织发展或员工工作的问题所在,并找出解决问题的有效方法;②帮助培训部门在制定培训规划之前把握实际需求;③选择最优培训方式进行员工培训;④进行组织培训成本的预算以及获得组织内部与外部的各种支持。培训需求分析包括以下几个环节:

(1) 培训需求阶段分析。通常情况下,培训需求阶段可进一步分为四个阶段:①新员工入职。大多数新员工需通过培训熟悉开展工作所必需的基本程序和行为标准。培训能帮助新员工在广泛意义上理解组织的过去和现在、组织文化以及组织未来的发展等,使得新员工更快地融入到组织中。②员工晋升或者岗位轮换。此时,员工虽已经是组织的老员工,但晋升到其他岗位或轮换到新岗位,会有新的工作要求。因而,要对员工进行培训。③环境变化。如引进新的办公设备和新的软件,要求培训员工学会使用。④实施新项目。慈善组织申请或设计的新项目立项后,需要培训员工掌握与实施项目有关的新知识。

(2) 培训需求分析的层次。培训需求分析从层次看,可分为战略层次、组织整体层次、员工个人层次等。①战略层次分析是指对组织的过去、现在和未来展望而进行的培训分析;②组织整体层次分析是指对组织目标、资源、特质、环境等因素进行的分析,找出组织存在的问题与问题产生的根源,以确定如何通过培训来解决这类问题;③员工个人层次分析是指将员工现有的水平与组织对员工知识、技能和工作态度的要求进行比照,找出两者之间存在的差异。

(3) 培训需求分析的方法。培训需求分析的方法主要有访谈法、问卷调查法、观察法、关键事件法、绩效分析法和咨询法等。

2. 培训计划制订

在确定培训需求以后,需要制订培训计划。培训计划一般包括以下内容:

(1) 培训目标。慈善组织需确定经过培训的员工应达到的可度量的工作绩效,为接受培训和实施培训的员工提供努力的方向。

(2) 培训经费。培训经费包括培训经费预算及经费来源。培训经费预算指在一段时期(通常是1年)内培训活动所需要的开支。通常慈善组织会制定一个占组织总预算适当比例的培训经费预算。该经费主要来源于组织的收入,组织与员工共同分担费用和社会资助。

(3) 培训类型。慈善组织员工培训可以分为以下几种类型:一是根据时间长短,分为长期培训和短期培训两类。长期培训通常是超过6个月以上,一般包括出国培训或者学历教育。长期培训通常面向慈善组织的管理人员或者骨干。短期培训一般是指专门的业务培训,通常为期几天或者以专题讲座形式进行,培训对象为慈善组织的工作人员。二是根据培训方式分为在职培训和脱产培训两类。在职培训通常是安排新员工跟着有经验的老员工或管理人员学习。脱产培训主要由外部专家对组织员工开展集中培训。三是根据培训的主体分为由政府、慈善组织、企业、高校等开展的培训。政府开展的培训侧重于围绕相关政策法规、政府资助的项目申报和购买服务的政策。慈善组织开展的培训主要是围绕慈善组织内部的各个岗位所需的实用知识技能。企业通常会派出管理人员为慈善组织提供市场运营方面的培训。高校开展的培训主要是利用学校的师资资源提供学历层次教育。四是根据培训的对象分为新员工上岗培训、在职员工培训、管理人员培训等。五是根据培训的内容分为领导力培训、项目管理培训、筹款培训、财务培训、传播培训等。

（4）培训方法。慈善组织员工培训方法通常包括讲座、案例研究、导师制和小组讨论等。讲座由行业专家、高校教师、培训师等向学员讲授，并辅以问答、讨论等形式。案例研究由培训师介绍相关案例，让学员分成小组进行分析讨论。案例研究可以帮助学员提升分析问题和解决问题的能力。导师制培训也叫个别培训，一般以一对一的方式，由一名资深的管理人员或专业人员与一位员工结对，导师在其中扮演教练、顾问以及支持者的角色。导师制培训可以帮助员工发展技能、提升能力并建立自信。小组讨论方法的特点是信息交流方式为多向传递，小组成员可以互相学习、互相启发，这种培训方法有利于训练学员分析、解决问题的能力与人际交往的能力。

3. 培训活动实施

制订培训计划后就要着手开展培训，通常需要选择培训场所，联系合适的培训师，制定培训方案等。培训方案一般应包括培训项目名称、培训计划、培训要求、培训师资、注意事项等。培训活动要建立培训档案，保存培训方案、培训材料、培训总结等资料。

4. 培训效果评估

培训效果评估是指对学员满意度、学员所获得的知识、技能等进行评估。培训效果评估可分为四个层次：①调查学员对培训的看法。如培训内容是否合适，培训方法是否得当等。②调查学员通过培训掌握了多少知识和技能。③调查学员在工作中应用了多少所学内容。④评估组织因开展培训取得的收益，可将工作效率、工作质量、工作成本等与培训前进行对照。

7.3.2 慈善组织员工职业发展管理

1. 员工职业发展管理概念

员工职业发展管理是指组织为员工设计职业发展计划和帮助计划。它从组织的角度出发，将员工视为可开发增值的资本，通过员工职业目标上的努力，谋求组织的持续发展。职业管理需要满足个人和组织的双重需要，既要帮助员工实现个人的职业发展目标，又要符合组织的战略需求，加强组织的能力建设。有效的职业发展管理可以提升员工的满意度和忠诚度,优化人力资源配置结构。慈善组织员工职业发展管理要关注员工职业发展的三条路径:一是员工职业技能提升,即从较低的技术层次晋升到较高的层次。如从初级社工师晋升到中级社工师、高级社工师等。二是员工管理职位上升。如从项目官员上升到项目主管、项目经理、部门主任等。三是员工工作范围拓展。即掌握较多方面的工作技能,做到一专多能,在组织内发挥更大作用,提高个人的社会价值实现程度。

2. 建立员工职业发展通道

为了有效进行员工职业发展管理,慈善组织要完善组织的职位体系,建立员工职业发展通道,为员工在组织内发展提供机会。例如某个全国性基金会建立了双轨制的员工职业发展通道:一条是管理职位发展通道。该基金会设立了七级管理职级体系——项目官员、项目主管、项目处长、项目部主任助理、项目部副主任、项目部主任、助理秘书长,为管理方面具有潜能的员工提供职业成长道路;另一条是技术职级发展通道。该基金会的技术类职级也设七级——初级技术员、中级技术员、副高级技术员、高级技术员1、高级技术员2、高级技术员3、专家,为专业技术方面具有专长的员工提供成长道路。该基金会的技术类职级与管理类职级交叉、互通。基金会的员工通过参加组织安排的一系列培训和开发活动,完成组织安排的工作任务,具备相应的工作能力,就可获得晋升职级的资格。

3. 开展员工职业发展管理

慈善组织员工职业发展管理一般在两个层次上开展:一是员工进行自我评估,确定自我发展目标,制订职业发展计划;二是组织对员工的职业发展进行引导,帮助员工选择适合自己的职业发展目标,并为其提供必要的实践、培训、指导等支持,助力员工实现职业发展计划。员工职业发展管理是一个循环往复、持续改进的过程,需要组织和员工共同努力,以实现个人成长与组织成功的双赢局面。

7.4 慈善组织绩效管理

7.4.1 绩效管理的概念

1. 绩效管理的定义

绩效管理是指各级管理者和员工为了达到组织目标,共同参与的绩效计划制订、绩效考核评价、绩效结果应用、工作绩效提升的管理过程。绩效管理的目的包括以下几个方面：一是客观、公正地评价员工工作表现，使员工能够充分了解自身状况，及时做出调整，提高员工的工作绩效；二是为实施奖惩、调整薪酬和职务等提供决策依据，充分调动员工的积极性；三是加强管理人员与员工的沟通，建立良好的工作氛围，增强员工对慈善组织的归属感和对慈善组织理念的认同感；四是提升组织绩效，实现组织目标。绩效管理是人力资源管理的关键环节。

2. 绩效管理的特征

绩效管理有三个方面的特征：一是以成果为导向。即员工的工作成效要通过具体成果来检验。二是以考评为杠杆。即通过对员工工作状况进行考查和测评，提高员工的工作绩效。三是以激励为目的。绩效管理的目的是对先进员工进行正向激励，对后进员工进行反向激励，从而提高组织的工作效率。

3. 绩效管理的原则

绩效管理有三个原则：一是公平原则。慈善组织绩效考核的标准、流程以及结果都应该公开透明。二是客观原则。绩效考核指标及标准要描述清晰，部门负责人需要根据员工日常表现以及客观考评资料进行评估，用事实说话，避免主观臆断。三是及时原则。部门负责人在对员工进行绩效考核时，应将考核结果及时反馈给被考核员工，并对存在的问题提出改进建议。

7.4.2 慈善组织绩效管理的方法

1. 目标管理法

目标管理（management by objective，MBO）是组织中上级和下级通过协商，根据组织的使命确定一定时期内组织的总目标，由此制定各部门的分目标和员工的具体目标，并把这些目标作为组织、部门以及个人绩效考核的标准。

目标管理法一般具有六个步骤。第一步，根据组织战略制定组织目标；第二步，根据组织目标制定部门目标；第三步，部门负责人和员工共同制定员工的绩效目标。前三个步骤通常在年初完成。第四步，员工对自己的绩效进行评估，部门负责人对员工的绩效进行评估；第五步，部门负责人和员工就绩效评估的情况进行沟通讨论，对员工绩效目标实现方面取得的成绩予以肯定，对存在的问题明确改进措施。与此同时，组织负责人对部门绩效目标实现情况进行评估考核；第六步，组织审核个人绩效考核结果和部门及组织绩效考核结果。后三个步骤通常在年底完成。

作为一种相对简便易操作的绩效管理方法,目前目标管理法已被许多慈善组织所采用。FP 基金会在目标管理方面进行了多年探索和实践。该基金会的具体做法是:年初基金会秘书处根据理事会会议制定的战略目标制定组织年度总目标,之后各部门根据组织总目标制定部门目标,然后员工根据部门目标制定自己的个人目标。年底,分别由理事会对秘书处的工作进行考评,由秘书处对各部门的工作进行考评,由各部门对员工的工作进行考评。该基金会对员工的考评采用以下方法。部门负责人根据员工工作表现和出勤情况进行评分,总分 100 分。设立五个指标:一是工作完成量,满分 30 分;二是工作质量,满分 30 分;三是工作及时性,满分 15 分;四是工作态度,满分 15 分;五是考勤,满分 10 分。考评 60 分以下为不及格,扣除全额绩效工资;60～75 分为合格,发 80% 绩效工资;75～85 分为良好,发 90% 绩效工资;85～100 分为优秀,发 100% 绩效工资。

2. 平衡计分卡

平衡计分卡(balanced score card, BSC)是将组织战略目标逐层分解转化为财务、客户、内部流程及学习与成长四个方面的具体绩效考核指标的绩效管理方法(见图 7-2)。

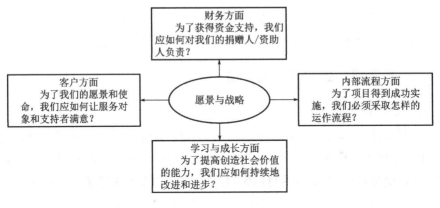

图 7-2 平衡计分卡结构图

(1) 财务绩效考核。慈善组织虽然不以营利为目的,但同样需要衡量财务资源的投入产出比,以维持组织正常发展。此外,随着社会对捐赠金额使用的关注,也需要将其作为绩效指标的衡量维度之一。

(2) 客户绩效考核。慈善组织的客户包括其服务对象以及支持者,包括捐赠者、志愿者、合作伙伴等。涉及的指标有服务对象以及支持者的满意度、服务对象的数量等。

(3) 内部流程考核。慈善组织大部分以项目为运作形式,因此,组织需要评估这些项目目标的运作流程。

(4) 学习与成长考核。主要是考核员工是否有提升空间,是否能够给组织创造更多价值。涉及的指标有员工的自我学习能力、培训成效、员工素质、技能等。

运用平衡计分卡进行绩效考核一般需要经过四个基本步骤:一是明确组织愿景和战略;二是通过上下级的双向沟通将组织的绩效目标分解到部门和个人,将组织目标、部门目标和个人目标联系起来;三是优化业务流程,形成组织的竞争优势;四是反馈与学习,即以信息反馈和反思为基础,根据考核结果及时修改和调整组织战略。

3. 360度考核法

360度考核法(360-degree feedback)也称为全方位评价法,是一种基于新的多元信息反馈的绩效评价方法(见图7-3)。360度考核法由被考核者的上级、下级、同事以及自己对被考核者的工作情况进行打分,然后将这四者的意见按不同权重予以整合,反馈给被考核者。360度考核法的考核内容应与关键绩效指标相结合。具体做法是:①考评者听取被考核者的同事和下属的意见,并让被考核者进行自我评价。听取意见和进行自我评价的方法是填写调查表;②考评者根据这些调查表的信息对被考核者的工作表现做出合理的评价;③考评结果出来后,考评者与被考核者会面,与被考核者一起讨论考评结果。在这之后,双方一起讨论定出被考核者下一年度的绩效目标、考核标准和事业发展计划。

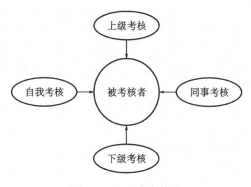

图7-3 360度考核法

360度考核法不仅把上级的评价作为员工绩效信息的来源,还把组织内部与员工有关的人员作为提供反馈信息的来源(组织内部有关人员提供反馈通常采用匿名的形式),这使得考评结果更加全面、客观和公正。

专栏 7-2

ND 公益基金会 360 度考核办法

ND 公益基金会为客观、准确评价员工绩效,充分调动员工的积极性,促进员工的全面发展,实行 360 度考核办法。该考核办法主要内容如下:

1. 考核方法:考核由员工自我评估、同事民主测评和上级考核三部分组成。员工自我评估是员工根据自己的工作任务和年度工作执行情况填写"年度绩效计划完成情况表",撰写述职报告。自我评估占考核总分的 20%;同事民主测评是让员工之间互相评价,占考核总分的 30%;上级考核是上级根据员工的工作表现、目标完成情况、能力、态度和行为表现等对其进行评价,占考核总分的 50%。

2. 考核内容:①重点工作业绩,指列入基金会工作计划的各项任务的执行结果;②基础工作业绩,指根据机构各部门所描述职能职责要求完成的基础工作的执行结果;③内部沟通协作,指在部门内部合作、跨部门合作中的态度和表现,以及在沟通协作方面所采取的具体措施;④创新成果,指通过采用新思路、新方法、新技术在工作中所取得的创新性成果;⑤胜任能力,指公益理念和价值观、职业素养、专业能力、执行能力或管理能力、个人发展潜力。

3. 考核总分和等级:考核总分为 100 分,考核等级分为优秀(90~100 分)、良好(81~90 分)、称职(60~80 分)、不称职(60 分以下)四个等级;

4. 考核标准:见表 7-2。

表 7-2 ND 公益基金会绩效考核标准

等级	重点工作	基础工作	沟通协调	创新成果	胜任能力
优秀	各项考核内容超过良好等级,或前三项有重大突破和进展				
良好	基本完成,效率高,质量好,成效明显	工作扎实,工作量大,质量好,档案完备,信息收集、整理工作好,能满足各层面的需求	服从大局,积极支持、配合其他部门工作,完成领导交办的其他工作,成效明显	能对机构事业发展提出建议和意见,对提高工作效率和质量、改进工作有积极作用	有很强的公益理念、较强的专业知识和专业能力,具有较高的执行能力和管理能力,在工作和个人学习发展方面有新进展
称职	各项考核内容虽未达到良好标准,但达到基本工作标准				
不称职	各项考核内容低于基本工作标准				

5. 考核结果应用：绩效工资的确认，工资晋级资格的确认，晋职资格的确认，培训资格的确认等。

通过实行360度考核，ND公益基金会能够更全面地了解员工的工作表现，发现员工的优点和不足，从而制定针对性的培训计划和改进措施。同时，这种考核方式也有助于增强员工之间的沟通和协作，促进组织整体绩效的提升。

4. 关键绩效指标法

关键绩效指标法(key performance indicator，KPI)是指一种指标分解方法。即：通过对组织及个体关键绩效指标的确认，在层层分解量化的基础上，建立KPI体系，从而获得个体对组织所做贡献的评价依据，实现对组织重点活动及其核心效果进行直接提取、把握和衡量①。KPI的理论基础是"二八原理"，即：一个组织在价值创造过程中，每个部门和每一位员工的80%的工作任务是由20%的关键行为完成的。KPI具有如下几个基本特征：①重要性。KPI是对组织的整体价值和业务工作影响重大的、起关键作用的指标。②可衡量性。KPI必须有明确的定义、计算方案、评分标准以及数据采集方法。③可操作性。KPI指标必须从技术上保证可操作性。

慈善组织KPI的建立方法可以采用成功关键分析法、目标分解法等。成功关键分析法是分析组织取得成功的关键因素，提炼出导致成功的关键绩效模块，再把绩效模块层层分析为考核的KPI。目标分解法是确定组织战略目标，然后分析组织的重点工作，建立起按照贡献大小排序的重点工作体系和KPI体系。图7-4显示了组织目标分解法的KPI体系。

7.4.3 慈善组织绩效管理的基本流程

慈善组织绩效管理的基本流程为制订绩效计划、实施绩效考核、反馈绩效考核和绩效考核结果应用。

1. 制订绩效计划

慈善组织在制订绩效计划阶段，需要管理者和员工共同讨论以确定组织、部门和员工在考核期应该达到怎样的目标，以及如何做才能达到期望的结果。组织在制订绩效计划时，一般需要考虑以下几个方面问题：①员工在本次绩效周期内所要达到的工作目标是什么？②员工工作情况对部门和组织有何影响？

---

① 林新奇.绩效考核与绩效管理[M].北京：清华大学出版社，2015：134.

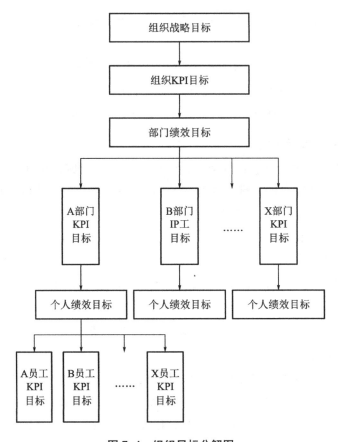

图 7-4 组织目标分解图

③员工在开展工作时可以利用哪些资源？④员工在达到目标的过程中可能遇到哪些困难和障碍？⑤组织能为员工提供哪些支持和帮助？考虑好以上问题后，就可以按照以下步骤制订绩效计划：

（1）确定绩效指标。部门负责人和员工需要根据组织目标、部门目标、岗位职责等进行工作分析，确定从哪些方面考核员工工作任务的完成情况，并且要明确指标的具体标准。即这些指标的主要内容是什么，达到何种程度才能够被认定完成目标，不同完成情况对应的不同的考核结果等级是什么。

确定绩效指标需遵循 SMART 原则。"S"代表具体（specific），指工作指标应该尽量具体明确，对目标任务的描述要清晰；"M"代表可度量（measurable），指绩效指标是数量化的，验证这些绩效指标的数据或者信息是可以获得的；"A"代表可实现（attainable），指绩效指标在付出努力的情况下可以实现；"R"代表关联性(relevant),指绩效指标与岗位职责、部门目标、组织目标有关联;"T"代表时效性(time bound),指完成绩效指标有特定期限。绩效指标应少而精,以便于组织和员工能集中精力实现目标。

(2) 确定绩效指标权重。根据每个部门、每个岗位的性质以及和组织目标的关联性,按照每项绩效指标在所有指标中的影响程度,确定每项指标所占比重,各项绩效指标的权重之和为100%。权重的分配应该突出工作重点,对组织目标或者部门目标实现的影响程度越大,其权重越大。

(3) 沟通和完善绩效指标。确定了绩效指标及其重要程度之后,需要让绩效考评者和被考核者就所建立的绩效指标体系进行充分沟通,达到双方一致认可。部门负责人与员工在年度当中还要通过各种方式经常交流。如果有需要,应及时对指标体系进行修改。例如组织战略重点发生改变,就需要对关键指标进行调整。

2. 实施绩效考核

为了提高绩效考核的有效性,考评者在进行绩效考核过程中需要注意以下两个方面:

(1) 保持双向的持续沟通。要将沟通贯穿于绩效管理的整个过程,部门负责人与员工在实施绩效考核过程中应该关注一些常见问题,例如:哪些地方做得好?哪些地方需要改善?应该采取怎样的措施进行改善?需要获得哪些资源?需要得到哪些支持?等等。

(2) 绩效信息的收集和分析。绩效考核需要根据员工的日常实际工作情况进行评价,因此,需要收集充足、有效的信息。例如,收集员工考勤情况、工作完成情况、工作总结材料、同事反馈意见、工作差错情况等。

3. 反馈绩效考核

反馈绩效考核是通过考评者与被考核者之间的沟通,对被考核者在考核周期内的绩效情况进行反馈。考评者需要在绩效考核结束后及时与被考核员工进行一对一的面谈。面谈内容包括工作业绩、存在问题、改进措施、新的目标等。面谈结束后,需形成考核结果,并向组织负责人报告考核结果,以便组织对绩效考核结果进行审核。

4. 绩效考核结果应用

绩效考核本身不是目的,而是一种手段。慈善组织应重视考核结果的应用,发挥绩效考核结果的激励作用。绩效考核结果一般应用于绩效工资发放、工资调整、职务调整、培训资格获得和新的绩效计划制订等。绩效工资发放方面,一些组织的员工薪酬构成中包含绩效工资,这部分工资根据绩效考核结果发放。在工资调整方面,绩效考核结果优秀,就能获得工资晋级资格确认。在职务调整方面,绩效考核结果优秀者就能获得职位晋级资格确认,其职位晋升的机会会增加;而绩效考核不合格者就会面临降职或者被辞退的可能。在培训资格方面,组织通过绩效考核结果了解到员工的培训需求,可以有针对性地安排培训活动。在制订新的绩效计划方面,绩效考核结果可以发现问题,为制订员工新的绩效计划提供依据。

7.5 慈善组织薪酬管理

7.5.1 慈善组织薪酬管理概述

慈善组织员工的付出需要有相应的报酬,薪酬是员工在向组织提供劳动后获得的酬劳。薪酬包括两个部分:一部分是经济性薪酬,一部分是非经济性薪酬。经济性薪酬包括工资、奖金、津贴、福利等。非经济性报酬包括参与管理、具有挑战性的工作、培训和学习机会、价值实现、社会公众的认可与尊重等。慈善组织薪酬管理是指在组织发展战略的指导下,对员工经济性薪酬支付原则、薪酬策略、薪酬水平、薪酬结构和薪酬构成等进行确定、分配和调整的动态管理过程。公正、公平和具有激励作用的薪酬管理制度可以确保组织能吸引和留住一支高效、富有创造力的员工队伍。

7.5.2 慈善组织薪酬设计的影响因素

影响慈善组织薪酬设计的因素很多,总体上可以分为内部因素和外部因素两类。

1. 内部因素

影响慈善组织薪酬设计的内部因素包括以下几个方面:

(1) 组织的运营状况与业务领域。一般情况下,资金规模大、运营能力强的慈善组织比资金规模小、运营能力相对弱的组织薪酬水平更高。此外,组织的业务领域不同,薪酬水平也存在差异。从事知识密集型业务的组织的薪酬水平高于从事劳动密集型业务的组织。

（2）组织文化。组织文化是组织价值观、组织机制、薪酬分配的土壤。不同的组织文化必然会导致不同的观念和制度，造成组织之间在薪酬体系、分配机制上的差异。

（3）岗位工作的价值。组织中每个岗位对组织的贡献度有差异，与此相应，不同岗位的员工的薪酬也有差异。

2. 外部因素

影响慈善组织薪酬设计的外部因素包括以下几个方面：

（1）劳动力市场的供需关系与竞争状况。劳动力价格容易受供求关系影响，正常情况下，供大于求时，劳动力价格会下降；供不应求时，劳动力价格会上升。

（2）地方的经济发展和物价水平。地方经济发展水平较高，员工对个人薪酬的要求也较高。相应地，组织的薪酬水平也相对较高。

（3）国家有关法律、法规和政策。薪酬管理不是组织的个体行为，要受到法律法规和政策的制约。法律、法规和政策是组织制定薪酬政策的依据，对组织的薪酬管理行为起着引导和规范作用。

7.5.3 慈善组织薪酬体系类型

慈善组织的薪酬体系可以分为四种类型：基于岗位的薪酬体系、基于绩效的薪酬体系、基于技能的薪酬体系和基于市场的薪酬体系。

1. 基于岗位的薪酬体系

基于岗位的薪酬体系是以岗位的价值作为支付工资的基础和依据。这种薪酬体系在确定员工的基本工资时，首先对岗位本身的价值做出客观的评价，然后再根据评价结果赋予承担这一岗位工作的员工与该岗位价值相当的基本工资。这种对岗不对人的薪酬体系与按资历和行政级别的付酬模式相比，体现了同岗同酬，内部公平性比较强。职位晋升与薪级晋级同步，能调动员工努力工作的积极性。这种体系也有不足：慈善组织的组织结构大多扁平化，很多员工因此长期得不到晋升，这会影响其工作的积极性。此外，岗位导向的薪酬制度更看重内部岗位价值的公平性，较难吸引组织急需的外部人才。

2. 基于绩效的薪酬体系

基于绩效的薪酬体系是以员工的工作业绩为基础支付工资。这种体系将员工的工作绩效与制定的标准相比较以确定其工资的额度,形式有计时(件)工资制、佣金制、年薪制等等。绩效工资制适用于管理人员、服务人员等。这种体系的优点在于员工的收入和工作目标的完成情况直接挂钩,让员工感觉公平,"干多、干少、干好、干坏不一样",激励效果明显。同时,这种薪酬体系在组织整体绩效欠佳时能够节省人工成本。该体系也有不足,如:员工会过多考虑个人绩效,会造成部门或者团队内部成员的不良竞争,可能会减少合作。因此,在需要团队协作开展工作时,不应强调个人绩效对收入的作用,而应强调团队的绩效对团队成员收入的作用。

3. 基于技能的薪酬体系

基于技能的薪酬体系是以员工所具备的能力或技能作为工资支付的基础。这种模式认为员工获得报酬的差异主要来自其本身能力水平的差异,而非职位等级或职位价值的高低。基于技能的薪酬体系意味着有好的能力就有好的薪酬。这种体系较适用于慈善组织中的技术人员、管理人员等。该薪酬体系的优点在于能使员工注重能力提升,增加了员工职业发展机会。这种体系也有不足,如:做同样工作的两个人由于技能不同而收入不同,容易造成不公平感。同时,高技能的员工未必有高的产出,因为高产出还需要员工对工作的投入。此外,员工着眼于提高自身技能,可能会忽视组织的整体需要和当前工作任务的完成。

4. 基于市场的薪酬体系

基于市场的薪酬体系是根据地区及行业人才市场的薪酬调查结果来确定岗位的具体薪酬水平。至于采取高于、等于或是低于市场水平的薪酬水平,则取决于组织的运营状况及人力资源策略。采用这一体系的依据是市场经济供求关系决定价格的基本规律也适用于慈善组织员工的薪酬设计。这一体系的优点在于组织可以通过薪酬策略吸引和留住关键人才,组织也可以通过对替代性强的人才的薪酬水平进行调整节省人工成本,提高组织竞争力。同时,参照市场定工资员工容易接受,有助于人才队伍的稳定。该体系也存在不足,如:市场导向的工资制度要求组织具有良好的资金筹集和资金发展能力,否则难以支付和市场接轨的工资水平。因此,这种薪酬体系对组织的运作能力和员工的专业能力有很高的要求。

以上是慈善组织薪酬体系的四种类型。慈善组织在设计和制定本组织的薪酬体系时,可以参考这些薪酬体系的优缺点,将几种薪酬体系结合起来使用。

7.5.4 慈善组织薪酬构成

慈善组织经济性薪酬由直接薪酬和员工福利两部分构成。

1. 直接薪酬

慈善组织的直接薪酬包括基本工资、工龄工资、岗位工资、绩效工资、加班工资、津贴补贴等。基本工资是为保障员工基本生活需要支付的工资部分。工龄工资是根据员工参加工作的年限支付的工资部分。岗位工资是按照工作岗位性质支付的工资部分。绩效工资是根据绩效考核结果支付的工资部分。加班工资是根据员工在规定工作时间之外的加班情况支付的工资部分。津贴补贴是因工作条件、工作环境等支付给员工的补偿。此外,有的组织还会根据年终考核结果发放年终奖金。

2. 员工福利

(1) 法定福利。法定福利是指按照国家法律法规和政策规定必须发生的福利项目,其特点是只要组织建立并存在,就有义务按照国家统一规定的福利项目支付标准支付。法定福利包括:①社会保险。社会保险包括养老保险、医疗保险、生育保险、工伤保险、失业保险等。②住房公积金。为员工办理住房公积金并缴纳住房公积金。③法定节假日休假和带薪年休假。根据国家有关规定安排员工节假日休假和带薪年休假。④特殊情况下的工资支付。如支付婚丧假工资、探亲假工资等。

(2) 补充福利。补充福利是指在国家法定的基本福利之外由组织自定的福利项目。补充福利的项目多种多样,通常包括补充养老保险、补充公积金、补充医疗人寿保险、房租补助、工作午餐、生活困难补助等。

7.5.5 慈善组织薪酬设计

1. 薪酬体系设计

慈善组织薪酬体系设计通常包括以下几个步骤:

(1) 进行科学的岗位分析。岗位分析是对组织所设的各类岗位的工作内容、员工应具备的知识、能力等进行详细描述,形成岗位说明书和工作规范,为合理制定各个不同岗位员工的薪酬标准奠定基础。

(2) 设置合理的岗位评价。岗位评价是对组织所有岗位的相对价值进行确定,从而明确各个岗位的薪酬等级。

(3) 进行薪酬市场调查。即调查其他慈善组织或业务相似的组织支付的薪酬水平,为岗位定价做参考。

(4) 拟定薪酬方案。在对各种资料和情况进行深入分析的基础上拟定本组织的薪酬方案。一个科学合理的薪酬体系应兼具外部公平、内部公平与个人公平,如图 7-5 所示。

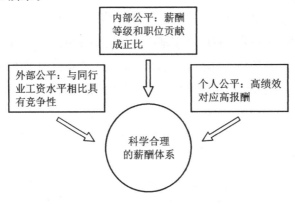

图 7-5　薪酬体系设计的原则

2. 薪酬体系调整

薪酬体系调整是指组织的薪酬体系运行一段时间后,现行的体系可能不适应组织发展的需要,这时需要对薪酬体系进行系统诊断,确定新的薪酬管理策略,并对薪酬体系进行调整,薪酬体系调整的依据主要有两个:一是根据市场薪酬水平的变化趋势、组织的发展状况、管理模式的调整以及战略重心的转移对现行薪酬体系进行调整,二是根据职位/职级变动、个人业绩、个人能力等情况的变动对员工个人的薪酬水平进行调整。薪酬调整需要对员工的岗位价值及贡献度进行评估,并要经过组织决策机构审核、审批等步骤。

7.6 "双因素"理论与慈善组织的激励策略

前面论述过慈善组织的薪酬还包括非经济性报酬,本节将论述与非经济性报酬相关的"双因素"理论,分析慈善组织如何制定有效的激励策略。

7.6.1 "双因素"理论概述

"双因素"理论(two factor theory)由美国心理学家弗雷德里克·赫茨伯格

(Frederick Herzberg)提出。赫茨伯格认为激发人的动机因素有两类：一类为"保健"因素(hygiene)，另一类为"激励"因素(motivation)。"保健"因素主要包括公司制度与管理、工资、同事关系、工作条件等。这些因素得到满足，可以维持员工工作现状，能防止员工对工作产生不满。"激励"因素是与工作本身或工作内容有关的因素，主要包括成就、赞赏、工作的意义、责任感、晋升、发展等。这些因素得到满足，可以对人产生激励作用，能促进员工进取并最大限度地表现得最好。

"双因素"理论认为，如果"保健"因素不能得到满足，员工容易产生不满情绪和消极怠工等行为。但在"保健"因素得到一定程度改善后，无论再如何进行改善，往往也很难使员工感到满意，难以由此激发员工的工作积极性，所以"保健"因素的作用只是让员工"没有不满意"。"激励"因素是能让员工感到满意的因素，这种激励和满意来自：①工作表现机会和工作带来的愉快；②工作上的成就感；③由于良好的工作成绩而得到的奖励；④对未来发展的期望；⑤职务上的责任感等。"激励"因素是影响人的工作动机并长期起主要作用的因素，是职工工作动机的源泉。据此，赫茨伯格认为，为了增加"激励"因素，提高生产率，需要采用"工作丰富化"的管理方法。

根据"双因素"理论，做好组织人力资源的开发和利用，提高员工的工作积极性，需要将"保健"因素和"激励"因素都运用好。

7.6.2 "双因素"理论与慈善组织的激励策略

"双因素"理论对于慈善组织人力资源管理具有借鉴意义。美国普林斯顿研究协会实施的一项对非营利组织员工的调查发现，非营利组织员工是由使命驱动的，而不是靠金钱激励。在被调查的非营利组织人员中，只有16%的人是为了薪水来工作。相比之下，美国联邦受薪员工中有31%、营利性组织员工中有47%是为了薪水工作的。调查还发现，非营利组织员工的满意度来自灵活性、协同决策以及被视作全面的人而不仅仅是工人[①]。中国科学院心理所的一项研究发现，员工在看待一项工作时，最看重的是事业上的成就感，其次是被调查赏识、工作本身、责任感、晋升机会，而工资和奖金被排在后面。员工在一段时间内会关注薪酬，但如果员工对工作失去了兴趣，单靠金钱是留不住他们的。

---

① 沃斯.非营利管理原理与实务[M].韩莹莹,张强,王峥,译.广州:华南理工大学出版社,2016:230-231.

清华大学公益慈善研究院课题组 2018 年的调查发现,慈善组织高层人员的离职率要低于一线员工,其原因是高层人员的使命感要显著高于一线工作人员。对于高层人员,薪酬满意度与离职意向呈 U 型曲线。即:尽管在一定范围内增加薪酬满意度会减少离职意向,但超过一定的数量之后,增加薪酬对离职意向的影响作用减小。"双因素"理论提示慈善组织,在人力资源管理中既要用好与制度、薪酬有关的"保健"因素,也要用好与工作价值有关的"激励"因素,提高员工的使命感,增加员工的成就感,拓宽员工的职业晋升和发展通道。我国慈善事业发展还处在初级阶段,慈善组织的薪酬待遇还有待提高。在这种情况下,慈善组织更应充分运用好激励因素,调动员工的积极性和创造性,留住优秀人才。

7.7 慈善组织志愿者管理

7.7.1 志愿者的概念

根据国务院 2017 年发布的《志愿服务条例》,志愿者是指以自己的知识、技能、体力等方式,自愿、无偿从事志愿服务的自然人。志愿者有三个特征:自愿性、无偿性和公益性。自愿性是指志愿者参与志愿服务是出自本人意愿,外力不得强迫人们参加志愿服务活动。无偿性是指志愿者以自己的知识、技能、体力等帮助他人和服务社会时是不以获取报酬为目的的。但无偿性不排斥为保证志愿服务正常进行而提供给志愿者的交通补贴、餐饮补贴等费用。公益性是指志愿者提供的服务是在公益慈善领域里开展的,是有利于社会公共利益的。

志愿者能为慈善组织创造重要的价值。首先,志愿者为慈善组织提供了重要的人力资源支持,志愿者提供的劳务服务、技术服务、管理服务具有很重要的经济价值,可以降低慈善组织的运作成本;其次,志愿者给慈善组织带来了活力、爱心和激情,可以帮助机构营造特有的慈善文化;最后,志愿者给慈善组织带来了外部的资源,可以使机构积累更多的社会资本,得到更多的社会支持。

7.7.2 志愿者的参与动机

慈善组织要招募和使用志愿者,首先应了解志愿者参与志愿服务的动机。美国非营利机构研究学者迈克尔·J.沃斯认为,人们做志愿者有两方面的动机：一方面，一些人被组织的使命所激励，希望促成一项事业，即个人志愿服务的动力来自公共利益的实现，而不是因为自己能得到什么利益；另一方面，一些人愿意做志愿者，可能因为他们可以从中获益。这可能包括无形的情感满足带来的温暖感受，或更多的实实在在的好处，比如获得更多工作技能，使简历内容更丰富，或进行社会接触①。我国一项实证调查的数据显示，人们对"参与志愿服务的动机"的选择依次是：69.7%的志愿者选择"学习和自我成长"，60.2%的志愿者选择"可以增进与扩大人际关系"，58.6%的志愿者选择"个人对社会的责任，可以改善社会"，49.4%的志愿者选择"充实生活"，39.1%的志愿者选择"受到社区、重要他人的影响"，35.7%的志愿者选择"做善事"，32.7%的志愿者选择"对个人有帮助"②。中山大学的学者对广东省333名志愿者开展了问卷调查，该数据显示，人们参与志愿服务有六个方面的动机：①自我提升（参与志愿服务让我觉得自己更好）；②自我保护（摆脱不快和孤独）；③价值表达（觉得帮助他人非常重要）；④社会交往（我的朋友是志愿者）；⑤学习理解（参与志愿服务让我对事物有了新的认识）；⑥职业发展。其中，自我提升对志愿服务动机的解释力最强③。此外，还有研究认为，志愿者的参与动机与个人兴趣与爱好有关，有些人选择参与志愿服务是出于对某项活动或领域的浓厚兴趣。他们希望通过志愿服务，更深入地了解自己热爱的领域，并为此做出贡献。

综上，人们参与志愿服务的动机是多元的。但总体可以分为两大类：一类是服务社会取向，如履行社会责任、帮助他人、做善事等；另一类是个人成长取向，如自我成长、扩大人际关系、学习新知识、充实生活等。这就是说，志愿服务的参与动机，兼有利他与利己的因素。我们认为这种利他与利己兼而有之的志愿服务动机与我国志愿服务价值观——"奉献、友爱、互助、进步"是基本吻合的。服务社会取向体现了志愿服务的奉献精神和友爱精神，体现了志愿者不计报酬对他人、对社会的关怀和责任，是志愿服务行动的最高层次的属性和精神本质。个人成长取向体现了互助和进步理念。志愿者在提供服务的过程中满足了受助者的需求，受助者也会感恩社会和回馈社会，体现了"我为人人，人人为我"的互助理念。志愿者在为社会、为他人的服务中，也陶冶了自己的情操、提升了自己的能力。

---

① 沃斯.非营利管理原理与实务[M].韩莹莹等译.广州：华南理工大学出版社，2016：237.
② 余双好.志愿服务概论[M].武汉：武汉大学出版社，2013：153.
③ 将巍.中国志愿者服务动机结构研究[J].中国青年研究，2018(6)：63.

7.7.3 志愿者管理的原则和内容

1. 志愿者管理的原则

根据志愿服务"奉献、友爱、互助、进步"的价值观和志愿者的参与动机,慈善组织志愿者管理既应强调慈善事业的价值理念,又应兼顾志愿者个人成长需要的原则。志愿者愿意提供服务,不是因为物质利益,而是认定某种精神价值。因此,慈善组织在管理志愿者时,要阐明志愿者参加的活动或项目与慈善组织使命的关系,挖掘和宣传活动或项目的社会价值,以此来凝聚人心、鼓舞士气。同时,志愿者参加志愿服务的直接动机是多样的,志愿者管理人员要了解志愿者的直接动机,帮助他们达成合理的目的,使他们将自己目的和组织的使命统一起来,积极工作,努力奉献。

2. 志愿者管理的内容

(1) 志愿者招募。慈善组织招募志愿者之前要做可行性研究,要明确组织是否有能力接收和管理志愿者,是否有适合志愿者的工作岗位。在确定需要志愿者并明确志愿者的岗位后,慈善组织应制定志愿者岗位说明,明确志愿者的职责,确定志愿者招募标准,通过公开招募方式择优录用志愿者。

(2) 志愿者培训和督导。录用志愿者后,慈善组织要让志愿者尽快熟悉组织的环境和工作要求,并围绕工作技能、工作方法等对志愿者开展培训。开展专业志愿服务活动,应当通过培训使志愿者提供的服务达到国家或者行业组织制定的标准。此外,慈善组织应安排志愿者督导,为志愿者提供必要的指导和帮助,及时处理志愿者在服务中遇到的困难和问题,保障志愿者的工作顺利开展。

(3) 志愿者保障和激励。志愿者保障是指为保障志愿者工作有序开展为志愿者提供的物质保障和安全保障。志愿者在提供服务过程中会有各种费用,如交通费、误餐费、通信费等,慈善组织应当为志愿者提供这些经费。此外,组织慈善安排志愿者参与可能发生人身危险的志愿服务活动前,应当为志愿者购买相应的人身意外伤害保险。志愿者激励是指组织通过采取一系列措施来调动志愿者的积极性。如:慈善组织可以采取表扬、奖励、开展志愿者星级评定、组织团建活动、举办节日聚会等措施,维护和提升志愿者的工作热情和积极性。

(4) 志愿服务记录。做好志愿服务记录是保障志愿者权益的一项重要工作。根据《志愿服务条例》的规定,慈善组织安排志愿者参与志愿服务活动,应当如实记录志愿者个人基本信息、志愿服务情况、培训情况、表彰奖励情况、评价情况等信息。志愿者需要志愿服务记录证明的,志愿服务组织应当依据志愿服务记录无偿、如实出具。

(5)志愿服务评估。慈善组织要根据志愿者的表现,对志愿者的工作态度、工作能力、工作成效等进行评估。评估一方面可以帮助志愿者发扬成绩,改进不足,提升素质和能力,另一方面可以帮助组织提升志愿者管理使用的成效。

本章小结

慈善组织的人力资源包括决策人员、管理人员、工作人员和志愿者。慈善组织人力资源管理具有使命驱动、志愿性、多元性和资源限制等特点。慈善组织人力资源管理始于人员招聘。人员招聘包括制定人力资源规划,进行工作分析,开展人员招聘等三个环节。为提高慈善组织员工的工作能力,慈善组织需开展员工培训和开发。员工培训包括培训需求分析、培训计划制订、培训活动开展、培训效果评估等步骤。员工开发要求组织做好员工职业发展管理,为员工设计职业发展计划和帮助计划,建立员工职业发展通道。为了提升员工和组织的工作绩效,慈善组织要进行绩效管理。绩效管理可采用目标管理法、平衡计分卡、360度考核法、关键绩效指标法等方法。慈善组织绩效管理的基本流程包括制订绩效计划,实施绩效考核,反馈绩效考核和应用绩效考核结果。慈善组织薪酬体系可分为基于岗位的薪酬体系、基于绩效的薪酬体系、基于技能的薪酬体系和基于市场的薪酬体系等四种类型。慈善组织的经济性薪酬由直接薪酬和员工福利两部分构成。慈善组织的薪酬设计包括科学的岗位分析、合理的岗位评价、薪酬市场调查、拟定和执行薪酬方案等步骤。慈善组织在进行人力资源管理中既要用好与制度、薪酬有关的"保健"因素,也要用好与工作价值有关的"激励"因素。志愿者是慈善组织重要的人力资源。慈善组织志愿者管理的原则是既强调慈善事业的价值理念,又兼顾志愿者个人成长的需要。慈善组织志愿者管理要做好志愿者招募、志愿者培训和督导、志愿者保障和激励、志愿服务记录和志愿服务评估等工作。

思考题

1. 慈善组织人力资源的构成是怎样的?有什么特点?
2. 慈善组织人员招聘有哪些步骤?

3. 慈善组织怎样进行员工培训和员工开发?
4. 慈善组织开展绩效管理有哪些方法?
5. 请对360度考核法和关键绩效指标法的优点和缺点进行分析。
6. 慈善组织应如何进行薪酬设计?
7. "双因素"理论对慈善组织激励策略的制定有何意义?
8. 慈善组织志愿者管理的原则和内容是什么?

主要参考文献

[1] 陆雄文.管理学大辞典[M].上海:上海辞书出版社,2013.

[2] 盖拉特.21世纪非营利组织管理[M].邓国胜,译.北京:中国人民大学出版社,2003.

[3] 得斯勒.人力资源管理[M].刘昕,译.北京:中国人民大学出版社,2012.

[4] 荆炜,周清,郝金磊.人力资源管理与开发[M].北京:清华大学出版社,2016.

[5] 惠特默.高绩效教练[M].林菲,徐中,译.北京:机械工业出版社,2013.

[6] 林新奇.绩效考核与绩效管理[M].北京:清华大学出版社,2015.

[7] 闫轶卿.薪酬管理从入门到精通[M].北京:清华大学出版社,2015.

[8] 魏娜.志愿服务概论[M].北京:人民大学出版社,2018.

[9] 迈克尔·J.沃斯.非营利管理原理与实务[M].韩莹莹,张强,王峥,译.广州:华南理工大学出版社,2016.

[10] 廖婷.非营利性组织的市场化:策动力、执行力、保障力[J].中共四川省委党校学报,2006(2):37-40.

[11] BARBEITO C L. Human resource policies and procedures for nonprofit organizations[M]. Hoboken:John Wiley & Sons, 2004.

[12] Smith, Bucklin & Associates, Inc. The complete guide to nonprofit management[M]. 2nd ed. New York:Wiley, 2000.

[13] MCCONNELL T. The NPO dilemma:HR and organizational challenges in non-profit organizations[M]. New York:Data Motion Publishing, 2012.

第8章 慈善事业的法律法规与管理体制

> **学习目标**
>
> 慈善事业的法律法规和管理体制是规范和促进慈善事业健康发展的法治保障。通过学习本章，我们应当了解《中华人民共和国慈善法》和相关慈善事业法律法规的主要内容，了解慈善事业的管理体制，掌握关于慈善组织、慈善募捐、慈善捐赠、慈善信托、慈善财产、慈善服务、信息公开、慈善税收优惠、慈善事业监督管理等方面的法律规定。

8.1 我国慈善事业法律法规制定历程

我国慈善事业的基本法是 2016 年 3 月 16 日十二届全国人民代表大会第四次会议通过的《中华人民共和国慈善法》（以下简称"慈善法"），2023 年 12 月 29 日，十四届全国人民代表大会常委会第七次会议表决通过关于修改慈善法的决议，修改后的慈善法自 2024 年 9 月 5 日起施行。

慈善法颁布前，中国慈善事业没有统一的法律，其法律体系主要由社会组织、慈善捐赠、慈善税收和慈善监管等四个方面的法律法规构成。

在社会组织法律法规方面：1988 年，国务院颁布《基金会管理办法》（以下简称《办法》），这是我国第一部关于基金会的行政法规。《办法》主要规定了基金会的定义、设立条件、审批体制、资金筹集规则、资金使用保值规则、资助协议和行政费用的规范以及监管规范等，在促进中国基金会的成立、发展方面发挥了重要作用。1998 年 9 月国务院颁布《社会团体登记管理条例》，同年 10 月国务院颁布《民办非企业单位登记管理暂行条例》，对社会团体和民办非企业单位这两种类型的组织的定义、设立条件、主管部门、监督管理等做出了规定。2004年3月,在对《基金会管理办法》进行全面修订后,国务院颁布了《基金会管理条例》。

在慈善捐赠法律法规方面:1999年6月,第九届全国人大常委会通过《中华人民共和国公益事业捐赠法》(以下简称"公益事业捐赠法"),首次对公益事业进行了界定,规定了接受社会捐赠的主体,对捐赠财产的使用和管理、捐赠人享受税收优惠政策、法律责任等进行了规定。2008年4月,民政部公布《救灾捐赠管理办法》,对救灾捐赠活动、救灾捐赠款物管理进行规范。

慈善税收法律法规方面:2007年,全国人大通过了《中华人民共和国企业所得税法》(以下简称"企业所得税法")、《中华人民共和国个人所得税法》(以下简称"个人所得税法")。企业所得税法及其实施条例规定,企业发生的公益性捐赠支出,在年度利润总额12%以内的部分,准予在计算应纳税所得额时扣除;符合条件的非营利组织的收入可以免税。个人所得税法及其实施条例规定,个人对将其所得对教育事业和其他公益事业捐赠的部分,按照国务院有关规定从应纳税所得中扣除。

在慈善监管法律法规方面,除了《社会团体登记管理条例》《民办非企业单位登记管理暂行条例》《基金会管理条例》对社会组织监督管理做出规定外,民政部于2010年12月公布了《社会组织评估管理办法》,对评估对象和内容、评估程序和方法、评估等级管理等做出了规定。

此外,在慈善事业的运作形式上,2001年4月第九届全国人大常委会通过的《中华人民共和国信托法》专设"公益信托"一章,对公益信托的定义、设立条件、监督管理等进行了规定。

2014年2月,全国人大常委会内务司法委员会根据全国人大常委会立法规划和立法工作计划,成立慈善立法领导小组,着手慈善法的研究起草工作。2015年10月,第十二届全国人大常委会第十七次会议初次审议了《中华人民共和国慈善法(草案)》。2016年3月16日,十二届全国人民代表大会第四次会议通过了《中华人民共和国慈善法》。2023年12月29日,十四届全国人大常委会第七次会议通过关于修改慈善法的决定。修订后的慈善法分列"总则""慈善组织""慈善募捐""慈善捐赠""慈善信托""慈善财产""慈善服务""应急慈善""信息公开""促进措施""监督管理""法律责任"以及"附则"共十三章,共计125条。

2016年3月慈善法颁布后,为了贯彻实施慈善法,全国人大常委会修改了有关法律,国务院、国务院有关部门相继制定了一系列配套法规、规章和规范性文件,见表 8-1 所示。

表 8-1　与慈善法有关的主要法规、规章和规范性文件

内容	时间	法规、规章和规范性文件
慈善组织	2016 年 8 月	民政部公布《慈善组织认定办法》
	2016 年 8 月	中共中央办公厅、国务院办公厅印发《关于改革社会组织管理制度促进社会组织健康有序发展的意见》
	2018 年 10 月	民政部印发《民政部关于进一步加强和改进社会服务机构登记管理工作的实施意见》
慈善募捐	2016 年 8 月	民政部公布《慈善组织公开募捐管理办法》
	2016 年 8 月	民政部、工业和信息化部、国家新闻出版广电总局、国家互联网信息办公室印发《公开募捐平台服务管理办法》
	2017 年 7 月	民政部发布《慈善组织互联网公开募捐信息平台基本管理规范》《慈善组织互联网公开募捐信息平台基本技术规范》
慈善捐赠	2018 年 2 月	国家发展改革委、人民银行、民政部等部委印发《关于对慈善捐赠领域相关主体实施守信联合激励和失信联合惩戒的合作备忘录》
慈善信托	2017 年 7 月	银监会、民政部公布《慈善信托管理办法》
慈善财产	2016 年 10 月	民政部等部委印发《关于慈善组织开展慈善活动年度支出和管理费用的规定》
	2018 年 10 月	民政部公布《慈善组织保值增值投资活动管理暂行办法》
慈善服务	2017 年 8 月	国务院公布《志愿服务条例》
信息公开	2018 年 8 月	民政部公布《慈善组织信息公开办法》
税收优惠	2018 年 8 月	第十三届全国人民代表大会常务委员会第五次会议对《中华人民共和国个人所得税法》进行修正,完善了个人捐赠的税收优惠规定
	2018 年 12 月	第十三届全国人民代表大会常务委员会第七次会议对《中华人民共和国企业所得税法》进行修正,完善了企业捐赠的税收优惠规定
	2018 年 12 月	国务院对《个人所得税法实施条例》进行修订
	2019 年 4 月	国务院对《企业所得税法实施条例》进行修订

(续表)

内容	时间	法规、规章和规范性文件
税收优惠	2019年12月	财政部、税务总局公布《关于公益慈善事业捐赠个人所得税政策的公告》
监督管理	2018年1月	民政部公布《社会组织信用信息管理办法》
	2021年12月	民政部印发《全国性社会组织评估管理规定》

此外,通过对现行的民事法律规范进行编订纂修,2020年5月28日,十三届全国人大三次会议表决通过了《中华人民共和国民法典》(以下简称"民法典")。民法典确立了"非营利法人制度",对社会团体法人和捐助法人的定义、资格取得、章程和组织机构等做出了法律规定。

8.2 慈善活动的原则和慈善事业的管理体制

8.2.1 慈善活动的原则

慈善法第四条第一款规定,"慈善工作坚持中国共产党的领导"。坚持中国共产党的领导是开展慈善工作最根本的原则。中国共产党是中国特色社会主义事业的开创者、推动者、引领者,党的领导是全面建成社会主义现代化强国和实现中华民族伟大复兴中国梦的根本保证。慈善事业是全面建设社会主义现代化国家伟大事业的组成部分,只有坚持中国共产党的领导,慈善事业才能沿着正确的方向健康、可持续地发展,为推进中国式现代化贡献力量。

慈善法第四条第二款规定,"开展慈善活动,应当遵循合法、自愿、诚信、非营利的原则,不得违背社会公德,不得危害国家安全、损害社会公共利益和他人合法权益"。这条规定明确了慈善活动要遵循的四个基本原则:一是合法原则。这一原则要求慈善活动要依法合规开展,即行为主体的行为要符合法律规范。慈善法和相关法律法规规定了组织和个人可以开展的活动和不能开展的活动,慈善活动的参与者必须遵守这些法律规定,使慈善事业运行在健康、有序的法治轨道上。二是自愿原则。这一原则体现了民事活动的基本原则。开展慈善活动涉及慈善组织、捐赠人、志愿者、受益人等参与者,各方参与者应当在自愿的基础上确定相互之间的权利和义务。如为了保障慈善捐赠的自愿性,慈善法第三十二条规定,开展募捐活动,不得摊派或者变相摊派,不得妨碍公共秩序、企业生产经营和居民生活。三是诚信原则。这一原则要求在开展慈善活动的过程中诚实守信,不得有欺骗、失信、违约等不诚信行为。四是非营利原则。非营利是慈善事业的本质特征之一。非营利原则要求慈善活动不能以营利为目的,以保证慈善事业坚持慈善的宗旨不变质、不变味。

8.2.2 慈善事业的管理体制

慈善事业的管理体制是指国家有关慈善事业管理的行政机构设置、行政职权划分及为保证慈善事业管理顺利进行而建立的一切法律法规。

1. 双重管理体制的建立和改革

20世纪80年代后期,我国政府提出了对各类社会组织进行双重管理的原则。随着《社会团体登记管理条例》《民办非企业单位登记管理暂行条例》《基金会管理条例》等法规颁布,社会组织双重管理体制正式建立。1989年发布的《社会团体登记管理条例》第六条规定:"社会团体的登记管理机关是中华人民共和国民政部和县级以上地方各级民政部门。社会团体的业务活动受有关业务主管部门的指导。"该条例第八条规定"有关业务主管部门和登记管理机关应负责对经核准登记的社会团体的日常管理"。这部法规初步确立了社会组织的登记管理机关与业务主管部门对社会组织进行双重监督管理的制度框架。1998年到2004年,我国政府陆续颁布了新的《社会团体登记管理条例》《民办非企业单位登记管理暂行条例》《基金会管理条例》,民政部也颁布了一系列关于三类社会组织管理的规章与规范性文件。通过三个条例与配套规定,进一步明确了对社会组织进行双重管理的体制。这种双重管理体制在实践中表现为:在登记管理方面,社会组织在申请成立时必须先获得业务主管部门的批准,然后才能到作为登记管理机关的民政部门进行申请登记;在业务管理方面,有关业务主管部门和登记管理机关对核准登记的社会组织负责日常管理。

1988年,民政部设立社会团体管理司(1998年民政部社会团体管理司更名为国家民间组织管理局,2016年8月民政部民间组织管理局更名为社会组织管理局)专门负责社会组织的登记管理和执法监督工作。县级以上地方各级人民政府民政部门也相应设立社会组织管理机构,负责地方社会组织的登记管理和执法监督工作。与此同时,各级政府有关业务主管部门也承担着对社会组织的日常管理工作。

以双重管理为特征的慈善事业管理体制存在社会组织成立登记手续复杂和重前置审批、轻事中事后监管等问题。2011年7月,民政部提出要"积极拓宽社会组织直接登记范围。民政部门对公益慈善、社会福利、社会服务等类社会组织可履行登记管理和业务主管一体化职能;对跨部门、跨行业的社会组织,与有关部门协商认可后,可履行登记管理和业务主管一体化职能"。这个政策后被称为"两个一体化"。

2013年3月,《国务院机构改革和职能转变方案》发布,明确提出行业协会商会类、科技类、公益慈善类、城乡社区服务类社会组织可直接向民政部门依法申请登记,不再需要业务主管单位审查同意。《国务院机构改革和职能转变方案》的出台使得慈善事业的原有双重管理体制得到改变。民政部宣布从2014年4月1日起在全国范围内开始四类社会组织的直接登记工作。

2016年8月21日,中共中央办公厅、国务院办公厅印发《关于改革社会组织管理制度促进社会组织健康有序发展的意见》(以下简称《两办意见》),在"依法做好社会组织登记审查"这一节,对社会组织直接登记提出如下要求:"稳妥推进直接登记。重点培育、优先发展行业协会商会类、科技类、公益慈善类、城乡社区服务类社会组织。成立行业协会商会,按照《行业协会商会与行政机关脱钩总体方案》的精神,直接向民政部门依法申请登记。在自然科学和工程技术领域内从事学术研究和交流活动的科技类社会组织,以及提供扶贫、济困、扶老、救孤、恤病、助残、救灾、助医、助学服务的公益慈善类社会组织,直接向民政部门依法申请登记。为满足城乡社区居民生活需求,在社区内活动的城乡社区服务类社会组织,直接向县级民政部门依法申请登记。民政部门审查直接登记申请时,要广泛听取意见,根据需要征求有关部门意见或组织专家进行评估。"

2. 民政部门主管、有关部门各司其职管理体制的建立

2016年3月慈善法颁布后,原有的双重管理体制得到进一步改革和优化,建立了民政部门主管、其他有关部门各司其职的管理体制。2016年3月公布的慈善法第六条规定,"国务院民政部门主管全国慈善工作,县级以上地方各级人民政府民政部门主管本行政区域的慈善工作;县级以上人民政府有关部门依照本法和其他有关法律法规,在各自的职责范围内做好相关工作"。2023年12月修改的慈善法对第六条做了补充:一是规定"县级以上人民政府应当统筹、协调、督促和指导有关部门在各自职责范围内做好慈善事业的扶持发展和规范管理工作"。二是要求"县级以上人民政府有关部门依照本法和其他有关法律法规,在各自的职责范围内做好相关工作,加强对慈善活动的监督、管理和服务;慈善组织有业务主管单位的,业务主管单位应当对其进行指导、监督"。根据此规定及相关规章和规范性文件,在社会组织登记管理方面,行业协会商会类、科技类、公益慈善类、城乡社区服务类社会组织直接向民政部门依法申请登记;在慈善活动管理方面,县级以上人民政府民政部门对慈善活动进行监督检查,对慈善行业组织进行指导。同时,县级以上人民政府有关部门要在各自的职责范围内做好相关工作,加强对慈善活动的监督、管理和服务。

民政部门主管、有关政府部门各司其职的慈善事业管理体制是适应我国慈善事业发展现状的制度安排。慈善活动涉及领域多、范围广,民政部门需负主管之责,但还需其他部门的协同,加强综合监管和服务。如工信、公安、财政、税务、审计、网信等部门要依法对慈善募捐、慈善活动、慈善组织的财务会计、享受税收优惠和使用公益事业捐赠统一票据等情况进行监督管理和服务;教育、科学、文化、卫生、体育、生态环境等领域的主管部门要在各自的职责范围内对在这些领域开展的慈善活动进行指导、管理和服务。

8.3 慈善组织

慈善组织的法律制度主要由慈善法、民法典、《基金会管理条例》、《民办非企业单位登记管理暂行条例》以及《社会团体登记管理条例》等法律法规组成。

8.3.1 慈善组织的定义和组织形式

慈善法颁布前,关于什么是慈善组织没有统一的法律界定。1999 年施行的公益事业捐赠法将慈善类的组织称为"公益性社会团体"。慈善法颁布后,对慈善组织的定义做了明确的法律规定。慈善法第八条规定,"本法所称慈善组织,是指依法成立、符合本法规定,以面向社会开展慈善活动为宗旨的非营利性组织。慈善组织可以采取基金会、社会团体、社会服务机构等组织形式"。此规定明确了慈善组织的本质特征和组织形式。慈善组织的本质特征:一是依法成立,二是以面向社会开展慈善活动为宗旨,三是非营利性。其组织形式主要有:基金会、社会团体和社会服务机构。

8.3.2 慈善组织的登记和认定

1. 慈善组织的登记和认定

根据慈善法的规定,慈善组织属性的行政确认,有登记制和认定制两种方式。关于登记制,慈善法第十条第一款规定:设立慈善组织,应当向县级以上人民政府民政部门申请登记,民政部门应当自受理申请之日起三十日内做出准予登记或不予登记决定。关于认定制,慈善法第十条第二款规定:已经设立的基金会、社会团体、社会服务机构等非营利性组织,可以向办理其登记的民政部门申请认定为慈善组织,民政部门应当自受理申请之日起二十日内做出决定。这就是说,已经设立的社会组织,不管什么时候设立的,都可以申请认定为慈善组织,民政部门审核后,符合慈善组织条件的,予以认定并向社会公告。

2. 慈善组织认定的条件

2016年3月慈善法颁布后,民政部于2016年8月公布了《慈善组织认定办法》,该办法的第四条明确了慈善组织认定的条件:①申请时具备相应的社会组织法人登记条件。②以开展慈善活动为宗旨,业务范围符合慈善法第三条的规定;申请时的上一年度慈善活动的年度支出和管理费用符合国务院民政部门关于慈善组织的规定。③不以营利为目的,收益和营运结余全部用于章程规定的慈善目的;财产及其孳息没有在发起人、捐赠人或者本组织成员中分配;章程中有关于剩余财产转给目的相同或者相近的其他慈善组织的规定。④有健全的财务制度和合理的薪酬制度。⑤法律、行政法规规定的其他条件。

3. 慈善组织认定的法律效果

慈善组织被认定后将获得相应的法律效果:①慈善组织登记证书上标明了"慈善组织"属性;②获得公益捐赠票据的申领权;③获得确认公益捐赠税前扣除资格的权利;④获得公开募捐资格的申请权;⑤获得政府购买服务的优先权等。因此,慈善组织获得慈善属性的行政认定后,组织的社会公信力将得到提升,组织可以获得更多的社会支持和政府支持。

根据《中国慈善发展报告(2023)》发布的数据,截至2022年12月底,我国已经登记认定为慈善组织的机构有12 974家。

8.3.3 慈善组织的内部治理

1. 慈善组织的章程

慈善组织的章程是慈善组织的宪章,是慈善组织内部治理的根据,对慈善组织的决策和运作有着根本的指导意义。慈善法第十一条对慈善组织的章程做出两方面的规定：第一,章程应当符合关法律法规的规定。第二,章程须载明下列事项：名称和住所,组织形式,宗旨和活动范围,财产来源及构成,决策、执行机构的组成及职责,内部监督机制,财产管理使用制度,项目管理制度,终止情形及终止后的清算办法,以及其他重要事项。

2. 慈善组织的内部治理结构

慈善法第十二条第一款规定："慈善组织应当根据法律法规以及章程的规定,建立健全内部治理结构,明确决策、执行、监督等方面的职责权限,开展慈善活动。"这条规定对慈善组织建立权责明确、运转协调、制衡有效的法人治理结构提出了明确的要求。

慈善组织有不同的组织形式,不同组织形式的内部治理结构也有所不同。根据民法典第八十七条规定,现有非营利法人类型包括事业单位法人、社会团体法人、捐助法人,其中捐助法人包括基金会法人和社会服务机构法人。针对社会团体法人,民法典第九十一条规定："社会团体法人应当设会员大会或者会员代表大会等权力机构。社会团体法人应当设理事会等执行机构。理事长或者会长等负责人按照法人章程的规定担任法定代表人。"针对捐助法人,民法典第九十三条规定："捐助法人应当设理事会、民主管理组织等决策机构,并设执行机构。理事长等负责人按照法人章程的规定担任法定代表人。捐助法人应当设监事会等监督机构。"社会团体、基金会、社会服务机构等慈善组织应当根据法律要求,设立权力机构、决策机构与执行机构。

3. 慈善组织的会计制度

慈善法第十二条第二款规定："慈善组织应当执行国家统一的会计制度,依法进行会计核算,建立健全会计监督制度,并接受政府有关部门的监督管理。"财政部 2004 年 8 月印发了《民间非营利组织会计制度》。该制度适用于在中华人民共和国境内依法设立的符合制度规定特征的民间非营利组织,包括社会团体、基金会、社会服务机构(民办非企业单位)和寺院、宫观、清真寺、教堂等。

4. 慈善组织的关联交易

慈善法第十四条第一款规定,"慈善组织的发起人、主要捐赠人以及管理人员,不得利用其关联关系损害慈善组织、受益人的利益和社会公共利益。"关联关系是指可能导致利益转移的各种关系,包括慈善组织的发起人、主要捐赠人、管理人员与其直接或者间接控制的企业、基金会、社会服务机构之间的关系等。当慈善组织的发起人、主要捐赠人、管理人员与慈善组织的交易对象存在关联关系时,相关交易就可能受慈善组织的发起人、主要捐赠人、管理人员的影响、控制或支配,从而出现损害慈善组织、受益人的利益和社会公共利益的情况。为此,慈善法第十四条第二款针对关联交易规定了决策回避和信息公开制度:"慈善组织的发起人、主要捐赠人以及管理人员与慈善组织发生交易行为的,不得参与慈善组织有关该交易行为的决策,有关交易情况应当向社会公开。"

以上是慈善法及有关法律法规关于慈善组织的主要法律规定。此外,在慈善法及有关法律法规中还就慈善组织应当每年向办理其登记的民政部门报送工作报告和财务会计报告、慈善组织不得从事的活动、担任慈善组织负责人的条件、慈善组织的终止情形、慈善组织的清算等做了规定。

8.4 慈善募捐

慈善募捐是慈善组织募集资源的重要活动。慈善法出台以前,我国慈善募捐法律制度不完善,募捐活动中存在不少乱象。慈善法出台后,慈善募捐活动有了法律规范和保障。慈善法第三章对慈善募捐的定义、公开募捐资格、合作募捐、募捐方式、募捐行为等做出了规定。

8.4.1 慈善募捐的定义

根据慈善法第二十一条的规定,慈善募捐是指慈善组织基于慈善宗旨募集财产的活动,包括面向社会公众的公开募捐和面向特定对象的定向募捐。准确了解慈善募捐的定义,需要掌握以下两个要点:①慈善募捐主体。慈善法规定慈善募捐的主体是慈善组织,慈善组织以外的组织或者个人不可以开展慈善募捐。②慈善募捐类型。慈善法明确慈善募捐包括面向社会的公开募捐和面向特定对象的定向募捐。公开募捐和定向募捐有以下区别:一是募集对象不同。

公开募捐的募集对象是不特定的社会公众,而定向募捐的募集对象则是少数特定的捐赠人。二是募集方式不同。公开募捐是以面向公众的公开的方式进行的,定向募捐则是以非公开的方式进行的。三是公开募捐有募捐资格的要求,定向募捐自慈善组织登记之日起就可以开展。慈善法区分公开募捐和定向募捐的意图一方面是公开募捐的秩序需要规范,避免乱募捐、反复募捐导致民众厌倦;另一方面是为尚未取得公开募捐资格的慈善组织提供一定空间,允许其在一定范围内进行募捐。

8.4.2 公开募捐资格

慈善组织开展公开募捐,应当取得公开募捐资格。根据慈善法第二十二条的规定,慈善组织公开募捐的资格需要向办理其登记的民政部门申请获得许可。具体条件有三条:①依法登记满一年;②内部治理结构健全;③运作规范。此外,慈善法第二十二条还规定,其他法律、行政法规规定可以公开募捐的非营利性组织,由县级以上人民政府民政部门直接发给公开募捐资格证书。

慈善法关于公开募捐的规定给予了所有符合条件的慈善组织开展公开募捐的权利,打破了慈善法出台前少数公募基金会垄断公募资格的情况,有利于慈善资源的有效配置和慈善组织的良性竞争。2016年慈善法颁布后,民政部于2016年8月公布了《慈善组织公开募捐管理办法》,对慈善组织获得公开募捐资格的条件进行了细化。该办法规定:慈善组织申请公开募捐资格,除了应当符合慈善法第二十二条的规定外,还应当具备下列条件:①根据法律法规和本组织章程建立规范的内部治理结构,理事会能够有效决策,负责人任职符合有关规定,理事会成员和负责人勤勉尽职、诚实守信;②理事会成员来自同一组织以及相互间存在关联关系组织的数量不超过三分之一,相互间具有近亲属关系的成员没有同时在理事会任职;③理事会成员中非内地居民的数量不超过三分之一,法定代表人由内地居民担任;④秘书长为专职,理事长(会长)、秘书长不得由同一人兼任,有与本慈善组织开展活动相适应的专职工作人员;⑤在省级以上人民政府民政部门登记的慈善组织有三名以上监事组成的监事会;⑥依法办理税务登记,履行纳税义务;⑦按照规定参加社会组织评估,评估结果为3A及以上;⑧申请时未纳入异常名录;⑨申请公开募捐资格前两年未因违反社会组织相关法律法规受到行政处罚,没有其他违反法律、法规、国家政策行为。

8.4.3 合作募捐

根据慈善法的规定,不具有公开募捐资格的组织和个人不具有单独向社会公众进行慈善募捐的权利。但如果有关组织和个人基于慈善目的需要需开展公开募捐该怎么办？慈善法为该类组织和个人提供了一个合作募捐的通道。慈善法第二十六条规定,"不具有公开募捐资格的组织或者个人基于慈善目的,可以与具有公开募捐资格的慈善组织合作,由该慈善组织开展公开募捐,合作方不得以任何形式自行开展公开募捐。具有公开募捐资格的慈善组织应当对合作方进行评估,依法签订合作协议,在募捐方案中载明合作方的相关信息,并对合作方的相关行为进行指导和监督。具有公开募捐资格的慈善组织负责对合作募得的款物进行管理和会计核算,将全部收支纳入其账户"。慈善法的这条规定既保护了有关组织和个人开展慈善活动的热情和愿望,又明确了募捐责任人的责任：对合作方进行评估；依法签订合作协议；在募捐方案中载明合作方的相关信息；对合作方的相关行为进行指导和监督；对合作募得的款物进行管理和会计核算,将全部收支纳入其账户。慈善法的这条规定有利于维护慈善募捐的秩序。

专栏8-1

爱华书院与湖南省青少年发展基金会合作开展募捐

湖南郴州永兴高亭司镇有几栋百年历史的老宅,其中一处是刘壹木的祖屋。旅居长沙50年的刘壹木在回故乡探望亲友期间,萌生了修复自家祖屋开办一个公益书院的想法。2020年,经过数月的劳作,原本破败不堪的百年老宅变成了一座古朴与现代相结合的书院,取名爱华书院。书院提供阅读、书画、琴棋等公益阅读与文娱服务,还瞄准放学后这个时间段,联合当地及外地文化志愿者为孩子们提供学习阅读、心理辅导、亲情陪伴、安全教育等服务。书院成为当地孩子们暑假和寒假期间学习和玩耍的乐土。此外,创办人还希望该书院能吸引城市人群前来研学,进而推动乡村经济发展。

由于书院的运作需要资金支持,2023年该书院通过与湖南省青少年发展基金会合作,由湖南省青少年发展基金会在腾讯公益平台上为爱华书院项目开展募捐。在2023年的"99公益日"活动中,爱华书院在筹款金额、参与人次、文宣推广方面取得了前所未有的好成绩。

资料来源:99公益日:用一块钱,造一个全民公益节.南方周末(infzm.com)

8.4.4 募捐方式

慈善募捐有多种方式,慈善法第二十三条、第二十八条对公开募捐和定向募捐的方式进行了规定。

关于公开募捐的方式,慈善法第二十三条第一款规定:"开展公开募捐,可以采取下列方式:(一)在公共场所设置募捐箱;(二)举办面向社会公众的义演、义赛、义卖、义展、义拍、慈善晚会等;(三)通过广播、电视、报刊、互联网等媒体发布募捐信息;(四)其他公开募捐方式。"关于定向募捐的方式,慈善法第二十九条规定:"慈善组织开展定向募捐,应当在发起人、理事会成员和会员等特定对象的范围内进行,并向募捐对象说明募捐目的、募得款外用途等事项。"

慈善募捐活动经常在不同的地域开展。为此,慈善法第二十三条第二款规定:慈善组织采取设置募捐箱,举办义演、义赛、义卖等活动开展公开募捐的,应当在其登记的民政部门管辖区域内进行;确有必要在其登记的民政部门管辖区域外进行的,应当报其开展募捐活动所在地的县级以上人民政府民政部门备案。

网络募捐是慈善组织开展募捐活动的一个主要方式。为了规范互联网募捐活动,慈善法二十七条规定:"慈善组织通过互联网开展公开募捐的,应当在国务院民政部门指定的互联网公开募捐服务平台进行,并可以同时在其网站进行。"这条规定,一方面鼓励慈善组织利用互联网开展募捐,另一方面要求慈善组织在统一的或者指定的慈善信息平台发布募捐信息,便于民政部门进行监管,便于社会公众进行监督。根据慈善法的规定,2016年8月、2018年5月和2021年11月,民政部先后公布了三批指定的慈善组织互联网募捐信息平台(互联网公开募捐服务平台)。此外,慈善法第二十八条规定:"广播、电视、报刊以及网络服务提供者、电信运营商,应当对利用其平台开展公开募捐的慈善组织的登记证书、公开募捐资格证书进行验证。"

8.4.5 募捐行为

开展募捐活动应当有规范的行为。慈善法第三十一条规定:"开展募捐活动,应当尊重和维护募捐对象的合法权益,保障募捐对象的知情权,不得通过虚构事实等方式欺骗、诱导募捐对象实施捐赠。"慈善法第三十二条规定:"开展募捐活动,不得摊派或者变相摊派,不得妨碍公共秩序、企业生产经营和居民生活。"这两条规定是根据开展慈善活动应当遵循合法、自愿、诚信、非营利的原则做出的对募捐者行为的规定。同时,这两条规定也是出于对募捐对象权益的保护。

8.5 慈善捐赠

慈善捐赠是社会公众参与慈善事业的重要途径,也是慈善事业物质资源的重要来源。关于慈善捐赠的法律规定主要体现在慈善法、《中华人民共和国公益事业捐赠法》(以下简称"公益事业捐赠法")等法律法规中。

8.5.1 慈善捐赠的定义

慈善法第三十四条规定:"本法所称慈善捐赠,是指自然人、法人和非法人组织基于慈善目的,自愿、无偿赠与财产的活动。"慈善捐赠具有以下法律特征:①必须基于慈善的目的。慈善法第三条对慈善活动的范围进行了界定,只要在这个范围内实施的捐赠就是基于慈善的目的。②自愿性。慈善捐赠应当是捐赠人自主、自愿的行为,捐赠人有权根据自身情况决定是否进行慈善捐赠、捐赠什么、捐赠多少、捐赠方式、捐赠期限、向哪个慈善组织或者受益人进行捐赠等。③无偿性。捐赠人将自己的财产捐给受赠人,受赠人取得捐赠财产,无须向捐赠人付出相应的代价。实践中,一些企业对重大体育赛事活动等提供赞助,这种赞助不是慈善捐赠,而是一种商业推广行为。关于慈善捐赠的自愿性和无偿性,公益事业捐赠法第四条中也明确规定:"捐赠应当是自愿和无偿的,禁止强行摊派或者变相摊派,不得以捐赠为名从事营利活动。"

8.5.2 捐赠财产的要求

根据慈善法第三十六条,捐赠人捐赠的财产、实物应符合以下要求:①捐赠人捐赠的财产应当是其有权处分的合法财产。捐赠财产包括货币、实物、房屋、有价证券、股权、知识产权等有形和无形财产。②捐赠人捐赠的实物应当具有使用价值,符合安全、卫生、环保等标准。③捐赠人捐赠本企业产品的,应当依法承担产品质量责任和义务。

慈善法的这条规定是有针对性的,以往的慈善捐赠活动中出现过捐赠财产、物品在所有权、安全、卫生和质量等方面存在问题的情况,给慈善事业带来了不利影响。例如,我国各大城市都建立了慈善超市,绝大部分慈善超市在募集慈善款物和帮助困难群众的工作中发挥了积极作用。但也有个别慈善超市对接收的捐赠物资的使用价值和卫生状况疏于检查,结果将一些缺乏使用价值和不符合卫生要求的衣物送到了欠发达地区,造成不良影响。

8.5.3 捐赠人的义务

1. 经营性活动的捐赠的义务

通过开展演出、比赛、销售、拍卖等经营性活动,承诺将全部或者部分所得用于慈善目的的活动,近年来屡见不鲜。其中,大部分活动是诚实守信的,但也存在诺而不捐、短斤缺两、骗取关注等问题。为了规范经营性活动的捐赠,慈善法第三十七条做出了规定:"自然人、法人和非法人组织开展演出、比赛、销售、拍卖等经营性活动,承诺将全部或者部分所得用于慈善目的的,应当在举办活动前与慈善组织或者其他接受捐赠的人签订捐赠协议,活动结束后按照捐赠协议履行捐赠义务,并将捐赠情况向社会公开。"这条规定明确,经营性活动的捐赠应履行活动前签订协议、活动后履行协议、捐赠后公开情况的义务。

2. 捐赠义务的强制履行

有些捐赠承诺和捐赠协议在社会上有较大影响力,捐赠人的社会声望会提高,受益人也会对捐赠有较大的期待,因此,有必要针对捐赠人做出具有约束性的规定。慈善法第四十一条对捐赠人在下列两种情形下的捐赠义务做了特殊规定:一是捐赠人通过广播、电视、报刊、互联网等媒体公开承诺捐赠的;二是捐赠财产用于扶贫、济困、扶老、救孤、恤病、助残、优抚以及救助自然灾害、事故灾难、公共卫生事件等突发事件的慈善活动,并签订书面捐赠协议的。在上述两种情形中,违反捐赠协议逾期未交付捐赠财产,慈善组织或者其他接收捐赠的人可以要求交付;捐赠人拒不交付的,慈善组织和其他接受捐赠的人可以依法向人民法院申请支付令或者提起诉讼。

以上捐赠义务的强制履行也有例外。如果捐赠人公开承诺捐赠或者签订书面捐赠协议后经济状况恶化,已经严重影响其生产经营或家庭生活的,这种情况下应当允许其不再履行捐赠义务。所以,慈善法第四十一条第二款规定:"捐赠人公开承诺捐赠或者签订书面捐赠协议后经济状况显著恶化,严重影响其生产经营或者家庭生活的,经向公开承诺捐赠地或者书面捐赠协议签订地的县级以上人民政府民政部门报告并向社会公开说明情况后,可以不再履行捐赠义务。"

8.6 慈善信托

慈善信托起源于英国,是慈善事业的一种重要运作形式。国务院 2014 年发出的《关于促进慈善事业健康发展的指导意见》提出,"鼓励设立慈善信托,抓紧制定政策措施,积极推进有条件的地方开展试点"。我国慈善信托的法律规定主要体现在慈善法、《中华人民共和国信托法》(以下简称"信托法")、《慈善信托管理办法》等法律法规中,涉及的主要内容包括慈善信托的定义、慈善信托设立、慈善信托的变更与终止等。

8.6.1 慈善信托的定义

慈善法第四十四条规定:"本法所称慈善信托属于公益信托,是指委托人基于慈善目的,依法将其财产委托给受托人,由受托人按照委托人意愿以受托人名义进行管理和处分,开展慈善活动的行为。"根据慈善信托的定义,慈善信托有如下特征:①委托人基于慈善目的,将其财产委托给受托人;②受托人按照委托人意愿对受托财产进行管理和处分,开展慈善活动;③慈善信托的财产和收益必须全部用于慈善目的。这一点是慈善信托之慈善目的的体现。《慈善信托管理办法》第二十三条规定,慈善信托财产及其收益,应当全部用于慈善目的。

8.6.2 慈善信托的设立

慈善法第四十五条规定:"设立慈善信托、确定受托人和监察人,应当采取书面形式。受托人应当在慈善信托文件签订之日起七日内,将相关文件向受托人所在地县级以上人民政府民政部门备案。"根据慈善法的规定,《慈善信托管理办法》对慈善信托设立进行了细化。

1. 慈善信托委托人

关于慈善信托委托人,《慈善信托管理办法》第八条规定,慈善信托的委托人应当是具有完全民事行为能力的自然人、法人或者依法成立的其他组织。

2. 慈善信托受托人

关于慈善信托受托人,慈善法第四十七条规定:"慈善信托的受托人,可以由委托人确定其信赖的慈善组织或者信托公司担任。"根据此条规定,有两类组织可以担任慈善信托的受托人：一是慈善组织，二是信托公司。慈善组织是专业从事慈善活动的机构，担任慈善信托的受托人可以保证信托财产有效用于慈善活动。信托公司充当受托人可以运用资产投资的专业方法，使受托的慈善资产保值、增值。

3. 慈善信托监察人

关于慈善信托监察人，慈善法第五十条规定："慈善信托的委托人根据需要，可以确定信托监察人。"信托监察人对受托人的行为进行监督，依法维护委托人和受益人的权益。

4. 慈善信托受益人

慈善信托受益人是指慈善信托开展的慈善活动的受益人。《慈善信托管理办法》规定，慈善信托文件应当明确受益人范围及选定的程序和方法，慈善信托的委托人不得指定或者变相指定与委托人或受托人具有利害关系的人作为受益人。

5. 慈善信托备案

根据慈善法关于慈善信托备案的规定，慈善信托委托人在确定受托人和监察人后，需要签订信托文件。根据《慈善信托管理办法》的要求，信托文件中应当载明下列内容：①慈善信托名称；②慈善信托目的；③委托人、受托人的姓名或者名称、住所，如设置监察人，监察人的姓名或者名称、住所；④受益人范围及选定的程序和方法；⑤信托财产的范围、种类、状况和管理方法；⑥年度慈善支出的比例或数额；⑦信息披露的内容和方式；⑧受益人取得信托利益的形式和方法；⑨信托报酬收取标准和方法。根据慈善法的规定，"受托人应当在慈善信托文件签订之日起七日内，将相关文件向受托人所在地县级以上人民政府民政部门备案。未按照前款规定将相关文件报民政部门备案的，不享受税收优惠"。

8.6.3 慈善信托的变更与终止

1. 慈善信托的变更

慈善信托变更包括慈善信托受托人变更和慈善信托条款的变更。关于慈善信托受托人变更，慈善法第四十八条规定："慈善信托的受托人违反信托义务或者难以履行职责的，委托人可以变更受托人。变更后的受托人应当自变更之日起七日内，将变更情况报原备案的民政部门重新备案。"《慈善信托管理办法》

进一步细化了可以变更受托人的情形,"慈善信托的受托人违反信托文件义务或者出现依法解散、法定资格丧失、被依法撤销、被宣告破产或者其他难以履行职责的情形时,委托人可以变更受托人"。

关于慈善信托条款的变更,《慈善信托管理办法》规定:"根据信托文件约定或者经原委托人同意,可以变更以下事项:(一)增加新的委托人;(二)增加信托财产;(三)变更信托受益人范围及选定的程序和方法;(四)国务院民政部门和国务院银行业监督管理机构规定的其他情形。"

2. 慈善信托的终止

《慈善信托管理办法》规定,"有下列情形之一的,慈善信托终止:(一)信托文件规定的终止事由出现;(二)信托的存续违反信托目的;(三)信托目的已经实现或者不能实现;(四)信托当事人协商同意;(五)信托被撤销;(六)信托被解除"。自慈善信托终止事由发生之日起15日内,受托人应当将终止事由、日期、剩余财产处分方案和有关情况报告备案的民政部门。此外,受托人应当在30日内做出处理慈善信托事务的清算报告,向备案的民政部门报告后,由受托人予以公告。慈善信托若设置信托监察人,清算报告应事先经监察人认可。

慈善法颁布前,2001年颁布的信托法已经有关于"公益信托"的规定。但在慈善法出台前的15年里,公益信托的数量只有十几单。慈善法颁布后,明确了慈善信托的定义和法律地位,采用了慈善信托在民政部门备案的制度,改变了信托法中关于公益信托的审批制度,促进了慈善信托的发展。自2016年至2022年,全国累计慈善信托备案为1 182单,财产规模达51.65亿元。慈善信托作为金融与慈善跨界合作的新模式,在开展第三次分配、促进共同富裕方面发挥了积极作用。

  专栏8-2

中信·何享健慈善基金会顺德社区慈善信托

中信·何享健慈善基金会顺德社区慈善信托于2017年5月27日设立,信托资金4.92亿元,在广东省民政厅备案,信托期限是永久存续。该信托目的是支持佛山市顺德区的扶贫、救济、养老、教育、文化建设、村居福利等公益慈善需求,共同建设具有人文情怀和吸引力的顺德社区。

该信托委托人是美的控股有限公司,受托人有两个:一是广东省和的慈善基金会;二是中信信托有限责任公司。中信信托负责信托资金的投资管理,和的慈善基金会负责慈善资金分配和使用。项目执行人是广东省顺德社区慈善基金会。

该慈善信托的运作模式:

1. 信托财产投资管理。中信信托进行自主投资决策,对于重大投资决策事项,中信在实施投资前书面通知广东省和的慈善基金会。2021年度该信托投资收益为3 369万余元。

2. 慈善支出数额。根据信托文件,按照上一年度末的信托财产净值的2%~10%作为下一年的信托支出额(慈善支出额),2021年的慈善项目支出是2 769万元,支出占信托财产净值的5.6%。

3. 受益人选择方法。项目执行人广东省顺德社区慈善基金会根据其制定的受益人评选标准组成评审委员会评审受益人,评审结果需经和的基金会认可。

4. 慈善项目实施情况。2021年实施"和美社区计划",在教育发展、社区照顾、社区营造和行业支持四个领域开展公益行动。如开展村(居)幼儿园园舍改造和幼教从业人员素质提升项目,长者和残障人士社区照顾服务项目,社区文化活动项目,社区公共事务协商议事项目,培育社区社会组织项目等。受益组织共计127个。

资料来源:广东省慈善信托年度报告(2021年度)

8.7 慈善财产

慈善财产的管理和使用关系到慈善组织对公益性原则和非营利性原则的遵守,在慈善事业法律体系中具有重要地位。关于慈善财产的法律规范主要体现在慈善法、公益事业捐赠法等法律法规中,涉及的内容主要包括慈善组织的财产来源、慈善财产使用、慈善财产投资、慈善财产管理等。

8.7.1 慈善组织财产来源

根据慈善法第五十二条,慈善组织的财产包括:①发起人捐赠、资助的创始财产;②募集的财产;③其他合法财产。其中第三项其他合法财产,可以包括：①承担政府购买服务项目获得的收入或政府资助；②法律允许范围内的经营性收入，包括慈善组织的服务收入和将沉淀资金进行投资获得的收入；③社会团体的会费收入等。

8.7.2 慈善财产使用

1. 慈善财产使用原则

慈善法第五十三条规定，"慈善组织的财产应当根据章程和捐赠协议的规定全部用于慈善目的，不得在发起人、捐赠人以及慈善组织成员中分配。任何组织和个人不得私分、挪用、截留或者侵占慈善财产。"这条规定是根据慈善组织的性质和民法的有关规定做出的。慈善组织具有公益性，这种公益性在组织的章程中得到明确体现，为此，慈善组织的财产应当根据章程的规定使用。慈善组织具有非营利性，因此，慈善组织的财产不得在发起人、捐赠人以及慈善组织成员中分配。此外，慈善组织和捐赠人签订的捐赠协议是民法意义上的合同，根据民法典第五百零九条关于"当事人应当按照约定全面履行自己义务"的规定，慈善组织的财产应当根据捐赠协议的规定使用。根据民法典第二百七十条关于"社会团体法人、捐助法人依法所有的不动产和动产，受法律保护"的规定，任何组织和个人不得对其加以侵犯。

2. 捐赠财产使用

根据慈善法第五十六条的规定，捐赠财产的使用必须遵循以下规定：①慈善组织开展慈善活动，应当依照法律法规和章程的规定，按照募捐方案或者捐赠协议使用捐赠财产。如前所述，捐赠协议是关于捐赠问题的合同，因此，慈善组织应当按照募捐方案或者捐赠协议使用捐赠财产。②慈善组织确需变更募捐方案规定的捐赠财产用途的，应当报原备案的民政部门备案。这条规定考虑到募捐活动中参与捐赠的人数众多，一一征求意见难以做到，故通过报民政部门备案，可以通过民政部门的监管来保障捐赠财产用于慈善事业。③确需变更捐赠协议约定的捐赠财产用途的，应当征得捐赠人同意。前面讲过捐赠协议是民事合同，要改变合同的内容，就要当事人进行协商达成一致。

3. 剩余捐赠财产使用

关于剩余捐赠财产的使用，慈善法第五十八条规定："慈善项目终止后捐赠财产有剩余的，按照募捐方案或者捐赠协议处理；募捐方案未规定或者捐赠协议未约定的,慈善组织应当将剩余财产用于目的相同或者相近的其他慈善项目,并向社会公开。"前面讲到过,慈善组织的非营利性表现为慈善组织不得分配运营产生的利润,以及慈善组织终止后不得将剩余财产分配给发起人、捐赠人或者本组织成员。慈善法的这条规定明确了剩余捐赠财产的处理问题。

8.7.3 慈善组织财产的保值增值

慈善组织通过对其财产进行适当的投资实现财产的保值增值,是增加慈善组织物质资源的一个有效方式。然而,财产投资存在一定风险。同时,慈善组织的有些财产不能进行投资。为此,慈善法第五十五条对慈善组织的投资做了以下几方面的规定:①慈善组织为实现财产保值、增值进行投资的,应当遵循合法、安全、有效的原则,投资取得的收益应当全部用于慈善目的。②慈善组织的重大投资方案应当经决策机构组成人员三分之二以上同意。③政府资助的财产和捐赠协议约定不得投资的财产,不得用于投资。④慈善组织的负责人和工作人员不得在慈善组织投资的企业兼职或者领取报酬。

2018年10月,民政部公布了《慈善组织保值增值投资活动管理暂行办法》,对慈善组织投资活动中涉及的投资途径、投资财产、投资决策程序、投资风险控制、投资监督管理等方面做出了具体规定。

8.7.4 慈善组织的年度支出和管理成本

慈善组织存在的价值是开展慈善活动,实现慈善的使命。为此,慈善法第六十一条规定,"慈善组织应当积极开展慈善活动,遵循管理费用、募捐成本等最必要原则,厉行节约,减少不必要的开支,充分、高效运用慈善财产"。

1. 慈善组织慈善活动年度支出和管理费用的范围

慈善组织的慈善活动支出是指慈善组织基于慈善宗旨,在章程规定的业务范围内开展慈善活动,向受益人捐赠财产或提供无偿服务时发生的费用。慈善组织的管理费用是指慈善组织按照《民间非营利组织会计制度》规定,为保证本组织正常运转所发生的费用。根据2016年10月民政部门会同国务院财政、税务等部门制定的《关于慈善组织开展慈善活动年度支出和管理费用的规定》,慈善活动支出与管理费用的范围如表8-2所示:

表 8-2　慈善组织慈善活动支出、管理费用的具体范围

类别	具体范围
慈善活动支出	1. 直接或委托其他组织资助给受益人的款物； 2. 为提供慈善服务和实施慈善项目发生的人员报酬、志愿者补贴和保险，以及使用房屋、设备、物资发生的相关费用； 3. 为管理慈善项目发生的差旅、物流、交通、会议、培训、审计、评估等费用
管理费用	1. 理事会等决策机构的工作经费； 2. 行政管理人员的工资、奖金、住房公积金、住房补贴、社会保障费； 3. 办公费、水电费、邮电费、物业管理费、差旅费、折旧费、修理费、租赁费、无形资产摊销费、资产盘亏损失、资产减值损失、因预计负债所产生的损失、聘请中介机构费等
费用的合理分配	慈善组织的某些费用如果属于慈善活动、其他业务活动、管理活动等共同发生，且不能直接归属于某一类活动的，应当将这些费用按照合理的方法在各项活动中进行分配，分别计入慈善活动支出、其他业务活动成本、管理费用

2. 具有公募资格的基金会的年度支出和管理费用标准

慈善法第六十一条规定，"具有公开募捐资格的基金会开展慈善活动的年度支出，不得低于上一年总收入的百分之七十或者前三年收入平均数额的百分之七十；年度管理费用不得超过当年总支出的百分之十；特殊情况下，年度支出和管理费用难以符合前述规定的，应当报告办理其登记的民政部门并向社会公开说明情况"。关于公募基金会年度支出标准的规定，是为了防止公募基金会善款沉淀，激励公募基金会及时高效使用慈善财产。关于百分之十的年度管理费用的规定，是希望公募基金会减少不必要的开支，提高财产使用效率。

3. 慈善组织开展慈善活动的年度支出、管理费用和募捐成本

慈善法第六十一条第二款规定，"慈善组织开展慈善活动的年度支出、管理费用和募捐成本的标准由国务院民政部门会同财政、税务等部门制定"。2016年10月，民政部、财政部、国家税务总局印发《关于慈善组织开展慈善活动年度支出和管理费用的规定》，制定了慈善组织开展慈善活动的年度支出和管理费用的标准，具体如表8-3所示。

表 8-3　慈善组织开展慈善活动的年度支出和管理费用的标准

类别		年度慈善活动支出	年度管理费用
具有公开募捐资格的基金会		不得低于上年总收入的百分之七十	不得高于当年总支出的百分之十
具有公开募捐资格的社会团体和社会服务机构		不得低于上年总收入的百分之七十	不得高于当年总支出的百分之十三
不具有公开募捐资格的基金会	上年末净资产高于6 000万元(含本数)人民币的	不得低于上年末净资产的百分之六	不得高于当年总支出的百分之十二
	上年末净资产低于6 000万元且高于800万元(含本数)人民币的	不得低于上年末净资产的百分之六	不得高于当年总支出的百分之十三
	上年末净资产低于800万元且高于400万元(含本数)人民币的	不得低于上年末净资产的百分之七	不得高于当年总支出的百分之十五
	上年末净资产低于400万元人民币的	不得低于上年末净资产的百分之八	不得高于当年总支出的百分之二十
不具有公开募捐资格的社会团体和社会服务机构	上年末净资产高于1 000万元(含本数)人民币的	不得低于上年末净资产的百分之六	不得高于当年总支出的百分之十三
	上年末净资产低于1 000万元且高于500万元(含本数)人民币的	不得低于上年末净资产的百分之七	不得高于当年总支出的百分之十四
	上年末净资产低于500万元且高于100万元(含本数)人民币的	不得低于上年末净资产的百分之八	不得高于当年总支出的百分之十五
	上年末净资产低于100万元人民币的	不得低于上年末净资产的百分之八且不得低于上年总收入的百分之五十	不得高于当年总支出的百分之二十

注：计算年度慈善活动支出比例时，可以用前三年收入平均数代替上年总收入，用前三年末净资产平均数代替上年末净资产。

关于慈善组织募捐成本，以前没有明确规定。募捐成本大致包括慈善组织在开展募捐活动中产生的物资费用、宣传费用、场地费用、人员费用等。规范慈善组织的募捐成本，有利于提高慈善资金的使用效率。

4. 捐赠协议对慈善活动支出和管理费用的约定

在慈善实践活动中,有时捐赠协议会对慈善活动支出和管理费用做出约定,对此慈善法规定,对单项捐赠财产的慈善活动支出和管理费用有约定的,按照其约定。体现了法律尊重捐赠人意愿的精神。

8.8 慈善服务

8.8.1 慈善服务的概念

慈善法第六十二条规定,"本法所称慈善服务,是指慈善组织和其他组织以及个人基于慈善目的,向社会或者他人提供的志愿无偿服务以及其他非营利服务"。根据此规定,慈善服务包括了两种情形,一种是无偿的志愿服务;另一种是非营利服务,即具有慈善目的的有偿的非营利服务。志愿无偿服务凸显慈善性质,它是慈善服务,公众容易理解。有偿的非营利服务也是慈善服务的一种形式则需要做些理论上的阐释。非营利服务是不以获取利润为目的的服务,但提供服务需要一定的成本。从服务可持续性的角度,应当允许提供慈善服务的组织或个人向受益人收取一定的服务费用,并将收取的服务费用用于慈善事业。例如,有一家为自闭症儿童提供专业性康复训练与辅导的社会服务机构,其一部分资金来源于适当的服务收费。该机构取得的服务收入除用于合理的工资薪金、福利支出和与机构有关的、合理的支出外,盈余及其孳息不进行分配。该机构运转良好,不仅帮助自闭症儿童得到专业的服务,也减轻了家庭的负担。同时,这种非营利的慈善服务能实现机构的"自我造血",使得机构不必完全依赖社会捐赠和政府资助,保持了慈善服务的可持续性。

8.8.2 慈善服务的标准

慈善服务的内容十分广泛,涉及帮助困难群体、发展教科文体环保事业等。不少服务具有较强的专业性,需要提供服务的人员具有专业知识和专业技能,为此,就需要有服务标准。慈善法第六十四条第一款规定,"开展医疗康复、教育培训等慈善服务,需要专门技能的,应当执行国家或者行业组织制定的标准和规程"。这条规定要求专业性强的慈善服务应当执行国家或者行业组织制定的标准和规程。这是因为,有些专业性强的领域,如医疗康复、教育培训等,服务不规范会造成无法挽回的损失。因此,有必要要求专业性强的社会服务机构在人员资质、场所环境、服务提供等方面符合国家或行业标准和规程,确保受益人接受的是符合标准和规程的慈善服务。

同时,慈善法第六十四条第二款规定,"慈善组织招募志愿者参与慈善服务,需要专门技能的,应当对参与的志愿者开展相关培训"。与之相呼应的是,慈善法第六十八条规定,"志愿者接受慈善组织安排参与慈善服务的,应当服从管理,接受必要的培训"。慈善组织在安排志愿者提供具有专业性慈善服务时,应当视志愿者承担着类似慈善组织工作人员的责任,应当对志愿者开展培训使其具备专门技能,确保慈善服务的质量不受影响。

8.8.3 志愿服务管理

志愿者是慈善服务的重要人力资源。慈善法第六十四条至六十八条对志愿者招募、志愿者培训、志愿服务记录、志愿者管理等做了规定。下面介绍几个重点内容。

1. 签订志愿服务协议

慈善法第六十五条规定,"慈善组织根据需要可以与志愿者签订协议,明确双方权利义务,约定服务的内容、方式和时间等"。这条规定是为了保护志愿者的人身安全和合法权益。如慈善组织招募志愿者提供支教服务时,就应当将当地的情况以及可能发生的风险告知志愿者,与志愿者签订志愿服务协议,明确当事人的权利、义务、风险保障措施、法律责任等。

2. 做好志愿服务记录

慈善法第六十六条规定,"慈善组织应当对志愿者实名登记,记录志愿者的服务时间、内容、评价等信息。根据志愿者的要求,慈善组织应当无偿、如实出具志愿服务记录证明"。对志愿者实名登记和做好志愿服务记录是推进志愿服务制度化、对志愿者进行科学管理和激励的需要。民政部 2020 年 12 月发布《志愿服务记录与证明出具办法(试行)》,围绕志愿服务记录谁来记、记什么、如何记,志愿服务记录证明谁来出、出什么、如何出,以及相应的监管措施进行了规定。

3. 合理安排志愿服务

慈善法第六十七条规定,"慈善组织安排志愿者参与慈善服务,应当与志愿者的年龄、文化程度、技能和身体状况相适应"。我们提倡人人做慈善、人人可慈善,但对志愿者要有保护性规定。因为慈善服务的类型不同,有的只有成年人才能承担,有的需要专门的技能。如果安排不具备相应条件的志愿者参与慈善服务,可能使志愿者受到伤害,也可能使服务质量受影响,甚至使服务对象受到伤害。因此,这条规定是对志愿者利益也是对服务对象利益的维护。国务院2017年公布的《志愿服务条例》中也做了类似的规定。

4. 保障志愿者合法权益

慈善法第六十九条规定,"慈善组织应当为志愿者参与慈善服务提供必要条件,保障志愿者的合法权益。慈善组织安排志愿者参与可能发生人身危险的慈善服务前,应当为志愿者购买相应的人身意外伤害保险"。这条讲的为志愿者"提供必要条件"是指:①提供工作场所与相应的工具;②提供相关培训;③提供必要经费,如交通费、伙食补贴等。这里讲的"可能发生人身危险的慈善服务",指的是抢险救灾、照护失智失能老人和传染病患者、到边远地区进行支教服务等。安排志愿者参与这些慈善服务,应当为志愿者购买相应的保险。

8.9 信息公开

慈善信息公开关系到慈善活动的透明度和慈善事业的公信力。做好慈善信息公开工作,对于提高社会公众的慈善参与度、加强社会对慈善活动的监督具有重要意义。慈善法、《慈善组织信息公开办法》等法律和规章,对慈善信息的统计发布制度、慈善信息公开的主体、慈善信息公开的义务、慈善信息公开的基本内容、公开的时间要求等进行了规定。

8.9.1 慈善信息统计和发布制度

慈善法第七十五条规定,"国家建立健全慈善信息统计和发布制度。国务院民政部门建立健全统一的慈善信息平台,免费提供慈善信息发布服务。县级以上人民政府民政部门应当在前款规定的平台及时向社会公开慈善信息。慈善组织和慈善信托的受托人应当在本条第二款规定的平台发布慈善信息,并对信息的真实性负责"。该规定将慈善信息统计和发布纳入国家统一的统计管理体制,明确了政府、慈善组织和慈善信托的受托人在慈善信息公开中的责任,明确了慈善信息的发布主体。

根据慈善法关于建设统一的慈善信息平台的要求,2017年9月1日,由民政部慈善事业促进司、民政部信息中心主办的全国慈善信息公开平台"慈善中国"正式开通,用于慈善信息发布主体向社会公开慈善信息。

8.9.2 民政部门和其他有关部门的信息公开义务

根据慈善法第七十六条,县级以上人民政府民政部门和其他有关部门应当及时向社会公开下列慈善信息:①慈善组织登记事项;②慈善信托备案事项;③具有公开募捐资格的慈善组织名单;④具有出具公益性捐赠税前扣除票据资格的慈善组织名单;⑤对慈善活动的税收优惠、资助补贴等促进措施;⑥向慈善组织购买服务的信息;⑦对慈善组织、慈善信托开展检查、评估的结果;⑧对慈善组织和其他组织以及个人的表彰、处罚结果;⑨法律法规规定应当公开的其他信息。慈善法对政府应当向社会公开的慈善信息进行了规定,保证了社会公众能广泛知晓相关慈善信息,并保证了这些慈善信息的真实性和权威性。

8.9.3 慈善组织和慈善信托受托人信息公开的义务

1. 慈善组织与慈善信托受托人信息公开的原则

慈善法第七十七条规定,"慈善组织、慈善信托的受托人应当依法履行信息公开义务。信息公开应当真实、完整、及时"。这条规定明确了信息公开是慈善组织、慈善信托的受托人的义务,义务是必须要做的事,不履行就是违法。此外,该条规定还明确了信息公开的三个原则:一是真实,即要符合客观事实,准确可靠;二是完整,即要全面公开有关信息,不得进行选择性公开;三是及时,即依法及时公开。

2. 慈善组织信息公开的内容

信息公开是慈善组织、慈善信托的受托人的义务,那么具体要公开哪些信息呢?根据慈善法,慈善组织、慈善信托的受托人要公开如下信息:

(1)慈善组织基本信息。根据慈善法第七十八条规定,慈善组织一是应当向社会公开组织章程和决策、执行、监督机构成员信息以及国务院民政部门要求公开的其他信息;二是应当每年向社会公开其年度工作报告和财务会计报告。具有公开募捐资格的慈善组织的财务会计报告须经审计。

(2)募捐情况和项目实施情况。根据慈善法第七十九条规定,具有公开募捐资格的慈善组织应当定期向社会公开其募捐情况和慈善项目实施情况。公开募捐周期超过六个月的,至少每三个月公开一次募捐情况,公开募捐活动结束后三个月内应当全面、详细公开募捐情况。慈善项目实施周期超过六个月的,至少每三个月公开一次项目实施情况,项目结束后三个月内应当全面、详细公开项目实施情况和募得款物使用情况。根据慈善法第八十条规定,慈善组织开展定向募捐的,应当及时向捐赠人告知募捐情况、募得款物的管理使用情况。

(3) 向受益人告知相关信息。慈善法第八十一条规定,慈善组织、慈善信托的受托人应当向受益人告知其资助标准、工作流程和工作规范等信息。这条规定是为了保证慈善服务的质量,方便受益人对慈善组织的服务进行监督。

根据慈善法关于信息公开的规定,2018 年 8 月民政部公布了《慈善组织信息公开办法》,对慈善组织信息公开的内容进行了细化。例如,《慈善组织信息公开办法》第五条规定,具有公开募捐资格的慈善组织应当公开的基本信息还包括：①按年度公开在本组织领取报酬从高到低排序前五位人员的报酬金额；②本组织出国(境)经费、车辆购置及运行费用、招待费用、差旅费用的标准。此外,《慈善组织信息公开办法》第十二条规定,慈善组织发生下列情形后 30 日内,应当在统一信息平台向社会公开具体内容和金额：①重大资产变动；②重大投资；③重大交易及资金往来。重大资产变动、重大投资、重大交易及资金往来的具体标准,由慈善组织依据有关法律法规章在本组织章程或者财务资产管理制度中规定。

8.9.4　慈善信息公开的例外情况

慈善信息以公开为原则,但也有不公开的例外情况。慈善法第八十二条对慈善信息公开的例外情况做出了规定："涉及国家秘密、商业秘密、个人隐私的信息以及捐赠人、慈善信托的委托人不同意公开的姓名、住所、通信方式等信息,不得公开。"

专栏 8-3

北京春苗慈善基金会的信息公开工作

北京春苗慈善基金会是 2010 年 10 月成立的具有公募资质的 5A 级基金会。秉持"爱与专业"服务理念,春苗基金会在困境重病儿童救助、医疗健康、乡村振兴、紧急救援、助学扶智、关爱老人等领域开展公益项目。该基金会每月发布机构月报,内容有项目数据(包括热线求助数量、救助儿童出院数量、资助患儿数量等)、捐赠收入(包括每个项目的捐款来源、捐赠金额)、捐赠支出(包括每个项目的支出金额)等。表8-4、表8-5显示了北京春苗慈善基金会2023年11月的捐赠收入(自主项目部分)和捐赠支出。

表8-4 北京春苗慈善基金会2023年11月捐赠收入(自主项目部分)

北京春苗慈善基金会2023年11月捐赠收入						
项目所属	项目名称	项目筹款活动	捐款来源	捐款金额/元	合计/元
	非限定捐赠			55 638.84	55 638.84
春苗自主项目	小苗医疗		官网	4 100.00	1 496 507.10
			银行	4 500.00	
			实物捐赠	3 009.00	
	小苗医疗	早产微宝贝紧急求助	腾讯	369 170.04	
			新浪微公益	2 021.73	
		重症儿童救助	腾讯	653 724.63	
			支付宝公益	34 822.67	
			淘宝店铺	507.00	
	早产儿助力计划	早产儿助力计划	淘宝公益	635.70	
			阿里巴巴公益	190.13	
			字节公益	32 275.46	
	"小善大爱"月捐	春苗月捐行动	易宝公益	21 746.11	
		弘爱早产儿救助月捐行动	易宝公益	16 186.00	
		一心陪伴月捐行动	易宝公益	95 946.70	
		仁爱月捐行动	易宝公益	441.00	
		云加益月捐行动	易宝公益	1 237.12	

(续表)

项目所属	项目名称	项目筹款活动	捐款来源	捐款金额/元	合计/元
		北京春苗慈善基金会 2023 年 11 月捐赠收入			
春苗自主项目	"小善大爱"月捐	途梦乡村青少年生涯教育月捐行动	易宝公益	1 199.90	1 496 507.10
		昌雨春童月捐行动	易宝公益	184.21	
		同心互惠月捐行动	易宝公益	16 764.01	
		太阳花残障儿童康复月捐行动	易宝公益	196.00	
		"把产品安全送给孩子"月捐行动	易宝公益	650.00	
		掌欣早产儿月捐行动	易宝公益	4 096.40	
		承德蓝天月捐行动	易宝公益	1 788.01	
	聚善计划	春苗·欧阳怡然公益联盟慈善基金	官网	3 000.00	
		春苗·中善联慈善基金	官网	223.04	
		向阳花慈善基金	易宝公益	1 200.00	
		萤火虫慈善基金	易宝公益	1 479.18	
		小袋鼠慈善基金	易宝公益	20.00	
		爱未来慈善基金	易宝公益	1.00	
		炘流慈善基金	易宝公益	1.00	
		行之愿慈善基金	易宝公益	1.00	
		幸福日力慈善基金	易宝公益	1 579.00	
		顺道同心慈善基金	易宝公益	13 189.30	
		青松慈善基金	易宝公益	127.50	
		奕乔慈善基金	易宝公益	1.00	
		蒲公英慈善基金	易宝公益	10 091.00	
		筑梦慈善基金	易宝公益	64 390.02	
			银行	135 812.24	

表 8-5　北京春苗慈善基金会 2023 年 11 月捐赠支出

项目所属	项目名称	项目筹款活动	捐赠支出合计/元
春苗自主项目	小苗医疗	小苗医疗	222 415.36
		早产微宝贝紧急救助	440 693.56
		重症儿童救助	277 535.23
			20 000.00
	早产儿助力计划	早产儿助力计划	50 116.80
	聚善计划	沃土慈善基金	27 648.38
		炘流慈善基金	6 938.11
		幸福日力慈善基金	4 400.00
		小太阳慈善基金	5 000.00
联合劝募	兴隆县七彩慈善发展中心		1 900 000.00
专项基金	归元缓和医疗专项基金		144 742.00
	中欧校友公益专项基金		961 933.92
合计			4 061 423.36

资料来源:北京春苗慈善基金会[2023-12-17].http://www.cmjjh.org

8.10　税收优惠

制定慈善事业法律法规的目的是规范和促进慈善事业发展。慈善法第十章专设促进措施,从政府政策、税收、用地、金融、政府购买服务、社区慈善、慈善教育、慈善项目冠名、慈善表彰等方面制定了促进慈善事业发展的措施。在各种促进措施中,税收优惠无疑是促进慈善事业发展的重要措施。本节介绍慈善法及相关法律法规对慈善活动参与方享有的税收优惠的规定。

8.10.1　慈善组织的税收优惠

根据慈善法、公益事业捐赠法、企业所得税法及其实施条例等有关法律法规,慈善组织的税收优惠涉及所得税、增值税、营业税、房产税、关税等多个税种,其中最核心的是所得税优惠。

慈善法第八十六条规定："慈善组织及其取得的收入依法享受税收优惠。"企业所得税法第二十六条第四款也规定,符合条件的非营利组织的收入为免税收入。根据我国财政、税务主管部门的具体规定,慈善组织的收入要认定为免税收入,需要具备两个条件：一是慈善组织获得非营利组织免税资格,二是被认定为免税收入的收入。

1. 慈善组织非营利组织免税资格的获得

根据《企业所得税法实施条例》和财政部、税务总局于2018年2月7日发布的《关于非营利组织免税资格认定管理有关问题的通知》,认定为具有非营利组织免税资格,需要同时满足以下条件：①依照国家有关法律法规设立或登记的事业单位、社会团体、基金会、社会服务机构、宗教活动场所、宗教院校以及财政部、税务总局认定的其他非营利组织;②从事公益性或者非营利性活动;③取得的收入除用于与该组织有关的、合理的支出外,全部用于登记核定或者章程规定的公益性或者非营利性事业;④财产及其利息不用于分配,但不包括合理的工资薪金支出;⑤按照登记核定或者章程规定,该组织注销后的剩余财产用于公益性或者非营利性目的,或者由登记管理机关采取转赠给与该组织性质、宗旨相同的组织等处置方式,并向社会公告;⑥投入人对投入该组织的财产不保留或者享有任何财产权利;⑦工作人员工资福利开支控制在规定的比例内,不变相分配该组织的财产;⑧对取得的应纳税收入及其有关的成本、费用、损失应与免税收入及其有关的成本、费用、损失分别核算。满足以上条件的慈善组织通过向税务机关报送相应的材料申请享受免税资格,经相应的税务主管机关批准后获得免税资格。

2. 慈善组织的免税收入

根据《财政部、国家税务总局关于非营利组织企业所得税免税收入问题的通知》(财税〔2009〕122号)的规定,慈善组织的下列收入为免税收入：①接受其他单位或者个人捐赠的收入;②除《中华人民共和国企业所得税法》第七条规定的财政拨款以外的其他政府补助收入,但不包括因政府购买服务取得的收入;③按照省级以上民政、财政部门规定收取的会费;④不征税收入和免税收入孳生的银行存款利息收入;⑤财政部、国家税务总局规定的其他收入。根据这一规定,慈善组织主要的免税收入为捐赠收入、政府补助收入、会费收入以及银行存款利息收入。

8.10.2 捐赠人的税收优惠

根据慈善法第八十七条的规定,"自然人、法人和非法人组织捐赠财产用于慈善活动的,依法享受税收优惠"。

关于企业捐赠的税收优惠,企业所得税法第九条规定,"企业发生的公益性捐赠支出,在年度利润总额12%以内的部分,准予在计算应纳税所得额时扣除;超过年度利润总额12%的部分,准予结转以后三年内在计算应纳税所得额时扣除"。

关于个人捐赠的税收优惠,个人所得税法第六条第二款规定,"个人将其所得对教育、扶贫、济困等公益慈善事业进行捐赠,捐赠额未超过纳税人申报的应纳税所得额百分之三十的部分,可以从其应纳税所得额中扣除;国务院规定对公益慈善事业捐赠实行全额税前扣除的,从其规定"。

在实际的慈善捐赠活动中,捐赠人必须向具有出具公益性捐赠税前扣除票据资格的公益性社会组织进行捐赠,才能享有国家规定的税收优惠。也就是说,我国采取的方式是社会组织先获得"公益性捐赠税前扣除资格",企业或个人向获得"公益性捐赠税前扣除资格"的社会组织捐赠,才能依法获得税收优惠。2020年5月13日,财政部、国家税务总局、民政部发布《关于公益性捐赠税前扣除有关事项的公告》,明确公益性捐赠税前扣除资格由民政、财政、税务等部门联合确认,并以公告形式发布名单。

8.10.3 受益人的税收优惠

慈善法第八十九条规定,"受益人接受慈善捐赠,依法享受税收优惠"。在《基金会管理条例》中对受益人的税收优惠也有规定。《基金会管理条例》第二十六条规定,基金会及其捐赠人、受益人依照法律、行政法规的规定享受税收优惠。对于企业作为受益人,按照有关文件规定,在一定情况下也可以享受税收优惠。如在汶川地震、玉树地震、芦山地震等救灾和灾后恢复重建活动中,有关文件规定,对受灾地区企业通过慈善组织取得的救灾和灾后恢复重建款项和物资,免征相应的所得税。

8.11 慈善事业的监督管理

8.11.1 民政部门的监管措施和监管程序

慈善法第一百零三条规定,"县级以上人民政府民政部门应当依法履行职责,对慈善活动进行监督检查,对慈善行业组织进行指导"。在明确了民政部门的职责后,慈善法赋予了民政部门在处理涉嫌违法的慈善组织、慈善信托的受托人的过程中有权采取的行政强制措施。根据慈善法第一百零四条的规定,这些行政强制性措施包括:①对慈善组织、慈善信托的受托人的住所和慈善活动发生地进行现场检查;②要求慈善组织、慈善信托的受托人做出说明,查阅、复制有关资料;③向与慈善活动有关的单位和个人调查与监督管理有关的情况;④经本级人民政府批准,可以查询慈善组织的金融账户;⑤法律、行政法规规定的其他措施。慈善组织、慈善信托的受托人涉嫌违反本法规定的,县级以上人民政府民政部门可以对有关负责人进行约谈,要求其说明情况、提出改进措施。其他慈善活动参与者涉嫌违反法律规定的,县级以上人民政府民政部门可以会同有关部门调查和处理。制定这些行政监管措施的目的是保障慈善活动在法制的轨道上健康发展。

慈善法在赋予民政部门监管权力的同时也规定了民政部门监管的程序。慈善法第一百零五条规定:"县级以上人民政府民政部门对慈善组织、有关单位和个人进行检查或者调查时,检查人员或者调查人员不得少于二人,并应当出示合法证件和检查、调查通知书。"

8.11.2 慈善信用记录制度和评估制度

社会信用体系是社会主义市场经济体制和社会治理体制的重要组成部分。制定慈善信用制度能约束慈善组织自律并能使慈善组织的行为更加透明,便于社会监督。慈善法第一百零六条第一款规定,"县级以上人民政府民政部门应当建立慈善组织及其负责人、慈善信托的受托人信用记录制度,并向社会公布"。

根据慈善法的规定,2018 年 1 月 12 日民政部公布了《社会组织信用信息管理办法》。该办法指出,社会组织信用信息包括基础信息、年报信息、行政检查信息、行政处罚信息和其他信息。基础信息是指反映社会组织登记、核准和备案等事项的信息。年报信息是指社会组织依法履行年度工作报告义务并向社会公开的信息。行政检查信息是指登记管理机关及政府有关部门对社会组织开展监督检查形成的结论性信息。行政处罚信息是指社会组织受到的行政处罚种类、处罚结果、违法事实、处罚依据、处罚时间、做出行政处罚的部门等信息。其他信息是指社会组织评估等级及有效期限,获得的政府有关部门的表彰奖励,承接政府购买服务或者委托事项,公开募捐资格,公益性捐赠税前扣除资格等与社会组织信用有关的信息。以上社会组织信用信息均由登记管理机关进行采集和录入社会组织信息管理系统。登记管理机关依据社会组织未依法履行义务或者存在违法违规行为的有关信用信息，建立社会组织活动异常名录和严重违法失信名单制度。该办法规定，社会组织的信用信息、活动异常名录和严重违法失信名单应当向社会公开。登记管理机关通过互联网向社会提供查询渠道。

除了建立慈善信用记录制度，慈善法第一百零六条第二款还规定，"县级以上人民政府民政部门应当建立慈善组织评估制度，鼓励和支持第三方机构对慈善组织的内部治理、财务状况、项目开展情况以及信息公开等进行评估，并向社会公布评估结果"。民政部在 2010 年就出台了《社会组织评估管理办法》，2021 年 12 月印发了《全国性社会组织评估管理规定》。这两个部门规章明确了评估对象和内容、评估机构和职责、评估程序和方法、评估等级管理等评估管理办法，建立起了包括慈善组织在内的社会组织评估制度框架。根据慈善法、民政部的规章和其他有关政策文件，各级政府民政部门开展了社会组织评估工作。社会组织评估工作的实践为完善慈善组织评估制度奠定了基础。

在监督管理方面，慈善法还要求，"慈善行业组织应当建立健全行业规范，加强行业自律"。慈善法鼓励公众、媒体对慈善活动进行监督，任何单位和个人发现慈善组织、慈善信托有违法行为的，可以向县级以上人民政府民政部门、其他有关部门或者慈善行业组织投诉、举报。对假借慈善名义或者假冒慈善组织骗取财产以及慈善组织、慈善信托的违法违规行为予以曝光，发挥舆论和社会监督作用。

本章小结

我国慈善事业的法律体系由慈善法和相关的 100 多个法律、法规和部门规章等组成。本章根据慈善法的法律框架，介绍和论述了法律法规关于慈善活动的原则、慈善事业的管理体制、慈善组织、慈善募捐、慈善捐赠、慈善信托、慈善财产、慈善服务、信息公开、税收优惠、监督管理等方面的规定。本章第 1 节介绍了我国慈善事业法律法规制定历程，第 2 节介绍了法律法规关于慈善活动的原则和慈善事业管理体制的规定，第 3 节介绍了法律法规关于慈善组织的定义和组织形式、慈善组织的登记和认定、慈善组织的内部管理等方面的规定，第 4 节介绍了法律法规关于慈善募捐的定义、公开募捐资格、合作募捐、募捐方式、募捐行为等方面的规定，第 5 节介绍了法律法规关于慈善捐赠的定义、捐赠财产的要求、捐赠人的义务等方面的规定,第6节介绍了法律法规关于慈善信托的定义、慈善信托的设立、慈善信托的变更与终止等方面的规定,第7节介绍了法律法规关于慈善组织的财产来源、慈善财产使用、慈善组织财产的保值增值、慈善组织的年度支出和管理成本等方面的规定,第8节介绍了法律法规关于慈善服务的定义、慈善服务的标准、志愿服务管理等方面的规定,第9节介绍了法律法规关于慈善信息统计和发布制度、民政部门和其他有关部门的信息公开义务、慈善组织和慈善信托受托人信息公开的义务、慈善信息公开的例外情况等方面的规定,第10节介绍了法律法规关于慈善组织、捐赠人和受益人的税收优惠方面的规定,第11节介绍了法律法规关于慈善事业监督管理方面的规定。慈善事业的法律法规还包括应急慈善、除税收优惠外的其他促进措施、法律责任、个人求助规范等内容,应根据需要学习掌握。

思考题

1. 开展慈善活动的原则是什么?
2. 我国慈善事业的管理体制是怎样的?
3. 慈善组织属性的行政认定有哪些条件?
4. 某慈善组织计划组织一次线上线下相结合的公开募捐活动,怎么做才是合法的?
5. 经营性活动的捐赠应履行什么法律义务?
6. 什么是慈善信托?如何设立慈善信托?
7. 具有公募资格的基金会的年度支出和管理费用标准是什么?
8. 慈善组织应当公开的信息有哪些?
9. 慈善组织如何获得非营利组织免税资格?

主要参考文献

[1] 郑功成.中华人民共和国慈善法解读与应用[M].北京:人民出版社,2016.
[2] 阚珂.中华人民共和国慈善法释义[M].北京:法律出版社,2016.
[3] 王振耀.慈善规范实务指南[M].北京:中国言实出版社,2017.
[4] 陆璇,林文漪.中国社会组织法律实务指南[M].北京:法律出版社,2016.
[5] 郑功成.慈善事业立法研究[M].北京:人民出版社,2015.
[6] 吴祖谋,李双元.法学概论[M].14版.北京:法律出版社,2021.

第9章 慈善伦理

> **学习目标**
>
> 慈善伦理是调节慈善活动参与方以及所涉及的利益相关方的道德规范和原则。通过学习本章,我们应当了解和掌握慈善伦理的概念、理论和方法,掌握运用功利主义理论和义务论理论对慈善行为和慈善活动进行分析和判断的能力,掌握慈善伦理的基本原则,自觉运用慈善伦理指导慈善活动开展。

9.1 伦理和慈善伦理的概念

9.1.1 伦理和慈善伦理

上一章介绍了慈善事业的法律法规,论述了开展慈善活动必须依法合规。那么,合法开展的慈善活动是否都是合理的、正当的呢?这里引申出了一个问题,即法律和伦理的关系问题。法律是由国家制定或认可的,并以国家强制力保障实施的一种行为规范体系。法律调整的只限于必须以国家强制力予以保障的那部分社会关系[1]。鉴于法律通常只把那些严重损害他人和社会利益的行为纳入考虑范围,合法开展的慈善活动会存在一些并不十分严重但也会损害他人和社会利益的行为。这些行为需要由伦理来调整。慈善伦理就可以对那些从法律上看没有违法或并不十分严重,但却会影响慈善事业健康发展的行为进行判断识别和规范调整。

---

[1] 吴祖谋,李双元.法学概论[M].14版.北京:法律出版社,2021:21.

1. 什么是伦理

关于伦理,古今中外有许多定义。在中国,"伦理"二字连用成为一词始见于《礼记·乐记》:"凡音者,生于人心者也;乐者,通伦理者也。"唐代孔颖达疏:"阴阳万物各有伦类分理者也。"根据孔颖达的观点,伦理是把不同的事物、类别区别开来的原则、规范。孟子曾用"人伦"一词表达伦理概念,他说:"教以人伦:父子有亲,君臣有义,夫妇有别,长幼有序,朋友有信。"在《孟子·滕文公(上)》中,孟子通过阐述处理父子、君臣、夫妇、长幼、朋友之间的关系,论述了亲、义、别、序、信的伦理原则。

在西方,英语中的"伦理"一词 ethics 来源于希腊语 ethos,意为风尚、习俗、德行等。古希腊的亚里士多德是第一个在严格的术语意义上使用"伦理"一词的哲学家,并创立了一门有系统原理的、独立的学科——伦理学。美国伦理学家弗兰克纳(William Frankena)对现代伦理学的性质和主旨做了这样的说明:"伦理学的首要任务是提供一种规范理论的一般框架,借以回答何为正当或应当做什么的问题。"[1]

综上,伦理是一定社会的基本人际关系规范及其相应的道德原则[2]。伦理就是判断哪些行为是道德的、正当的,哪些行为是不道德的、不正当的一种理论。通过伦理分析和判断,提供有社会舆论支持和社群压力的行为规则,引导行为主体养成遵循伦理原则和伦理规则开展行动和从事活动的自觉。

2. 什么是慈善伦理?

伦理是一定社会的基本人际关系规范及其相应的道德原则,那么,慈善伦理就是慈善活动参与方的基本人际关系规范及其相应的道德原则。具体来说,慈善伦理要研究的是慈善活动参与方的行为规范,即慈善伦理要研究什么样的慈善行为和活动是适当的、符合伦理的,什么样的慈善行为和活动是不适当的、不符合伦理的。慈善伦理是调节慈善活动参与方以及所涉及的利益相关方关系的道德规范和原则。

慈善作为一种利他主义的行为,是古今中外伦理学家和社会公众公认的一种符合基本人际关系规范的行为和积极性的道德要求。为什么还要有慈善伦理来调节慈善活动的过程中的人际关系呢?原因是,在现实的慈善活动中存在一些不符合其他基本人际关系规范及其相应的道德原则的现象。众

---

[1] 弗兰克纳.伦理学[M].关键,译.北京:三联书店,1987:9.
[2] 朱贻庭.伦理学大辞典[M].上海:上海辞书出版社,2011:14.

所周知,在基本人际关系规范中除了慈善还有其他一些重要的道德原则、道德义务,人们在从事慈善活动的过程中需要同时遵守这些道德原则,履行这些道德义务。只有遵守这些道德原则,履行这些道德义务,慈善活动才是符合慈善伦理的,才能像康德所说的像"一颗宝石那样,作为在自身就具有其全部价值的东西,独自就闪耀光芒"。

慈善活动中不符合道德原则、道德义务的原因有多种,有慈善动机问题,有初心遵守问题,也有方式方法问题等。就慈善动机而言,并非所有的慈善活动都是源于内心的爱而导致的利他行为。例如,在 2017 年"99 公益日"活动中,被质疑存在"机器刷单""套捐"等不正常行为。当年 10 月 10 日,腾讯公益慈善基金会发布《腾讯公益平台关于"99 公益日"期间捐赠合规性核查结果的说明》指出,共有 2.5 万个个人捐赠账户存在异常捐赠行为,捐赠笔数超 23 万笔,捐赠金额超 700 万元,涉及配捐金额超 370 万元。这种为获得配捐而采取的"机器刷单""套捐"的行为显然不是出于慈善的动机。就是否遵守慈善初心而言,2019 年 12 月,网友发现某基金会资助贫困地区失学女童继续学业的项目存在擅自改变资助对象的问题,将以资助失学女童继续学业为由筹得的善款同时用于资助男学生。这种擅自改变资助对象的问题就违背了该慈善项目的初心。就慈善方式方法而言,有舆论质疑的企业家给街头流浪汉发钱的行为和"高调慈善"行为。

因此,学习和掌握慈善伦理,用慈善伦理工具对慈善活动中的问题进行伦理维度的分析,用慈善伦理原则来指导和审视慈善行为和慈善活动,有助于慈善活动的参与者不忘初心、牢记使命、掌握方法。慈善伦理实际上是一种帮助慈善参与者养成理性思维,运用伦理视角,把善事做好的理论和方法。

9.2 慈善伦理的理论方法——功利主义

判断一个行为是否正当、是否符合道德,规范伦理学提供了道德价值标准和道德判断方法。运用规范伦理学的理论对慈善活动进行伦理维度的分析,可以为慈善活动健康开展提供伦理指引。规范伦理学有两大类型的理论:结果论(consequentialism)和义务论(deontology)。本节将介绍结果论中一个主导理论——功利主义(utilitarianism)。

9.2.1 功利主义理论基本内容

功利主义(utilitarianism,有学者认为应该译为"效用主义")的主要创始人是英国哲学家杰里米·边沁(Jeremy Bentham)和约翰·穆勒(John Miller)。边沁认为,快乐和痛苦是人类至高无上的统治者,决定着人类行为的对错。人类的义务就是将功利最大化,即使快乐最大化和痛苦最小化。边沁把这个义务称为功利原则,"功利原则指的是这样的原则,它根据无论任何行为是否有增加或减少有利益关切的一方的幸福和趋势,来赞同或不赞同这个行为;或者用别的说法说同一个意思,是促进还是对抗该幸福"[1]。穆勒认为,"行为的对错,与它们增进幸福或造成不幸的倾向成正比。所谓幸福,是指快乐和免除痛苦;所谓不幸,是指痛苦和丧失快乐"[2]。他还指出,"构成功利主义的行为对错标准的幸福,不是行为者本人的幸福,而是所有相关人员的幸福,而这一点是攻击功利主义的人很少公平地予以承认的。功利主义要求,行为者在他自己的幸福与他人的幸福之间,应当像一个公正无私的仁慈的旁观者那样,做到严格的不偏不倚"[3]。古典功利主义将"最大功利"界定为个人快乐幸福与社会快乐幸福的统一,力图通过人们对快乐的追求,最终将人们的目光引向对社会整体利益的关注,引向人们的一切活动都应当是为了追求最大多数人的最大幸福[4]。功利主义发展到现代,形成了庞大的理论家族,包括行动功利主义、规则功利主义等学说。

在现代道德哲学中,各种形式的功利主义是占主导地位的理论。但是,功利主义也存在一个缺憾,即功利主义者认为功利标准只有"最大多数人的最大幸福"一条。亨利·西季威克(Henry Sidgwick)指出:"功利主义在这里所指这样的伦理学理论:在特定的环境下,客观正当的行为是将能产生最大整体幸福的行为。"[5]为此,功利主义受到各种批评和诘难。我国伦理学家王海明经过几十年的研究,对功利主义理论体系进行了重构,并提出了由一个总标准和两个分标准构成的功利主义价值标准体系。功利主义价值总标准是增减每个人利益总量。分标准是:①在人们利益不发生冲突或发生冲突而可以两全情况下的终极标准——无害一人地增加利益总量。②在人们利益发生冲突而不能两

---

[1] 程炼.伦理学导论[M].北京:北京大学出版社,2008:151.
[2] 穆勒.功利主义[M].徐大建,译.北京:商务印书馆,2019:8.
[3] 穆勒.功利主义[M].徐大建,译.北京:商务印书馆,2019:21.
[4] 高兆明.伦理学理论与方法[M].北京:人民出版社,2013:300.
[5] 西季威克.伦理学方法[M].廖申白,译.北京:商务印书馆,2020:473.

全情况下的终极标准——"最大利益净余额"和"最大多数人的最大利益"的标准[①]。王海明的功利主义价值标准体系明确了只有在人们利益发生冲突而不能两全的情况下,"最大多数人的最大利益"才是指导行为的终极道德标准;而在人们利益不发生冲突或发生冲突而可以两全情况下,终极道德标准是无害一人地增加利益总量。这就克服了以往功利主义者把"最大多数人的最大幸福"作为任何情况下唯一道德标准的缺陷。

根据功利主义理论,一个行动是否正确完全取决于它是否比其他可选行动产生更大的价值。由于组织和个人在采取行动前通常要进行选择性的决策,功利主义理论经常被用作决策的理论工具。例如在公共政策决策中,政府会根据功利主义理论选择能带来社会财富总量增长,并且这种增长能给受到影响的社会成员以补偿的政策。我国著名的三峡工程决策就是根据满足最大多数人的最大利益或者说社会效益最大化原则做出的。在公益慈善领域,功利主义理论也经常被用作决策工具。例如在发生严重自然灾害时,医疗资源往往无法满足救治所有受伤者的需要,在此情况下,医护人员会根据功利主义原则全力救治他们认为有把握治愈的受伤者,而不是那些"无望"的受伤者。2020年,在新冠肺炎流行初期,意大利麻醉学和重症监护学会发布临床伦理学建议,提出医疗人员应该将"更长的预期寿命"作为评估中优先考虑的因素,而不一定需要按照"先到先得"原则来治疗病人。

9.2.2 功利主义理论的应用

功利主义理论对于慈善活动的当事人是一种有用的决策伦理工具。无论是个人的捐赠行为还是组织的慈善项目、慈善服务等,都需要行为主体依据德性、认知、经验、能力等做出决策。例如捐给谁,如何捐? 开展什么活动/项目,如何开展活动/项目等? 下面我们用功利主义理论分析一个慈善活动案例,判断这个慈善活动是否符合慈善伦理。据媒体报道,2014 年 6 月有一位中国企业家在美国纽约街头做慈善,给流浪汉赠送百元美钞。该行为在当地和中国都引起了争议,有人赞赏这种行为,更多人则批评这种行为。应该怎样看待给流浪汉发钱这种"慈善行为"呢? 用功利主义理论来分析,我们可以明显发现,这种行为是不适当的,因为它的后果不好,不符合在人们利益不发生冲突的情况下

---

① 王海明.新伦理学原理[M].北京:商务印书馆,2017,11.

无害一人地增加利益总量的道德标准。第一,发钱这个做法不能解决城市流浪汉问题。为什么城市有流浪人员?原因有很多。如有人失业,有人酗酒,有人好吃懒做,有人把流浪作为一种生活方式等。发了一次钱,流浪汉就能找到工作、不酗酒、不好吃懒做、放弃流浪这种生活方式吗?显然不能。所以,给流浪汉发钱不能解决这个社会问题,没有无害一人地增加利益总量。第二,发钱这个做法可能会加重社会问题。因为酒徒拿到了钱就会去酗酒,懒汉拿到了钱就不会去找工作。如前所述,现代慈善的宗旨是为了解决社会问题,推动社会进步,让世界变得更加美好。给流浪汉发钱的后果不符合此宗旨,所以,这种给流浪汉发钱的行为不符合慈善伦理。

给流浪汉发钱的"善行"在我国广州等城市也发生过。据2016年12月28日《新快报》报道,广州天河区某废品收购站有一位老板,多年来把收购废品所得收益的1/3用来接济流浪者。2015年,他荣登"中国好人榜"。2016年春节,他请流浪人员吃饭,还给每人发了100元红包,有些老人却生气了:"你以前都是五百五百地给,是不是名气大了,看不起我?"甚至受助3年的一位老伯因找不到他要接济费,将他"告"到了派出所。这一案例证明慈善活动需要慈善伦理理论的指导,用正确的方法做慈善才能达成慈善的目的。

 专栏 9-1

英国《大议题》(*The Big Issue*)杂志社

英国《大议题》杂志社于1991年由戈登·罗迪克和约翰·伯德在伦敦创办,旨在以创新的方式解决伦敦街头流浪者日益增多的问题。30多年来,杂志社雇佣流浪人员和失业人员销售杂志。销售员以1.25英镑的价格购买杂志,并以2.50英镑的价格出售,销售所得全部归销售员所有。原先的街头流浪汉成为自食其力的劳动者,重新融入社会。作为一家社会企业,该杂志社制定了专业化的经营方针:一是邀请具有编辑、美术和营销经验的专业人才加盟,邀请专业作家撰写,提供独立、优质、引起读者兴趣的文章,杂志内容涵盖时事、名人专访、社会、文艺资讯等,使得杂志销售量不断提升。二是开展员工培训。销售员入职需经过两周的培训,需承诺遵守行为规则、不酗酒、有礼貌。销售杂志时,必须穿红色背心服装,佩戴工作证,并在指定的地点销售。三是销售员必须是无家可归人员或失业人员。《大议题》杂志社成立两年后就实现了盈余。1995年该杂志社利用办杂志的利润成立了大议题基金会(Big Issue Foundation),

在就业、培训、教育、医疗保健、住房和个人发展等方面为杂志销售员和弱势群体提供服务和支持。2022年,该杂志社聘用了3 637名流浪乞讨人员和无家可归人员担任杂志销售员,销售杂志222万份,销售员们获得的总收入达376万英镑。

《大议题》杂志创刊30多年后,人们的阅读方式发生了很大改变,对纸质杂志的需求大大减少,流浪汉们卖杂志的收入开始减少。该机构又一次开始了创新,他们和咖啡餐饮企业 Old Spike Roastery 合作创办了一个新的社会企业 Change Please Coffee,培训流浪汉制作咖啡,并提供流动咖啡车,让他们在街上销售咖啡。英国平均每人每天要喝两杯咖啡,流动咖啡车的生意红火而稳定,流浪汉们获得了一份时薪10.2英镑的能覆盖在伦敦生活的开销的工作。

资料来源:[1]谢家驹,蔡美碧.社创群英:以社会创新改变世界的人[M].香港:云起文化出版公司,2013.[2]友成企业家扶贫基金会.社创案例 Change Please:一杯改变命运的咖啡.

9.3 慈善伦理的理论方法——义务论

9.3.1 义务论理论基本内容

规范伦理学理论中判断行为是否正当的另一理论是义务论。义务论把行动的对错建立在是否履行义务之上,强调按照义务和规则去行动。义务论认为,行为本身就具有内在的道德价值,不管它们有什么可能的后果。德国哲学家康德和英国哲学家罗斯是义务论的代表人物。康德认为,除了善良意志,任何东西本身都不是善的。康德的"善良意志"是指按照道德规则、律法或原则行事而不关心利益或结果的人的独特能力。康德的义务论理论包含三个核心要素:①"绝对命令"。所谓"绝对命令"是"要只按照你同时能够愿意它成为一个普遍法则的那个准则去行动"[1]。所谓普遍法则是指人类的道德义务。这些道德义务被义务论者分为两类:消极义务和积极义务。消极义务要求人们不做某些事情,如不伤害、不谋杀、不撒谎等。消极义务构成道德禁令。积极义务要求人们做某些事情,如友善、礼貌、利他、公正等[2]。积极义务构成道德要求。

---

① 康德.道德形而上学的奠基[M].李秋零,译.北京:中国人民大学出版社,2013:40.
② 程烁.伦理学导论[M].北京:北京大学出版社,2008:169.

②人是目的。康德指出:"你要如此行动,即无论是你的人格中的人性,还是其他任何一个人的人格中的人性,你在任何时候都要同时当作目的,绝不仅仅当作手段来使用。"①康德关于人是目的的道德法则,要求把人作为尊严的主体来尊重和对待。"这就意味着,按照能够分享他人的目的这一准则来行动,并且首先是按照促进他人的努力及其幸福这样的准则来行动。"② ③自主立法。"每一个理性存在者的意志都是一个普遍立法的意志。"③康德义务论对道德原则的普遍性、人是目的等的阐述具有重要的理论价值。但是,这一理论也存在绝对主义的缺陷,即排除了义务之间存在冲突的可能性。罗斯修正和发展了康德的义务论理论,提出了多元的和非绝对主义的道德义务。罗斯把道德义务分为显见义务和正式义务两类。他列举了七种基本的显见义务(罗斯并没有宣称它们涵盖了所有显见义务):忠诚、补偿、感激、正义、仁慈、自我提高、不伤害他人等。④ 罗斯认为,显见义务是人们考量任何其他因素之前一般都应遵从的义务,但是,显见义务不是绝对不可违反的。在发生冲突的情况下,人们需要决定哪个显见义务是正式义务,可以压倒其他义务。

中国儒家学说主张的也是义务论。如儒家提出的仁、义、礼、智、信"五常"就是五种基本道德义务。根据义务论理论,公认的积极性的道德义务和规则包括诚信、公正、平等、尊重、行善(仁慈)、紧急救助(救助处于危难之中的人)等。这些义务或规则是人们采取行动时一般都应遵从的,在义务之间存在冲突的情况下,则要根据哪个(些)义务更重要决定先履行哪个(些)义务。

综上,义务论理论认为,人们按照道德义务或规则采取行动,就是正当的、符合伦理的,不按照道德义务或规则行事就是不正当的、不符合伦理的。一个行为正确与否,在于它是否符合某种或某些道德义务或规则。道德义务或规则是做某个行动或者不做某个行动的理由,是约束行动的道德法则。孔子在《论语·里仁》中说:"君子无终食之间违仁,造次必于是,颠沛必于是。"即君子一刻也离不开仁,匆忙急促的时候是这样,困难奔波的时候也是这样。

9.3.2 义务论理论的应用

义务论作为一种伦理理论,与功利主义相比,具有没有必须估算行为结果的

---

① 康德.道德形而上学的奠基[M].李秋零,译.北京:中国人民大学出版社,2013:49-50.
② 甘绍平.伦理学的当代建构[M].北京:中国发展出版社,2015:154.
③ 康德.道德形而上学的奠基[M].李秋零,译.北京:中国人民大学出版社,2013:52.
④ 罗斯.正当与善[M].林南,译.上海:上海译文出版社,2008:76.

麻烦,并提供了一套可遵循的道德规则。与功利主义理论一样,义务论作为一种伦理理论,可以为慈善行为和慈善活动提供道德价值标准和道德判断方法。

下面我们用义务论来分析"高调慈善"的案例。在报纸、电视上,人们可以看到有些干部、企业家在逢年过节走访困难家庭时,与手里拿着红包或捐助物品的受助群众合影。在这方面有一位企业家做得最突出,他每次慷慨高额捐款的行动都伴随着敲锣打鼓、摄影摄像与媒体专访,甚至在捐赠现场用人民币堆成背景板。这类慈善行为被称为"高调慈善"。"高调慈善"符合慈善伦理吗?

根据义务论理论,一个行为是正确的,它必须符合某个或某些道德义务或规则。用义务论理论分析:首先,"高调慈善"不符合平等的道德义务。平等是公认的一个道德义务。"高调慈善"凸显了施助者在经济地位上或个人能力上的优势地位,强化了受助者相形见绌、低人一等的弱势地位,背离了平等的要求。其次,"高调慈善"不符合尊重的道德义务。根据义务论,人是目的,要把人作为尊严的主体来尊重和对待。让受助者拿着红包、捐助物品在公共场合亮相,使受助者的尊严和隐私受到侵犯。最后,"高调慈善"不符合行善的道德义务。慈善是源于内心的爱的利他行为,行善是基于同情与关爱的奉献,不是施舍和恩赐。"高调慈善"把奉献变成了施舍,不符合慈善宗旨。由于"高调慈善"不符合平等、尊重、行善等道德义务,所以是不适当的,不符合慈善伦理。

平等对待受助者,维护和保障受助者的尊严是慈善活动的伦理要求。在慈善救助活动中,"一手给予帮助,一手给予尊重"已成为公认的行业操守。因此,为了保护受助者的尊严,在报道救助类的慈善活动时,一般不应提及某个具体的受助人,也不应安排记者去采访具体受助人,媒体报道中不应出现具体受助者的照片和镜头。真正的慈善在给予弱势群体物质帮助的同时,要给予他们更多的尊重。尊严无价,如果伤害了受助者的尊严,给予再多的物质帮助也无法弥补。

以下,我们再用义务论理论分析"99 公益日"中的"套捐"行为。某年的"99 公益日"活动,腾讯公益慈善基金会提供 2.999 9 亿元配捐,在 9 月 7 日至 9 日 9 时到 12 时期间的配捐时段内,用户每次不低于 1 元的捐赠将有机会获得金额随机的配捐,每人每天最高获配 999 元。为了获得更多配捐,一些慈善组织不惜"自掏腰包"发钱给同事朋友,让他们在一定的时段内"捐钱",试图用这种形式获取配捐,提高筹款总额。慈善组织"自掏腰包"进行"捐赠"是否符合慈善伦理呢?

用义务论理论进行分析,可以看到这种做法既违反了诚信道德义务又违反了公正道德义务,因而是不正当的。腾讯公益团队曾发布《关于维护"99公益日"良好捐赠秩序的声明》,声明对有"套捐"等违规行为的公益机构,将采取取消其在腾讯公益平台的筹款资格、取消其"99公益日"参与资格、将其计入失信黑名单等措施。美国印第安纳大学教授尤金·坦佩尔(Eugene Tempel)等人主编的《卓越筹款》一书指出:"筹款是慈善事业的仆人……筹款本身并不是目的。如果把筹款当成目的,无论是组织还是慈善事业都会萎缩,筹款变成了技能的技术应用。筹款只是实现组织使命的一种手段。今天我们知道,捐助者之所以愿意捐款,主要是因为他们相信这一事业。"①

 专栏 9-2

不让受助学生在电视上曝光

雅维·李是荷兰全球保险集团(AEGON)大中华区的首席执行官。一天,他在电视上看到了河北一个山村小学的相关报道。他被孩子们艰苦的学习环境所震撼,决定要帮助他们。通过多方联系,雅维·李将个人的10万元人民币捐献给了这个小学。某电视台对雅维·李进行了采访,并邀请他和几个来自他捐助的那所小学的学生一起录制一档节目,以赞扬他的慈善行为,并由此吸引更多人来关注那些需要帮助的学校和孩子。制片人以为雅维·李会很乐意参加这个节目,可是雅维·李一口回绝了。雅维·李的解释是:"帮助那些孩子们是一件很普通的事情,是我心灵的需要,不需要大张旗鼓地报道。更重要的是,不应该让那些孩子出现在镜头中,在电视上曝光会对他们的心灵造成伤害。尽管他们是未成年的孩子,但他们依然有尊严。"

雅维·李是个荷兰人,他的慈善行为与荷兰人的慈善精神有关。许多荷兰人认为做慈善不仅仅是因为受助者需要帮助,更重要的是响应自己心灵的召唤,通过行善可以获得心灵的愉悦。所以,在助人时获得受助者的感谢后,作为施助者也会向受助者表示感谢,感谢其给了自己行善的机会。在荷兰,即使做了再多、再大的好事,也不会四处宣扬以烘托自己的高大形象。那样做只会被公众蔑视,认为他慈善动机不纯。同样,也不会有受助者在获得帮助后对帮助他的人千恩万谢、感恩涕零。一切都在平等、自然和和谐的状态下进行。

---

① SEILER T L, ALDRICH E E, TEMPEL E R. Achieving excellence in fundraising[M]. 4th ed. Hoboken: John Wiley & Sons, 2010: 4-5.

9.4 慈善活动中的道德困境与伦理分析

功利主义和义务论为慈善行为和慈善活动提供了道德价值标准和伦理分析方法。这两种理论各自既有优势,也有局限。在对慈善活动中的道德困境进行分析时,可以将两种理论结合起来使用,为道德困境提供具有价值导向的、合宜性的解决方案。

9.4.1 "暑期支教被拒"的伦理分析

某高校的学生在某年暑假和学校爱心社一起去一个偏远地区的学校进行短期支教。第二年暑假,该同学给校长打电话,希望这年暑假继续去支教,可是遭到了校长的拒绝。通常来说,大学生暑期支教对当地的学校教学和学生成长是有益处的,为什么这个支教活动遭到拒绝呢?

让我们用伦理学理论来分析一下这个案例。根据功利主义的理论,一个行为是否正确,要看它的后果,看它在人们利益不发生冲突情况下是否增加了每个人利益总量。这位高校大学生的暑期支教被拒绝,说明他们上次支教的效果不好,没有增加当地学校学生的利益。从这位大学生事后了解的情况来看,支教效果不好主要反映在两个方面:一是支教前的准备不充分,没有对志愿者进行系统培训,教学方法不专业;二是课程开设随意,教学内容不符合当地学生需要,以致当地学校认为支教活动占用了学生的暑假时间。因此,不合适的支教活动对当地学校教学和学生成长没有益处,因而不符合慈善伦理。

要让支教活动取得良好的成效,大学生团队支教前要认真制定活动方案,做好相关准备工作。例如,开展需求调研,明确支教目标,确定教学内容,研究教学方法,精心策划活动,使得支教活动成为学校正常教学工作的有益补充,给学生带去新知识、新视野、新体验。此外,根据暑期活动的特点,一般不应安排课本知识的学习,因此有些支教团队把短期暑假支教办成夏令营,教授音乐、美术、体育、科普等知识,拓展学生的知识面,培养孩子们的兴趣。

"暑期支教被拒"案例也可以用义务论理论进行分析。根据义务论理论,行善作为道德要求首先要利他,要满足他人的、公众的需求和利益。之所以会出现不受欢迎的支教活动,原因在于前去支教的学生首先想的是自己能够得到体验、丰富社会阅历、增长工作能力,而没有先考虑学生需要什么、学校需要什么、学校的老师需要什么。他们错把支教的非首要目的当成了首要目的，这就不符合慈善伦理了。当然，并不是说支教者不需要个人体验、社会阅历、能力增长等收获，而是说不能把施助者的需要放在受助者的需要之上，慈善活动的首要目标是让受助者受益。

把施助者的需要放在受助者的需要之上的极端事例是"扎堆做好事"。有报道说一些养老院的老人在某个志愿服务活动日里一天内被洗了几次头。虽然社会和媒体呼吁不要集中扎堆做好事，但是这种现象依旧没有从根本上得到扭转。这种忽视受助者的感受的做法，不但没有让受助者感受到慈善带来的温暖和爱，反而会让他们产生抵触和不满情绪。所以，要明确一条慈善伦理规则，即做慈善首先是为了受助者，否则就是不适当的慈善行为了。

9.4.2 "变更项目善款使用范围"的伦理分析

2019年12月，某基金会"资助贫困地区失学女童继续学业"项目被公众质疑。网友发现该基金会以"资助失学女童继续学业"为由筹得的善款同时用于资助男学生。该基金会后来发表声明承认，该项目本批次资助的1 267名高中生中有453名为男生。并解释说，之所以有男生得到资助是因为贫困地区学校老师反映该地区贫困家庭男生学习渴望程度高，家庭条件落后，急需帮扶。该基金会的这一回应非但没有平息舆论，反而引发了更为广泛、激烈的公众质疑。

如何从伦理视角看待这个项目变更善款使用范围的问题呢？根据功利主义关于在人们利益发生冲突而不能两全的情况下，正确的行为应该符合"最大利益净余额"的价值标准，该项目变更善款使用范围，把资助名额给了男生，减少了女生的资助名额。而贫困地区女生的辍学率高于男生，相比男生，女生更需要得到资助。因此，这一做法不符合"最大利益净余额"的价值标准。此外，项目是以"资助贫困地区失学女童继续学业"为由开展筹款活动的，变更项目资助范围是对捐赠人失信，会影响组织的公信力，进而影响项目今后的筹款，也不符合"最大利益净余额"的标准。此外，我们也可以用义务论进行分析，义务论要求按照道德义务和规则去行动，变更善款使用范围的做法不符合慈善活动要遵守诚信和公正的道德义务。

9.4.3 "'驴友'发钱物导致索要"的伦理分析

随着我国边远地区旅游业的兴起，去边远地区自驾游的游客多了起来。有些"驴友"在旅途中会给公路旁围观的孩子们发放钱物。意外的礼物使得孩子们经常跑到路边期待礼物。渐渐地,期待礼物变成索要礼物,有些孩子还被某些成人利用变成牟利工具。孩子们开始拦住过路车辆索要钱物、糖果、香烟,不给就不让过。这让"驴友"们很头疼,开始与孩子们斗智斗勇,并总结出了"不停车""不给钱""撒小钱"等应对策略。在这里,善不见了,爱也不见了。

如何用伦理理论看待"驴友"发钱物导致索要现象?根据功利主义理论,评估一个行为是否正确,要考察这个行为结果的好坏。分析路边给孩子发钱物行为,可以看到这种行为不正确,因为它的后果不好,它带来了孩子索要礼物、孩子被人利用、"驴友"与当地居民对立、交通事故易发等问题。因此,"驴友"给路边的孩子发钱物的行为不符合在人们利益不发生冲突情况下无害一人地增加利益总量的功利主义价值标准。用义务论理论来分析,"驴友"给路边的孩子发钱物是一种施舍行为,违背了尊重受助人的道德义务,不符合人是目的的道德理念,损害了未成年人健全人格的养成。因而,这一做法也不符合义务论的行为准则。那么,"驴友"们怎么做才符合慈善伦理呢?有个"多背一公斤"公益旅游项目较好地解决了这问题。该项目既帮助游客表达了对贫困地区孩子的关爱,又帮助孩子们增长了知识和阅历,并使该地区的学校和孩子得到了更多的社会关注和帮助。

 专栏9-3

"多背一公斤"公益项目

2004年4月,一名年轻的旅游者看到贫困地区孩子缺乏儿童读物和学习用品,在网上发起了一个"多背一公斤"的公益项目。该项目鼓励旅游者在前往偏远地区旅行时,背一公斤图书或文具等物品,带给当地学校的贫困学生。为此,他建立了"多背一公斤"网站,在网站上提供学校的信息和需求,为旅游者提供出行前的参考。这个项目很快在志愿者中传播开来,活动规模和社会影响力逐渐扩大。该项目的运作有三个步骤:①已经有具体的旅游计划的旅游者上"多背一公斤"网站查询学校信息,提前联系学校,确定拜访日期,并自行准备书籍、文具等物品;②旅游者到学校与孩子们进行面对面交流,了解他们的生活和学习情况,同时分享自己的经验和知识;③旅程结束后旅游者将活动情况、照片等上传到"多背一公斤"网站分享出来,让更多人了解和关注贫困地区的学校和孩子,鼓励更多的人参与到这个公益活动中来。"多背一公斤"项目不仅为贫困地区的孩子们带去了实实在在的帮助和快乐,还使旅游者在旅途中获得了更加丰富的体验。

资料来源:陈雪娇."多背一公斤"安猪:公益创业家的异想世界[J].社会与公益,2012(5):29-31.

9.4.4 "老人摔倒要不要扶"的伦理分析

据澎湃新闻报道,2022年12月11日晚,上海奉贤区网约车司机卫先生在开车途中看见一位老人与电瓶车一起倒在路边,老人头部还在出血。卫先生见状给老人止了血,拿起电瓶车上的挡风毯为老人盖上,并报了警。在民警和救护车到达现场后,老人称是卫先生撞了他。事后,卫先生将现场的四个视频先后发布在公共平台,希望交警部门能还自己清白。12月12日,老人的家属与卫先生和解,当面感谢卫先生帮助老人的举动,并赔偿其误工费、交通费2 000元。

对于扶老人被讹现象,《人民日报》曾有文章指出,相较于讹人者的安然无事、零违法风险,行善者往往要承受经济和精神的双重重压。不少人会感叹"好人难当,好人咋当"。面对老人摔倒扶不扶的道德困境,需要用伦理理论工具进行分析,得出伦理结论并给出道德指引。从义务论理论的视角,老人摔倒必须去扶,即使这样做可能被讹诈,可能会惹上麻烦,也要这样做。因为紧急救助、见义勇为是一种道德义务,扶老人就是履行道德义务,就是正确的行为。不扶老人则是未履行道德义务,是错误的行为。老人摔倒该不该扶的问题也可以用功利主义理论来进行分析。功利主义认为,一个行为是正确的,它有利于增加每个人的利益总量或者满足最大多数人的最大利益。老人摔倒去扶,正常情况下应该是增加了每个人的利益总量。但是,如果摔倒老人讹诈,要求赔偿医药费,扶了老人不但搭上了时间,还可能白白耗费自己钱财,这符不符合功利主义的价值标准呢? 功利主义理论的回答是肯定的。老人摔倒,应该去扶。因为在人们的利益发生冲突时,要满足最大多数人的最大利益。老人生命的价值大于自己可能耗费的钱财的价值。因此,在自己利益与他人利益、社会利益发生冲突的情况下,功利主义的价值标准表现为"自我牺牲"的标准。按照这一标准,便应该为了他人和社会的利益冒牺牲自我利益的风险。反之,为了自己的利益,不伸出援手搀扶摔倒的老人,则违背了满足最大多数人最大利益的标准。

近年来,我国发生多起搀扶老人反被讹的事件,《人民日报》2015年曾刊文称,当年前9个月出现149起扶人争议,其中诬陷扶人者84例。这种情况在某种程度上导致传统美德陷入莫名的尴尬。要破解社会上老人摔倒无人敢扶、"扶不起"之困,一方面要弘扬见义勇为的精神,坚守慈善伦理;另一方面要从法律层面给予见义勇为者相关保障和表彰。2020年5月28日第十三届全国人民代表大会第三次会议通过的《中华人民共和国民法典》第一编总则第一百八十四条规定,因自愿实施紧急救助行为造成受助人损害的,救助人不承担民事责任。此外,我国大陆31个省级行政区都制定了有关见义勇为人员权益保障和奖励的地方性法规、规章。

9.5 慈善伦理基本原则

前面介绍了功利主义和义务论两个伦理学理论,并运用这两个理论对一些慈善行为和慈善活动进行了分析。通过运用伦理理论对众多慈善活动进行伦理维度的分析研究,可以归纳和总结出慈善活动中具有普遍性的慈善伦理原则,这些伦理原则可以为人们实施慈善行为和开展慈善活动提供遵循和指引。

美国独立部门(independent sector)曾经提出过9个非营利组织和慈善组织的伦理规范,分别是超越自我利益、遵守法律、遵守道德、服务公共利益、尊重个人的价值和尊严、宽容、多元和公正、对公众负责、公开和诚实、节约使用资源[①]。2018年7月伦敦举行的国际筹款人峰会通过的《国际筹款伦理准则(2018)》提出了诚实、尊重、正直、透明、责任等5个筹款伦理原则和相应的5个方面的筹款行为准则。我国南都公益基金会、浙江敦和慈善基金会、上海静安区方德瑞信社会公益创新发展中心和北京师范大学社会公益研究中心等机构于2022年9月联合推出了《中国公益慈善筹款伦理行为准则(2022年修订版)》,准则提出了公益慈善筹款方应遵守合规、诚实、尊重、正直、透明、负责6个价值观和6个方面28条行为准则。本书在参考和借鉴相关研究后提出慈善伦理的10个基本具体原则,即自愿、诚信、非营利、信息公开、公正、平等、尊重、紧急救助、对利益相关方负责和遵守法律法规。下面分别对这些原则进行论述。

---

① TEMPEL E R, SEILER T L, BURLINGAME D F. Achieving excellence in fundraising[M]. 4th ed. Hoboken: John Wiley & Sons, Inc. 2016:477-478.

9.5.1 自愿原则

行善几乎是世界上所有伦理理论或道德体系主张的道德要求。然而在道德体系中,行善是一种积极性的道德义务/要求,而不是消极性的、强制性的道德义务。康德、弗兰克纳以及一些当代伦理学家都认为,慈善(不包括紧急救助)属于"不完全义务",即这种义务确实是我们应该履行的,但并不是明确针对哪个人,也不是一定得在哪个规定的时间做,履行这种义务的特定场合可以选择①。在第 1 章中我们把慈善称为积极性的道德要求。因此,慈善行为和慈善活动只能是人们自愿实施和自愿参与的行为和活动。慈善事业的发展要靠人们思想觉悟的提高和精神境界的跃升,要靠社会慈善意识的培育和慈善文化的弘扬。任何用强制的方法或胁迫的手段要求人们参加慈善活动都是不正当的,不符合慈善伦理。在慈善活动中,募捐活动和捐赠活动违反自愿原则的情况发生较多,比较典型的有"强制摊派"和"道德绑架"。例如,某企业和某基金会合作,在全国各地区分公司员工中开展"每人每月捐 50 元"的活动。活动开展过程中,本应是员工自愿的捐赠变成了强制摊派,个别分公司甚至每月直接从员工工资中扣除 50 元。活动开展 4 个月后,一些员工将强制捐赠的通知和工资条发在微博曝光,最终该活动被叫停,某基金会的公信力也受到负面影响。

"道德绑架"在慈善活动中的一种表现是通过舆论或其他手段强迫他人捐款。例如,2015 年 8 月天津市滨海新区一公司危险品仓库发生火灾爆炸事故后,一些舆论曾对某企业家掀起了"逼捐潮"。当时,该企业家微博评论被清一色的"逼捐"留言所覆盖。不少网友指责他"为什么不给天津捐款","首富就应该捐 1 个亿","你不捐款,我再也不××了"等等。然而,这种"道德绑架"是违反慈善伦理的。是否捐、捐多少、捐给谁,这是每个人的自由和权利,任何人都无权干涉、无权指责。事实上,那位被"逼捐"的企业家积极支持慈善事业,发起实施了多个有社会效益和社会影响力的慈善项目。为了推动慈善筹款活动符合自愿的原则,《中国公益慈善筹款伦理行为准则(2022 年修订版)》2.3 条指出,无论捐赠方或潜在捐赠方捐赠与否,筹款方都必须尊重他们的自由选择,并不得以任何形式对其进行骚扰、恐吓或胁迫。《国际筹款伦理准则(2018)》也将尊重个人捐赠与否的选择作为伦理准则。

---

① 王海明. 新伦理学原理[M]. 北京:商务印书馆,2017:342.

9.5.2 诚信原则

诚信是世界上所有伦理理论或道德体系主张的道德规范。"诚"即诚实,是指讲真话、传达真实的信息;"信"即信用,是指言而有信、信守承诺。在道德体系中,诚信是道德的基石和底线。孔子曾言:"人而无信,不知其可也。"康德说:"就人对于纯然作为道德存在者来看(其人格中的人性)的自己的义务来说,最严重的侵犯就是诚实的对立面:说谎。"[①]诚信之所以重要,是因为一切人类关系都以交往为基础,一旦交往为谎言或不诚实所腐蚀,这种基础便被破坏。

中共中央、国务院 2019 年 10 月印发的《新时代公民道德建设实施纲要》指出,要继承发扬中华民族重信守诺的传统美德,弘扬与社会主义市场经济相适应的诚信理念、诚信文化、契约精神,推动各行业、各领域制定诚信公约,加快个人诚信、政务诚信、商务诚信、社会诚信和司法公信建设,构建覆盖全社会的征信体系,提高全社会诚信水平。慈善的本质是通过开展有利于他人和社会的活动解决社会问题,调节人际关系。因此,慈善活动必须遵循诚信原则。只有在行动中诚实守信,才能保证爱心得到充分而真实的显现,才能使善行增进他人和社会的利益。《国际筹款伦理准则(2018)》《中国公益慈善筹款伦理行为准则(2022 年修订版)》都把诚信作为慈善伦理原则。

9.5.3 非营利原则

慈善事业的宗旨是解决社会问题,促进社会进步,让社会变得更美好。人们捐赠的款物、慈善服务的收入等是实现慈善宗旨所需的慈善资源,不是营利的商业资本。因此,开展慈善活动,必须坚持非营利原则,否则就会偏离使命,误入歧途。慈善事业的非营利性除了体现在组织目的非营利、运营利润不分配、剩余财产不私分等方面,还体现在慈善组织工作人员工资福利开支控制在规定的比例内、慈善活动中不能采取商业领域常用的业绩提成的做法等。《中国公益慈善筹款伦理行为准则(2022 年修订版)》中的 5.4 条指出,筹款方可以获得基于自己的职务/服务的合法应得报酬/收入,不得基于筹款额的比例作为报酬(或收入标准),不得利用自身职务或服务机会获取未经许可或不合理的回报。《国际筹款伦理准则(2018)》也指出,筹资人员可以期望

---

① 康德.道德形而上学的奠基[M].李秋零,译.北京:中国人民大学出版社,2013:207.

他们的工作得到公平的报酬,但不得利用自身职务获取未经许可或不合理的报酬。2012年,媒体曾报道浙江某社会组织借助微博等传播工具筹款,12名员工在4年多时间内成功募集2 364万元善款,被称为网络募捐典型。但是,之后媒体透露该组织规定工作人员募款可从每笔捐款中最高提成15%作为报酬。这种筹款提成的做法立即引发公众的质疑和批评。有媒体刊文批评,慈善组织提成让慈善沾满了铜臭味,有悖于慈善的本质,损害了慈善事业的公信力。

9.5.4 信息公开原则

《中国公益慈善筹款伦理行为实操指引手册(2022年修订版)》《国际筹款伦理准则(2018)》以及美国独立部门都把慈善信息公开(透明)作为慈善伦理原则。慈善信息公开是慈善本质属性的要求。如前所述,慈善是人们通过自愿捐赠款物、付出时间、结社等途径去解决社会问题。慈善募捐情况、接受捐赠情况、慈善财产管理使用情况、慈善项目开展情况、工作人员工资福利情况等信息与捐赠人、受益人、慈善活动参与人、社会公众所希望实现的慈善目的密切相关。只有公开相关慈善信息,捐赠人、受益人、慈善活动参与人和社会公众才能了解慈善资源的配置情况,才能了解慈善组织的运作情况,才能了解慈善活动和项目的实施情况,进而才能决定对哪些慈善组织、慈善活动/项目进行支持,从而形成慈善事业健康发展的生态环境。慈善信息公开也是建立和提升慈善组织公信力的要求。慈善组织的财产具有社会公共财产的属性,存在所有人缺位和代理人道德风险等问题,例如慈善组织负责人用自己的目标取代的组织的目标等。因而,只有信息公开,实现社会公众对慈善财产的知情权和监督权,才能保证社会公共财产有效用于慈善目的,使慈善组织获得社会公众的信任。

根据一项对265个网络募捐项目的调查发现,募捐项目信息披露能有效提高项目捐赠收入。其中,项目披露及时性和信息披露充分性显著正向影响项目的捐赠额[1]。这说明,信息公开越充分,越有助于提升公众对慈善组织和实施的项目的了解,增进公众对其的信任度,慈善项目就能获取更多的捐赠。成立于2012年的北京韩红爱心慈善基金会在2020年2月曾被网友质疑运营过程中存

---

[1] 王梦宇.越透明越有钱?网络募捐项目筹资水平与信息公开的关系[D].武汉:华中师范大学,2021.

在违规问题。2012年2月20日,北京市民政局调查后发布公告,表示韩红爱心慈善基金会自成立以来,总体上运作比较规范,特别是在抗疫中做了大量工作,应予以支持和肯定。该基金会负责人事后说,基金会重视信息公开,在遇到质疑风波时,公众、媒体去官网一探究竟。"大家会发现原来他们的工作做得还可以,并不是像网络谣传的那样。所以,我们其实是信息公开透明的受益者,从基金会成立的第一天到现在,我们都非常重视信息公开透明的相关的工作。当然有时候,有些风波对我们来说也是一个很好的提示,还是要更多地回应社会公众的关切。"①

9.5.5 公正原则

作为伦理概念的公正指的是公平、公道、正义。公正被一些伦理学家称为是最重要、最基本的道德。亚当·斯密说:"与其说仁慈是社会存在的基础,还不如说正义是这种基础。虽然没有仁慈之心,社会也可以存在于一种不很令人愉快的状态之中,但是不义行为的盛行却肯定会彻底毁掉它。"②坚持公正原则,对于慈善组织来说,就要按照一定的标准和程序办事,用统一的标准、统一的决策程序和统一的办事程序对待相同情况的人和事。在具体工作中,要在慈善项目、慈善资助、慈善服务等方面制定相关标准和决策办事程序,防止按照个人的意愿或偏好来开展项目、提供资助和服务。例如慈善组织策划和实施项目时,要根据章程规定的业务范围确定项目的服务对象、服务内容、受益人遴选标准、工作流程等。以救助困境重病儿童为主要业务的北京春苗慈善基金会为例,该基金会为保证慈善救助的公平、公正,在基金会官网上公布了《春苗助医先天性疾病救助项目管理办法》,该办法包括总则、救助对象、救助原则、救助流程、资助方式、监督、重要说明等内容。资助型基金会在对组织和项目实施资助时,要制定资助对象的遴选标准和遴选程序。相关的标准和程序制定后,应该按照标准和程序执行,不得随意更改。公正是社会主义核心价值观的一个重要范畴,坚持公正原则对慈善事业健康发展极为重要,《中国公益慈善筹款伦理行为准则(2019年修订版)》《国际筹款伦理准则(2018)》和美国独立部门都把正直、公正作为慈善伦理原则。

---

① 周南,文梅.2022中基透明指数FTI公布,再看信息透明与"信任风波"[N/OL].[2024-03-30]. https://baijiahao.baidu.com/s?id=1753103384306373001&wfr=spider&for=pc.
② 斯密.道德情操论[M].蒋自强,钦北愚,朱钟棣,等译.北京:商务印书馆,1997:107.

9.5.6 平等原则

平等是指人们在社会中处于同等的地位,具有相同的发展机会,享有同等的权利,包括人格平等、机会平等、权利平等等。平等是马克思主义主张的一个价值观念。马克思主义创始人批判地继承了启蒙运动中提出的"人人生而平等"的思想,提出了建立人与人之间新型平等关系的主张。在伦理范畴中,平等原则指人们之间尽管在性别、民族、职业、经济状况、生活等方面存在差别,但都具有相同的价值和尊严,没有高低贵贱之分。符合平等原则的慈善活动,要求慈善活动各参与方平等相待,尤其要坚持施助者和受助者之间的人格平等。慈善活动中,施助者对受助者提供了物质、精神、技能等方面的帮助,但这种帮助是爱心奉献而不是施舍,是对社会履行的责任而不是对社会的恩赐。正如一些慈善家所认为的,自己的财富是别人委托自己管理的信托基金,应该有责任把这笔钱用于能够对全社会产生最佳效果的事业。慈善活动中要遵守平等原则还在于,慈善活动中的受益者不仅是受助者,还包括施助者。施助者在慈善活动中能获得价值实现的愉悦和精神上的收获。东方有句谚语:"赠人玫瑰,手有余香。"西方也有一句名言:"施比受更有福。"在给予和接受爱心的同时,双方都增加了幸福感,心灵都获得慰藉,因而,双方是平等的。

9.5.7 尊重原则

无论是美国独立部门的非营利组织伦理规范,还是《国际筹款伦理准则(2018)》《中国公益慈善筹款伦理行为实操指引手册(2022年修订版)》都把尊重作为一条伦理原则,要求慈善组织、筹款人、施助者在慈善活动中尊重捐赠人、受助人等慈善活动参与人。对于募捐方来说,要尊重募捐对象的捐赠意愿和选择,尊重捐赠人的权益和保护个人信息的需要;对于施助方来说,要尊重受助人的尊严和自尊,保护受助人的隐私。在慈善救助和慈善服务过程中,受助人往往在经济地位、社会地位上处于相对弱势地位,施助者应以谦卑的心态和言行对待受助者,要真诚传递爱心,热心给予帮助。在给受助人提供物质帮助的同时提供精神上的关怀。防止受助人在接受物资帮助时产生低人一等、自惭形秽的感觉。康德说:"人性本身就是一种尊严;因为人不能被任何人(既不能被他人,也甚至不能被自己)纯粹当作手段来使用,而是在任何时候都必须同时当作目的来使用。"[1]德国

---

[1] 康德.道德形而上学[M].张荣,李秋零,译.北京:中国人民大学出版社,2013:239.

当代哲学家库彻拉(Franz von Kutschera)指出:"尊重不能首先与成就或生活规划相关,而是在于,我们认可他拥有自己的权利和道德责任。我们应当认可他拥有权利……这种权利并非来自其角色、成就或贡献、行为或信念,而是缘于他是一个人。"①前面提到的"高调慈善"案例,从尊重这一慈善伦理维度分析就是不适当的慈善行为。

9.5.8 紧急救助原则

紧急救助原则指的是在他人生命安全受到严重威胁的情况下应当进行救援的原则。紧急救助与一般的慈善行为有所不同,紧急救助所具有的社会价值和道德分量要大大强于一般的增进福祉。因此,这条原则被伦理学家认为是一种"完全义务",即这种义务不是自愿性的,是必须履行的。在西方伦理思想中,"好撒玛利亚人"救助受伤的犹太人的行为一直被奉行为是道德义务。当代伦理学家罗尔斯在论述个人道德原则时提出,所有人都有无条件的、必须承担的若干自然义务,其中一个是"当别人在需要或危险时帮助他的义务(假定帮助者能够这样做而不必冒太大的危险或自我牺牲)"②。德国哲学家库彻拉也指出:"首先个体具有对一位处于困境者,比如处于紧急的生命危险的人予以援助的义务。这种义务来自对生命和身体完整性的权利,当我们将这种权利这样去理解,即它不仅意味着对他人的不杀人、不伤人、不阻碍他人关心自己生命与健康的禁令,而且也意味着一种帮助的义务,只要他无法自助。"③由于紧急救助关系到受援者的生命权利,意大利、法国、西班牙等大陆法系国家制定的"好撒玛利亚人法"规定,公民有义务救助处于特定危险状态而不能自救的他人,救助的程度是救助者有救助能力且实施救助不会使自己或第三人置于危险境地④。目前,我国大陆31个省(自治区、直辖市)都制定了有关见义勇为人员权益保护的地方性法规、规章,对为保护国家利益、社会公共利益或者他人的人身、财产安全,制止正在实施的违法犯罪行为或者在抢险、救灾、救人等活动中表现突出的公民进行奖励和保障。

---

① 甘绍平.伦理学的当代建构[M].北京:中国发展出版社,2015:73.
② 罗尔斯.正义论[M].何怀宏,何包钢,廖申白,译.北京:中国社会科学出版社,2009:88.
③ 甘绍平.伦理学的当代建构[M].北京:中国发展出版社,2015:73.
④ 杨立新,王毅纯.我国善意救助者法的立法与司法:以国外好撒玛利亚人法为考察[J].求是学刊,2013(3):73-84.

9.5.9 负责原则

慈善活动开展过程中有许多利益相关方,如慈善资源捐赠人、慈善活动受益人、社会公众、慈善事业管理者等。慈善组织、慈善活动/项目的组织者需要对这些利益相关者负责。《中国公益慈善筹款伦理行为准则(2022年修订版)》《国际筹款伦理准则(2018)》和美国独立部门都把负责作为一个慈善伦理原则。

在慈善活动中有许多利益相关方,这些利益相关方的诉求在许多情况下是一致的,但也有发生冲突的情况。对此,需要借助功利主义理论工具对相关决策进行分析和推导,即根据在人们利益不发生冲突时无害一人地增加利益总量、在人们利益发生冲突时满足最大多数人的最大利益的价值标准来分析如何满足对利益相关者负责的要求。

在对捐赠人负责方面,主要是要按照捐赠人的意愿使用捐赠资金,并使慈善活动或项目达到捐赠人希望达到的目的等。由于捐赠人是慈善事业物质资源的重要提供者,国际上有些筹款专家提出募捐活动应把"以捐赠人为中心"作为一个伦理原则。这就是说,筹款人要把捐赠人的想法、需求、渴望和愿望置于优先地位。开展筹款活动时需要思考如何提高捐赠人的满意度,如何增进捐赠人的信任度,如何帮助机构获得更可持续的慈善捐赠。然而,在实际募捐活动中有时会出现捐赠人的诉求与慈善组织的价值观、使命、与受益人的利益相冲突的情况。在这种情况下,慈善组织、筹款人应该根据满足最大多数人的最大利益的原则进行处置。《中国公益慈善筹款伦理行为准则(2022年修订版)》和《国际筹款伦理准则(2018)》都有一个类似的说法,即以公益慈善目的为最高原则,妥善回应捐赠人的不恰当诉求。对不符合组织价值观、使命或可能损害组织名誉和社会影响的捐赠不得接受。

在对受益人负责方面,根据功利主义的理论,主要是要坚持慈善活动以受益人为中心,以受益人的生活状况和社会适应能力得到改善为目标,而不是为开展活动/项目而开展活动/项目。罗伯特·L.佩顿和迈克尔·P.穆迪指出:"慈善应当是'非自我中心'的(听命于他人)而不是'自我中心的'。"[①]参与慈善活动(如志愿服务),个人会得到阅历增加、经验积累、能力提升等收获,但这只

---

① 佩顿,穆迪.慈善的意义与使命[M].郭烁,译.北京:中国劳动社会保障出版社,2013:143.

是慈善活动的次要目的而不是首要目的。慈善活动的首要目的是受益人获得利益,社会问题得到解决。如果把次要目的当成首要目的就会违背慈善的初衷。前面提到的"扎堆做好事"就不符合对受益人负责的慈善伦理。对受益人负责还需要有认真负责、科学严谨的工作态度。某基金会 2017 年开展的"同一天生日"网络募捐活动受质疑事件就是对受益人不负责的案例。有网友发现,该活动发布的贫困学生照片,有的照片相同但学生的姓名和出生日期却不同,有的学生的出生日期不存在。事后活动举办方解释说,出现"同一个孩子不同生日"及"2009 年 2 月 29 日生日"的原因是内容还在测试阶段,出现了信息错误以及界面不稳定的情况。这种对受益人不负责的工作态度使得该基金会的公信力受到损害。

在对社会公众负责方面,主要是要做好信息公开工作,慈善组织、慈善活动组织者要主动公开相关信息,自觉接受公众监督,及时回应公众质询。

在对管理者负责方面,主要是要求慈善组织、慈善活动组织者要遵守相关法律法规和规章,依法行善。

9.5.10 遵守法律法规原则

美国独立部门的非营利组织伦理规范、《国际筹款伦理准则(2018)》、《中国公益慈善筹款伦理行为准则(2022 年修订版)》都把遵守法律法规作为慈善伦理原则,显示了依法合规开展慈善活动是慈善行业的共识。美国独立部门的非营利组织伦理规范指出,遵守有关慈善组织和志愿组织的法律是非营利组织管理人员最基本的责任。《国际筹款伦理准则(2018)》指出,筹款人要依据本国和国际相关法律法规开展工作,遵循商定的筹资监管制度和所在地制定的具体筹资行为准则。《中国公益慈善筹款伦理行为准则(2022 年修订版)》指出,筹款方应自觉遵守法律法规以及行业规定和标准,并把符合当前政策和行业规范作为内在的重要价值。

以上介绍了慈善伦理的 10 个具体原则。需要说明的是,上述慈善伦理原则中有些对慈善事业健康发展具有特别重要的意义,如自愿、诚信、非营利、信息公开、遵守法律法规等。因此,慈善法把合法、自愿、诚信、非营利和信息公开等确定为开展慈善活动的法律规范。在开展慈善活动的过程中,只有遵守法律法规,遵循慈善伦理,慈善事业才能行稳致远。

专栏 9-4

《中国公益慈善筹款伦理行为准则(2022年修订版)》节选

● **价值观**

作为筹款方应遵守的六大重要价值观:

合规:自觉遵守法律法规以及行业规定和标准,并把符合当前政策和行业规范作为内在的重要价值。

诚实:在任何时候都应当诚实和值得被信任,不误导捐赠方和支持者,以保障公益慈善行业的公信力。

尊重:在任何时候都应当在合法合规的前提下,竭尽所能地尊重受益方和捐赠方的选择和意愿。

正直:在任何时候都应当正直行事,以达成公益慈善捐赠使用效果最大化为己任。

透明:在任何时候都应当对为之筹款的公益慈善事业、捐赠的管理与使用、成本开支和影响力等事项,做到透明、清晰和准确披露。

负责:应当重视并鼓励筹款实践的多样化,尊重筹款方的多元性,并在任何时候都应当采取负责任的行动,将促进行业专业化发展,营造健康、可持续的行业生态作为共识。

● **行为准则**

1. 遵守相关法律和法规的责任

(1) 筹款方必须遵守开展筹款活动所在国家法律中关于组织形式、业务活动和筹款活动的规定。

(2) 筹款方必须遵守开展筹款活动所在地区关于筹款实践的具体法规、标准及操作办法。

(3) 筹款方在开展筹款工作过程中,不得违背当地的公序良俗。

2. 对捐赠方的责任

(1) 在设计筹款产品与执行善款使用方案时,筹款方应当立足于组织的专业能力,提供合理的、与机构宗旨、价值观、业务范围以及执行能力相匹配的服务或项目,不得做出过度或虚假承诺。

(2) 无论通过何种媒介或方式,筹款方为募集资金开展任何形式的传播交流活动时,都必须使用准确、合规、真实的信息,并且准确地传递给捐赠方。

(3) 无论捐赠方或潜在捐赠方捐赠与否,筹款方都必须尊重他们的自由选择,并不得以任何形式对其进行骚扰、恐吓或胁迫。

(4) 无论捐赠方是否表示希望将捐赠用于特定的服务或项目,筹款方应当遵循符合法规与提高慈善财产使用效益的原则,尊重捐赠方的公益慈善意愿。

(5) 当捐赠方的非公益慈善诉求与受益方或行业利益相冲突时,筹款方应当以公益慈善目的为最高原则,妥善回应捐赠方的不恰当诉求。

(6) 筹款方必须主动向捐赠方提供有关捐赠使用情况及其影响力方面的清晰的信息。当捐赠方希望了解其捐赠用途时,筹款方应当及时予以合理回应。

(7) 筹款方必须尊重捐赠方的权利,在维护受益方尊严的前提下,应当遵照捐赠方关于传播和捐赠方个人隐私的要求和偏好,将其恰当地运用于筹款的实施过程。

(8) 筹款方必须确保捐赠方或潜在捐赠方的信息只用于筹款方所服务的公益慈善组织或由该组织授权的行为活动中,不得透露给其他方或挪为他用。当捐赠方要求不要将自己列入筹款对象名单时,筹款方应当立即予以满足。

3. 对受益方的责任

(1) 筹款方必须尊重其受益方,在筹款传播或相关材料的信息使用中,应当遵循知情同意的原则,优先保护受益方的个人隐私,维护他们的尊严。

(2) 筹款方有告知受益方相关权利与义务的责任,不得出现隐瞒真实项目信息等欺骗受益方或损害受益方权利与利益的行为。

(3) 制定激励受益方参与筹款的规则时,应当以组织使命与受益方的真实需求为优先,不以受益方具有的筹款资源与能力进行相应的资源匹配。

4. 对公益慈善行业的责任

(1) 根据国家相关的法律法规,筹款方必须向利益相关方、受益方、捐赠方和公众公开组织的财务信息及与活动相关的准确信息。同时,筹款方应当主动提供真实的善款资金使用情况,不得夸大或过分保守。

(2) 筹款方必须以透明和准确的方式呈现公益慈善活动的业务活动成本以及筹款费用,不得在其传播与筹款材料中表达出公益慈善活动不需要成本的误导信息。

(3) 筹款方之间不得有不正当的竞争,不得给公益慈善行业及所服务的领域造成负面影响。

（4）筹款方必须遵守知识产权的相关法律和规定，未经授权不得使用其他方的筹款信息。

（5）筹款方必须遵守数据保护的相关法律和规定，采取有效措施防止信息泄露、毁损、丢失。在发生或者可能发生信息泄露、毁损、丢失的情况时，必须立即采取补救措施。

5. 对组织内部的责任

（1）组织的筹款工作须符合组织的价值观和使命，同时，筹款方须与所服务组织的管理团队将实现公益慈善事业总目标作为努力方向；对于不符合组织的价值观和使命或可能损害组织的名誉和社会影响的捐赠，筹款方不得接受。

（2）当捐赠方进行非现金捐赠时，筹款方必须按照相关规定以公允价值合理入账而不是虚增其捐赠价值。

（3）当捐赠资金来源存疑时，筹款方应当采取恰当措施确保捐赠方的捐赠财产与捐赠行为的公益性，以确保捐赠方的行为和诉求是恰当的，必要时可要求其提供相应证明。

（4）筹款方可以获得基于自己的职务/服务的合法应得报酬/收入，不得基于筹款额的比例作为报酬（或收入标准），不得利用自身职务或服务机会获取未经许可或不合理的回报。

（5）筹款方应当在组织内部建立筹款伦理监督机制和筹款行为相关的利益申报与处理制度，并建立将筹款伦理纳入重大事项决策的机制。

（6）筹款方不得利用工作之便主动索取酬谢，如出现收受酬谢或礼品等情况，筹款方必须主动向所服务组织或相关方进行申报，符合组织内部规定并且获得必要的确认之后才能进行处置。

6. 对合作伙伴的责任

（1）合作筹款方的应得收入，包括固定薪资和绩效等，都应当事先约定并达成书面协议，以确保其收入适当合理，且不得基于筹款额的比例作为发放标准。

（2）当筹款方与供应商、合作伙伴或其他第三方组织合作时，应当采取一切合理的方式确保外部合作方能遵守并按照与自己相同的筹款行为准则开展工作，且不得从中获取不合理的报酬。

（3）当公益慈善组织委托第三方组织或者聘请专业筹款人员开展筹款工作时，应当为其提供合理的系统性支持，以便筹款工作顺利开展。

本章小结

慈善伦理是调节慈善活动参与方以及所涉及的利益相关方关系的道德规范和原则。为慈善伦理提供道德价值标准和道德判断方法的理论主要有功利主义理论和义务论理论。功利主义理论价值总标准是增减每个人利益总量,分标准是:①在人们利益不发生冲突或发生冲突而可以两全情况下,终极标准是无害一人地增加利益总量;②在人们利益发生冲突而不能两全情况下,终极标准是"最大利益净余额"和"最大多数人的最大利益"的标准。义务论理论把行动的对错建立在是否履行义务之上,强调按照义务和规则去行动。义务论理论认为:人们按照道德义务或规则采取行动,就是正当的、符合伦理的;不按照道德义务或规则行事就是不正当的、不符合伦理的。运用功利主义理论和义务论理论对现实生活中的慈善行为和慈善活动进行分析,可以发现一些慈善活动中的道德困境是没有遵循慈善伦理造成的。通过运用伦理理论对慈善实践进行伦理维度的分析研究,可以归纳总结出10个具有普遍性的慈善伦理原则,分别是自愿、诚信、非营利、信息公开、公正、平等、尊重、紧急救助、负责和遵守法律法规等。在遵守法律法规的基础上,学习和运用慈善伦理,有利于提升慈善事业的公信力。

思考题

1. 什么是慈善伦理?
2. 什么是功利主义理论?
3. 什么是义务论理论?
4. 运用功利主义理论和义务论理论对"给流浪汉发钱"行为和"高调慈善"行为进行分析。
5. 为什么说筹款方必须尊重捐赠人的自由选择,不得以任何形式对其进行骚扰、恐吓或胁迫?
6. 为什么说紧急救助是一种必须履行的"完全义务"?
7. 慈善伦理有哪些基本原则?

主要参考文献

[1] 王海明.新伦理学原理[M].北京:商务印书馆,2017.

［2］高兆明.伦理学理论与方法［M］.北京：人民出版社，2013.

［3］程烁.伦理学导论［M］.北京：北京大学出版社，2008.

［4］甘绍平.伦理学的当代建构［M］.北京：中国发展出版社，2015.

［5］穆勒.功利主义［M］.徐大建，译.北京：商务印书馆，2019.

［6］西季威克.伦理学方法［M］.廖申白，译.北京：商务印书馆，2020.

［7］康德.道德形而上学的奠基［M］.李秋零，译.北京：中国人民大学出版社，2013.

［8］康德.道德形而上学［M］.张荣，李秋零，译.北京：中国人民大学出版社，2013.

［9］罗斯.正当与善［M］.林南，译.上海：上海译文出版社，2008.

［10］罗尔斯.正义论［M］.何怀宏，何包钢，廖申白，译.北京：中国社会科学出版社，2009.

第10章 慈善事业创新发展

> **学习目标**
>
> 创新是慈善事业发展的动力源泉。通过学习本章,我们应当了解公益创投、社会影响力投资等慈善资源配置形式的创新发展,了解社会企业、政府和社会资本合作(PPP)等慈善运作形式的创新发展,了解数字慈善的产生背景、发展现状和发展趋势。

近年来,随着我国慈善事业的快速发展,慈善事业运作模式也不断创新。在慈善资源配置方面,出现了公益创投、社会影响力投资等形式。在慈善运作方面,出现了企业化运作、政府和社会资本合作(PPP)等形式。此外,随着数字技术的发展,数字技术在慈善募捐、慈善运作、慈善组织管理等方面得到了广泛的应用。慈善资源配置和运作的新模式推动着慈善事业高质量发展。

10.1 慈善资源配置创新发展

20世纪90年代以来,以公益创投、社会影响力投资为代表的慈善资源配置新模式逐渐走入大众视野,借助商业方法实现慈善资源的有效配置得到了越来越多学者、企业家和公益人士的重视和尝试。慈善资源配置的新理念、新方法为撬动更加广阔的社会资本进入慈善领域创造了可能。

10.1.1 公益创投

长期以来,慈善组织经常面临着资金短缺的掣肘与效率低下的批评。传统的慈善资助模式存在资金使用效率低、运作不透明、难以问责等弊端,且短期资助对非营利组织的能力建设帮助甚微。针对上述弊端,20世纪90年代开始有学者提出将商业领域风险投资的理念和运作方式引入公益慈善领域,自此,公益创投(venture philanthropy)作为一种商业与公益"联姻"的新模式逐渐开始在慈善资源配置和慈善组织发展中发挥起重要的作用。

1. 公益创投的兴起

1997年,莱茨(Christine W. Letts)与同事在《哈佛商业评论》(*Harvard Business Review*)上发表了《道德资本:基金会可以从风险投资那里学到什么》一文,第一次阐述了应该如何运用风险投资的理念改造传统的基金会资助模式。该文从风险管理、运作表现指标、投资方与受资方之间的合作关系、合作关系的持续时间、资金数量和退出机制等方面对风险投资和基金会资助进行了系统的对比。莱茨认为,非营利组织可以通过引入投资思维而获益[1]。20世纪90年代末期,公益创投模式首先在美国、随后在澳大利亚和欧洲的一些发达国家得到迅速发展。一系列公益创投机构在短时间内大量兴起,例如芝加哥公共教育基金(The Chicago Public Education Fund)、亚利桑那社会风险投资伙伴(Social Venture Partners Arizona)、三角社区基金会企业家伙伴(Entrepreneurs Partnership of the Triangle Community Foundation)、硅谷社会风险投资基金(The Silicon Valley Social Venture Fund)、澳大利亚社会风险投资基金(Social Ventures Australia)以及欧洲风险慈善协会(The European Venture Philanthropy Association)等。

公益创投的兴起和发展有以下三个方面的原因:一是新自由主义的兴起。在凯恩斯主义的大规模政府干预失灵后,许多社会服务由原先的政府提供转向了由市场和非营利组织提供。二是良好的社会环境。互联网等新兴科技的发展创造了大量财富,新兴企业家在取得商业成功的同时积极投身社会公益事业,为公益创投的发展提供了丰富的资金来源。三是风险投资技术的成熟。商业领域中风险投资取得了成功,人们希望能够把这些经验和技术带入公益领域,从而解决传统公益资助模式的弊端。这为公益创投提供了技术支持[2]。

---

[1] LETTS C W, RYAN W, GROSSMAN A. Virtuous capital:What foundations can learn from venture capitalists[J]. Harvard Business Review, 1997, 75:36-50.
[2] 蔡琦海.公益创投:培育非营利组织的新模式:以"上海社区公益创投大赛"为例[J]. 中国非营利评论,2011,7(1):164-182.

2. 公益创投的含义

2000年,长期关注慈善领域发展动态的美国莫尼罗研究所(The Morino Institute)在其年度报告《公益创投:现状与展望》(*Venture Philanthropy: Landscape and Expectations*)中,将社会风险基金(social venture funds)定义为"多方捐款的慈善基金,致力于运用风险投资的运作方式解决社会问题,实现投资者的价值和影响最大化"[①]。成立于2004年的欧洲公益创投协会(European Venture Philanthropy Association, EVPA)对公益创投给出的定义是:公益创投是一种应用风险投资原则的慈善捐助手段,包括长期投资以及直接支持。公益创投方与目标明确的公益组织保持紧密且广泛的合作伙伴关系,这些公益组织包括慈善机构、社会企业以及其他致力于改善社会问题的商业企业[②]。类似地,在牛津大学斯科尔社会企业研究中心(Skoll Centre for Social Entrepreneurship)的相关论文中,"公益创投"被定义为一套基于绩效的财务支持与专业服务,以帮助公益组织解决社会问题并拓展其社会影响。这种建立在伙伴关系基础上的、高参与度的方式,类似于风险投资扶助创业公司建立商业价值的实践[③]。

21世纪初,公益创投理念和实践被引入我国,大批社会资本相继进入公益创投领域。国内学者及公益机构从业者在总结国外学者结论的基础上,结合公益创投在我国的实践,提出了公益创投的定义。马宏认为,公益创投与风险投资基金运作的方式相仿,能够为公益组织提供资金支持以及管理和技术支持,通过与被投资人建立长期的、深入参与的合作伙伴关系,达到促进公益组织能力建设和模式创新的目的,帮助其发展成为可复制的高效率的组织机构[④]。蔡琦海将"公益创投"定义为将风险投资的理念和技术应用到公益领域中的一种新的公益补助模式。资助方在对受资助组织的能力进行评估后,向其提供长期(三年以上)的包括财政、管理、技术等多方面的支持,参与组织的运行中,并制

---

① The Morino Institute. Venture philanthropy: Landscape and expectations [R]. Washington: Community Wealth Ventures, Inc., 2000.
② SPIESS-KNAFL W, ASCHARI-LINCOLN J. Understanding mechanisms in the social investment market: what are venture philanthropy funds financing and how? [J]. Journal of Sustainable Finance & Investment, 2015, 5(3): 103-120.
③ JOHN R. Venture philanthropy: The evolution of high engagement philanthropy in Europe [R]. Oxford: Skoll Centre for Social Entrepreneurship, 2006.
④ 马宏. 公益创投:促进公益组织发展的新途径[J]. 社团管理研究, 2008(10):21-24.

定退出战略。公益创投的目标在于通过风险管理、多方位协助、绩效评估等手段的应用,加强非营利组织的能力建设,提高公益事业和社会服务的效率[①]。

综上,国内外学者对于公益创投的定义都强调了风险投资的理念和技术对于传统慈善资助模式的改造。投资方通过提供资金、管理以及技术等多方面长期性支持并参与组织运作,以实现提升慈善组织运作效率、助力慈善组织成长的目的。

3. 公益创投的意义

20世纪六七十年代,美国大批基金会建立并形成了较为统一的行动模式:致力于寻找那些能更好地解决贫困和弱势群体问题的有效方式,并对其进行资助。20世纪末以来,美国一些基金会开始逐渐意识到传统的资助方式无法有效解决社会问题,公益行动要产生真正的社会效果和大规模的社会影响需要进行模式转变。很多基金会开始转变资助方式,从资助项目开始转向资助组织,即支持那些能够证明其自身工作社会效果的优秀机构的可持续发展。此外,公益创投的资助是非限定性的资金,即受资助的组织可以自主决定如何使用资金,但是,这些非限定性的资助效果需要最终符合具体的绩效测量标准,即组织能够提升其内部能力,成为可持续发展的机构,服务更多受助人,并且更有效地完成组织使命[②]。

公益创投作为政府、企业与公益组织跨界合作创新的产物,实现了三方共赢的目标。对于政府而言,公益创投通过引入社会资本,建立规范的遴选机制与绩效评估体系,帮助实现慈善组织的专业化、规模化。慈善组织在分担政府治理责任的同时,也可以为民众提供更高水平的社会服务。对于企业而言,公益创投作为一种创新形式的公益投资,在实现社会效益的同时,也有利于提升企业形象。对于慈善组织而言,公益创投模式的出现鼓励慈善组织朝着专业化的方向探索,有利于构建分工有序的慈善组织格局,解决慈善组织雷同、定位和专长不清晰、无序竞争等问题。

4. 公益创投的模式与实践

国外公益创投主要分为四个步骤[③]。第一步,资助方筹集资金,通过尽职调查对候选组织的能力、项目风险、可行性等方面进行全方位的评估,选定受资助组织;第二步,资助方与受资助组织签订相应的合同,资助方向组织注入资金,并在

[①] 蔡琦海.公益创投:培育非营利组织的新模式:以"上海社区公益创投大赛"为例[J].中国非营利评论,2011,7(1):164-182.

[②] 南都公益基金会.从传统资助到公益创投:基金会行动模式的转型与挑战[R/OL].(2017-02-28)[2024-05-15].https://www.naradafoundation.org/content/5137.

[③] 蔡琦海.公益创投:培育非营利组织的新模式:以"上海社区公益创投大赛"为例[J].中国非营利评论,2011,7(1):164-182.

组织的运行过程中通过多种形式协助参与,帮助组织完成既定目标,提升组织能力;第三步,资助方对受资助方进行成果考查,包括对项目进行绩效评估,对组织进行能力成长评估,并制定退出战略;最后,资助方将筹集新一轮的资金对下一个组织进行资助。四个步骤构成一个循环往复的资助系统,如图 10-1 所示。

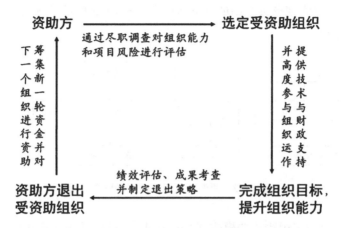

图 10-1　公益创投资助流程

资料来源:蔡琦海.公益创投:培育非营利组织的新模式:以"上海社区公益创投大赛"为例[J].中国非营利评论,2011,7(1):164-182.

2023 年 9 月,第十届中国慈展会公益创投研讨会发布了《中国公益创投运作模式调研报告》。该报告指出目前国内公益创投实践主要包括项目大赛和定向遴选两种模式,资金来源于政府资金、社会资金和混合资金。其中,政府财政资金(包括福彩、体彩公益金)是最主要的公益创投活动或赛事资金来源。根据公益创投资金来源,我国公益创投主要包括以下三种模式:

(1)慈善组织开展的公益创投。在这一模式中,较为成熟的慈善组织通过提供资金、技术、管理、场地、培训等服务的形式,孵化和培育初创阶段的慈善组织,帮助实现组织能力建设与提升。这一模式的典型案例是恩派(NPI)公益组织发展中心(以下简称"恩派")开展的公益创投。始创于 2006 年的恩派以"助力社会创新,培育公益人才"为使命,致力于发掘培育那些处于创业期的草根社会组织。迄今为止,恩派已为超过 1 000 家民间公益机构提供了孵化或成长支持服务,培训公益人才近万人,为数千家慈善组织筹措超过 3 亿元人民币的运作资金,承担约 60 000 平方米的公益平台/社区服务中心的运营任务。

恩派参照企业孵化器的思路，自2006年正式注册成立以来，先后选择在上海、北京和南京等地建立"公益组织孵化器"，以企业和基金会为投资主体，投资期一般为2～5年，将发展潜力大、创新性强、社会效益高的慈善组织引入孵化基地，通过提供一整套包括资金支持、场地提供、能力提升、注册协助在内的支持性服务，最终实现慈善组织的独立运行[①]。图10-2显示了恩派公益组织孵化器的培育流程。

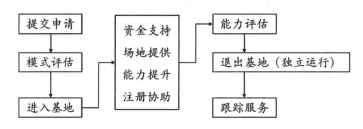

图10-2　恩派公益组织孵化器培育流程

得益于公益组织孵化器模式，截至2014年，恩派已成功孵化约200家慈善组织，业务涵盖扶贫、教育、青少年发展、助残、社区服务等诸多领域。其中，"多背一公斤""手牵手""青翼""瓷娃娃""新途""雷励"等慈善组织均已在各自领域取得了出色的成绩。

此外，爱德基金会创办的"南京爱德社会组织培育中心"、南都公益基金会发起的"银杏伙伴成长计划"也都是慈善组织开展公益创投的典型案例。"银杏伙伴成长计划"主要面向全国各地20～40岁有2年以上公益实践并想要继续投身公益事业的青年人，从对青年公益人才自身需求和面临主要问题的理解和关注出发，每年资助一批有志于公益事业的、有潜力的年轻人，给予其基本生活保障(每年10万元，连续3年)，引导其制订和实施3年的个人事业发展计划，并提供人才成长支持，使他们在3年内迅速提升自己的专业水平和领导力，5～10年内成为慈善组织的骨干。

(2) 企业开展的公益创投。在我国，企业作为资助方的公益创投模式大多以赛事的形式展开，例如：联想公益创投计划、联想青年公益创业计划以及海航社会创新创投竞赛等。2007年12月，联想集团以"让爱心更有力量"为宗旨，

---

① 冯元,岳耀蒙.我国公益创投发展的基本模式、意义与路径[J].南京航空航天大学学报(社会科学版),2013,15(4):28-32.

发起第一期联想公益创投计划,在全国范围内公开征集公益组织,希望寻找有创新性的社会问题解决方案以及有经验的管理团队,为其提供定制化的能力建设和志愿服务支持。第一期联想公益创投计划总计投入300万元,资助对象包括：倡导"公益旅游"的"多背一公斤",致力于中国生物多样性的保护的"山水自然保护中心",缩小数字鸿沟的"中国村络工程办公室"以及关注残障人士需求并提供系列职业培训的"红丹丹教育文化交流中心"等16家慈善组织,每家入选机构可得到15万～20万元的资助和为期1年的能力建设。由于第一期公益创投计划的社会反响良好,联想集团于2009年又举办了第二期想公益创投计划,再次选出16家组织予以资助。其中,"多背一公斤""山水牛态伙伴自然保护中心""南部县乡村发展协会""中国村络工程办公室"等四家入选第一期创投计划的慈善组织再次入选。

此外,随着互联网技术的迅速发展,互联网公司也积极参与公益创投实践。例如：2021年12月7日,在广州举办的大湾区科学论坛湾区科创峰会上,腾讯技术公益创投计划正式宣布启动①。该计划重点关注缺乏资金资助、技术支援、运营指导、传播渠道、志愿者能力的五类慈善组织,希望以公益的技术和创新之力,助力其提升运营模式和效能,并通过支持优秀案例的复制和扩展,在全社会营造全新、可持续的公益生态空间,推动慈善行业更好地参与第三次分配。腾讯技术公益创投计划为入选者提供三大发展"引擎"：一是开源技术。腾讯将自身的科技、研发、产品能力与社会力量充分耦合,应用到更多更被需要的社会场景中,创新更多开放式的协作模式。二是链接资源。创投计划通过招募志愿者、公益场景应用服务、专业课程开设和顾问服务等活动,链接内外部优质资源。三是提供支持资金。创投计划首期将遴选30个项目进行技术公益孵化,每个项目资助30万元。创投计划的资金来自腾讯基金会的10亿元公益数字化和基础设施建设资金池。

（3）政府开展的公益创投。各地区政府开展的公益创投在具体操作层面存在一些差异,但是总体来说,这一模式的特点就是民政部门印发公益创投项目的相关管理办法和方案,面向社会公开招募公益项目方案,根据遴选结果予以资助,资助资金来自福利彩票公益金或其他政府资金。政府在立项项目的开展过程中予以支持,并在项目结束后进行项目评估,例如：上海市民政局与恩

---

① 腾讯公益伙伴.送技术、链资源、配资金　腾讯技术公益创投计划正式启动[N/OL].(2021-12-07)[2024-05-15]. https://mp.weixin.qq.com/s/4Amm0j9H_fY-5U09vOnOjA.

派合作,自2009年开始,利用福利彩票公益金1 000万元启动"上海社区公益创投大赛",公开选拔出既有创新性又符合社区需求的公益项目,对其进行资金支持,并由恩派提供专业咨询和能力建设服务。除上海以外,苏州和东莞于2011年分别投资1 708万和843万进行了探索性试验,分别支持了132个和114个社区公益项目[1]。

深圳市民政局自2006年开始实施"慈善倍增计划",旨在扩大公益金资助范围、以公益创投的理念培育慈善组织成长。例如：针对城市自杀率逐年上升的问题,深圳市民政局通过"慈善倍增计划"资助成立民办情感护理中心并为其配备社工,使其成为由公益金资助的社工项目[2]。深圳市宝安区公益创投大赛由深圳市社会公益基金会承办,邀请行业专家根据参赛项目的信息(品牌策略、信息完整性、实施有效性、创新性、可持续性、服务质量、项目成果等)进行初评,将评出的前30个项目提交宝安区慈善会,由区慈善会确定符合条件的入围项目。自2015年启动以来,宝安项目大赛已累计资助并培育了54个优质慈善项目,总资助金额为1 334.96万元,项目涵盖了养老、妇女服务、青少年儿童服务、特殊群服务体、禁毒戒毒、志愿者服务、环境治理等多个领域,覆盖约250万人[3]。

2014年,广州市启动了第一届公益创投活动。政府投入1 500万元,共资助项目100个,涵盖为老服务、帮困救助、助残服务、青年服务等多个领域,直接受益人数达41.5万余人。之后,广州市每年开展公益创投活动。2024年,第十届广州市社会组织公益创投活动投入福利彩票公益金2 000万元,撬动了1 558万元社会配套资金,资助了127个惠及民生、服务社群的慈善项目。广州市公益创投活动的主办单位是广州市民政局,承办单位是枢纽型社会组织。公益创投活动过程包括项目征集、项目申报、项目评选、项目实施和项目评估等。承办单位为中标组织提供项目管理、财务管理、募捐管理等方面的培训,并负责项目的评估、审核等工作。

公益创投这一慈善资源配置新形式在实践中得到广泛运用,但是在运作中也存在一些问题:一是一些公益创投主办方在提供技术和管理支持方面的能力不强,难以满足慈善组织能力建设的需要;二是不少公益创投活动以一年为

---

[1] 冯元,岳耀蒙.我国公益创投发展的基本模式、意义与路径[J].南京航空航天大学学报(社会科学版),2013,15(4):28-32.
[2] 马宏.公益创投:促进公益组织发展的新途径[J].社团管理研究,2008(10):21-24.
[3] 李庆.深圳市宝安区慈善会:八年公益创投探索,打造公益慈善新模式[N/OL].[2024-05-15]. https://mp.weixin.qq.com/s/jQNAgOUr-FdpT2cacHOlYg.

周期,资助周期较短,不利于慈善组织的能力提升与成长,不利于慈善项目的持续开展;三是少数有创意、有经验的慈善组织获得了多家公益创投机构的资助,这种情况不仅背离了公益创投模式的理念,而且造成了资源的浪费。这些问题和不足需要在今后的实践中加以改进和完善。

10.1.2 社会影响力投资

1. 社会影响力投资的概念

社会影响力投资(impact investing)指的是旨在产生积极的社会与环境影响,并伴随一定财务回报的投资。这一概念最早出现于摩根大通与洛克菲勒基金会 2010 年联合发布的《社会影响力投资:新兴的资产类型》报告中。斯坦福大学教授保罗·布莱斯特(Paul Brest)将社会影响力投资定义为:主动将资本配置给那些能生产对社会或者环境有益的产品、服务或者附带收益(比如提供就业机会)的企业,并且期待同时获得资金回报,资金回报可高可低,既可是高度特惠的,也可是超过市场水平的①。社会影响力投资与慈善资助不同。慈善资助作为一种捐赠行为,只关注资助行为所产生的社会效益,不追求任何形式的财务回报。社会影响力投资与公益创投也不一样,公益创投追求的是受助组织的能力提升和慈善项目的绩效,在财务回报方面没有要求。

近年来,社会影响力投资的理念被介绍到中国并逐渐为慈善行业和投资机构所重视。2014 年,深圳市创新企业社会责任促进中心、深圳市慈善会与上海财经大学社会企业研究中心联合发布了《2014 社会影响力投资在中国》的专题报告,从理论和实践两个方面首次对社会影响力投资的理念进行了较为全面的介绍。报告中将社会影响力投资定义为:旨在产生积极的社会与环境影响,并伴随一定财务回报的投资方法。影响力投资可以投资于企业、社会机构或基金,并同时发生在发展中市场与发达市场②。

2. 社会影响力投资的形式

社会影响力投资的出资者包括基金会、私募股权基金、风险投资公司以及其他有社会责任感的企业等,其投资对象包括企业、社会组织和基金。社会影

---

① BREST P,刘焰,何东盛,等.社会效益与商业回报:鱼和熊掌能否兼得?[J].中国社会组织,2015(4):35-38.
② 梁宇东,房涛,朱小斌.2014 社会影响力投资在中国[R].深圳:深圳市创新企业社会责任促进中心,2014.

响力投资在形式上有股权投资和债权投资等。

（1）股权投资（equity investment）。股权投资是指出资者购买其他企业的股票或以货币资金、无形资产和其他实物资产直接投资于其他组织,最终实现包括经济、社会和环境价值在内的综合价值回报,其中经济利益回报通过分得利润或股利等方式获取。

（2）债权投资（debt investment）。债权投资是指为取得债权所做的投资。在社会影响力投资领域,最为公众所熟知的债权投资案例莫过于小额信贷。1976年,孟加拉国吉大港大学经济学教授穆罕默德·尤努斯（Muhammad Yunus）在走访乔布拉村考察农村经济的过程中,向42位赤贫的农民（绝大多数是妇女）提供了27美元的贷款以支付他们生产竹凳所需的成本。此后,尤努斯逐步创立了致力于为低收入农民提供小额信贷的格莱珉银行。2020年,格莱珉银行为孟加拉国8万多个村庄934余万低收入人士提供了310亿美元的贷款,实现利润4 100多万美元[①]。格莱珉银行及其代表的小额信贷模式被视作是社会影响力投资领域"最成功的品牌",它证明了社会影响力投资不仅可以实现"缓解贫穷状况"的社会目标,而且可以为股东和投资人带来丰厚的利润。

（3）社会效益债券（social impact bonds）是一种新型的债权投资形式。社会效益债券由社会筹资机构发行,并由私营部门的机构或个人投资者认购。募集的资金将流向社会组织等社会服务提供者。这些组织在合同期内会针对政府约定的社会问题提供一系列社会服务。政府会根据社会效果的达成情况,按照合同约定来支付债券的投资回报。如果项目达到了既定的社会效果,投资者将获得相应的回报；如果未达到预期效果,则可能无法获得回报或者回报减少。社会效益债券的优点是：① 为解决社会问题提供了一种新的融资方式。它不同于传统的政府拨款或捐赠方式,而是通过市场机制来筹集资金。② 降低了政府风险。政府只在项目成功时支付回报,这降低了政府的风险和财政支出压力。③ 提高了社会服务效率。通过引入市场竞争机制,可以激励社会服务提供者提高服务质量和效率,以争取更多的投资回报。④ 扩大了资金来源。社会效益债券可以吸引更多的私营部门资金投入到社会项目中,从而扩大资金来源,促进社会问题的解决。

---

① MAJID S. Grameen bank annual report 2020[R/OL].[2020-03-08]. https://grameenbank.org.bd/public/assets/archive/annual_report/Annual_Report_2020-1_41.pdf.

第 10 章 慈善事业创新发展

专栏 10-1

彼得伯勒社会效益债券

彼得伯勒社会效益债券是 2010 年由英国司法部发起的七年期社会效益债券,旨在改善累犯率(即出狱后再次犯罪的比率)情况。该项目不仅是社会效益债券模式的第一次尝试,也是迄今为止最有影响力的社会效益债券项目。包括基金会和个人在内的 17 位投资者为这一项目提供了 500 万英镑的投资。由于这一项目是在英国东部的彼得伯勒展开的,因此被称为"彼得伯勒社会效益债券"。该社会效益债券项目由包括圣吉尔斯信托、奥米斯顿信托、基督教青年会在内的 6 家专业社会服务机构执行,为 3 000 名、年满 18 周岁并将在一年内刑满释放的服刑者提供心理健康支持、职业技能培训、就业援助以及持续的个人辅导等服务。项目分为三个周期,每个周期有 1 000 名服刑者参与项目。项目规定,投资者收回投资需满足两个条件:第一,在项目运作的三个周期内,至少有一个周期的累犯率下降超过 10%;第二,如果三个周期均未能实现累犯率下降超过 10%,那么将对三个周期的数据进行汇总并重新评估,如果 3 000 名刑满释放人员的累犯率与同期数据相比下降超过 7.5%,投资者同样可以收回成本。在此基础上,整体累犯率下降越多,投资回报也就越高,投资回报最高不超过 13.3%。目前,第一周期的运营和评估工作已经结束,根据来自奎奈蒂克公司(QinetiQ)和莱斯特大学(University of Leicester)的德里克·乔立夫(Darrick Joliffe)教授及其团队的评估结果,彼得伯勒社会效益债券第一周期的累犯率成功降低了 8.4%。图 10-3 显示了彼得伯勒社会效益债券运作模式。

资料来源:NICHOLLS A, TOMKINSON E. The Peterborough Pilot Social Impact Bond [M]// NICHOLLS A, PATON R, EMERSON J. Social Finance. Oxford:Oxford University Press,2015.

3. 社会影响力投资在中国

21 世纪初以来,社会影响力投资被引入中国并逐渐被企业和慈善组织所重视。成立于 2010 年的北京乐平公益基金会是一家专注于社会企业投资、社会企业家培养与社会投资行业倡导的基金会。该基金会的使命是创新社会投资,让服务惠及穷人。组织目标是成为中国社会投资的新领军者,有效地推动社会投资这一兼顾社会目标最大化与商业可持续性的新公益投资资本市场成长。基金会业务主要包括两部分:社会投资平台与社会企业集群。社会投资平台

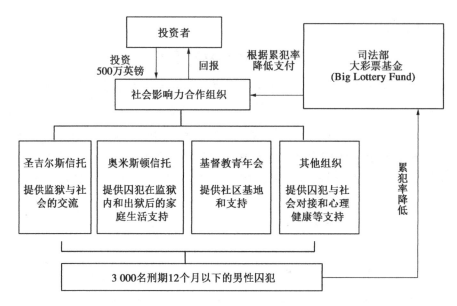

图 10-3　彼得伯勒社会效益债券运作模式

致力于社会企业培育与投资、推动社会企业行业发展；社会企业集群致力于开展农村微型金融、农民工培训与就业、低收入家庭学前教育、生态农业等。

积极倡导社会影响力投资的另一家组织是友成企业家扶贫基金会。2013年11月，友成企业家扶贫基金会联合气候组织、绿色创新实验室在深圳设立了社会价值投资资金（Social Impact Fund），这是国内首支社会影响力投资基金，基金首轮计划募资额为5亿元。作为带有金融属性的社会投资平台，该基金从战略性公益的视角寻找有长远社会价值的投资机会，通过商业运作实现投资与经济、社会、环境相统一，实现社会价值与商业价值的双赢。该基金初期的投资方向首先考虑那些对国内社会发展需求最迫切、挑战最严峻的领域，例如环境、食品安全、健康与老龄化以及文教创意产业等[1]。2014年9月，在深圳召开的第三届中国公益慈善项目交流展示会上，友成企业家扶贫基金会和华民基金会等宣布筹建"社会价值投资联盟"，提倡各界资本来支持社会创新型组织，用创新的方法发现那些没有被满足的深层次的社会需求以及没有被利用的资源，通过资源要素的重组和优化配置，更公平、更有效率、更可持续地解决社会问题。

在运用债权投资形式进行社会影响力投资方面，我国也有小额信贷的成功

---

[1] 宋宗合.首支社会价值投资基金设立 金融助力公益[M]//杨团.中国慈善发展报告（2014）.北京：社会科学文献出版社，2014：243-247.

案例。2000年，中国扶贫基金会接管了中国秦巴山区世界银行贷款项目中的小额信贷分项目，组建了小额信贷部，开始在中国贫困县实施小额信贷项目。2008年，小额信贷部转制成为中和农信项目管理有限公司。截至2018年底，中和农信小额信贷项目涉及21个省（自治区、直辖市），累计发放贷款250余万笔、407亿余元，超过500万农户受益。

2022年10月，在中国国际服务贸易交易会"ESG与可持续投资国际论坛"上，由中国ESG30人论坛出品的《中国影响力投资特别报告2022：经验与前瞻》（以下简称《报告》）正式发布。《报告》指出，尽管相比于发达国家，中国影响力投资市场不成熟，仍处于起步阶段，但是分享先行者经验，挖掘影响力投资潜能，对于推动中国经济转型和高质量发展有重要价值。《报告》在扶贫和农村发展、绿色发展和气候变化领域分别选取了具有代表性的案例，深度剖析了提供小额信贷和其他综合性农村服务的中和农信项目管理有限公司如何在影响力投资者支持下实现规模化并完成双重使命、绿动资本如何实现绿色影响力和投资收益。作为一个新型慈善资源配置的模式，社会影响力投资的意义不仅在于扩大了慈善项目融资的范围和途径，更重要的是将一种"类市场机制"引入了原本被认为是效率低下的慈善组织。投资人出于对综合价值回报的追求，会对慈善组织的项目运作给予更多的支持和帮助。目前，社会影响力投资在我国仍然处于尝试阶段，需要进一步的经验积累和实践检验，相关法律法规和政策也有待进一步完善。

专栏10-2

社会影响力投资案例
——上海CT科技公司对深圳LD信息公司的投资

上海CT科技有限公司（以下简称"上海CT科技"）是一家以互联网、大数据、公益、艺术为战略发展方向的互联网金融企业，致力于互联网与大数据产品的开发与推广。深圳LD信息无障碍有限公司（以下简称"深圳LD信息"）是一家提供专业的信息无障碍服务的社会企业。中国有超过1亿人口的信息障碍人群，其中视障者有1 700多万，听障者有2 700多万，读写障碍者有7 000万。这些群体因生理功能的限制而无法顺畅使用互联网。深圳LD信息关注到这一社会问题，针对这些障碍人群推出了相关产品与服务。

出于对社会问题的认同、与深圳LD信息业务领域的匹配和对深圳LD信息能力的认可，上海CT科技于2016年6月对深圳LD信息进行100万元人民币的种子轮投资。该资金使深圳 LD 信息可以进行信息无障碍产品与服务开发,并帮助其从原来的非营利组织性质的研究会转型为社会企业。除了资金支持,上海 CT 科技还帮助深圳 LD 信息开展产品开发、产品标准化和规模化,将优质的资源和伙伴与深圳 LD 信息链接,参与深圳 LD 信息组织战略发展讨论等。

上海 CT 科技对深圳 LD 信息进行的投资实现了包括社会价值和经济价值在内的综合价值回报。在社会价值方面,深圳 LD 信息将市场上的互联网产品进行优化,设计便于信息障碍人群使用的程序,使他们能通过深圳 LD 信息的产品和服务顺畅使用互联网,享受互联网带来的便利。同时,由于上海 CT 科技提供的专业化支持,深圳 LD 信息得以不断提升绩效水平,提高产品和服务质量。在经济价值方面,深圳 LD 信息通过产品研发、推广与销售,实现自我造血和机构的可持续发展,在估值上已有较好展现。上海 CT 科技将该笔投资资金作为一个耐心资本,期待深圳 LD 信息在发展过程中获得长期良好的经济效益。

资料来源:刘蕾,邵嘉婧.社会影响力投资综合价值实现机制研究[J].中国科技论坛,2020(10):150-159.

10.2 慈善运作形式创新发展

慈善事业的创新不仅表现在资源配置上,也表现在运作形式上。社会企业、政府和社会资本合作(PPP)等就是慈善运作形式的创新。这些新运作形式旨在提高慈善组织的运行效率,增强慈善组织的造血功能,推动慈善事业可持续发展。

10.2.1 社会企业

1. 社会企业的概念

在传统的国家、社会、市场三个领域中,每一个领域都有各自的运作主体、运行规律。然而,随着未被满足的社会需求以及未被激发的社会潜能的积累,国家、社会、市场的运作主体开始了跨界合作,公共部门和非营利领域的行动者尝试通过创新满足社会需求,而商业领域的行动者则更多地关注自己的社会影响力。在此背景下,"社会企业"开始出现在公共视域中。从广义上说,社会企业指的是用商业模式来解决社会问题的组织,例如:为弱势群体创造就业机会,为边远地区群体提供公共服务,生产具有环保效益的产品的组织等。社会企业的盈余主要用来投资社会企业本身,继续解决其所关注的社会问题,而非为出资人或所有者谋取最大利益。

社会企业起源于英国,与新公共管理运动对市场机制的重视、社会福利制度改革、政府对社会企业的推动、社会问题日益复杂等相关。1972年,英国贸易工业部将社会企业定义为:"社会企业是把社会目标放在首位的企业,其盈余主要是用来再投资于企业本身或社会以及社区,而非为了替股东或企业持有人谋取最大利益。"1999年,经济合作与发展组织(OECD)对社会企业的定义是:社会企业是"以企业家战略组织起来,为了公共利益进行的私人活动。它的主要目标不是利润最大化,而是为了获得一定的经济和社会目标,并且有能力提出解决社会排斥和失业问题的创新方案"[1]。

随着社会企业在不同领域的实践,社会企业的概念得到了更深入的探讨。格里高利·狄兹(Gregory Dees)提出了"社会企业光谱"的概念,认为社会企业是处于纯慈善组织(非营利组织)与纯营利组织(私人企业)之间的连续体,是社会使命的激情和商业法则的运用以及创新的多元综合体(hybrid)[2]。杨(Young)认为,社会企业通过商业活动推进社会事业和提升公共利益,它可以是关注社会利益的商业组织,也可以是通过商业手法获得收入的非营利组织,包含慈善企业(corporate philanthropist)、关注社会目的的组织(social purpose organization)或者两者的混合体(hybrids)三种形式[3]。奥斯汀(Austin)等人提出,创立社会企业是创新并创造社会价值的过程,可以发生在非营利组织领域、商业领域、政府部门领域或跨领域的混合体中[4]。王名和朱晓红将社会企业定义为一种介于公益与营利之间的企业形态,是社会公益与市场经济有机结合的产物,具有活动于社会领域、致力于社会创新、以实现社会效益为目的、受相关特定法律规范的特征[5]。

从上述对社会企业定义的探讨中,我们可以发现目前关于社会企业缺乏统

---

[1] 刘继同,经济合作与发展组织.社会企业[M]//中国社会工作教育协会,王思斌.中国社会工作研究(第二辑).北京:社会科学文献出版社,2004:197-219.

[2] 赵莉,严中华.国外社会企业理论研究综述[J].理论月刊,2009(6):154-157.

[3] YOUNG D R. Organizational identity in nonprofit organizations: Strategic and structural implications [J]. Nonprofit management and leadership, 2001, 12(2): 139-157.

[4] AUSTIN J, STEVENSON H, WEI-SKILLERN J. Social and commercial entrepreneurship: same, different, or both? [J]. Entrepreneurship theory and practice, 2006, 30(1): 1-22.

[5] 王名,朱晓红.社会企业论纲[J].中国非营利评论,2010,6(2):1-31.

一的定义,但是可以归纳出大家基本认可的社会企业的四个特征:①以实现社会使命为目标,追求社会公益目的;②采取企业运营模式;③通过提供产品和服务获取收入;④其利润主要用来投资于组织本身或其他社会公益事业。

2. 社会企业的优势

社会企业是跨界合作、融合创新的产物。它的优势在于兼具社会属性和商业属性,这可以实现对社会资本和商业资本进行双重吸纳和接收利用,为组织带来生存和发展的资源。一方面,社会企业可以像商业企业一样,投入时间和精力去挖掘社会领域尚未被满足的利益需求,建立起可以为不同利益相关方创造多重价值的商业模式;另一方面,社会企业的社会属性可以获得大量的社会支持,如志愿服务、政府扶持、消费者支持等。

社会企业近年来发展势头迅猛。2012 年,英国有 6 万余家社会企业,创造了 240 亿英镑的经济价值,并且提供了近 100 万个工作岗位①。这些社会企业的业务领域广泛,涉及能源、公平贸易、环境保护、社区营造等多个领域,为众多社会问题提供了有新意、有效率的商业解决方案。2018 年,英国已经有超过 10 万家社会企业以及 200 万雇员,产值高达 600 亿英镑。在美国,20 世纪 90 年代以来,社会企业进入了快速发展阶段,业务集中在劳动力发展、住房、社区和经济发展、教育以及健康等领域,超过三分之一的社会企业的年收入超过 100 万美元②。

3. 社会企业在中国的发展

我国社会企业的产生与发展同国内的政策环境以及慈善组织的自身发展有密切关联。一方面,政府大力倡导社会创新,支持企业、社会组织参与公共服务提供,重视并支持社会企业的发展;另一方面,慈善组织尤其是社会服务机构的发展面临"造血"功能缺乏这一瓶颈问题,亟须改革创新运作形式。此外,社会企业的发展与在华国际组织对社会企业理念的传播也有关系。例如:英国文化协会自 2009 年发起了社会企业项目,开展社会企业的技能培训和专业支持③。在多种有

---

① FLOYD D. Mythbusting: There Are 68,000 Social Enterprises in Britain[N/OL]. (2013-01-21)[2024-05-15]. http://www.theguardian.com/social-enterprise-network/2013/jan/21/mythbusting-social-enteprises-68000-uk.

② Social Enterprise Alliance, Duke University and Community Wealth Ventures. Social enterprise: A portrait of the field[R/OL]. (2010-07-15)[2024-05-15]. https://search.issuelab.org/resource/social-enterprise-a-portrait-of-the-field.html.

③ 郑悦. 社会投资的中国开篇[N/OL]. IT 经理世界·CEOCIO. (2014-07-05)[2024-05-15]. https://www.britishcouncil.cn/sites/default/files/xin_jiang_jie_.pdf.

利因素的推动下,中国的社会企业也开始成长发展。

2006年以来,社会企业在中国进行了探索实践和初步发展,涌现了北京富平学校、乐朗乐读、深圳残友集团、善淘网、天津鹤童养老院等诸多社会企业。为了推动社会企业发展,2015年9月,北京大学公民社会研究中心、北师大中国公益研究院、深圳市中国慈展会发展中心等五家机构联合发布了《中国慈展会社会企业认证办法(试行)》,将组织目标、收入来源、利润分配、组织管理、注册信息等作为社会企业核心认证要素,把"超过50%的收入来自商品销售、贸易或服务项目收入"和"章程规定机构每年用于分配的利润不超过年度利润总额的35%"作为社会企业的认证条件。2018年8月,北京市发布《北京市社会企业认证办法(试行)》。2022年4月,北京市社会建设工作领导小组印发《关于促进社会企业发展的意见》,明确指出社会企业是以追求社会效益为优先目标,依靠提供产品或服务等商业手段解决社会问题的企业或其他法人主体。《关于促进社会企业发展的意见》从使命目标(以追求社会效益为优先目标,有具体明确的社会目标指向)、信用状况(信用记录良好,企业主要负责人近三年无严重失信记录)、经营管理(有一定数量的全职受薪工作人员,财务制度健全,实行独立核算,内部经营管理科学规范)、社会效益(有可测量的证据显示其创造的社会价值,以普惠价格提供民生领域产品或服务)、可持续发展(提供有价值的产品或服务,能实现财务可持续性和盈利性)、利润分配(有一定比例的税后利润用于投入公益事业或企业自身发展)等方面确立了社会企业认定条件,并就培育发展社会企业、加强社会企业监管提出了相关政策措施。成都市政府办公厅在2018年4月印发了《成都市人民政府办公厅关于培育社会企业促进社区发展治理的意见》,在2021年11月印发了《成都市社会企业培育发展管理办法》。《成都市社会企业培育发展管理办法》对社会企业定义、评审认定、政策支持、管理服务、生态系统构建等进行了明确。《中国社会企业与社会投资行业扫描调研报告(2019)》显示,我国目前1 648家社会企业认同自己的社会企业身份且被行业内认可,员工总数为79 148人,2017年总收入约为93亿元[①]。可以说,我国社会企业发展已经具备了一定基础。

总体上说,目前我国社会企业的规模不大,尚处于起步阶段,需要通过完善法律法规、行政监管、政策扶持等措施对社会企业的发展进行支持。

---

① 沈勇.《中国社会企业与社会投资行业扫描调研报告2019》(简版)发布 我国具有"自觉意识"的社会企业1 648家[N/OL].[2024-05-15]. http://www.gongyishibao.com/html/yaowen/16371.html.

专栏 10-3

社会企业案例——深圳残友集团

深圳残友集团由郑卫宁先生创立。1997年,身患重症血友病的郑卫宁用母亲留下的30万元资金与一台台式电脑,与4位朋友一起成立了"深圳市残疾人电脑网络兴趣小组"。根据残疾人员流动性低、时间更充裕等特点,郑卫宁与同事在20多年的探索实践中从开设兴趣班到开展网站建设,从成立软件公司到成立动漫公司,最终将一个只有5名残障人士的小作坊发展成一个包含一家慈善基金会、14家社会组织、40多家高科技社会企业的深圳残友集团,为5 000多名残疾人提供了就业机会。

深圳残友集团的主要业务活动集中在高科技领域,旗下的深圳市残友生物科技有限公司、深圳市残友软件股份有限公司、深圳市残友智建有限公司等在生命科学、软件开发、BIM咨询等高科技领域从事业务活动。残友集团不仅通过这些业务实现了企业自身发展,还为残疾员工提供全方位的福利保障。公司为员工安排食宿,为员工购买门诊费用都可以报销的医疗保险,对不能再工作的残疾员工实行工资及生活补贴全额发放。残友集团重视残疾人潜能的发挥,积极开展对残疾人员的能力培训,每个残疾人从入职到最终上岗所花费的培训成本约为2万元。残友集团通过社会创新实现企业可持续发展和残疾人优质就业的模式受到社会各界高度肯定,集团荣获"全国金牌认证社会企业"荣誉称号。

10.2.2 政府和社会资本合作(public private partnership,PPP)

当今社会问题日益呈现多样性和复杂性,愈发需要不同部门的行动者共同合作,发挥各自所长,以最优的方案来推动问题解决。政府和社会资本合作(PPP)便是一种新型的跨界合作模式,它既发挥了公共部门的政策优势、协调优势,也发挥了社会资本的效率优势与技术优势。政府和社会资本合作中的社会资本不仅来自民营企业,也可以来自包括慈善组织在内的社会组织。

1. PPP模式的概念

在过去的数十年间,政府和社会力量在建设基础设施或提供社会公共服务方面的合作(PPP)被视作解决社会问题的有效模式之一,在越来越多国家和地区展开了实践。关于PPP模式的概念,学者们有这样几种观点:①PPP是基于公私领域双方行动者的利益而开展的多方面合作,结合彼此的资源和优势,以达成公共利益目的。②PPP对行动者而言可以扩大融资渠道,获得可观的收益回报;对地方政府而言,利于促进当地经济社会发展。③PPP是地方政府在与不同领域行动者合作中实现社会治理的过程,塑造政府执政风格,提升公共服务水平。综合来看,学界对于PPP的定义的研究都包含以下几个关注点:不同领域行动者的合作将会带来潜在的协同效应;合作包括策略应用、项目执行等多方面内容;公私合作的目的在于推动公共事业发展,需要关注社会领域的参与者和利益相关者①。

在学界之外,不同国家、地区和国际组织在具体的项目运营中也对PPP模式进行了概念阐释。世界银行(The World Bank)联合亚洲发展银行(Asian Development Bank)等组织于2014年颁布了第二版PPP指导手册,其中对PPP的定义为：PPP是私人部门和政府部门之间的长期合作约定,目的在于提供公共设施或公共服务,私人部门在合作过程中需要承担风险和管理责任,而其回报则与项目情况相关联。联合国发展计划署(United Nations Development Programme,UNDP)认为,PPP是指政府、企业和非营利性组织基于某个项目而形成的相互合作关系的形式。通过这种合作形式,合作各方可达到比预期单独行动更有利的结果。合作各方参与某个项目时,政府并不是把项目的责任全部转移给私营部门,而是由参与合作的各方共同承担责任和融资风险。我国国家发展改革委、财政部和人民银行2015年印发的"关于在公共服务领域推广政府和社会资本合作模式的指导意见"中,对政府和社会资本合作模式(PPP)做了解释：政府采取竞争性方式择优选择具有投资、运营管理能力的社会资本,双方按照平等协商原则订立合同,明确责权利关系,由社会资本提供公共服务,政府依据公共服务绩效评价结果向社会资本支付相应对价,保证社会资本获得合理收益。

根据以上对PPP概念的解释,我们可以看到PPP模式包含以下关键要素：①公共部门与企业、非营利性组织之间在投资、运营公共服务项目方面开展伙伴式合作;②合作的目的是提供优质高效的公共产品或服务;③共享资源和收益;④共同分担风险。PPP模式的特征显示,PPP是不同部门之间进行互补型的合作,它不仅仅是一个新的融资模式,还是公共服务供给机制和社会治理体

---

① MCQUAID R W. The theory of partnership: why have partnerships? [M]//Public-private partnerships. New York: Routledge, 2000: 11.

制的创新。

2. PPP模式的优势

PPP模式的优势在于：对于公共部门而言，PPP模式可以减轻财政和行政负担，缩小行政组织规模，提供更优质的公共服务，促进经济增长；对于私营部门而言，PPP模式为私营部门提供了进入公共领域的机会，可以为投资者和参与者提供长期良好的收益回报，并且有助于私营部门吸收不同领域的经验技术。全球性咨询公司麦肯锡通过对15个全球性或者跨国的PPP项目进行调研发现，PPP模式可以避免重复投资或者建设，有助于扩大经济规模，公私部门的合作可以共享或者降低风险，不同领域的资源和专业技能可以提升项目效率，而且可以通过建立共同的"品牌"吸引更多的资助和宣传。

对于我国来说，PPP模式还有其独特的意义：它有助于政府转变职能，激活社会活力；完善政府财政投入和管理方式，提高资金效益；还可打破不合理的行业准入限制，给予不同类型的企业和社会组织更多参与机会。在PPP模式中，公共部门、民营机构和社会均能获得益处，优化自身的发展能力。

3. PPP项目的立项和运作

PPP项目的立项和运作过程包含多个环节。联合国ESCAP(Economic and Social Commission for Asia and Pacific)提出，PPP项目立项和运作过程包含了项目界定、项目规划发展、确立实施机制、项目成立、项目管理和评估以及项目执行和运作等步骤。

在我国，PPP项目的立项程序通常包括以下几个步骤：一是项目发起。可以由政府或社会资本发起。二是项目筛选与评估。财政部门会同行业主管部门对潜在的PPP项目进行评估筛选，评估项目是否物有所值，评估财政是否有承受能力，在评估的基础上确定备选项目。三是项目建议书审批。由发改部门审查项目建议书，通过后下达项目建议书的批复文件。四是可行性研究报告编制。在项目建议书批准后，项目单位需要编制可行性研究报告，内容涵盖项目建设的必要性、内容、地点、规模、投资估算、资金来源及预期的社会经济效果等。五是其他相关审批。根据项目具体情况，可能还需要在涉及城市规划、土地使用、环境影响等的问题上获得相关部门的审批。立项程序完成后，项目就进入制定合作规范、签订合作协议阶段。之后项目就可执行和运作。在项目执行、运作过程中，政府相关部门需根据法律法规进行监督管理，并在项目完成后对项目进行评估。

4. PPP 项目的类型

PPP 模式在具体运作中有许多类型,主要可以分为两类:第一类是管理外包类项目。此类项目是政府将拥有所有权的公共设施的运营、维护及用户服务职责授权给民营机构,政府向民营机构支付相应的管理费用。第二类是特许经营类项目,主要包括以下几种具体类型。

(1) 建设—运营—移交(build-operate-transfer,BOT)。此类项目是指政府部门就某个基础设施项目与民营机构签订协议,授予签约方机构承担该项目的投资、融资、建设、维护和经营,准许其通过向用户收取费用或出售产品以回收投资、赚取利润。政府对这一基础设施有监督权、调控权,特许期满,签约方机构将该基础设施无偿移交给政府部门。

(2) 转让—运营—移交(transfer-operate-transfer,TOT)。此类项目是政府将已建成并正在运营的基础设施项目的经营权转让给民营机构,民营机构负责运营并在合同期限内获取收益,到期后再将项目移交给政府。

(3) 改建—运营—移交(reconstruct-operate-transfer,ROT)。此类项目是在 TOT 的基础上增加了改建内容,即:民营机构不仅要运营现有设施,还要负责对其进行改造或扩建,之后再进行运营,最后移交给政府。

(4) 建设—拥有—运营—移交(build-own-operate-transfer,BOOT)。BOOT 与 BOT 相似,但关键区别在于民营机构在运营期间还拥有项目的所有权,直到合同到期才将项目所有权和运营权一并移交给政府。

(5) 设计—建设—融资—运营—移交(design-build-finance-operate-transfer,DBFOT)。DBFOT 涵盖了项目设计、建设、融资、运营的全过程,民营机构负责项目的全周期管理,最终在合同约定的期限结束后将项目移交给政府。

5. PPP 模式在中国的实践

从 20 世纪 80 年代至 90 年代初,在改革开放吸引外资的背景下,PPP 模式开始在我国基础设施领域进行应用。20 世纪 90 年代至 21 世纪初,政府开始关注 PPP 模式在基础设施市场化投融资改革中的作用。21 世纪初以来,政府开始推广 PPP 模式在基础设施建设和公共服务领域的应用,政府和社会资本的合作成为推动经济发展的重要战略。2015 年 6 月,国务院办公厅转发财政部、发展改革委以及人民银行《关于在公共服务领域推广政府和社会资本合作模式的指导意见》,提出为打造大众创业、万众创新和增加公共产品、公共服务"双引擎",让广大人民群众享受到优质高效的公共服务,在能源、交通运输、水利、环境保护、农业、林业、科技、保障性安居工程、医疗、卫生、养老、教育、文化等公共服务领域广泛采用政府和社会资本合作模式,激发市场活力,打造经济新增长点。

2023年11月3日,国务院办公厅转发国家发展改革委、财政部联合印发的《关于规范实施政府和社会资本合作新机制的指导意见》,就规范实施PPP新机制提出了六个方面的要求:一是聚焦使用者付费项目,即项目收益主要来源于服务或产品的直接消费者,提高项目的市场导向和经济合理性;二是全部采取特许经营模式;三是合理把握重点领域;四是最大限度鼓励民营企业参与政府和社会资本合作新建(含改扩建)项目;五是明确管理责任分工;六是稳妥推进新机制实施。《关于规范实施政府和社会资本合作新机制的指导意见》的目的在于通过实施PPP新机制,解决PPP项目实施过程中存在的问题,充分发挥市场机制的作用,拓宽民间投资空间,坚决遏制新增地方政府隐性债务,提高基础设施和公用事业项目建设运营水平,推动经济、社会的高质量发展。

专栏10-4

F市社会福利中心PPP项目

F市社会福利中心项目是通过政府和社会资本的合作为社会公众提供优质养老服务的项目。该项目的主要内容是:①为老年人营造家庭般的机构养老氛围,提供丰富的娱乐活动;②与二甲医院开展医养合作,构建五星养老照护体系;③创建智慧养老系统,形成智慧养老模式。F市社会福利中心建设、运作模式采用建设—运营—移交模式(BOT)。政府部门在做好前期规划、项目选址、划拨建设用地、给予土地政策优惠的基础上,通过公开招标的方式选择具有竞争优势的社会资本,组建F市社会福利中心项目公司,负责项目建设与运营。待30年经营期届满后,由项目公司按照合同约定将项目设施无偿完好地移交给政府指定机构。图10-4显示了F市社会福利中心的建设、运作模式。

F市社会福利中心PPP项目采用了缺口补助的资金回报机制。项目公司一方面可以向服务对象收取床位费、护理费、伙食费和其他服务(医疗、代办和特需服务等有偿服务)费用,获得主营收入。另一方面,项目公司在运营过程中保证双方共同利益,当项目运营达到政府缺口补助绩效考核指标后,政府给予缺口补贴、床位补贴、运营补贴,保证社会资本获得适当的投资收益。

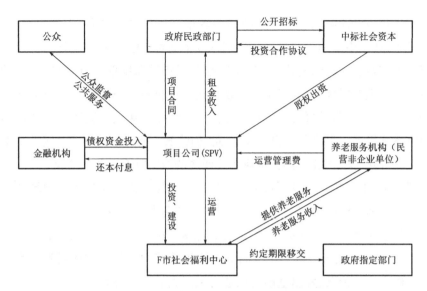

图10-4 F市社会福利中心PPP项目模式

F市社会福利中心PPP运作模式在很大程度上改变了传统机构养老服务对公共部门的依赖,有效缓解了政府在养老服务供给上的财政压力,同时较好地激励了社会资本进入养老服务业,营造出了公平竞争的良好环境,保证了养老机构项目得到专业化的运营,提升了机构养老服务的供给品质,满足了老年人日益增长的美好生活需要。

资料来源:叶嘉伟,严静.PPP模式在机构养老服务中的应用研究:以F市社会福利中心为例[J].厦门广播电视大学学报,2020,23(3):92-96.

10.3 数字慈善[①]

10.3.1 数字慈善的背景与内涵

1. 数字慈善的背景

20世纪90年代,随着互联网技术日趋成熟,数字技术快速从信息产业外溢,催生了电子商务等新型商业模式,"数字经济"概念被提出。此后,数字技术

---

① 注:本节基于卢玮静、马莎所著《中国数字慈善发展报告》一书内容改编。

的应用场景不断向政治、文化、社会等领域拓展。2023年2月,中共中央、国务院印发了《数字中国建设整体布局规划》(以下简称《规划》)。《规划》指出,推进数字技术与经济、政治、文化、社会和生态文明建设深度融合,以数字化驱动生产生活和治理方式变革,为以中国式现代化全面推进中华民族伟大复兴注入强大动力。数字中国建设的五大任务之一是数字社会建设。数字社会建设离不开数字慈善发展。推进数字慈善的研究,加快数字慈善的发展,对促进基本公共服务均等化、推进共同富裕、构建普惠便捷的数字社会有积极意义。

近年来,中国数字化发展进入了"快车道",数字慈善成为慈善领域增长速度最快的方面。以网络筹款为例,2014年网络筹款总额为4.36亿元,2021年网络筹款总额增长到100亿元,参与人次也从2014年的1.18亿人次增长到了2021年的超百亿人次。数字技术的应用使得慈善的参与形式和场景更为丰富多元,"数字+慈善"迸发出空前的创造力和巨大的发展潜力。

随着中国数字慈善的快速发展,人们的善意是如何借助于数字技术扩散和夯实的?数字世界中个体的慈善参与发生了怎样的变化?数字化给慈善构建了怎样的信任体系和互动过程?这些问题值得研究。

2. 数字慈善的内涵

数字慈善是以数字化的知识和信息为慈善事业运作的关键要素,以互联网为载体,运用数字技术开展慈善活动、慈善项目和进行机构管理,实现慈善募捐数字化、慈善运作数字化和机构管理数字化。

(1) 慈善募捐数字化。慈善募捐数字化是指通过互联网等方式开展线上慈善募捐。较传统募捐方式而言,网络募捐借助"互联网+移动支付"的技术,具有透明度高、互动性强、覆盖面广、成本低等优势,逐渐成为公众的主要捐赠渠道和慈善组织重要的资金募集方式。目前民政部遴选指定的29家慈善组织互联网公开募捐信息平台(以下简称"互联网募捐平台")就是慈善募捐数字化的重要载体。

(2) 慈善运作数字化。慈善运作数字化是指运用数字技术创造出的新的慈善活动、慈善项目、慈善服务模式,例如:利用AI等技术开展的"顶梁柱健康保险"项目、"蚂蚁森林"项目、智能养老服务、听障者语言转换APP项目、线上云支教项目、手机地震预警系统、数字文化保护项目等。这些数字赋能的项目营造了社会公众、企业、受益者广泛参与的慈善场景。图10-5显示了数字技术在养老、助残、救灾、环保、教育等领域的应用。

图 10-5　慈善运作数字化的领域

（3）机构管理数字化。机构管理数字化指慈善组织办公系统的数字化和智能化，包括捐款人管理系统、项目管理系统、协同办公系统、审批流程系统的数字化等。机构管理数字化不仅仅是信息化，更重要的是在管理中嵌入数字化思维，将多元复杂的信息流转化为管理系统。机构管理数字化涉及管理流程再造与协作体系的建构。图 10-6 显示了国内目前已有的一些机构管理数字化产品。

图 10-6　机构管理数字化产品分布

数字慈善利用数字技术赋能传统慈善组织和慈善活动，联结了更多的慈善参与主体，推动了慈善运作模式升级，优化了慈善资源配置和慈善项目实施，促进了慈善行业业态与管理模式的重构。在数字慈善三个方面的发展中，数字募捐起步最早，发展也最为快速，在慈善资源开发和社会参与动员方面起到了重要作用。

10.3.2 数字慈善的产生和发展

数字慈善的产生和发展离不开数字技术的发展与创新。截至 2022 年底,我国网民规模达到 10.67 亿,互联网普及率达 75.6%。互联网技术的发展深刻地改变着人们的生活方式,也改变着人们的慈善参与方式。近 10 年来,中国数字慈善跨越了三个台阶:第一个台阶是借助互联网技术实现了募捐/捐赠方式从线下到线上的转变;第二个台阶是借助行为公益创造了多元参与场景,促进了广大公众参与慈善;第三个台阶是借助数字化工具深度运用,促进了慈善深度嵌入到更多的互联网场景和生态中。

1. 数字慈善第一个跨越:从线下募捐/捐赠到线上募捐/捐赠

(1) 从线下募捐/捐赠到线上募捐/捐赠。在互联网出现之前,我国的慈善募捐主要在线下开展。传统的线下募捐活动较难触及广大公众,捐赠参与人数和捐赠金额受到限制。互联网募捐活动通过线上的方式开展,触及广泛的社会公众,地域、时间和空间的限制被打破,使得人人可公益、人人做公益成为现实。

(2) 互联网募捐平台的产生和发展。互联网募捐平台的产生和发展分为四个阶段:第一阶段——萌芽阶段。该阶段始于 1995 年,当时出现了邮件定向劝募。之后又出现了人们通过门户网站、贴吧等线上渠道发布募捐、求助信息。第二阶段——多元发展阶段。随着国内网络媒体的发展,尤其是 2008 年汶川地震发生后,腾讯公益、支付宝公益、易宝支付等平台借助移动支付的渠道开展了网络募捐活动,互联网募捐开始呈现出多元化发展态势。2012 年,新浪微公益、支付宝 e 公益等平台相继上线成立[1]。第三阶段——规范体系建立阶段。国内各类互联网平台的涌现,尤其是大病求助平台的出现,虽然满足了社会的一些真实需求,但也出现了运作不规范的问题,给慈善行业的公信力带来了冲击。2016 年,慈善法颁布后,民政部启动了第一批互联网公开募捐信息平台的遴选工作,并于 2017 年发布了《慈善组织互联网公开募捐信息平台基本技术规范》《慈善组织互联网公开募捐信息平台基本管理规范》两个规范性文件,对互联网募捐平台的运营进行规范和监管。第四阶段——差异化发展阶段。自 2016 年至今,民政部共进行了三批互联网募捐平台的遴选指定工作,互联网募捐平台达到 29 家。互联网募捐平台搭建了线上场景捐赠的渠道和多元慈善

---

[1] 卢玮静,陶传进,孙闻健,等.互联网募捐平台:价值与运作机制[M].北京:清华大学出版社,2021:4.

参与的路径,让更多公众有了参与慈善的机会。

目前,我国互联网募捐平台主要分为两大类(图10-7),一类是依托企业业态搭建的平台,如腾讯公益、阿里巴巴公益、支付宝公益、字节跳动公益等平台。它们可以运用自身的企业资源优势触及广大的公众,开展各类公益慈善活动和项目。另一类是以慈善组织为基础搭建的平台,这类平台没有已有的互联网产品场景,需要基于慈善资源重新搭建相关体系,如公益宝、联劝网、广益联募、帮帮公益、慈链公益等平台。

图 10-7　互联网募捐平台的分类

随着不同类型募捐平台的出现,各类平台功能开始向差异化方向发展,各家平台开始思考如何为公众、用户、慈善组织提供差异化的、优质的服务。例如,腾讯公益、支付宝公益等平台依托企业本身的互联网产品研发慈善项目和活动,设计出"蚂蚁森林""99公益日""一起捐"等项目和活动;而字节跳动公益、哔哩哔哩公益和新浪微公益等平台则运用内容平台的优势,研发基于创作者作品的慈善项目和活动。

综上,数字慈善的第一个跨越实现了从线下慈善募捐/捐赠到线上慈善募捐/捐赠的转化,打破了传统慈善活动在地域、时间、空间上的界限。

2. 数字慈善第二个跨越:从现金募捐/捐赠到行为公益

数字慈善的第一个跨越实现了慈善募捐项目触及人群面的扩大化。然而,社会上参与慈善捐赠的只是一部分人,大部分人看到募捐信息后并不一定马上产生捐赠行为。为了让更多的社会公众参与慈善活动和慈善捐赠,创新性的行为公益应运而生。

(1) 行为公益的特征。行为公益是指公众/用户通过互联网参与慈善活动,包括线上点赞、转发、捐能量、捐步、捐积分等。行为公益可以扩大慈善项目、募捐活动的传播面和影响力,助力实际捐赠发生。公众捐赠有从不捐到捐赠这样一个台阶,行为公益搭建了一个斜坡,让公众从了解慈善、熟悉慈善、参与慈善走上进行慈善捐赠的台阶。行为公益借助平台本身的优势特色,通过多种形式让公众了解、感知参与慈善的趣味和实现自我价值的愉悦。

(2) 行为公益的价值。行为公益的价值可以概括为三个方面:第一,降低慈善参与门槛,拓宽慈善边界。许多企业背景的互联网募捐平台在互联网产品中嵌入公益元素推出低门槛的公益参与项目。例如,滴滴公益平台的爱心里程,滴滴用户可以将自己的打车数据转化为公益参与资源(爱心里程值);公益宝平台的"橙心橙意",平台用户可以通过完成指定的"每日公益行动"获得"橙子"奖励,并用"橙子"获得企业配捐或热度助力;平安公益平台的步数捐赠,用户每日达到一定的步数就可以捐赠。第二,通过提供慈善体验和参与培育潜在捐款人。行为公益让用户先进行参与体验,在参与体验的过程中逐步感知慈善的乐趣和价值,从而培育潜在的捐款人。以"蚂蚁森林"项目为例,一项向1 472名支付宝用户开展的问卷调查显示:分别有38.6%和41.4%的被调查者认为使用"蚂蚁森林"后对公益慈善事业的认同感"有很大提升"和"有所提升"(图10-8),分别有39.9%和37%的被调查者认为使用"蚂蚁森林"后"非常愿意"和"愿意"为公益慈善事业投入更多的关注和捐赠(图10-9)。第三,创造多元、有趣的公益场景,吸引更多的人关注和参与慈善。相比传统的慈善捐赠方式,行为公益搭载了相关的公益场景,其趣味性、娱乐性更能够吸引捐赠人的参与和关注。借助场景化的设计能够使人们感受到慈善不只是简单的捐钱捐物,而是可以融入日常生活的各个方面,在自己日常生活中处处有慈善、时时可慈善。

3. 数字慈善第三个跨越:从行为公益到公益深度嵌入互联网生态

在行为公益的创新探索基础上,数字慈善开启了将公益深度嵌入互联网生态的第三个跨越,具体表现为以下四种前沿探索:

(1) 从浅度公益对接进入基于产品的深度公益对接。数字慈善的第一阶段是将线下捐赠线上化,为人们提供一个便捷的捐赠渠道。但是很多社会公众仍然对公益无感。行为公益探索涵养"公益水源",不过,要触发更多捐赠需要

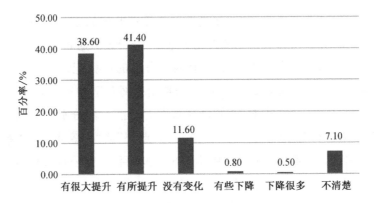

图 10-8 使用"蚂蚁森林"后对公益慈善事业的认同感变化($N=1\,472$)

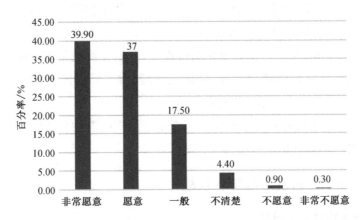

图 10-9 使用"蚂蚁森林"后是否愿意为公益慈善事业投入更多的关注和捐赠($N=1\,472$)

进行更深的对接,要让公益深度嵌入到不同互联网产品的生态中,这样才能更好地让大家有机会表达爱心。腾讯公益平台于 2023 年 8 月研发了"分分捐"慈善项目。该项目通过与微信支付深度合作,借助消费场景,即用户在完成支付后出现结果页,结果页上有相应的慈善项目可以进行捐赠。比如,用户实际支付 6 元,商家收取 5.99 元,剩下的 1 分钱可以捐给慈善项目。

(2)将公益深度嵌入互联网企业产品场景。"分分捐"项目将小额捐赠嵌入消费场景中,但是,为了真正触达公众内心的柔弱部分,激发其内在的捐赠冲动,还需要将公益深度嵌入互联网产品场景。目前一些慈善组织和互联网公司开始了这方面的探索。例如,中国青少年发展基金会和上海米哈游网络科技股份有限公司共同发起"2021 中国青基会希望工程·米哈游薪火公益计划"。在《原神》游戏中发布了新角色迪希雅的视频《沙际晨光》,讲述了迪希雅用自己的积蓄成立基金会"希望之壁"救助沙漠地区的流浪儿的故事。不少《原神》玩家在看到迪希雅的故事后,被其无私大爱所感动,纷纷效仿迪希雅的做法,自发地向希望工程捐款,并在各个社交平台上晒出自己的捐款记录。短短 5 天时间内,该公益计划就募集善款 240 万元,参与捐赠的网友超过 9 万人。

（3）数字公益项目"货架"与智能化推荐。目前大部分平台上线的项目都是按照领域来进行分类的,慈善项目的"大众点评"或"专家点评"体系还未建构。因此,捐款人很难在同质项目中挑选出"好项目"。在公益项目"货架"和智能化推荐方面,一些互联网募捐平台已经开始尝试将优质慈善项目遴选出来,结合用户的特点设计呈现页面或者专题页面。

（4）数字慈善生态体系构建。数字慈善生态体系包括慈善募捐/捐赠数字化、慈善运作数字化、机构管理数字化等。目前,有些慈善组织在探索开展慈善募捐/捐赠数字化、慈善运作数字化的过程中,开始建设数字化机构管理体系,例如：建设数字化捐赠资金管理、月捐人管理、财务管理体系、项目管理系统等,推动数字慈善生态体系的构建。

此外,有些互联网募捐平台还在探索基于用户社群的公益定制与体验,促进用户社群与其偏好的慈善项目进行深度对接。

10.3.3　数字慈善发展趋势和挑战

1. 数字慈善发展趋势

（1）互联网募捐平台差异化发展。第一批互联网募捐平台刚开始运作时,社会关注度集中在捐赠金额、捐赠人次等方面,捐赠额成为最重要甚至是唯一的募捐平台运作指标。但几年以后,尤其是第三批募捐平台开始运作后,很多互联网募捐平台开始探索自身的差异化发展方向。募捐平台开始更加注重深度连结捐赠人、慈善组织和受益人,更加注重捐赠人的卷入、参与与体验,更加注重慈善项目本身与平台生态的深度嵌合。各募捐平台之间出现了差异化发展趋势。

（2）公益开始全面嵌入企业互联网生态链路。募捐平台在发挥自身不可替代的优势时,也开始探索将公益和自身的生态链路全面深度结合,将公益元素嵌入互联网生态中,实现公益和互联网产品的融合共创。例如,目前腾讯公益已经在 80 多个腾讯系列产品中嵌入公益元素,并且用"小红花"的 IP 全面打通不同产品生态。阿里巴巴公益则在探索淘宝和天猫商家在细分产业领域定制慈善项目,将行业领域和慈善项目做进一步嵌合和对接。

（3）创设联通捐赠人、慈善组织和受益人的数字化交互场景。数字化交互场景早期的典型项目是"蚂蚁森林",此后衍生了一系列类似的互动产品。数字化交互场景可以让人们以简单、真实、便捷的方式参与公益。今后数字慈善的发展将会把不同类别和层级的慈善项目利用数字化交互场景与捐赠人嵌合,实现捐赠人、慈善组织和受益人之间的联通。

（4）数字慈善生态体系不断完善。在数字慈善生态体系的建设中,慈善组织正在熟悉和运用信息技术。今后,更多的慈善组织将运用数字化思维来进行慈善运作创新和机构管理创新,推动数字慈善生态体系不断完善。

2. 数字慈善发展中的挑战

（1）资源、技术与人才的挑战。数字慈善的快速发展得益于互联网企业的资源、技术和专业人才。慈善行业内相关的资源、技术和人才较为缺乏,这使得目前大部分慈善组织除了利用互联网开展线上募捐外,难以在其他方面进行数字化转型。

（2）专业化运作的挑战。在目前的数字慈善体系中,受助人处于一个相对弱势的地位,受助人视角容易缺失。为此,需要慈善组织从受益人主体性的视角打造更具有专业性、质量更高的慈善项目,使得慈善项目和活动真正帮助到受助人,推动系统化地解决社会问题。

（3）数字慈善治理的挑战。这方面的挑战主要表现在：目前政府对互联网募捐平台的监管还缺乏抓手,相关政策举措跟不上数字慈善的发展速度,暂时存在政策的真空地带;互联网募捐活动中一些慈善组织为了提升募捐数额,存在违反慈善伦理的行为;数字慈善快速发展过程中存在社会选择机制失灵问题;互联网募捐平台的行业自律有待加强,募捐平台之间的信息共享和管理协作有待推进。

本章小结

与慈善事业快速发展相适应,慈善事业的资源配置和运作形式不断创新。在慈善资源配置方面,出现了公益创投、社会影响力投资等新形式。公益创投是资助方在对受资助组织的能力进行评估后,向其提供长期性的包括资金、管理、技术在内的多方面的支持,参与组织的运行中,并制定退出战略。公益创投的目标在于通过多方位协助、绩效评估等手段,加强慈善组织的能力建设,提高慈善项目和社会服务的绩效。社会影响力投资是一种旨在产生积极的社会与环境影响，并伴随一定财务回报的投资方法。社会影响力投资有股权投资和债券投资等形式。社会影响力投资的意义不仅在于扩大了项目融资的范围和途径，更重要的是将一种"类市场机制"引入了原本被认为是效率低下的慈善组织。投资人出于对综合价值回报的追求，会对慈善组织的项目运作给予更多的支持和帮助。在慈善运作形式方面，出现了社会企业、政府和社会资本合作（PPP）等新形式。社会企业是指用商业模式解决社会问题的组织。社会企业具有四个特征：①以实现社会使命为目标，追求社会公益目的；②采取企业运营模式；③通过提供产品和服务获取收入；④其利润主要是用来投资于组织本身或其他社会公益事业。我国北京市、成都市等城市出台了促进社会企业发展的政策文件。社会企业在我国有了一定程度的发展。政府和社会资本合作（PPP）是指政府、企业和非营利性组织基于某个项目而形成的相互合作关系的形式。通过这种合作形式，合作各方可得到比预期单独行动更有利的结果。合作各方参与某个项目时，政府并不是把项目的责任全部转移给民营部门，而是由参与合作的各方共同承担责任和融资风险。PPP不仅仅是一个新的融资模式，还是公共服务供给机制和社会治理体制的创新。在公益慈善领域，PPP模式在养老服务、残疾人服务、环境保护等方面得到较多的运用。随着数字技术的发展，数字技术应用场景开始向慈善领域拓展。数字技术开始赋能慈善筹资、慈善运作和慈善组织管理。我国的数字慈善经历了三个台阶的跨越：从线下募捐/捐赠到线上募捐/捐赠，从现金募捐/捐赠到行为公益，从行为公益到公益深度嵌入互联网生态。数字慈善的发展趋势是：互联网募捐平台差异化发展，公益开始全面嵌入企业互联网生态链路，创设联通捐款人、慈善组织和受益人的数字化交互场景，数字慈善生态体系不断完善。慈善事业资源配置和慈善事业运作的新形式将提高慈善事业的运作效率，推动我国慈善事业高质量发展。

思考题

1. 什么是公益创投？公益创投和慈善资助有什么区别？
2. 什么是社会影响力投资？社会影响力投资有哪些形式？
3. 社会企业有哪些特征和优势？
4. 政府和社会资本合作（PPP）的概念是什么？PPP模式有哪些优势？

5. PPP 项目有哪些类型？

6. 数字慈善的内涵是什么？

7. 我国数字慈善跨越了哪三个台阶？

8. 谈谈你对我国数字慈善发展的看法。

主要参考文献

[1] 蔡琦海.公益创投：培育非营利组织的新模式：以"上海社区公益创投大赛"为例[J].中国非营利评论,2011,7(1):164-182.

[2] 冯元,岳耀蒙.我国公益创投发展的基本模式、意义与路径[J].南京航空航天大学学报(社会科学版),2013,15(4):28-32.

[3] 马宏.公益创投：促进公益组织发展的新途径[J].社团管理研究,2008(10):21-24.

[4] 巴格-莱文,艾默生.社会影响力投资[M].罗清亮,王曦,唐浩,译.上海：上海财经大学出版社,2013.

[5] 梁宇东,房涛,朱小斌.2014 社会影响力投资在中国[R].深圳：深圳市创新企业社会责任促进中心,2014.

[6] 王名,朱晓红.社会企业论纲[J].中国非营利评论,2010,6(2):1-31.

[7] 余晓敏,张强,赖佐夫.国际比较视野下的中国社会企业[J].经济社会体制比较,2011(1):157-165.

[8] 腾讯基金会,腾讯研究院.2021 年公益数字化研究报告[R/OL].(2021-05-20)[2024-05-15]. https://www.tisi.org/18629.

[9] 卢玮静,陶传进,孙闻健,等.互联网募捐平台：价值与运作机制[M].北京：清华大学出版社,2021.

[10] 中国数字公益参与者行为洞察研究 2022 年度报告[R].北京：北京大学光华管理学院,2022.

[11] CUMMING D J, MACINTOSH J G. Venture-capital exits in Canada and the United States[J]. The University of Toronto Law Journal, 2003, 53(2): 101-199.

[12] ELKINGTON J. Cannibals with forks: The triple bottom line of 21st century business [M]. Oxford: Capstone Publishing Ltd., 1999.

[13] LETTS C W, RYAN W, GROSSMAN A. Virtuous capital: What foundations can learn from venture capitalists[J]. Harvard Business Review, 1997, 75: 36-50.

[14] MCQUAID R W. The theory of partnership: Why have partnerships? [M]//Public-Private Partnerships. New York: Routledge, 2000.